ABHÄNGIGE LÄNDER

EINE ANALYSE DES BEGRIFFS VON DER URSPRÜNGLICHEN HERRSCHERGEWALT

VON

DR. ROBERT REDSLOB

ORDENTLICHER PROFESSOR DES ÖFFENTLICHEN RECHTS
AN DER UNIVERSITÄT ROSTOCK

Zugleich eine staatsrechtliche und politische Studie über Elsaß-Lothringen, die österreichischen Königreiche und Länder, Kroatien-Slavonien, Bosnien-Herzegowina, Finnland, Island, die Territorien der nordamerikanischen Union, Kanada, Australien, Südafrika

LEIPZIG
VERLAG VON VEIT & COMP.
1914

Druck von Metzger & Wittig in Leipzig.

Herrn Andreas Kiener

Kommerzienrat

Präsident der Handelskammer zu Colmar, Mitglied der Ersten Kammer
des Landtags von Elsaß-Lothringen

meinem Schwiegervater

als Zeichen meiner Anhänglichkeit und Verehrung

Inhalt

Einleitung.

Es gibt, über die Welt verstreut, eine Reihe von politischen Gebilden, die mehr oder minder vollkommen die äußere Form von Staaten besitzen, die aber keine Staaten sind, weil sie keine eigne Herrschaft haben, sondern einer fremden Herrschaft unterstehen.

Diese abhängigen Länder bieten ein hohes Interesse für denjenigen, der sich bemüht, die innersten Lebensregungen politischen Geschehens zu erkennen. Denn einmal, sie enthüllen ihm eine der wichtigsten Quellen, aus denen die belebenden und zersetzenden Prozesse der modernen Staatenwelt entstehen. Und damit nicht genug. Sie lehren ihn, den Staat von Erscheinungen ohne staatliches Dasein zu unterscheiden. Sie enthüllen ihm damit sein innerstes Wesen.

So haftet an den abhängigen Ländern ein aktuell diplomatisches und ein doktrinär staatstheoretisches Interesse.

Ein aktuell diplomatisches Interesse — Elsaß-Lothringen ist heute der Angelpunkt der Weltpolitik. Bosnien-Herzegowina als gemeinsamer Besitz zweier durch Vertrag aneinander gefesselten Monarchien, trägt in sich den Keim für die Umgestaltung eben des Bandes, das beide Monarchien umfaßt. Die Nordamerikanischen Territorien, die durch einen großartigen Schachzug angelsächsischer Gesetzgebungskunst zu Staaten umgewandelt sind, haben der Union neue Lebenskräfte zugeführt. Und Englands große freie Kolonien tragen in sich das mächtige Streben, Staaten zu werden und das Mutterland aus einer kolonialen Herrschaft in ein Weltreich umzubilden.

Ein doktrinär staatstheoretisches Interesse. — Wer die Natur des abhängigen Landes erfaßt, der tut auch einen Blick in die Seele des Staates. Denn da er in dem abhängigen Land die äußere Bildung des Staates wiederfindet und doch gezwungen ist, Staat und abhängiges Land als zwei grundverschiedene Phänomene voneinander zu trennen, so wird er bald das einzig wesentliche, das belebende Prinzip des Staates begreifen. Das abhängige Land wird ihm einen wertvollen Prüfstein bedeuten für die richtige Erfassung staatlichen Seins. Er wird erkennen, daß der Staat an einer Grundtatsache haftet und an keiner anderen: an der ursprünglichen Gewalt.

Unsere Wissenschaft ist die Staatstheorie. So liegt es in unserer Aufgabe, wenn wir uns mit dem Problem der abhängigen Länder befassen, vornehmlich die Erkenntnis der zweiten Art zu erstreben. Wir werden Staat und abhängiges Land miteinander vergleichen. Wir werden durch diesen Vergleich die Natur des abhängigen Landes und gleichzeitig die Natur des Staates zu ergründen suchen. Und vielleicht wird diese Betrachtung auch einiges Licht hineinwerfen in das diplomatische Problem, dessen Würdigung und Lösung die Grenzen der staatstheoretischen Wissenschaft überschreitet.

Erster Teil.

Der Staat.

Erstes Kapitel.

Die Herrschaft.

Zu einem Staat[1]) gehört vor allem ein Volk und ein Land[2]).

[1]) Literatur zum ersten Teil: Anson, The Law and Custom of the Constitution. 1896. — Aristoteles, Politik. — John Austin, Lectures on jurisprudence. 1863. — Bierling, Juristische Prinzipienlehre. 1894. — Blackstone, Commentaries on the laws of England. 1765. — Bornhak, Allgemeine Staatslehre. 1909. — Bryce, The American Commonwealth. 1911. — Burgess, Political Science and Comparative Constitutional Law. — Benjamin Constant, Cours de politique constitutionnelle. 1872. — Dicey, Introduction to the study of the law of the Constitution. 1893. — Duguit, Traité de droit constitutionnel. 1911. 2 vol. — Duguit, L'Etat, le droit objectif et la loi positive. — Emile Durkheim, De la division du travail social. 1893. — Errera, Das Staatsrecht des Königreichs Belgien. 1909. Das öffentliche Recht der Gegenwart. VII. — Esmein, Eléments de droit constitutionnel français et comparé. 1906. — Freeman, Growth of English Constitution. 1th ed. — Giacomo Grasso, I presupposti giuridici del diritto costituzionale e il rapporto frà lo stato el il citadino. 1898. — Hatschek, Englisches Staatsrecht, 1905. Handbuch des öffentlichen Rechts. IV. 2. — Hauriou, Précis de droit administratif. 1893. — Hobbes, Elementa philosophica de cive. 1647. — Hölder, Natürliche und rechtliche Personen. 1905. — Jellinek, Allgemeine Staatslehre. 1905. — Jèze, Les principes généraux du droit administratif. 1904. — Kelsen, Hauptprobleme der Staatsrechtslehre. 1911. — Laband, Staatsrecht. 1911. — John Locke, Two Treatises on Government. 1689. — Löning, Handwörterbuch der Staatswissenschaften. 3. Aufl. 1911. — Machiavel, Opusculo dei principati (il principe). 1515. — Adolf Merkel, Juristische Encyklopädie. 1910. — Michoud, La théorie de la personnalité morale. 1906. — Montesquieu, De l'Esprit des lois. 1748. — Rehm, Allgemeine Staatslehre. 1899. — Rousseau, Contrat Social. — Rousseau, Discours sur l'inégalité parmi les hommes. 1753. — Richard Schmidt, Allgemeine Staatslehre. 1901. — v. Seydel, Bayrisches Staatsrecht. 1896. — v. Seydel, Grundzüge einer allgemeinen Staatslehre. Hirths Annalen. 1888. — Zorn, Staatsrecht. 1895.

[2]) Erst die Staatslehre des neunzehnten Jahrhunderts hat das feste Gebiet als Charakteristikum des Staates betrachtet. Auch jetzt noch wird

Notwendig ist weiter eine Herrschaft über das Volk in den Grenzen des Landes. Hier stoßen wir auf den kardinalen Begriff der Staatsidee. Hier stoßen wir auf das Phänomen, in welchem die innerste Lebenskraft des Staates beschlossen liegt.

Was ist Herrschaft? Es ist die Möglichkeit, nach eignem Willen die Handlungen andrer zu bestimmen. Man kann auch sagen: Es ist die Möglichkeit, sich Gehorsam zu verschaffen.[1])

In dieser Definition liegt eine wichtige Behauptung, die näher zu entwickeln ist. Wer die Handlungen eines andern nach seinem eignen Willen leitet, wer einen andern in Gehorsam hält, der übt eine psychische Wirkung aus und keinen körperlichen Zwang. Es ist ein Ding der Unmöglichkeit, durch absolute Gewalt die Handlungen eines andern zu bestimmen. Kein Handeln ohne Willen, und deshalb keine Wirkung auf fremdes Handeln ohne Wirkung auf fremden Willen.[2]) In unserer Definition der Herrschaft ist daher folgender Satz enthalten: die Herrschaft ist ein Gewaltverhältnis psychischer Natur. „Die Herrschaft des Staates ist

---

entgegen der weit überwiegenden Meinung dieses Merkmal zuweilen vernachlässigt. Vgl. zur Orientierung über die Frage: Jellinek, Allgemeine Staatslehre. 1905. p. 382; Rehm, Allgemeine Staatslehre. 1899. p. 36—37. — Der Staatsbegriff kann wechseln, aber in der modernen Welt muß ein Staat ohne Gebiet eine fremdartige Vorstellung bleiben. Vgl. Duguit, Traité de droit constitutionnel 1911. Tome I, p. 94, § 26: «Le territoire n'est pas un élément indispensable à la formation de l'Etat. Nous voulons dire qu'on peut très bien concevoir qu'une différenciation politique se produise dans une société qui n'est-pas fixée sur un territoire déterminé. Au sens général du mot il y aura là cependant un Etat. Mais les sociétés civilisées modernes sont fixées sur des territoires déterminés et l'action des gouvernants s'étend à un territoire déterminé.»

[1]) Jellinek, Allgemeine Staatslehre. 1905. p. 172: „Der Staat hat Herrschergewalt. Herrschen heißt aber die Fähigkeit haben, seinen Willen anderm Willen unbedingt zur Erfüllung auferlegen, gegen andern Willen unbedingt durchsetzen zu können. Diese Macht unbedingter Durchsetzung des eigenen Willens gegen andern Willen hat nur der Staat."

[2]) Bierling, Juristische Prinzipienlehre. Band I, 1894. p. 50: „Wenn jemand durch Anwendung sog. absoluten oder physischen Zwanges, d. h. einfach durch fremde Kraft in eine gewisse äußere Lage gebracht wird, so ist das schließliche äußere ‚Verhalten' des Gezwungenen in Wahrheit auch dann keine Normenbefolgung oder Erfüllung, wenn dasselbe objektiv einer an ihn gerichteten Norm entspricht." Kelsen, Hauptprobleme der Staatsrechtslehre, entwickelt aus der Lehre vom Rechtssatz. 1911. Kapitel VIII, p. 212f.

nichts anderes als ein tatsächlicher Zustand konstanter Motivation".[1]) Will man von Zwang reden, so muß man sagen: die Herrschaft ist psyhischer Zwang.[2])

Ist diese Behauptung richtig, welche sich aus dem aufgestellten Begriff der Herrschaft ergibt? oder steht sie in Widerspruch mit der Wirklichkeit und muß mit ihr jener Begriff der Herrschaft selber fallen? Ist die Herrschaft in Wahrheit psychische Macht?

Man kann es nicht leugnen, ein Herrscher in einem Staat übt physischen Zwang bei vielen Gelegenheiten. Allein, das ist keine ursprüngliche, das ist nur eine abgeleitete Erscheinung des Staatslebens. Die psychische Gewalt ist die Grundtatsache staatlicher Wirksamkeit; die physische Gewalt wird erst möglich durch sie. Der Herrscher vermag nur darum absolute Gewalt anzuwenden, weil er willige Werkzeuge findet, Menschen, die bereit sind seinen Willen auszuführen und den Zwang zu üben, den er anbefiehlt. Herrschaft ist Überlegenheit. Der Herrscher ist den Untertanen nicht durch seine physische Kraft überlegen, sondern durch seine Autorität, durch seine geistige Kraft. Sie bewirkt, daß sein Wille befolgt, daß ihm Gehorsam geleistet wird. Und dieser Gehorsam kann auch in der Gestalt gefordert und geleistet werden, daß die Untertanen dem Herrscher physische Kraft zur Verfügung stellen. Herrschaft und Zwang verhalten sich zueinander wie Ursache und Wirkung. Der Zwang ist auf die Herrschaft gegründet.[3])

---

[1]) Kelsen, l. c. p. 226.

[2]) Das ist deutlich ausgedrückt bei Hobbes, Elementa philosophica de cive. 1647. Cap. V, No. VI—VIII: „Quoniam igitur conspiratio plurium voluntatum ad eundem finem non sufficit ad conservationem pacis, et defensionem stabilem, requiritur ut circa ca quae ad pacem et defensionem sint necessaria, una omnium sit voluntas. Hoc autem fieri non potest, nisi unusquisque voluntatem suam, alterius unius nimirum, unius Hominis, vel unius Concilii voluntati ita subiciat, ut pro voluntate omnium et singulorum, habendum sit, quicquid de iis rebus quae necessaria sunt ad pacem communem ille voluerit." Cap. V, No. XI: „In omni civitate, Homo ille, vel concilium illud, cuius voluntati Singuli voluntatem Suam (ita ut dictum est) subiecerunt, summam potestatem, sive summum imperium, sive dominium habere dicitur."

[3]) Jellinek, Staatslehre. 1905. p. 167: „Die staatliche Funktion ist ausschließlich psychischer Art, und wenn sie auch physische Wirkungen hervorruft, so sind diese doch stets psychisch vermittelt. Damit reiht sich die staatliche Funktion den psychischen Massenerscheinungen ein." p. 169:

Es kann nicht bestritten werden, daß die psychische Macht die fundamentale Tatsache bildet, daß die Herrschaft gleichbedeutend ist mit ihr. Aber die Anwendung physischen Zwangs wird immer notwendig sein. Niemals wird es einen Staat geben, in dem alle Untertanen überall von selbst Gehorsam leisten. Wir haben es nicht mit einem Staat der Phantasie, wir haben es mit dem Staat der Wirklichkeit zu tun. Daher ist es angemessen, das Moment des physischen Zwangs in die Definition des Staates aufzunehmen.[1]) Allerdings, die Herrschaft ist nicht physischer Zwang, aber es ist eine ewige Notwendigkeit, es gehört zur Natur des Staates, daß die Herrschaft dazu verwendet wird, um die Untertanen anzuhalten, ihre physische Macht in den Dienst der gemeinsamen Sache zu stellen und den Zwang zu üben, der notwendig ist. Der absolute Zwang ist eine regelmäßige Form, in welcher die Herrschaft sich betätigt.

Im Staat wird eine Herrschaft geübt über ein Volk in den Grenzen eines Gebiets. Die Herrschaft ist ein psychologisches

---

„Näher bestimmt besteht der Staat in Willensverhältnissen einer Mehrheit von Menschen. Menschen, die befehlen, und solche, die diesen Befehlen Gehorsam zollen, bilden das Substrat des Staates.“ Vgl. Löning, Handwörterbuch der Staatswissenschaften. Dritte Auflage. Band VII. 1911. Artikel über allgemeine Staatslehre. p. 711. p. 697: „Niemals — auch nicht in der rohesten und barbarischsten Despotie — beruht die Herrschaft des Herrschers allein auf der Gewalt. Nicht einen Tag könnte eine solche Herrschaft bestehen, denn die Gewalt der Gesamtheit der Beherrschten ist immer größer als die Gewalt eines Einzelnen oder weniger. («Le plus fort n'est jamais assez fort pour être toujours le maître». Rousseau, Contrat Social I. 3.) Die Herrschaft bedarf der Gewalt, aber sie beruht nicht auf der Gewalt, sondern auf dem Bewußtsein ihrer Notwendigkeit, von dem die Beherrschten durchdrungen sind.“

[1]) Vgl. die Definition von Laband, Staatsrecht. 1911. Band I, p. 68: „Herrschen ist das Recht, freien Personen Handlungen, Unterlassungen und Leistungen zu befehlen und sie zur Befolgung derselben zu zwingen.“ Vgl. auch die Definition von Duguit, Traité de droit constitutionnel. 1911. Tome I, p. 22, § 8: «Il est d'évidence que dans presque toutes les sociétés humaines, chez les plus humbles et les plus barbares, comme chez les plus puissantes et les plus civilisées, nous apercevous des individus qui paraissent commander à d'autres individus et qui imposent l'exécution de leurs ordres apparents par l'emploi de la contrainte matérielle lorsque besoin est. Voilà, réduite à ses éléments simples, la différenciation politique.“

Phänomen.[1]) Die Herrschaft ist Autorität, geistige Macht. Sie wird unter anderm regelmäßig dazu verwendet, um physischen Zwang zu erwirken. Das sind Sätze von großer Einfachheit, die wir an den Anfang der Untersuchung stellen. Sie sind Wahrzeichen. Wir müssen immer auf sie zurückgehen, sobald wir fürchten auf unsicherem Boden den Weg zu verlieren.[2])

Jetzt aber stoßen wir auf die Kernfrage: Ist die Herrschaft Autorität, welches ist dann ihre Quelle? Ist die Herrschaft ein psychischer Zwang, mit welchen Mitteln wird der Zwang geübt? Ist der Staat ein tatsächlicher Zustand immer wachsender Motivation, welches sind die Motive, die den Untertan in Gehorsam halten? Es gilt, in das Rätsel des Staatslebens einen Blick zu tun.

«L'homme est né libre et partout il est dans les fers.» Rousseau hat diesen pathetischen Satz an den Eingang des Contrat Social gestellt. Er hat damit das Problem zusammengefaßt, mit dem sich Jahrhunderte abgemüht. Die Naturrechtslehrer haben versucht, den Gehorsam durch einen Vertrag zu erklären. Damit aber haben sie das Problem nur umgangen, nicht gelöst. Denn es ent-

---

[1]) Vgl. Richard Schmidt, Allgemeine Staatslehre. 1901. Band I, § 16.

[2]) Halten wir fest an der Einsicht, daß dem Staat die Herrschaft eigentümlich ist, die psychische Gewalt über Menschen, so löst sich die Frage nach der Natur des Staatsgebietes von selber. Wer über andre herrscht, der leitet sie nach seinem Willen, der hält sie in Gehorsam. Deshalb ist eine Herrschaft nur möglich über Menschen, nicht über ein Gebiet. Das Land ist nicht Objekt, ist nur Grenze der Herrschaft. Duguit, Traité de droit constitutionnel. 1911. Tome I, § 26, p. 97: «La puissance politique ou souveraineté est incontestablement un pouvoir de commander; or on ne peut commander qu'à des personnes. Parler de souveraineté ou de puissance politique sur un territoire, c'est employer une formule qui contient une contradiction en soi . . . Le territoire, au point de vue objectif, ne peut être que la limite de la puissance publique.» Jellinek, Staatslehre. 1905. p. 385: „Das Gebiet ist räumliche Grundlage der Herrschaftsentfaltung über sämtliche in dem Staat weilende Menschen. — Niemals kann der Staat direkt, ohne Vermittlung seiner Untertanen, über sein Gebiet herrschen." Auch Laband betrachtet das Gebiet des Staates als den räumlichen Machtbereich, in welchem der Staat die ihm zustehende Herrschaft entfaltet. Staatsrecht. 1911. Band I, p. 190. Aber das Gebiet ist ihm zugleich Objekt der Herrschaft. In diesem zweiten Punkt hat ihn Jellinek mit Erfolg bekämpft. l. c. p. 385—386. Zur Orientierung über die Frage vgl. Laband, Jellinek, Duguit l. c. Radnitzky, Zur Lehre von der Gebietshoheit und der Exterritorialität. Archiv für öffentliches Recht, Band XXIV, p. 454f.

steht sofort die neue Frage: Was bewegt die Untertanen, den Vertrag einzuhalten? Und wieder stehen wir vor dem Problem: Was ist des Gehorsams letzter Grund?

Darauf können wir mit einem Wort erwidern, das wenig und doch alles sagt: das Interesse.

Die einzelnen verfolgen Zwecke, die teils zusammenfallen, teils auseinandergehen. Wie dem auch sei, sie werden bald die Einsicht gewinnen, daß sie einen größern Vorteil erreichen, wenn sie die Arbeitskräfte nicht zersplittern, sondern zur gegenseitigen Unterstützung verbinden. Ist der Zweck gemeinsam, so richten alle deshalb ihre Anstrengung auf das gleiche Ziel. Sind die Zwecke verschieden, so arbeitet der eine für den andern, damit auch der andere für ihn seine Kraft einsetze. Es findet eine Arbeitsteilung statt.[1]) Alle Felder werden durch einen Wildbach zerstört. Die Besitzer, die einzeln nichts vermögen, tun sich zusammen und lenken den Strom zur Seite. Die Felder der einen sind durch Lawinen, die Felder der andern sind durch Steinfälle bedroht. Wieder vereinen sich alle Talbewohner. Sie kämpfen verbunden gegen beide Gefahren. So wird an den einfachsten Lebensverhältnissen der Urgrund, das bewegende Prinzip des Staates offenbar. Der Staat ist gegründet auf die gegenseitige Abhängigkeit menschlichen Strebens, der Staat ist gegründet auf die Solidarität der Interessen.[2]) [3])

---

[1]) Rousseau hat in seiner originellen Manier beschrieben, wie die Menschen zum staatlichen Leben gezwungen wurden, als sie Eisen und Getreide kennen lernten. Sobald die einen anfingen in Eisen zu arbeiten, mußten die andern sie ernähren. Diese machten mit Hilfe der neuen Eisengeräte die Erde nutzbarer als früher und begannen einen regelrechten Ackerbau. Die Erfindung der Eisenarbeit und des Getreidebaus, der Schritt zur Arbeitsteilung und damit zum Staat ist für Rousseau das Verhängnis des Menschengeschlechts gewesen.

[2]) Jellinek, Allgemeine Staatslehre. 1905. p. 244f. — vgl. Rehm, Allgemeine Staatslehre 1899, p. 199. — Duguit, Traité de droit constitutionnel. 1911. Tome I, No. 6, p. 14 s.: «L'homme est uni aux autres hommes par les liens de la *solidarité sociale*. Pour éviter le mot *solidarité*, discrédité par les politiciens, on peut dire *l'interdépendance sociale*. — Quelque diverses qu'aient été dans le passé et que puissent être dans l'avenir les formes sociales, quelque variables et divers que soient, suivant les temps et les pays, les liens de solidarité qui unissent entre eux les membres d'un même groupe social, nous croyons cependant que la solidarité sociale peut se ramener à un des éléments essen-

Zugleich wird die Kompromißnatur des staatlichen Lebens deutlich.[1]) Wenn die Genossen verschiedene Zwecke haben, wenn der eine für den andern arbeitet und wenn er einen Teil seiner Freiheit, seiner Kraft hingibt, wenn er einen Teil seiner Zwecke opfert, so tut er es nur, um seine übrigen Zwecke mit desto größerer Sicherheit und Vollkommenheit zu erreichen. Der Staat ist auf gegenseitigen Zugeständnissen aufgebaut. — Die Vertragstheorie erkennt und verwertet diese Wahrheit. Wenn sie den Staat als einen Vertrag konstruiert, so hat sie insofern recht, als dem Vertrag ein gleicher Gedanke zugrunde liegt wie dem Staat. Die einzelnen schließen Verträge, weil ihre Interessen sich begegnen, weil jeder, wenn er den andern Zugeständnisse macht, wenn er den andern Dienste leistet, einen höhern Vorteil für sich erzielt als wenn er sich vereinsamt. Die einzelnen schließen Verträge, weil ihre verschiedenen Interessen zusammenstimmen, weil jede Partei durch die Erfüllung mehr zu gewinnen als zu verlieren wähnt.[2])

---

tiels et irréductibles, qui sont les suivants. Les hommes d'un même groupe social sont solidaires les uns des autres: 1° parce qu'ils ont des besoins communs auxquels ils ne peuvent assurer satisfaction que par la vie commune; 2° parce qu'ils ont des besoins différents et des aptitudes différentes, et qu'ils assurent la satisfaction de leurs besoins différents par l'échange de services réciproques, dûs au développement et à l'emploi de leurs aptitudes différentes. La première espèce de solidarité est la solidarité *par similitudes*; la seconde, la solidarité *par division du travail*». — Emile Durkheim, De la division du travail social. Etude sur l'organisation des sociétés supérieures 1893. Livre I, Chapitre I, No. II, p. 55 s. — cf. Rousseau, Contrat social. Livre I. Chap. VI.

[3]) Ist in diesem Zusammenhang von Interessen die Rede, so darf man natürlicherweise nicht allein an materielle Interessen denken. Es handelt sich auch um die höchsten und edelsten Zwecke des Menschengeschlechts. Man fordert auch vom Staat, daß er Sorge trage für die geistigen Güter der Nation, und was er hier leistet, fällt schwer ins Gewicht für das Urteil über ihn.

[1]) Vgl. Jellinek, Allgemeine Staatslehre. 1905, p. 94, p. 332—333. — Richard Schmidt, Allgemeine Staatslehre. 1901. p. 197f.

[2]) Manche Naturrechtslehrer, unter ihnen John Locke, haben an den wirklichen Abschluß eines Vertrags geglaubt. Two Treatises on government, 1689. Book II. Chapter II, No. 14. Chapter VIII, No. 101, 102, 113. Andere jedoch haben mit der Vertragstheorie nur den Grundgedanken des Staates betonen wollen, die Solidarität der Interessen. So Black-

Es ist denkbar, daß die Vereinigung von Menschen zur Interessengemeinschaft auf einer primitiven Stufe in der Weise stattfindet, daß man sich darüber einigt, welche Tätigkeit ein jeder Genosse für die Interessen der Gesamtheit zu leisten hat. Man kann sich ein staatliches Leben vorstellen, welches von der Übereinstimmung aller getragen ist. Kehren wir zu unserm früheren Beispiel zurück. Ein jeder Genosse soll zu einem bestimmten Teil Holz und Steine liefern und Vorspann leisten, um die notwendige Schutzwehr zu bauen; und jeder ist mit der Verteilung einverstanden. Wenn man will, so mag man hier von einem Vertrage sprechen. Man muß sich aber vergegenwärtigen, daß man mit diesem Begriff dann nur ein psychologisches, nicht ein rechtliches Phänomen kennzeichnet. Denn das Recht kann erst zusammen mit den Erscheinungen des gemeinschaftlichen Lebens zur Entstehung gelangen. Es kann ihnen nicht vorausgehen. Wo wäre sein Ursprung? Ein Vertrag im eigentlichen, im rechtlichen Sinn ist doch immer dadurch charakterisiert, daß er im Rahmen, unter dem Schutz des Rechtes abgeschlossen wird.

Aber ein staatliches Leben dieser Art kann nur vorgestellt, nicht verwirklicht werden. Die Übereinstimmung aller ist sehr wohl möglich in einer Gemeinschaft, die nicht an ein bestimmtes Territorium gebunden ist. Hier wird der Umkreis der Gemeinschaft nicht durch ein fremdes, objektives Moment bestimmt. Die Gemeinschaft kann sich allein aus den Mitgliedern zusammensetzen, die eine bestimmte Willensrichtung haben. Ein subjektives Moment entscheidet. Die internationale, die kirchliche Gemeinschaft sind nach diesem Gedanken aufgebaut. Aber im Staat ist diese Übereinstimmung nicht möglich. Auf dem einen geschlossenen Gebiet wird es immer widerstreitende Elemente geben. Einigkeit wird niemals auf die Dauer bestehen. Es gibt im Staat ein gemeinsames Interesse, es gibt aber im Staat keinen gemeinsamen Willen. Der fundamentale Irrtum in der Staatslehre von Rousseau besteht

---

stone, Commentaries on the laws of England, 1765. Introduction § 2. Vol. I. 9th Ed. Oxford 1778. p. 47. — Rousseau, Discours sur l'origine de l'inégalité parmi les hommes. 1753. Introduction. Préface. — Vgl. Redslob, Die Staatstheorien der französischen Nationalversammlung von 1789, 1912. p. 33—37.

darin, daß er das einheitliche Interesse in den einheitlichen Willen der Gesamtheit, in den Gemeinwillen umgeformt hat.[1])

Die Genossen sind darüber einig, daß sie gemeinsame Interessen haben, daß gemeinsame Arbeit nötig ist. Aber sie streiten darüber, welches die gemeinsamen Interessen sind, in welcher Weise sie verfolgt werden sollen, welche Tätigkeit, welche Güter jeder Genosse beizutragen hat. Damit nun das Werk gemeinsamer Arbeit für solidarische Interessen nicht scheitert, bleibt nur der eine Ausweg, daß man einen Schiedsrichter anruft, daß man sich seinem Spruch unterwirft, daß man seinem Gebot Gehorsam leistet. Es entsteht die Herrschaft.[2]) Ein Rat der Ältesten soll entscheiden, welche Häuser, welche Matten zerstört werden sollen, um die schützende Mauer aufzurichten.

Alle sind von der Notwendigkeit der Herrschaft überzeugt.[3]) Alle folgen dem gleichen Gedankengang, daß sie das größte Maß ihrer Interessen verwirklichen, wenn sie gemeinsam mit den andern einem Willen gehorchen, der berufen ist die Interessen aller zu fördern. Die Herrschaft ist auf diese Überzeugung gegründet. Sie besitzt eine andre Grundlage nicht. Der Herrscher kann befehlen und die Untertanen gehorchen, weil man die Einrichtung der Obrigkeit als notwendig, als vernünftig betrachtet. Herrschaft ist psychischer Zwang. Das haben wir früher betont. Und dieser psychische Zwang schöpft seine Kraft in der Einsicht der Genossen, daß der Gehorsam Vorteil bringt und daß der Mangel einer Herrschaft unnützes Mühen, Verschwendung der Kraft und stete Gefahr des Unterganges bedeutet.[4])

---

[1]) In dieser Identifizierung besteht die ganze Theorie von der volonté générale. Vgl. Redslob, Die Staatstheorien der französischen Nationalversammlung. p. 31—33.

[2]) Hauriou, Précis de droit administratif. 1893. p. 7: «Dans le groupe social, une action commune est nécessaire pour la gestion des intérêts généraux; cette action commune ne se produit point naturellement sous forme de coopération sur pied d'égalité; il se crée une classe de gouvernants et une classe de gouvernés; les dirigeants dirigent les gouvernés, se font obéir d'eux par la persuasion ou par la force, exercent, en un mot, un pouvoir qui prend le nom de pouvoir politique.

[3]) Von der abnormen Erscheinung des Anarchismus wird hier abgesehen.

[4]) Jellinek, Allgemeine Staatslehre. 1905. p. 346: „Sieht man von der kleinen Minderzahl ab, die den Staat ernstlich verwerfen, so erscheint

Indessen, wenn man auch einig ist über die Notwendigkeit der Herrschaft im allgemeinen, weil sie vorteilbringend ist, so wird darüber Streit entbrennen, von wem die Herrschaft geführt, in welchen Formen sie geübt werden soll. Wann ist die beste Sicherheit dafür gegeben, daß der Zweck der Gemeinschaft, die Förderung der zusammenstimmenden Interessen mit der größten Vollkommenheit angestrebt wird? Das ist die Frage, die jetzt im Vordergrund steht und die Meinungen scheidet. Das Volk wird in mehrere Lager auseinandergehen. Das ist der regelmäßige, nicht zu vermeidende Lauf der Dinge. Und diejenige Herrschaft wird bestehen, die den stärkeren Anhang gewinnt.

Vertiefen wir dieses Phänomen und fragen wir, wer Anhänger einer Herrschaft ist. Das Band, das sich zwischen dem Herrscher und seinem Anhänger knüpft, ist immer das Interesse. Der Untertan ist geneigt, einen Herrscher zu unterstützen, wenn er dafür hält, daß durch ihn eine gedeihlichere Förderung der gemeinsamen Zwecke zu erwarten sei als durch einen andern. Wie bildet sich aber der Einzelne die Überzeugung, daß es besser sei, an der einen Herrschaft festzuhalten? Hat er das Vertrauen, daß der jetzige Staat den gemeinsamen Interessen am vorteilhaftesten diene, so kann er dazu aus mannigfachen Gründen gelangen.

Es ist möglich, daß der Untertan sich auf eine bloße Nützlichkeitserwägung beschränkt und nach ihr seine Ansicht formt;

---

den Menschen der Staat und seine Ordnung als vernünftig. Die Tatsache, daß die Schicksale der Menschen seit Menschengedenken untrennbar mit dem Staate verknüpft sind, hat die Überzeugung von den unersetzlichen Leistungen des Staates hervorgerufen und läßt ihn deshalb als vernünftig und deshalb als zu Recht bestehend erscheinen. Dem Historiker erscheint der Schluß von dem Sein des Staates aus seiner Vernünftigkeit so selbstverständlich, daß er sich des dieser Vernünftigkeit zugrunde liegenden psychologischen Tatbestandes gar nicht bewußt zu werden pflegt. — Burgess, Political Science and comparative Constitutional law. Volume I. p. 52: "The State is permanent. It does not lie within the power of the men to create it to-day and destroy it to-morrow, as caprice may move them. Human nature has two sides to it, — the one universal, the other particular; the one the state, the other the individual. Men can no more divest themselves of the one side than of the other; i. e. they cannot divest themselves of either. No great publicist since the days of Aristote has dissented from this principle. Anarchy is a permanent impossibility.

es ist möglich, daß er einzig die Leistungen des Staates betrachtet und die Herrschaft nach ihnen wertet; es ist möglich, mit andern Worten, daß er empirisch, historisch verfährt. Die Überzeugung, die sich in dieser Art entwickelt, kann mehr oder weniger fest und dauerhaft sein. Bei den einen ist die Überzeugung tief eingewurzelt, sie überdauert die Stürme, die wechselvollen Geschicke des Staates; bei den andern geht sie leicht verloren, wenn es zu Konflikten zwischen ihren persönlichen Interessen und denen der Gesamtheit kommt. Von großer Bedeutung ist hier die Einsicht, mit welcher die Einzelnen den Lauf der staatlichen Dinge betrachten. Der eine hat einen weiten Blick; er schaut auf die große Fülle der Leistungen, die das Gemeinwesen ihm bietet. Der andre sieht nur auf den einen Interessenkonflikt, der augenblicklich zwischen ihm und dem Gemeinwesen schwebt. Gewiß, es kommt für jeden der Augenblick, in dem er sich durch einen Akt des Staates für benachteiligt hält, aber der Verständige wird sich sagen, daß ein Ausgleich stattfindet, daß andere staatliche Maßregeln ihm gewichtige Vorteile bringen; und deshalb wird er die bestehende Herrschaft trotzdem unterstützen.[1]) Zwar, ein besserer Staat wäre möglich, so wird er überlegen; aber die Umwälzung des Staates selber ist ein ungeheurer Nachteil, und so ist der gegenwärtige Zustand noch vorteilhafter für mich.

Es ist aber auch denkbar, daß den Untertan ein ethisches Band mit den Personen verknüpft, welche Träger der Herrschaft sind. Ihr sittlicher Charakter, die Tugend ihrer Vorfahren wecken in ihm das Vertrauen, daß unter ihrem Zepter die größte Sicherheit gegeben sei für eine Regierung zum gemeinen Wohl des Volks. Verehrung, Stolz, Dankbarkeit, vielleicht der Glaube an göttliche Einsetzung, das alles sind ethische Mächte, die den Untertan an herrschende Persönlichkeiten fesseln. Man kann sie kennzeichnen als Gefühle der Treue.[2]) Und so zerstört die Interessentheorie

---

[1] Vgl. Bierling, Juristische Prinzipienlehre. Bd. I. 1894. p. 46. — Benjamin Constant, Cours de politique constitutionnelle. 1872. p. 14. Tome I.

[2]) Vgl. Jellinek, Allgemeine Staatslehre. 1905. p. 352: „Das durch Sitte und Herkommen gefestigte Ansehen einzelner oder bestimmter Stände und Klassen kommt auch in der staatlichen Organisation, in der Festigkeit, die bestimmten staatlichen Einrichtungen zukommt, zum Ausdruck. Die Stärke des preußischen und die Schwäche des belgischen Königtums beruhen keineswegs auf dem Buchstaben der Verfassung, sondern auf den

die Heiligkeit, und, wenn man will, die Göttlichkeit des Staates nicht.

Es ist vornehmlich die Überzeugung der ersten Art, die in einer Republik, es ist vornehmlich die Überzeugung der zweiten, die in einer Aristokratie und in einer Monarchie zur Geltung kommt. Der Träger der Herrschaft in einer Republik verdankt seine Autorität in erster Linie der Institution, welche ihn schafft, er verdankt sie seinem Amt; der Monarch seiner Persönlichkeit. Darum ist es ein natürliches Ereignis, wenn in einer Republik die Herrscher sich erneuern; wechselt aber ein Königsgeschlecht in einem Lande, dann erbebt der Staat in seinen tiefsten Fugen.

Soviel ist klar. Der Herrscher kann sich nur auf einen Teil des Volkes stützen. Er hat Widersacher. Jetzt wird das Moment des physischen Zwangs von Bedeutung. Der Herrscher muß die Gegner durch physische Gewalt oder durch die Furcht vor ihr[1]) in Schranken halten. Vermag er es nicht, so wird er seine Anhänger verlieren. Denn kann er sie nicht vor den Gegnern schützen, so können sie ihm nicht mehr gehorchen; sie unterliegen der Gewalt der Feinde. Der Herrscher kann sich nur behaupten, solange er über hinreichende physische Gewalt verfügt. Und die physische Gewalt wird ihm zur Verfügung gestellt durch die freiwillig Unterworfenen. Jetzt wird das Verhältnis erst vollkommen deutlich, das zwischen Herrschaft und physischer Gewalt besteht. Die Herrschaft, obwohl ihrem Wesen nach Autorität, geistige Kraft, ist auch als solche nur lebensfähig, wenn sie die

---

voneinander so verschiedenen Grundlagen beider Monarchien. — Duguit, Droit constitutionnel, Tome I. § 13, p. 37f., § 25, p. 90: «Les gouvernants par définition monopolisent la plus grande force dans une nation. Cette plus grande force peut être morale ou simplement matérielle. Elle est morale quand les gouvernants sont les plus forts, parce qu'on leur attribue certaines qualités d'ordre moral, parce qu'ils rendent certains services, parce qu'un prestige particulier s'attache à leur personne, parce qu'on fonde leur force gouvernante sur une croyance vraie ou fausse, mais générale et sincère, comme pendant longtemps la croyance à une mission surnaturelle donnée d'en haut aux rois de la terre, ou comme naguère encore la croyance au mythe de la souveraineté nationale.» § 23, p. 79f. — Hauriou, Précis de droit administratif. 1893. Chap. I, § 1. II, 1, p. 7—8. — Machiavel, Opusculo dei principati (il principe) 1515. Kapitel II.

[1]) Bierling, Juristische Prinzipienlehre. Band I, 1894. p. 45—46. Jellinek, Allgemeine Staatslehre. 1905. p. 327.

nötige Intensität, den nötigen Umfang besitzt, um über eine physische Macht zu gebieten, groß genug, um die Gegner niederzuhalten.[1])

Wir setzen bisher voraus, daß die einen der regierenden Obrigkeit zugetan sind und daß die andern in Widerspruch mit ihr stehen. Hier müssen wir unsere Darstellung weiter ausbauen. Wir treffen in der psychologischen Verfassung der Anhänger nicht immer eine volle Gleichförmigkeit. Zwar haben sie alle das gemein, daß sie grundsätzlich bereit sind, dem Träger der Herrschaft zu folgen, wenn er sie zu seinem Schutze ruft. Das hindert aber nicht, daß sie mit einzelnen Maßregeln des Herrschers nicht einverstanden sind, daß sie sogar in einzelnen Punkten Widerstand leisten. Der einzelne Landbesitzer ist damit einig, daß der Rat der Ältesten die Herrschaft führt. Er leistet ihm in allen andern Fällen Hilfe. Er weigert sich aber sein Grundstück zu opfern, er will nicht, daß die gemeinsame Mauer hindurch geführt werde. Hier, wo im einzelnen Fall der Anhänger der herrschenden Gewalt selbst den Gehorsam aufsagt, ist wiederum der physische Zwang vonnöten.

Der Herrscher bedarf der physischen Gewalt, um sich zu behaupten. Ohne sie vermag er seinen Willen nicht durchzusetzen. Daraus folgt, daß eine Herrschaft nur so lange aufrecht bleiben kann, als sie die stärkere Partei auf ihrer Seite hat. Die Herrschaft wird einmal geschwächt durch die Widersacher, durch die einzelnen, welche ihr nicht zugetan sind.[2]) Im Fall jeder einzelnen Maßregel wird sie weiter geschwächt durch die Zahl derjenigen, die, obwohl Anhänger der regierenden Obrig-

[1]) Duguit, Traité de droit constitutionnel. 1911. Tome I, p. 9, § 25, p. 68, § 20: «Nous sommes ramenés à l'élément essentiel de tout Etat: la plus grande force. Elle peut être matérielle ou morale; mais même lorsqu'elle n'est que morale, elle se traduit toujours par une puissance de contrainte. Il n'y a différenciation entre gouvernants et gouvernés que lorsque les gouvernants peuvent, en fait, imposer par la contrainte leur volonté aux gouvernés. A cette seule condition il y a différenciation entre gouvernants et gouvernés, et par conséquent à cette seule condition, il y a Etat.

[2]) Aristoteles, Politik. Buch V, No. IX: „Ein Hauptpunkt ist schon oft von mir berührt worden, daß man nämlich sorgfältig darüber wachen müsse, den Teil der Bürger, welcher der Staatsverfassung günstig ist und ihre Fortdauer wünscht, in Überlegenheit über denjenigen zu erhalten, welcher sie nicht will."

keit, doch die besondere Maßregel bekämpfen. Möglich, daß die Herrschaft zwar im allgemeinen den stärkeren Teil des Volkes für sich hat, im Fall des einen unpopulären Aktes aber nicht mehr. Dann ist es ein unverzeihlicher Fehler, wenn sie trotzdem sucht, den Akt zu erzwingen. Sie muß in diesem einen Streitfall unterliegen. Dies wird aber viel weitertragende Wirkungen äußern. Die Herrschaft wird im Ansehen aller Genossen fallen. Sie wird so viel Anhänger verlieren, die früher zu ihr standen, daß sie von jetzt an nicht mehr über die stärkere Mehrheit verfügt und fallen muß. Wenn wir daher sagen, daß die Herrschaft der Unterstützung durch den stärkeren Teil des Volkes bedarf, so sagen wir damit, daß dies Verhältnis nicht nur in den großen Linien, sondern in jedem einzelnen Punkt staatlicher Tätigkeit nötig ist. Denn es ist ein politischer Widersinn, sich vorzustellen, daß die staatliche Herrschaft sich im einen Fall behauptet und im andern unterliegt.

Da der Staat nur aufrecht bleibt, solang er von der stärkeren Mehrheit getragen wird, so ist es für ihn absolute Notwendigkeit, bei der Mehrheit die Überzeugung wach zu halten, er wahre in einem solchen Maß die gemeinsamen Interessen, daß sich eine Änderung der bestehenden Verhältnisse nicht lohne.[1]) Aus dieser Rücksicht entstehen für den Träger der Herrschaft notwendige Richtungen und notwendige Grenzen seiner Betätigung. Er muß ein Mindestmaß von Leistungen gewähren, er darf über ein Höchstmaß von Beschränkungen nicht hinausgehen. Man kann hier von letzten Bedingungen sprechen, unter welchen der unentbehrliche Gehorsam geleistet wird. Man hat Menschenrechte behauptet, Grundrechte, Ansprüche, die unabhängig vom Staate Geltung haben sollen. Aber ein Recht vor dem Zusammenschluß zu einer Gemeinschaft gibt es nicht. Das

---

[1]) Duguit, Droit Constitutionnel. 1911. Tome I, p. 92, § 25: «La puissance publique sera d'autant mieux obéie qu'elle sera plus volontairement acceptée par les gouvernés. C'est la mission de l'art politique de trouver les procédés de gouvernement les plus propres à faire accepter volontairement par les sujets les commandements de l'autorité publique. ... Le tout de l'art politique est d'adapter les formes et les procédés du gouvernement aux croyances religieuses et morales, aux besoins économiques du pays et de faire en sorte que les sujets soient profondément convaincus que les gouvernants gouvernent dans l'intérêt de tous.»

ist längst erkannt. Eine Deklaration von Rechten wird niemals Rechte enthalten, sondern nur wissenschaftliche, auf empirischer Beobachtung ruhende Prinzipien.[1]) Es handelt sich um nichts andres als um die natürlichen Lebensbedingungen einer Herrschaft.[2]) Formell ist die staatliche Gewalt allmächtig, materiell ist sie es nicht.[3])

---

[1]) So vom Standpunkt eines objektiven Beobachters. Allein Esmein trifft nicht das Richtige, wenn er dafür hält, daß die Deklarationen nach der Absicht ihrer Schöpfer nur wissenschaftliche Prinzipien, keine Rechtssätze statuieren sollten. Droit constitutionnel. 1906. p. 456: «Les déclarations *des droits de l'homme et du citoyen* sont un produit direct de la philosophie du XVIIIe siècle et du mouvement d'esprit qu'elle a développé. Ce sont les principaux axiomes dégagés par les philosophes et les publicistes, comme les fondements d'une organisation politique juste et rationnelle, que proclamèrent solennellement les auteurs des Constitutions nouvelles destinées à en faire l'application. *Les déclarations des droits* émanent donc de corps possédant une autorité légale et même souveraine, d'assemblées constituantes; mais ce ne sont pas des articles de lois précis et executoires. Ce sont purement et simplement des *déclarations de principes* et jusque là jamais on n'avait rien vu de tel.» Gegen diese Meinung Duguit. Droit constitutionnel. 1911. Tome I, p. 145 à 146 § 36. Für die Deklaration vom 26. August 1789 vgl. Redslob, Die Staatstheorien der französischen Nationalversammlung. 1912. p. 99.

[2]) Die unrichtige Vorstellung ist mit der richtigen vermengt bei Benjamin Constant, Cours de politique constitutionnelle. 1872. p. 13—17. Tome I.

[3]) Dicey, Introduction to the study of the Law of the Constitution. 1893. p. 74—76: "The authority, that is to say, even of a despot, depends upon the readiness of his subjects or of some portion of his subjects (unsere stärkere Mehrheit) to obey his behests; and this readiness to obey must always be in reality limited. This is shown by the most notorious facts of history. None of the early Ceasers could at their pleasure have subverted the worship or fundamental institutions of the Roman world, and when Constantine carried through a religious revolution his success was due to the sympathy of a large part of his subjects. — The sovereignty of Parliament is limited on every side by the possibility of popular resistance. — Parliament would not without great hesitation deprive of their votes large classes of Parliamentary electors; and, speaking generally, Parliament would not embark on a course of reactionary legislation." Vgl. Leslie Stephen, Science of Ethics p. 143, zitiert bei Dicey: "The power of imposing laws is dependent upon the instinct of subordination, which is itself limited." Siehe weiter seine humoristische Schilderung: "If a legislature decided that all blue-eyed babies should be murdered, the preservation of blue-eyed babies would be illegal; but legislators must go mad before they could pass such a law, and subjects be idiotic before they could submit to it."

So sind wir in dem Verständnis dessen, was staatliches Leben bedeutet, einen Schritt weiter gekommen. Eine Herrschaft, die sich in einer gegebenen Zeit in einem Land behauptet, so können wir zusammenfassen, hat darin ihren Grund, daß die Bewohner des Landes in ihrer stärkeren Mehrheit zu ihr halten, weil sie für die gemeinsamen Interessen größeren Vorteil von ihr erwarten als von einer Änderung der gegebenen Zustände.[1]) Wenn die Herrschaft, die sich gegenwärtig behauptet, so viel Anhänger verliert, daß sie nicht mehr von dem stärkeren Teil des Volkes unterstützt wird, dann zerfällt der Staat, die Herrschaft geht verloren, eine andre Herrschaft tritt an ihre Stelle. „Ein Fürst muß notwendig das Volk zum Freunde haben", sagt Machiavel.[2])

Wollen wir einen pathetischen, aber sehr unbestimmten Satz gebrauchen, so können wir sagen: Der Staat beruht auf dem Willen des Volkes.[3])

---

[1]) Duguit, Droit Constitutionnel. Tome I, p. 24: «Le pouvoir ne peut pas être légitimé par la qualité de ceux qui l'exercent, par son origine, mais seulement par la qualité des choses qu'il commande.»

[2]) Opusculo dei principati (Il principe) 1515. — Vgl. Montesquieu, De l'Esprit des Lois. 1748. Livre XIX: Des lois, dans le rapport qu'elles ont avec les principes qui forment l'esprit général, les moeurs et les manières d'une nation.

[3]) Wenn wir den Willen des Volkes zur Grundlage des Staatswesens erklären, so sind wir weit entfernt, jener Theorie vom Gemeinwillen zu huldigen, die Rousseau aufgestellt und zu einem Dogma erhoben hat, das die Staatslehre eines ganzen Zeitalters beherrschte. Es gibt nicht einen Willen aller, es gibt nur einen Willen der Stärkeren, der über alle gebietet. Die Vorstellung, daß es einen gemeinsamen Willen aller gebe, hat dazu geführt, daß man dem Willen der Nation die souveräne Gewalt zugeschrieben hat. Constitution française du 3 septembre 1791. Déclaration des droits de l'homme et du citoyen art. III: «Le principe de toute souveraineté réside essentiellement dans la nation». art. VI: «La loi est l'expression de la volonté générale.» Constitution. Titre III, art. I. Constitution de la république française du 24 Juin 1793. Déclaration des droits des l'homme et du citoyen, art. IV. Acte constitutionnel, art. VII. Constitution de la république française du 5 fructidor an III. Déclaration, art. 6. Constitution, art. 2. Constitution belge du 7 février 1831. Titre III, art. 25: «Tous les pouvoirs émanent de la nation».

Zweites Kapitel.

Das Recht.

Es gehört zum Staat, daß Menschen einer Herrschaft untertan sind. Wir sagen das Gleiche mit andern Worten, wenn wir aufstellen, daß sie einem System von Normen gehorchen. Denn ohne Normen ist eine Herrschaft nicht möglich. Das ist leicht einzusehen. Einmal, wo man einem Herrscherwillen Gehorsam leistet, da muß es Normen geben, welche sagen: wer Träger dieses Willens ist, wie dieser Wille zustande kommt, Normen also, welche die Thronfolge bestimmen, welche die Zusammensetzung, das Verfahren des Parlaments regeln. Und weiter, wo ein Herrscherwille besteht, da muß sich dieser Wille betätigen, da muß er befehlen. Er stellt Normen auf, er schafft Gesetze. So haben wir Normen von zweierlei Art. Und sie stehen in einem eigentümlichen Verhältnis zueinander. Die Normen der ersten Art übertragen ihre verbindliche Kraft auf die Normen der zweiten. Die Normen, die entscheiden, wer die Herrschaft führt, sanktionieren die Normen, die kraft der Herrschaft erlassen werden.[1]) Wir haben dort die Verfassung,[2]) hier die Gesetze.

---

[1]) Bierling spricht von einer indirekten Anerkennung der Gesetze. Juristische Prinzipienlehre. Band I, 1894, p. 42.

[2]) Der Begriff der Verfassung wird hier im materiellen Sinn gebraucht. Die Zugehörigkeit von Normen zur Verfassung entscheidet sich nach ihrer Natur. Es gibt auch eine Verfassung im formellen Sinn. Sie besteht aus den Regeln staatlicher Tätigkeit, niedergelegt in einem Instrument, das nur in besondern Formen geändert werden kann (starre im Gegensatz zur biegsamen Verfassung. rigid, flexible constitution. Bryce, The american Commonwealth. 1911. p. 30. — Dicey, Introduction to the study of the Law of the Constitution. 1893. p. 86).

All diese Normen sind mit dem Leben des Staates verwachsen. Sie gehen dem Staate nicht voraus, sie werden nicht durch ihn erzeugt. Sie sind weder die Ursache noch die Wirkung der Gemeinschaft. Sie entstehen mit der Gemeinschaft zugleich. Sie bilden in ihr ein wesentliches Element.

Haben diese Normen überall den Charakter des Rechts? Das ist die Frage, die entsteht. Will man sie beantworten, so ergibt sich vor allem die Notwendigkeit, den Begriff des Rechtes zu klären und das Recht von den verwandten Normen abzugrenzen, die der Religion, der Moral und der Sitte angehören.

Das Recht hat eine größere Verwandtschaft mit der Sitte, als mit der Religion und der Moral. Die Gebote des Rechts und der Sitte scheiden sich von den Geboten der anderen Mächte zwar nicht nach ihrem Inhalt, wohl aber in tiefgehender Weise nach ihrem Geltungskreis.[1]) Moral und Religion gebieten ein bestimmtes Handeln, ohne daß sie es mit dem Handeln anderer Menschen in Zusammenhang setzen. Der einzelne befolgt die sittlichen und religiösen Gebote für sich allein. Sie gelten für ihn, ob er vereinsamt oder ob er in Gesellschaft lebt. Anders verhält es sich mit Recht und Sitte. Sie haben zur Voraussetzung, daß mehrere sich zu einer Interessengemeinschaft zusammentun. Recht und Sitte haben zum wesentlichen Zweck einen Ausgleich unter den Menschen. Sie versöhnen die Bestrebungen verschiedener Genossen miteinander. Sie beschränken den einzelnen, um ihm auf der anderen Seite größere Freiheit zu geben. Sie dienen dem Ziel der Gemeinschaft, und dieses Ziel besteht darin, daß der Genosse zum Teil seine Güter der Gesamtheit opfere, damit er um so mehr Güter von der Gesamtheit zurückempfange. Recht und Sitte können nur bestehen, wenn mehrere in gleicher Weise ihren Geboten untertan sind. Recht und Sitte sind auf Gegenseitigkeit gegründet. Und so können wir die Grenze in folgender Weise ziehen: Recht und Sitte haben eine Voraussetzung ihrer Gültigkeit, welche für Moral und Religion nicht besteht: den Zusammenschluß zum Interessenverband. Moral und Religion geben Normen für den

---

[1]) Richard Schmidt, Allgemeine Staatslehre. Band I. 1901. p. 169.

einzelnen Menschen, Recht und Sitte geben Normen für eine Gemeinschaft.[1])

Wodurch unterscheidet sich weiter das Recht von der Sitte? Beide Mächte stimmen darin überein, daß sie eine Ordnung für eine Interessengemeinschaft bilden. Das Recht hebt sich aber von der Sitte dadurch ab, daß es eine besondere Garantie besitzt. Ein bestimmter menschlicher Wille wird von den Genossen ausersehen, um die Einhaltung der Rechtsnormen zu sichern. Das ist eine sehr allgemeine Definition. Aber wir dürfen den Begriff nicht enger gestalten, soll er imstande sein, die Wirklichkeit zu erklären. Recht ist überall vorhanden, wo ein bewußter Wille auf den Schauplatz tritt, der im Einverständnis mit den Genossen die Normen der Gemeinschaft wahren soll. Es ist für das Recht eigentümlich, daß es nicht allein unter dem Schutz der blind schaffenden sozialen Kräfte steht, wie die Sitte, sondern daß es geschützt wird durch zweckbewußte Institutionen. Untrennbar vom Recht ist die organisierte Garantie.

Es ist deutlich, daß die meisten Normen, die im Staate Geltung haben, durch eine Gewährleistung der beschriebenen Art ausgezeichnet sind. Es ist hier nicht allein an das Richteramt zu denken, dessen Inhalt sich darin erschöpft, allgemeine Normen auf den besonderen Fall anzuwenden und ihre Einhaltung in der gegebenen Sachlage zu prüfen. Es ist auch nicht allein an die Fälle zu denken, in denen physischer Zwang angewendet wird, um die Unverletzlichkeit der Normen zu behaupten. Es gibt noch andere zahlreiche Fälle, in denen die entscheidende

---

[1]) Adolf Merkel hat als ein unterscheidendes Merkmal aufgestellt, daß es für Moral und Religion nur Pflichten gebe, für Recht und Sitte hingegen auch Ansprüche neben den Pflichten. Juristische Enzyklopädie. 1910. p. 34. § 71f.: „Die Satzungen der Religion und der Moral wenden sich im allgemeinen nur nach einer Seite, sie gebieten und beschränken, und ihre Gebote und Beschränkungen stellen sich nicht als eine bloße Konsequenz einer, Dritten zugewendeten, Gewährleistung dar. Ihr Kardinalbegriff ist derjenige der Pflicht, und die von ihnen begründeten Pflichten sind nicht die bloßen Schatten von Befugnissen." Wenn aber in der Sphäre von Recht und Sitte den Pflichten Ansprüche gegenüberstehen, tritt damit nicht deutlich in die Erscheinung, daß die Pflichten um der andern Menschen willen bestehen, daß sie dem Ausgleich von Interessen dienen, daß sie in die Ordnung einer Gemeinschaft eingebaut sind?

Garantie vorhanden ist.[1]) Der deutsche Kaiser gibt nur dann die Ausfertigung zu einem Reichsgesetz, wenn er festgestellt hat, daß es in verfassungsmäßiger Weise vom Reichstag und vom Bundesrat angenommen ist.[2]) Der König von England, der Präsident der französischen Republik vollziehen erst dann Promulgation, wenn sie den Beweis in Händen haben, daß der Gesetzesakt verfassungsmäßig beide Häuser durchlaufen hat.[3]) Auch hier besteht die verlangte Garantie. Eine Instanz ist ausersehen, um die Einhaltung der Normen zu prüfen. Ein anderes Beispiel: Der Präsident der Nationalversammlung in Frankreich, der Präsident des Senats in den Vereinigten Staaten entscheiden darüber, ob ein Bürger in verfassungsmäßiger Weise zum Präsidenten der Republik gewählt ist.[4]) Hier finden wir eine gleiche Gewähr. Und wenn ein Parlament die Mandate seiner Mitglieder auf ihre Gültigkeit prüft, so ist wieder das gleiche Verhältnis gegeben. Umgekehrt, eine solche Garantie fehlt bei manchen, oft sogar bei den allerwichtigsten Verfassungsnormen. Wenn es dem König von England, dem König der Belgier, dem Präsidenten der französischen Republik verwehrt ist, von seinem Veto bei der Gesetzgebung Gebrauch zu machen,[5]) wenn der

---

[1]) Vgl. Jellinek, allgemeine Staatslehre. 1905. p. 335. — Richard Schmidt, Allgemeine Staatslehre. Band I. 1901. p. 175—176.

[2]) Laband, Staatsrecht. 1911. Band II. p. 13f., p. 42f. Reichsverfassung. Artikel 17.

[3]) Laband, l. c. p. 16f. Duguit. Droit constitutionnel. 1911. Tome II. No. 159. p. 442f: «La promulgation est l'acte par lequel le président de la République affirme, en la formule consacrée, que la loi a été régulièrement votée par les chambres, qu'elle doit être appliquée par les autorités administratives et judiciaires et qu'elle s'impose à tous.» Loi constitutionnelle du 16 juillet 1875 sur les rapports des pouvoirs publics. Article 7.

[4]) Loi du 25 février 1875 relative à l'organisation des pouvoirs publics. Article 2. Loi constitutionnelle du 16 juillet 1875. Article 11 II. Duguit l. c. p. 416f, No. 156. In Amerika hat sich der Kongreß im Laufe der Zeit das Recht angemaßt, über die Giltigkeit der Wahlstimmen zu entscheiden. Bryce. The American Commonwealth. 1911. Band I. p. 47.

[5]) Hatschek, Englisches Staatsrecht. 1905. Handbuch des öffentlichen Rechts. IV. 2. Band 1. p. 644f. § 121. — Dicey, Introduction to the Study of the Law of the Constitution. 1893. p. 25. Errera, das Staatsrecht des Königreichs Belgien. 1909. Das öffentliche Recht der Gegenwart. Band VII.

Präsident der französischen Republik die Deputierten-Kammer nicht auflösen kann, obwohl der Buchstabe der Verfassung ihm diese Befugnis zugesteht,[1]) wenn ein Ministerium sich vor dem Mißtrauensvotum einer Kammer zurückziehen muß, wenn die Minister der nordamerikanischen Union nicht im Kongreß erscheinen können,[2]) wenn bei der Präsidentenwahl in der Union die Wahlmänner verbunden sind, ihre Stimme so abzugeben, wie die Wähler es verlangen,[3]) wenn niemand mehr als zweimal zum Präsidenten ernannt werden kann,[4]) so handelt es sich hier überall um Regeln, deren Beobachtung nicht in der charakterisierten Weise gesichert ist. Niemand ist berufen, gegen die Anwendung des Veto einzuschreiten, niemand ist kompetent, darüber zu entscheiden, ob ein Ministerium abdanken muß. Kein organisierter Wille greift ein. Es ist den unbewußt schaffenden politischen Kräften überlassen, die Verletzung jener Normen zu hindern. Der Schutz liegt allein in der öffentlichen Meinung, in der gewaltigen und regellos schaffenden Naturmacht, die man den Willen des Volkes nennt. Es handelt sich um Konventionalregeln, nicht mehr um Rechtssätze.

Der Unterschied zwischen Recht und Sitte deckt sich durchaus nicht mit dem der geschriebenen und der ungeschriebenen Normen.[5]) Es gibt ein Gewohnheitsrecht. Es ist nicht aufge-

---

p. 53f. Belgische Verfassung vom 7. Februar 1831. Article 26, 69. — Duguit, Droit constitutionnel. 1911. Tome II. p. 446f. Loi constitutionnelle du 16 Juillet 1875. Article 7. § 2.

[1]) Duguit, l. c. p. 423f. Loi du 25 février 1875. Art. 5. § 1. Die Zustimmung des Senates ist nach diesem Gesetz zur Auflösung erfordert.

[2]) Bryce, The American Commonwealth 1911. Vol. I. p. 209f.

[3]) Bryce, l. c. p. 41f. Dicey, p. 28, l. c.

[4]) Bryce, l. c. p. 45f. Dicey, l. c. p. 28—29.

[5]) Dicey, l. c. p. 27: "The distinction between laws and conventions differs essentially, it should be noted, from the distinction between "written law" (or statute law) and "unwritten law" (or common law). There are laws of the constitution, as, for example, the Bill of Rights, the Act of Settlement, the Habeas Corpus Acts, which are "written law", found in the statute-books — in other words, are statutary enactments. There are other most important laws of the constitution (several of which have already been mentioned) which are "unwritten laws", that is, not statutary enactments. Some further of the laws of the constitution, such,

zeichnet und trotzdem Recht.[1]) Und wenn eine Reihe von geschriebenen Verfassungen die Verantwortlichkeit der Minister vor dem Parlament statuieren, so schaffen sie damit Regeln ohne rechtlichen Charakter.[2])

---

for example, as the law regulating the descent of the Crown, which were at one time unwritten or common law, have now become written or statute law. The conventions of the Constitution on the other hand, cannot be recorded in the statute-book, though they may be formally reduced to writing. Thus the whole of our parliamentary procedure is nothing but a mass of conventional law; it is, however, recorded in written or printed rules."

[1]) Richard Schmidt läßt zwei Momente alternativ entscheiden. Recht ist vorhanden, wenn ein staatlicher Willenträger entweder die Norm festsetzt oder die Norm anwendet. Das zweite Moment wird wohl demjenigen entsprechen, das wir aufgestellt haben. Das erste deckt sich ungefähr mit dem Umstand, daß es sich um eine geschriebene Norm handelt. Aber damit sind zwei verschiedenartige Merkmale für die Definition benutzt, die wohl schwerlich zu einem einheitlichen Begriff mit ausgeprägtem und für das Recht entscheidendem Charakter vereinigt werden können. Das erste Merkmal paßt auch nicht für das Völkerrecht. „Das Recht wird dadurch aus dem Bereich der Moral und Sitte herausgelöst — so heißt es in dem ersten Band der Staatslehre, p. 169 —, daß für seine Normen ein klarer und bestimmter Maßstab in einer öffentlichen, von den Organen der sozialen Gruppen vorgenommenen Willensäußerung gewonnen wird — sei es durch allgemeingültige Aufstellung des Satzes in einem Akt der Gesetzgebung oder Rechtssatzung —, sei es durch eine besondere Feststellung, was im Einzelfall Rechtens ist, in einem Akt der Rechtsanwendung. Und daneben wird gleichzeitig eine äußere formale Möglichkeit zur Durchführung des Inhalts der Pflichtgebote geschaffen in Gestalt eines offiziellen Zwangs". — Ähnlich wie Richard Schmidt auch Merkel, Juristische Enzyklopädie. 1900. p. 37. § 79.

[2]) Art. 17 der Reichsverfassung erklärt den Reichskanzler für verantwortlich. Laband, Staatsrecht 1911. Band I. p. 371: „Die Verantwortlichkeit des Reichskanzlers ist nicht zu einem Rechtsinstitut gestaltet; es fehlt an Anordnungen, worauf sie sich erstreckt, wer befugt ist, sie geltend zu machen (!), welches Verfahren dabei einzuhalten ist, welche Wirkungen mit ihr verknüpft sind. Die Verantwortlichkeit des Reichskanzlers ist daher nur ein politisches Prinzip, das seiner Verwirklichung durch Rechtssätze noch harrt, welches aber doch als solches nicht wirkungslos ist, sondern die sogenannte politische oder parlamentarische Verantwortlichkeit des Reichskanzlers begründet. Die praktische Folge derselben besteht im wesentlichen darin, daß der Reichskanzler sich der politischen Notwendigkeit nicht entziehen kann, auf Angriffe gegen seine Geschäftsführung im Bundesrat und Reichstag Rede zu stehen."

Man darf es auch nicht allein darauf ankommen lassen, daß eine Norm vor den Richter gebracht werden kann.[1]) Das ist schon angedeutet und geht aus den angeführten Beispielen hervor. Die Frage, ob ein Gesetz verfassungsgerecht im Parlament beschlossen ist, gehört weder im Deutschen Reiche noch in England, noch in Frankreich zur Kompetenz des Richters. Die Ausfertigung entscheidet. Und doch wird man nicht behaupten wollen, daß den Verfassungsgesetzen, die über den Gang der Gesetzgebung bestimmen, der Rechtscharakter fehle. Wer wird aufstellen, daß die Veto-Bill von 1911,[2]) welche die Zustimmung des Oberhauses in bestimmten Fällen für entbehrlich erklärt, nur eine Konventionalregel und keine Rechtsnorm sei?

Die Definition wird umgekehrt zu weit, wenn eine jede Garantie als ausreichend betrachtet wird. Jedes Recht hat seine Garantie in sozialpsychologischen Mächten. Wenn man aber nicht daran festhält, daß diese sozialpsychologischen Mächte in einer besonderen Form, durch einen organisierten Willen ihre Wirksamkeit äußern müssen, so verflüchtigt sich ein jeder Unterschied zwischen Recht und Sitte.[3])

---

[1]) Dicey, l. c. p. 23: "The one set of rules are in the strictest sense "laws", since they are rules which (whether written or unwritten, whether enacted by statute or derived from the mass of custom, tradition, or judge-made maxims known as the Common Law) *are enforced by the Courts*; these rules constitute "constitutional law" in the proper sense of that term and may for the sake of distinction be called collectively, "the law of the constitution".

The other set of rules consist of conventions, understandings, habits, or practices which, though they may regulate the conduct of the several members of the sovereign power, of the Ministry, or of other officials, are not in reality laws at all since *they are not enforced by the Courts.* This portion of constitutional law may, for the sake of distinction, be termed the "conventions of the constitution", or "constitutional morality". — cf. p. 345f. — Freeman, Growth of English Constitution. 1. ed. p. 109—110.

[2]) 1 und 2 Geo. 5. ch. 13.

[3]) Jellinek, Allgemeine Staatslehre, S. 325f: „Zur Geltung des Rechtes gehört es, daß seine psychologische Wirksamkeit garantiert ist. Garantiert ist ein Recht aber dann, wenn die motivierende Kraft seiner Vorschriften durch sozialpsychologische Mächte derart verstärkt ist, daß die Erwartung gerechtfertigt ist, daß jene Normen sich gegen widerstrebende individuelle Motive als Bewegungsgründe des Handelns durchzusetzen imstande sind."

Endlich kann man das Recht auch nicht charakterisieren durch den physischen Zwang, der angewendet wird, um seine Autorität aufrecht zu erhalten. Die Folge wäre, daß man den Rechtscharakter dem Kirchen- und dem Völkerrecht absprechen müßte.[1])

Wir fassen zusammen. Am Anfang dieses Kapitels haben wir den Satz aufgestellt: Die Wahrheit, daß die Menschen sich im Staat einer Herrschaft unterwerfen, ist gleichbedeutend mit dem Satz, daß sie einem System von Normen Gehorsam leisten. Und wir haben jetzt die weitere Erkenntnis gewonnen, daß diese Normen zum einen Teil Rechtssätze, zum anderen Teil Konventionalregeln sind.

Wir gehen in unserer Aufgabe weiter, die darin besteht, das Verhältnis von Staat und Recht zu klären.

Wenn man sich unter eine Herrschaft begibt, so unterwirft man sich zugleich einer Mehrheit von Rechtssätzen. Was sagen diese Rechtssätze? Sie sagen, wer Träger der Herrschaft ist, und sie sagen, was der Träger der Herrschaft befiehlt. Die Unterwerfung unter ein Recht ist also die konkrete Gestalt, in der man einer Herrschaft botmäßig wird. In dem Recht kommt die Herrschaft zur äußeren Erscheinung. In dem Recht wird die Herrschaft lebendig. Das Recht gibt der Herrschaft ihren Inhalt. Wenn die Herrschaft die Möglichkeit ist, sich Gehorsam zu verschaffen, so sagt das Recht, welcher Gehorsam gefordert und durchgesetzt wird.

Man hat viel über das Verhältnis von Staat und Recht gestritten. Man hat gefragt, ob ein Recht schon vor dem Staat existiere. Man hat gefragt, ob das Recht erst durch den Staat

---

Duguit, Droit constitutionnel. 1911. Tome I. § 19. p. 64—65: «La sanction directe par la contrainte n'est pas nécessaire pour qu'une règle soit une règle de droit. Il y a règle de droit du moment où la violation de cette règle provoque une réaction sociale.» Ist diese Definition zu weit, so entsprechen doch die Beispiele, welche Duguit anführt, unserer Auffassung: Trennung der Gewalten, Trennung der Funktionen, Einrichtung von hohen Gerichtshöfen. Das sind alles organisierte Garantien in unserem Sinn.

[1]) Jellinek, l. c. p. 326—328. — Über die Zwangstheorie vgl. Kelsen, Die Hauptprobleme des Staatsrechts. 1911. S. 212f.

geschaffen werde. Hierbei hat man den Staat lediglich als ein historisches, als ein politisches, als ein soziologisches Gebilde aufgefaßt und zum Recht in Gegensatz gestellt. Ein solcher Gegensatz aber kann nicht durchgeführt werden. Er beruht auf Voraussetzungen, die nicht vorstellbar sind. Gewiß, man kann den Staat als ein Produkt sozialer Kräfte denken; und man kann ihn gar nicht anders erklären. Man gelangt zu dem Phänomen der Herrschaft, das den ganzen Staat zusammen hält. Aber in ihm ist das Phänomen des Rechts schon enthalten. Recht und Herrschaft verhalten sich zueinander wie Inhalt und Form. Mit Staat und Herrschaft bezeichnet man die abstrakte Institution. Ihre konkrete Gestaltung wird erkennbar durch das Recht. Solange wir das Recht aus der Betrachtung ausscheiden, gelangen wir nur zu einer Welt von leeren Begriffen. Wir wissen nur, daß eine Herrschaft besteht, wir wissen aber nicht, welcher Wille die Herrschaft übt, wir wissen auch nicht, wie er sie übt, was er befiehlt. Sobald wir über einen wirklichen Staat, über eine bestehende Herrschaft irgendeine Aussage machen wollen, müssen wir das Recht zu Hilfe nehmen. Die soziologische Betrachtung kann nicht von der rechtlichen getrennt werden. Die soziologische Betrachtung ist zugleich rechtliche Betrachtung und umgekehrt. Es ist müßig, Staat und Recht voneinander zu trennen. Staat und Herrschaft sind unlösbar verwachsen mit dem Recht.[1])

Der Fehler, Recht und Herrschaft voneinander zu lösen, wird einmal begangen von einer Staatslehre, die als Machttheorie bezeichnet werden kann. Diese Doktrin sucht die Herr-

---

[1]) Vgl. Rehm, Allgemeine Staatslehre. 1899. S. 159: „Wie mit der Existenz mehrerer Staaten sofort auch eine Rechtsordnung, die Völkerrechtsordnung, und zwar vor allem der Grundsatz gegenseitiger Gleichberechtigung der Staaten gegeben ist, so ist schon mit der Existenz des einzelnen Staates eine Rechtsordnung vorhanden. Staat ist Ordnung, geordnete Gemeinschaft, Ordnung der äußeren Verhältnisse der Menschen. Somit ist mit seinem Wesen eine Rechtsordnung verbunden. Mit der Entstehung des Staates sind demnach auch schon Rechtssätze, solche der Natur der Sache entstanden. Mit der Existenz des Staates besteht z. B. bereits der Satz, daß der Untertan zu Gehorsam verpflichtet ist. Er gilt, ohne daß ihn die Gemeinschaft erläßt oder die Übung entwickelt."

schaft ohne das Recht zu begreifen. Sie läßt die Herrschaft ohne das Recht entstehen. Das Recht ist nur ein abgeleitetes Phänomen. Es wird von der Herrschaft erzeugt.[1])

Der gleiche Fehler findet sich in den Theorien, die das Recht vor aller Herrschaft außer und über dem Staat konstruieren.[2])

---

[1]) v. Seydel, Bayrisches Staatsrecht. 1896. I. p. 170. Grundzüge einer allgemeinen Staatslehre. p. 4. Hirths Annalen. 1888. p. 322: „Der Staat ist eine Tatsache . . . Und eine Tatsache ist nicht minder das, was aus Land und Leuten ein Staatswesen macht, die Herrschaft.“ John Austin, Lectures on jurisprudence 1863. II. p. 195f. 228f. 322f.; vgl. hierzu Jellinek. p. 158. Rehm. p. 146f. 156f.

[2]) Duguit gesteht der Herrschaft keinen Rechtscharakter zu. Droit constitutionnel. 1911. p. 37. § 13. Tome I: «Dans tous les groupes sociaux qu'on qualifie d'États, les plus primitifs et les plus simples, comme les plus civilisés et les plus complexes, on trouve toujours un fait unique, des individus plus forts que les autres qui veulent et qui peuvent imposer leur volonté aux autres . . . Le fait est toujours là identique à lui-même: les plus forts imposent leur volonté aux plus faibles. Cette plus grande force s'est présentée sous les aspects les plus divers: tantôt elle a été une force purement matérielle, tantôt une force morale et religieuse, tantôt une force intellectuelle, tantôt (et cela bien souvent) une force économique.» p. 88: «La puissance gouvernante existe donc et ne peut pas ne pas exister. Seulement nous nions qu'elle soit un droit. Nous affirmons que ceux qui détiennent cette puissance gouvernante détiennent une puissance de fait, et non pas une puissance de droit.» Auf Grund der Herrschaft, die keine rechtliche Natur besitzt, werden Normen aufgestellt. Soweit geht diese Theorie gleichen Schritt mit der vorher charakterisierten Machttheorie. Jellinek bringt daher beide unter die gleiche Rubrik und bezeichnet sie als Lehren, die den Staat als eine Tatsache deuten. p. 135—136, Anm. 1. Aber hier beginnt die originelle Auffassung von Duguit. Die Normen, die auf Grund der tatsächlichen Herrschaft erlassen werden, bilden nicht das Recht. Wo ist aber dann das Recht zu suchen? Die Antwort lautet: In einer Regel, die vor aller Herrschaft gegeben ist, die in der Solidarität der Interessen wurzelt und durch die sich vereinigenden Interessen selbst ihren Inhalt empfängt. Es ist die Rechtsregel (règle de droit). Hier ist die Quelle jedes Rechts. Die Normen, die auf Grund der Herrschaft erlassen werden, sind nur verbindlich, wenn sie der Rechtsregel entsprechen. p. 17, § 7. «Le droit fondé sur la solidarité sociale: L'existence, la nature et l'étendue de la solidarité sociale étant établies, il est aisé de montrer comment elle est le vrai fondement du droit. L'homme vit en société et ne peut vivre qu'en société; la société ne subsiste que par la solidarité qui unit entre eux les individus qui la composent. Par conséquent, une règle de conduite s'impose

Der gleiche Fehler ist endlich in doppelter Gestalt überall dort vorhanden, wo man das Recht spaltet in ein natürliches Recht, das vor und über dem Staate gilt, und in ein positives Recht, welches geschaffen wird durch die Herrschergewalt.[1])

Es fragt sich endlich, wie unsere Auffassung sich zu einer Lehre verhält, die in letzter Zeit einiges Ansehen gewonnen hat und die den Staat als ein Rechtsverhältnis begreift. Wenn wir diese Lehre in ihrer neuesten Formulierung betrachten, so sehen wir bald, daß ihre Gedankengänge und die unseren zum einen Teil sich trennen und zum anderen Teil ineinander fließen.

„Der Staat" — sagt Löning — „ist ein reales Rechtsverhältnis zwischen dem Herrscher und den Beherrschten." Und an anderer Stelle: „In dem Gewaltverhältnis hat der Gewaltunterworfene nach dem Willen des Gewalthabers Handlungen vorzunehmen oder zu unterlassen. Das Gewaltverhältnis ist ein rechtliches, wenn der Gewaltunterworfene hierzu durch Rechtsnormen verpflichtet ist und der Gewaltinhaber durch Rechtsnormen zur Ausübung der Gewalt berechtigt oder nach Rechtsnormen sie

---

à l'homme social par la force même des choses, règle qui peut se formuler ainsi: ne rien faire qui porte atteinte à la solidarité sociale sous l'une de ses deux formes et faire tout ce qui est de nature à réaliser et à développer la solidarité sociale mécanique et organique. Tout le droit objectif se résume en cette formule, et la loi positive pour être légitime devra être l'expression, le développement ou la mise en œuvre de ce principe. Cette règle de conduite, règle de droit, née de la solidarité sociale, se modèle sur cette solidarité et nous apparaît avec les mêmes caractères.» p. 41. § 14: «La puissance politique étant chose de fait, on a compris, du jour où on a eu la notion du droit, que les ordres de cette puissance n'étaient légitimes que s'ils étaient conformes au droit. — L'État est fondé sur la force; mais cette force est légitime lorsqu'elle s'exerce conformément au droit. Nous ne disons pas avec Ihering que le droit est la politique de la force, mais bien que la puissance politique est la force mise au service du droit.» cf. Études de droit public. 1901. Tome I. L'État, le droit objectif et la loi positive. cf. Jèze. Les principes généraux du droit administratif. 1904. — Vgl. über die Theorie von der primären Natur des Rechtes: Jellinek. p. 355f. Gegen die Theorie von Duguit polemisiert Esmein, Eléments de droit constitutionnel français et comparé. 1906. p. 31f.

[1]) Hierher ist die mittelalterliche und die naturrechtliche Doktrin zu zählen. Gierke, Johannes Althusius und die Entwicklung der naturrechtlichen Staatstheorien. 1902. Kapitel VI. p. 264f.

auszuüben verpflichtet ist."[1]) Man sieht, die Herrschaft ist nach dieser Theorie eine Institution, die durch das Recht geschaffen ist. Die Herrschaft ist ein Rechtsverhältnis, das heißt eine Ordnung, die sich aus dem Recht ableitet. Das Recht will die Herrschaft, und deshalb besteht sie. Auch hier wird also ein Recht außerhalb des Staates konstruiert, wie in der Lehre von Duguit. Daß wir so die Theorie richtig interpretieren, ergibt sich aus andern Ausführungen von Löning[2]) und aus seiner Versicherung, daß auch Duguit sich zu der Lehre vom Staat als einem Rechtsverhältnis bekannt habe.[3]) Schon Jellinek hat dieser Lehre den Vorwurf gemacht, daß sie eine überstaatliche Rechtsordnung voraussetze, welche dem staatlichen Rechtsverhältnis Gültigkeit verleihe.[4])

Wenn aber auch diese Lehre Recht und Herrschaft voneinander löst, statt beide als zwei Seiten des gleichen Phänomens zu betrachten, wie wir es getan haben, so stimmen wir doch mit ihr in der Art und Weise überein, in welcher sie die Gültigkeit des Rechtes zu erklären sucht. Sie deutet die immanente Kraft des Rechts in der gleichen Weise, in welcher wir die immanente Kraft der Herrschaft gedeutet haben. Und damit kommen wir jetzt zu einem neuen Glied in unserer Gedankenreihe.

[1]) Handwörterbuch der Staatswissenschaften. Band VII. 411; Artikel über allgemeine Staatslehre. S. 702, 710. — Hölder, Natürliche und rechtliche Personen. 1905. p. 157.

[2]) „Die Staatsgewalt muß eine tatsächliche Gewalt sein, es müssen ihr die physischen Machtmittel zu Gebote stehen, um den Willen Einzelner, der sich gegen das Recht auflehnt, zu beugen. Diese Gewaltmittel bestehen aber nicht in der physischen Kraft des Inhabers der Gewalt, sondern in den physischen Kräften zahlreicher Personen, in letzter Reihe in der physischen Kraft der organisierten Heeresmacht, welche rechtlich verpflichtet sind, den Willen des Trägers der Staatsgewalt zur Ausführung zu bringen. Beruht demnach selbst die physische Macht des Staatsoberhauptes nur auf Rechtsverhältnissen, so würde auch sie versagen, wenn die Gesamtheit oder die große Mehrheit der Beherrschten ihr Widerstand leistete. Zu dem Begriff der Herrschergewalt gehört es zwar, daß sie auch physische Gewalt ist oder ihr physische Gewaltmittel zu Gebote stehen, aber sie ist nicht darin begründet, sondern in dem Bewußtsein der Beherrschten von ihrer Notwendigkeit und Verbindlichkeit, sie ist im Rechte begründet." l. c. p. 711.

[3]) l. c. p. 705.

[4]) p. 161. Jellinek erhebt noch andere Bedenken; s. auch Bornhak. Allgemeine Staatslehre. 1909. p. 13—14.

Recht und Herrschaft verhalten sich zueinander wie Inhalt und Form, so haben wir früher gesehen. Die Unterwerfung unter die Herrschaft ist also gleichzeitig die Unterwerfung unter das Recht. Reden wir von einem Gehorsam gegen das Recht, so präzisieren wir nur, was der Gehorsam gegen die Herrschaft bedeutet. Daraus ergibt sich: wenn wir die Herrschaft als ein psychologisches Phänomen dargestellt haben, so gelten diese Ausführungen auch für das Recht.

Übertragen wir die früher gewonnenen Sätze auf das neue Gebiet. Die Herrschaft, so haben wir festgestellt, ist gegründet auf die Solidarität der Interessen; die Herrschaft ist gegründet auf die Überzeugung, daß sie vorteilbringend sei. In gleicher Weise muß sich auch die Verbindlichkeit des Rechts erklären. Es gilt, weil es als vernünftig anerkannt wird.[1]) Weiter, die

[1]) Vgl. die tiefgehenden Ausführungen von Jellinek über das Wesen des Rechts. Allgemeine Staatslehre. 1905. 329f. Kapitel XI. Das Recht beruht auf Anerkennung, sagt Jellinek. Und die Anerkennung kann einen doppelten Grund haben. Man kann das Recht anerkennen, weil es besteht, und man kann es anerkennen, weil es vernünftig ist. „Es sind zwei psychologische Elemente, welche die Umsetzung der Staatsordnung in Rechtsordnung verursachen. Das erste, das tatsächlich Geübte in Normatives verwandelnde, ist das konservative, das zweite, die Vorstellung eines über dem positiven Rechte stehenden Rechtes erzeugende, das rationale, evolutionistische, vorwärtstreibende, auf Änderung des gegebenen Rechtszustandes gerichtete Element der Rechtsbildung.“ p. 345. Das sind Ausführungen, deren Richtigkeit außer Zweifel sind. Nur darf man eines nicht übersehen. Wenn ein Volk ein Recht anerkennt, weil es tatsächlich geübt wird, so ist dabei vorausgesetzt, das dieses Recht schon besteht. Das Recht gilt, bevor man sich an das Recht gewöhnt. So stößt man auf die weitere Frage, warum dieses Recht schon besteht, wie es entstanden ist. Und hier wird man in letzter Linie wieder die Überzeugung der Vernünftigkeit anrufen müssen. Möglich, daß ein Recht, obwohl im Anfang vernünftig, mit der Zeit unvernünftig wird und kraft Gewohnheit trotzdem weiter besteht. Möglich auch, daß ein Recht vernünftig bleibt, daß aber die Vorstellung seiner Vernünftigkeit erstarrt, aus dem Bewußtsein schwindet. Die Überzeugung der Vernünftigkeit wird doch immer das primäre Fundament bilden, und die Anerkennung durch Gewohnheit wird sich nur auf dieser Grundlage entwickeln können. Soviel, um zu rechtfertigen, daß wir in unserer Darstellung die Vorstellung der Nützlichkeit immer als den Urgrund der Herrschaft und damit des Rechtes bezeichnet haben. — Vgl. weiter Rehm. Allgemeine Staatslehre. 1899. p. 159: „Jeder Rechtssatz ist Ausdruck einer Rechtsidee. Die Rechtsidee hat keine physische, aber sie hat psychologische Kraft. Und

Herrschaft kann nur so lange aufrecht bleiben, als die Bewohner des Landes in ihrer stärkeren Mehrheit zu ihr halten. Die gleiche Voraussetzung muß für die Gültigkeit der Rechtsordnung bestehen.[1])

Wenn wir in diesem Kapitel das Recht mit der Herrschaft immer wieder in Zusammenhang bringen, so geschieht es nur deshalb, weil wir das Recht im Staate betrachten. Wir stoßen auf die Herrschaft als die Grunderscheinung des staatlichen Lebens und sehen, daß sich das Recht mit der Herrschaft untrennbar verbindet. Aber wir dürfen eines nicht vergessen: Es liegt nicht im Wesen des Rechtes selbst, mit einer Herrschaft verbunden zu sein. Das hat unsere Betrachtung über den Rechtsbegriff gelehrt. Wir haben das Recht definiert, ohne den Begriff der Herrschaft zu Hilfe zu nehmen. Das Verhältnis der Staaten untereinander wird durch ein Recht, aber nicht durch eine Herrschaft geregelt. Völkerrecht und Herrschaft sind Begriffe, die miteinander nicht verträglich sind. Wenn wir behaupten, daß ein Recht gerade so gut wie eine Herrschaft nur bestehen kann, wenn es bei der stärkeren Mehrheit Unterstützung findet, so gilt dieser Satz nur für den Staat. Die Tatsache, daß eine staatliche Herrschaft, ein staatliches Recht neben Anhängern immer Widersacher findet, rührt daher, daß der Staat seiner Natur nach ein festes Gebiet umfaßt und alle seine Bewohner ergreift. Eine solche Spaltung ist dem Kirchenrecht und dem Völkerrecht unbekannt. Beide Rechtssysteme sind nicht an ein Land gebunden. Sie unterscheiden nicht zwischen Anhängern und Widersachern, sie unterscheiden nur zwischen Angehörigen der Gemeinschaft und Fremden. Sie gelten nur für diejenigen, die aus Überzeugung den Normen der Gemeinschaft fol-

dies hat sie wegen der dem Menschen innewohnenden Überzeugung, daß ohne Recht ein friedliches Zusammenleben nicht möglich ist." — Löning, Artikel über allgemeine Staatslehre im Handwörterbuch der Staatswissenschaften. Band VII. 1910. p. 703: „Die verpflichtende Kraft des Rechts beruht darauf, daß die Menschen von der ihnen innewohnenden Vorstellung beherrscht sind, daß sie um ihrer selbst willen in einem Zustand der Herrschaft leben müssen, weil sie nur unter einer Herrschaft ihre Lebensbedürfnisse befriedigen können und in ihren Interessen geschützt sind. In diesem Sinne ist der Mensch ein *Ζῷον πολιτικόν*." p. 713.

[1]) Löning, p. 711. Die Stelle ist oben zitiert.

gen. Sie sind auf Übereinstimmung gegründet.[1]) Und deshalb entfällt auch in ihrem Rahmen das Moment des physischen Zwangs.

---

[1]) Anders Kelsen, der die sittliche Norm durchweg von der rechtlichen durch die freiwillige Befolgung unterscheidet. Hauptprobleme der Staatsrechtslehre. 1911. Buch I. Kapitel II. p. 33f. „Eine sittliche Norm besteht für den Einzelnen nur insofern, als er sich sie selber setzt, sich ihr selber unterwirft, sie befolgen will". p. 35.

Drittes Kapitel.

Die Körperschaft.

Die Herrschaft bedarf der Unterstützung durch den stärkeren Teil des Volkes. Dieses Verhältnis muß nicht nur in den großen Linien, sondern in jedem einzelnen Punkt staatlicher Tätigkeit gegeben sein. Das haben wir im ersten Kapitel festgestellt. Aber es gehört nicht zu den Bedingungen staatlicher Herrschaft, daß die Individuen, welche die stärkere Mehrheit zusammensetzen, und die Individuen, welche Träger der Herrschaft sind, ihre Identität bewahren. Es liegt in der Natur der Dinge, daß diese Individuen wechseln. Ein Geschlecht folgt dem anderen. Feinde der bestehenden Herrschaft werden zu Freunden, Anhänger wandeln sich in Widersacher. Es ist nur eines notwendig: daß immer eine Zahl im Volk das Übergewicht bilde und eine bestimmte Reihe von Persönlichkeiten im Besitz der Macht beschirme. Das einzig bleibende im Wechsel der Individualitäten ist immer nur die Institution der Herrschaft selbst. Die Menschen kommen und gehen; aber das psychologische Phänomen, daß ein stärkerer Teil der Gebietseingesessenen dieselbe Herrschaft aufrecht hält, überlebt sie alle.

Es gilt, alle diese Tatsachen in einem Begriff zusammenzufassen. Statt weitläufig zu sagen, daß König und Volksvertreter die Gewalt nicht in ihrer eignen Person besitzen, daß die Gewalt mit ihnen nicht verschwindet, daß die Gewalt auch nicht gegründet ist auf fest bestimmte Volksgenossen, die in einer gegebenen Zeit die größere Kraft in sich vereinen; statt zu sagen, daß König und Volksvertreter die Herrschermacht besitzen, weil unter den wechselnden Gebietseingesessenen sich ständig eine stärkere Mehrheit bildet, die einem Herrscher unter bestimmten

Voraussetzungen gehorcht und eben der heutige König und die heutigen Volksvertreter diese Voraussetzungen erfüllen; um mit einer einzigen Vorstellung verständlich zu machen, daß die Menschen wechseln, daß die Institution der Herrschaft aber bleibt, beschreibt man diese komplizierten Tatsachen einfacher in der Weise, daß man die Gewalt einem dauernden Subjekte zuspricht, dem Staate selber als einer Gesamtperson, dem Staat als einer Körperschaft.

Vergegenwärtigen wir uns noch einmal mit aller Aufmerksamkeit, was wir damit sagen, wenn wir den Staat eine Körperschaft nennen. Die Gewalt gehört dem Staat als einer Körperschaft, das bedeutet:

1. Die Herrschaft gründet sich darauf, daß die stärkere Mehrheit des Volkes denjenigen die Gewalt verleiht, welche bestimmte Voraussetzungen erfüllen, die in einer dauernden Regel niedergelegt sind.

2. Die Träger der Herrschaft, die Repräsentanten der stärkeren Mehrheit, die Untertanen wechseln, dieser Wille einer stärkeren Mehrheit aber bleibt.[1])

Die Personifikation des Staates dient der Anschaulichkeit. Die Herrschaft ist nicht dauernd mit bestimmten Individuen verknüpft. Sie geht aus einer Spannung von Kräften hervor, und die Komponenten dieser Kräfte wechseln. So scheint sie in der Luft zu schweben. Man empfindet das Bedürfnis, sie greifbarer zu gestalten, sie mit einem Subjekt zu verbinden. Es ist ein natürliches Bestreben der Menschen, die Bildungen der Gedankenwelt sinnlich vorstellbar zu machen. Man nennt den Staat eine Körperschaft. Es ist dagegen nichts einzuwenden, wenn man nur immer im Gedächtnis behält, daß man damit nicht eine neue Erkenntnis aufstellen, sondern nur Bekanntes in prägnanter Weise charakterisieren will.[2])

Die Personifikation des Staates ist daher keine Fiktion. Denn was ist eine Fiktion? Sie ist ein Prozeß, durch welchen zwei Fälle einander gleichgesetzt werden, obwohl man sich ihrer

---

[1]) Vgl. Richard Schmidt, Allgemeine Staatslehre. 1901. Band I. p. 228 bis 231.

[2]) Vgl. die ausgezeichneten Betrachtungen von Jellinek über den Staat als Kollektiv- oder Verbandseinheit. Allgemeine Staatslehre. 1905. p. 152 bis 155.

Verschiedenheit bewußt bleibt, ein Prozeß, der zu einem bestimmten Zweck vollzogen wird, damit nämlich eine Regel, die für den einen Fall gilt, auch auf den anderen angewendet werde. Wenn das englische Staatsrecht den Satz verkündet, daß jeder Engländer im Parlament anwesend sei, so bedeutet dies, daß ein Beschluß des Parlaments in gleicher Weise verbindlich sei, wie wenn jeder Bürger zugestimmt hätte. Um eine Fiktion handelt es sich in unserem Falle nicht. Nennt man den Staat eine Person, so sagt man nicht Unwirkliches von ihm aus, sondern beschreibt nur in gedrängter Weise, was er wirklich ist.[1])

Es handelt sich auch nicht um eine Abstraktion, wie oft behauptet wird. Wenn man den Staat als eine Person betrachtet und dieser Person die Herrschaft zuschreibt, so wird durchaus nicht davon abstrahiert, daß eine Mehrheit von Personen im Staat zusammenlebt und die Herrschaft aufrecht hält.[2]) Im Gegenteil, all die wirklichen Erscheinungen des Staatslebens

---

[1]) Duguit hat Recht, wenn er sagt: «Une formule juridique n'a de valeur que dans la mesure où elle exprime en langage abstrait une réalité sociale, fondement d'une règle de conduite ou d'une institution politique. La construction juridique de l'État n'aura donc de valeur que si elle est l'expression en des formules abstraites de réalités concrètes.» Aber er übersieht den wirklichen Sinn der Personifikation, wenn er weiter behauptet: «La théorie de l'État-personne et de la souveraineté-droit ne répond nullement à ces conditions . . . ce sont là purs concepts de l'esprit dénués de toute réalité positive.» Und weiter: «Notre doctrine est réaliste et positive. Pour nous l'État est un simple fait; et nous sommes tentés de dire que de même que la conception de l'État-patrimoine, de même la conception de l'État-fait doit se substituer à la conception de l'État-personne.» Droit constitutionnel. 1911. p. 47—49.

[2]) Vgl. Rehm, Allgemeine Staatslehre. 1899. p. 156: „Der Staat ist von unserem Standpunkt aus keine Fiktion, sondern eine Abstraktion. Die Fiktion ruht auf Erfundenem, die Abstraktion auf Geschehenem. Hinter der Fiktion steht nichts real Existierendes; die Abstraktion sieht nur real Existierendes anders an, als es der Wirklichkeit entspricht. Die Abstraktion deutet einen natürlichen Tatbestand um, die Fiktion erfindet einen in der Natur nicht begründeten Tatbestand. Bei der Erklärung des Staates zu einer juristischen Person wird nur davon abgesehen, daß er, natürlich betrachtet, eine Personenmehrheit darstellt; es wird davon abgesehen, weil es nach Anschauung der Staatsgemeinschaft dem Staatszwecke entspricht." — Esmein, Droit constitutionnel. 1905. p. 1—2. — Michoud, La théorie de la personnalité morale. 1906. p. 48. Première Partie.

werden in einer kurzen und handlichen Formel verkörpert. Die Erscheinungen des Staatslebens werden nicht auseinandergerissen, es wird nicht von den einen abstrahiert, alle werden vielmehr zu einer lebendigen Vorstellung verdichtet.[1])

Die Personifikation des Staats ist eine vereinfachte Ausdrucksweise. Nichts anderes.[2])

Wenn der Begriff der Korporation das Phänomen der Herrschaft in sich faßt, so erhellt, daß er zugleich auch das Phänomen des Rechtes in sich begreift. Denn Herrschaft und Recht sind untrennbare Vorstellungen. Sie verhalten sich wie Form und Inhalt, so haben wir früher gesehen. Die Körperschaft ist also auch ein Gebilde von rechtlicher Natur, sie ist auch eine Rechtspersönlichkeit. Sie ist es dadurch, daß sie Rechtserscheinungen in sich enthält. Wir können überhaupt unserer

---

[1]) Man kann höchstens von einer Abstraktion deshalb sprechen, weil es sich um eine Begriffsbildung handelt und bei jeder Begriffsbildung die wesentlichen Erscheinungen zusammengefaßt und die andern vernachlässigt werden. Aber dann sagt der Ausdruck nicht viel. — Manche charakterisieren die Personifikation des Staates als eine Synthese. Jellinek, Allgemeine Staatslehre. 1905. p. 157, 163, 175. Dieser Begriff wird in sehr verschiedenen Bedeutungen verwendet. Im gewöhnlichen Sprachgebrauche heißt Synthese soviel wie Generalisation. In der Chemie bezeichnet man mit Synthese die Zusammensetzung von Körpern aus einfacheren Körpern. So mag dieser Begriff nicht unangebracht sein, obwohl auch er zur Klärung nicht viel beiträgt. — Gegen die Beurteilung der Persönlichkeit als Abstraktion und Fiktion: Giacomo Grasso, I presupposti giuridici del diritto costituzionale e il rapporto fra lo stato e il citadino. 1898. Capitel III. — Kelsen, Die Hauptprobleme der Staatsrechtslehre. 1911. p. 163f. über den Begriff der Abstraktion insbesondere p. 178, Anm. 2.

[2]) Löning, Handwörterbuch der Staatswissenschaften. 1911. Band VII. Artikel über allgemeine Staatslehre. „Nur um ein weitverzweigtes und aus einer großen, schwer zu übersehenden Zahl von Einzelverhältnissen bestehendes Rechtsverhältnis mit einem kurzen Ausdruck zu bezeichnen, ist es ein erlaubtes und überall angewandtes technisches Hilfsmittel, den Staat zu personifizieren." — Vgl. die Ausführungen von Wundt über die Begriffe vom Gesamtwillen und vom Gesamtbewußtsein. Grundriß der Psychologie. 7. Aufl., p. 384—385: „Statt die Begriffe einfach als einen Ausdruck für die tatsächliche Übereinstimmung und die tatsächliche Wechselwirkung der Individuen einer Gemeinschaft zu betrachten, meint man hinter ihnen irgendein mythologisches Wesen oder mindestens eine metaphysische Substanz zu wittern."

ganzen Auffassung nach niemals unterscheiden zwischen einer Korporation mit Rechtscharakter und einer Korporation, welcher dieser Charakter fehlte.[1])

Jetzt wird auch offenbar, welchen Sinn es hat, wenn man den Herrscher als Organ des Staates bezeichnet. Mit diesem Begriff werden wieder die gleichen Erscheinungen zusammengefaßt, die wir geschildert haben. Der Herrscher ist Organ des Staates, das bedeutet: Die Herrschaft ist nicht untrennbar mit seiner Person verknüpft. Sie verkörpert in seiner Hand eine dauernde Institution, die wiederum auf dem Willen des Volkes ruht.[2]) Der Begriff des Organs ist das Gegenstück zum Begriff der Persönlichkeit des Staates. Mit beiden sagt man das gleiche in verschiedener Form.

---

[1]) Vgl. über diese Frage Rehm, Allgemeine Staatslehre. 1899. p. 159 bis 160. — Jellinek, Allgemeine Staatslehre. 1905. p. 175—176. — Richard Schmidt, Allgemeine Staatslehre. 1901. Band I. p. 158f. — Esmein, Droit constitutionnel. 1906. p. 1—2. — Kelsen, Hauptprobleme der Staatsrechtslehre. 1911. p. 183f., 162f.

[2]) v. Seydel betrachtet als Subjekt der Gewalt die fortlaufende Reihe der Herrscher. Er konstruiert eine Herrscherpersönlichkeit, deren Substrat die Individuen bilden, die nacheinander die Macht besitzen. Ihr schreibt er die Herrschaft zu. „Die Staatsgewalt ist unter Voraussetzung des Fortbestandes des Staates ewig, d. h. sie endet nicht mit dem Wegfalle ihres zeitigen Inhabers, sondern sie geht als dieselbe Gewalt auf den neuen Inhaber über.“ — „Zwischen den Persönlichkeiten der Herrscher, die einander ablösen, findet nur eine zeitliche Folge statt; der König als Einrichtung ist unsterblich.“ — „Der Herrscher ist trotz des Wechsels in der Persönlichkeit des Throninhabers staatsrechtlich stets dasselbe Rechtssubjekt.“ Hirths Annalen 1898. p. 335; 1899. p. 252. Bayerisches Staatsrecht. 1896. Band I; p. 189—190. v. Seydel erfaßt mit diesem Begriff das staatliche Phänomen in unvollkommener Weise. Er konstatiert nur die dauernde Institution, nicht aber die Kraft, auf welcher sie beruht. Er gibt der Tatsache keinen Ausdruck, daß die Gewalt nicht aus der ureignen Person der Herrscher fließt, sondern ihnen durch das Volk verliehen wird und durch ein Volk, das sich auch in ewigem Wechsel befindet. Diesen Vorwurf erhebt von Löning mit Recht. l. c. p. 697. — Bornhak folgt der gleichen Lehre von der Herrscherpersönlichkeit. Allgemeine Staatslehre. 1909. p. 14: „Die Rechtspersönlichkeit des Staates lebt in dem jeweiligen Inhaber der Herrschaft und nur in ihm, aber sie ist nicht an seine physische Person und sein physisches Leben gebunden, sondern geht von einer physischen Person auf die andere über oder bleibt in einer stetig wechselnden Volksgesamtheit.“

Wir haben bisher unterschiedslos den Staat eine Gesamtperson und eine Körperschaft genannt. In der Tat, beide Begriffe bedeuten dasselbe. Der Nachdruck liegt nur in beiden Fällen an einer andern Stelle des beschriebenen Phänomens. Wenn wir den Staat personifizieren, so liegt der Akzent mehr auf der Beobachtung, daß die Untertanen wechseln, daß aber die Institution der Herrschaft aufrecht bleibt. Wenn wir hingegen den Staat als Korporation bezeichnen, so liegt der Akzent mehr auf der Tatsache, daß die einen ihren Willen kraft ihrer Mehrheit den andern aufdrängen. Dort wird mehr die Kontinuität, hier wird mehr die Gewalt der stärkeren Partei als Kennzeichen betont. Aber beide Tatsachen gehören untrennbar zusammen: Die Kontinuität ist nur denkbar wegen dieses Übergewichts einer Partei. Dies wird besonders deutlich werden, wenn wir die Form der Vereinigung betrachten, die den gemeinsamen Gegensatz zur Gesamtperson und zur Körperschaft bildet; es ist die Sozietät.[1])

Die Eigentümlichkeit der Sozietät besteht darin, daß eine Zahl von Menschen sich zusammenfindet, um gemeinsam zu handeln, und daß zwischen ihnen Einverständnis darüber besteht, in welcher Weise die gemeinsamen Zwecke verfolgt werden sollen. Die Übereinstimmung geht vielleicht so weit, daß man einig ist, welche Tätigkeit jeder einzelne zu entfalten hat; ist die Übereinstimmung nicht in diesem Maß vorhanden, so geht sie doch so weit, daß man einmütig einem bestimmten Willen — meist dem Willen der Majorität — die Entscheidung anvertraut.

Die staatliche Vereinigung kann sich in dieser vollkommenen Weise nicht vollziehen. Das haben wir früher gesehen. Der Grund liegt darin, daß der Staat an ein Land gebunden ist. Die Teilhaber am Staat können sich nicht frei zusammenfinden. Sie sind durch ein zufälliges Ereignis bestimmt, durch ihr Wohnen im Lande. Deshalb kann im Staat die Übereinstimmung nicht erzielt werden, welche der Sozietät wesentlich ist.

Wenn bei Allen Einigkeit besteht über die Art, in welcher die gemeinsame Tätigkeit geleistet oder doch festgesetzt werden soll,

[1]) Über den Gegensatz Laband, Staatsrecht. 1911. Band I. p. 55f. — Rehm, Allgemeine Staatslehre. 1899. p. 153.

so fehlt naturgemäß die Erscheinung, daß die Teilhaber sich in zwei Lager scheiden, daß der Wille der Stärkeren für die Schwächeren maßgebend ist. Die Vereinigung zur Körperschaft beruht auf der überlegenen Kraft einer Partei, die Vereinigung zur Sozietät auf der Übereinstimmung Aller.[1]) Damit hängt wieder folgender Unterschied zusammen: Die Körperschaft bleibt aufrecht, auch wenn die Teilhaber wechseln, wenn nur das günstige Verhältnis der Kräfte weiterbesteht, auf welches die Herrschaft sich gründet. Es kommt auf die Individualität der einzelnen Willenskräfte nicht an; erheblich ist nur die Suprematie der gesamten Willensmacht einer Partei über die gesamte Willensmacht der anderen. Die Institution der Herrschaft, gegründet auf die stärkere Mehrheit, ist der Lebenskern der Körperschaft; und dieser Lebenskern bleibt. Anders bei der Sozietät. Hier ist der Wille eines jeden Teilhabers von einer fundamentalen Wichtigkeit. Wenn ein Genosse seinen Willen ändert, von dem Willen der andern Genossen abweicht, so ist die Sozietät nicht mehr dieselbe. Es mag eine neue Sozietät in geringerem Umfang weiterbestehen. Aber es ist eine andere Sozietät. Das gilt sogar für den Fall, daß sie Plan und Organisation der frühern übernimmt. Wenn fünf Genossen sich vereinen, um einen Bergstrom abzuleiten, wenn sie die Arbeit unter sich teilen oder durch einen Schiedsmann teilen lassen, und wenn nur einer von ihnen abtrünnig wird, so ist die ganze Organisation zerstört. Wenn aber im ganzen Bergtal eine Obrigkeit aufgerichtet wird, um Plan und Teilung der Arbeit zu bestimmen, so bleibt die Obrigkeit bestehen, wenn auch einige aus Anhängern der neuen Einrichtung zu Gegnern werden sollten. Die Korporation und die Sozietät sind solange mit sich

[1]) Wenn der Herrscher sich auf den Willen der einen stützen muß, um die anderen niederzuhalten, so bedarf er der physischen Gewalt. Das ist früher gezeigt. Bei der Sozietät ist die physische Gewalt nicht notwendig wegen der Übereinstimmung aller. Deshalb kann man auch den Unterschied zwischen Korporation und Sozietät darin finden, daß in dem einen Fall eine Gewalt über die Teilhaber vorhanden ist, im anderen Fall nicht. Man darf aber dabei nur an physische Gewalt denken. Eine psychische Macht ist auch bei der Sozietät möglich, wenn ein anderer Wille maßgebend ist als der Wille aller Genossen, zum Beispiel der Wille der Majorität.

selbst identisch, als die Organisation dieselbe bleibt.[1]) Wenn in der Korporation die Repräsentanten der stärkeren Mehrheit wechseln, so besteht die Organisation weiter; sie muß nur mit größerem oder geringerem Zwang durchgesetzt werden, je nachdem die Majorität sich mindert oder mehrt. Bei der Sozietät hingegen überlebt die Organisation den Wechsel der Mitglieder nicht. Individuelle Personen haben sich zusammengefunden, um mit Rücksicht auf ihre individuellen Eigenschaften sich zu einem gemeinsamen Zweck zu verbinden. Die Organisation ist mit den individuellen Fähigkeiten eines jeden Mitgliedes als einem wesentlichen Bestandteil verwoben. Sie ist nach den Kräften jedes Mitgliedes berechnet. Sie kann daher nicht weiter bestehen, sobald diese Grundlage sich ändert. Die Mitglieder der Körperschaft sind fungibel, die Mitglieder der Gesellschaft sind es nicht. Die Kontinuität ist das Kennzeichen der Korporation.[2])

---

[1]) Wenn ein Staat seine Verfassung ändert, so ist er nicht mehr derselbe Staat. Allerdings: die neue staatliche Rechtsordnung wird regelmäßig die vorhandenen Rechte und Pflichten übernehmen. Eine Sukzession findet statt, aber der Begriff der Sukzession ist eben mit dem Begriff der Kontinuität in Widerspruch. Aristoteles, Politik. III. Buch. II. Kapitel: „Wenn wir unter dem Worte Stadt oder Gemeinwesen die Verbindung der nebeneinander wohnenden Menschen durch einen gewissen gesellschaftlichen Vertrag verstehen, so ist klar, daß, wenn die Art dieser Verbindung abgeändert wird, auch das Gemeinwesen nicht mehr dasselbe ist, und da dies die Staatsverfassung heißt, mit Veränderung derselben auch das Gemeinwesen ein anderes wird, ungefähr so, wie der Chor auf unseren Schaubühnen aus denselben Personen bestehen kann und doch für einen andern Chor gehalten wird, wenn er das eine Mal tragische Gesänge und Tänze, das andre Mal komische aufführt. Jedes andere zusammengesetzte Ding, dessen Natur und Wesen in der Verbindung vieler Teile besteht, ändert seinen Namen und verliert seine Identität, wenn die Zusammensetzungsart dieser Teile gänzlich verändert wird. Dieselben Töne in eine andere und wieder andere Folge und Verbindung gebracht, heißen das eine Mal die dorische, das andere Mal die phrygische Tonart."

[2]) Wenn eine konkrete Rechtsordnung die Sozietät bei Mitgliederwechsel fortbestehen läßt, wenn sie zum Beispiel ermöglicht, daß einem Mitglied sein Erbe nachfolge, so kann sie darum nicht bewirken, daß die Sozietät fortlebe. Denn der Begriff der Sozietät ist über jede Rechtsordnung erhaben. Die Rechtsordnung kann nur den Erfolg erzielen, daß die zweite Sozietät die Rechte und Pflichten der ersten übernimmt. Von diesen Übergangserscheinungen handeln Laband, Staatsrecht. 1911. Band I, p. 56; Rehm, Allgemeine Staatslehre. 1899. p. 153.

Wir haben den Staat als eine Körperschaft, als eine Gesamtperson definiert. Aber wir müssen uns zugleich darüber klar sein, daß wir bei dieser Konstruktion einen Begriff der Körperschaft und der Gesamtperson aufgestellt haben, der auf keine andere Erscheinung als gerade auf die Erscheinung des staatlichen Lebens paßt. Die Eigentümlichkeit der staatlichen Körperschaft, daß die gebietende Gewalt in dem Willen der stärkern Mehrheit ihren letzten Ursprung hat, kehrt bei keiner andern Körperschaft wieder.

Die staatliche Körperschaft selbst ist wohl zu unterscheiden von den Körperschaften, die durch den Staat gebildet werden!

Wir haben bisher nur das Wesen der gebietenden Gewalt an sich selber gedeutet. Es bleibt jetzt übrig, die Mittel und Wege zu verfolgen, auf welchen die gebietende Gewalt betätigt wird. Ins Rechtliche übertragen: wir haben bisher nur das Recht erforscht, das der staatlichen Gewalt selber ihren Inhalt gibt. Es bleibt noch das Recht zu untersuchen, welches die Taten der staatlichen Gewalt zum Ausdrucke bringt. Wir haben die Verfassungsgesetze betrachtet, wir gehen jetzt über zu den einfachen Gesetzen. Und hier werden wir einen neuen Begriff der Körperschaft aufstellen müssen.

Die staatliche Gewalt kann sich in der Weise betätigen, das Recht kann in der Weise aufgebaut sein, daß Gewalt und Recht in andere Hände weiter übertragen werden. Es entsteht ein Gegensatz zwischen denjenigen, die ursprünglich durch den Willen der stärkeren Partei zu Herrschern eingesetzt sind, und denjenigen, welche delegierte Macht besitzen. Und hier sind wieder zwei Alternativen möglich.

Der Gewalthaber sekundärer Natur ist entweder bloßes Werkzeug eines ursprünglichen Gewalthabers. Er hat seine Macht in der Weise auszuüben, wie der ursprüngliche Gewalthaber es ihm befiehlt. Sein Wille ist einem höhern Willen untergeordnet, er ist ständig von ihm geleitet. In diesem ersten Fall haben wir es nicht mit einer neuen Körperschaft zu tun. Es ist wohl ein neuer Gewalthaber neben den ursprünglichen getreten, aber ein neuer Wille gebietet nicht. Der ursprüngliche Machtträger hat sich nur ein Werkzeug seines Willens geschaffen. Die Herrschaft wird noch immer geübt durch den staatlichen Verband und durch staatliche Behörden.

Oder die zweite Alternative: Dem Gewalthaber sekundärer Natur ist ein selbständiger Wirkungskreis verliehen; er kann in bestimmten Grenzen seinen Willen frei entfalten. Allerdings, es kann ihm seine Kompetenz im ganzen wieder genommen werden; allein, solange er seine Kompetenz besitzt, sind seine Akte nicht einem höheren Gebot unterworfen. Der Natur der Dinge nach wird ihm seine Macht in diesem Fall nur für einen Teil des staatlichen Gebiets verliehen. Und weiter, sie wird ihm nicht in seiner ureignen Person übertragen, sondern nur als dem Träger einer dauernden Institution. Betrachten wir das neue Verhältnis, so erkennen wir gleich, daß der neue Gewalthaber in ähnlicher Weise wie der ursprüngliche über die Untertanen gebietet. Erscheinungen, die wir im Leben der staatlichen Körperschaft beobachtet haben, kehren hier wieder: Erstens, jemand übt eine Gewalt, weil ein höherer Wille durchsetzt, daß derjenige die Gewalt besitzt, der bestimmte Bedingungen erfüllt. Mit andern Worten: Jemand übt eine Gewalt dank einer Institution, die durch einen höhern Willen geschaffen ist. Zweitens, die Träger der Gewalt und die Untertanen wechseln, jedoch der höhere Wille bleibt, und mit ihm die Institution, die er trägt. Soweit gehen die Ähnlichkeiten. Aber zugleich erkennen wir den fundamentalen Unterschied, der zwischen beiden Systemen der Gewaltübung besteht. Der höhere Wille, aus welchem sich die neu geschaffene Gewalt herleitet, ist ein völlig anderer als derjenige, der die ursprüngliche Gewalt ins Leben ruft. Die Gewalt in der staatlichen Körperschaft ruht auf dem Willen der stärkeren Mehrheit des Volks; die Gewalt in der neu gebildeten Körperschaft hingegen ruht auf der ihr vorausgehenden und bereits organisierten staatlichen Gewalt. Wir können auch hier von einer Körperschaft und von einer Gesamtperson reden. Wir können die Herrschaftsübung, die sich hier offenbart, zu der staatlichen in Gegensatz stellen und als eine Herrschaftübung durch Verbände innerhalb des Staats charakterisieren. Nur hat hier der Begriff der Körperschaft einen andern Sinn und deutet andere Phänomene. Wohl sagt auch er, daß eine Gewalt besteht, welche die Träger und die Unterworfenen der Gewalt überdauert. Wohl sagt auch er, daß diese Gewalt auf einen höhern Willen zurückzuführen ist. Aber hier trennen sich die Wege. Der neue Begriff der Körperschaft weist auf den bereits organisierten staatlichen Willen als den Ursprung der Gewalt.

Wir müssen deshalb zwischen zwei Arten, zwei Begriffen der Körperschaft unterscheiden. Wir haben auf der einen Seite die ursprüngliche, auf der anderen die abgeleitete Körperschaft. Wir haben hier die primäre, dort die sekundäre Gesamtperson; hier die Körperschaft, die den Staat selbst, dort die Körperschaft, die eine Schöpfung des Staates bedeutet. Der Zweck des Begriffs ist in beiden Fällen der gleiche. Vielgestaltige Phänomene werden auf einen deutlichen und einfachen Ausdruck gebracht.

Damit haben wir indes den Begriff der Korporation noch nicht erschöpft. Es gilt noch einen weiteren Schritt zu machen. Die sekundären, vom Staat gebildeten Körperschaften, die wir bis jetzt betrachteten, haben alle die Eigentümlichkeit, daß sie eine Gewalt besitzen. Es gibt aber im Staat auch Körperschaften, welche diese Eigenschaft entbehren. Und so muß unsere Darstellung weiter ausgebaut werden.

Es gibt verschiedene Formen, in welchen die staatliche Gewalt betätigt werden kann, mag sie ursprünglich oder abgeleitet sein. Es ist möglich, daß diejenigen, welche die Gewalt besitzen, selbst die Frage lösen, welche Gewalt geübt werden soll. Dieser Fall hat uns bisher einzig beschäftigt. Es ist aber auch möglich, daß sie die Gewalt den Untertanen zur Verfügung stellen, daß sie die Gewalt nach dem Willen der Untertanen verwenden. Wenn der obrigkeitliche Wille ein Heeresgebot erläßt, wenn er Steuern auflegt, so entscheidet er selbst über den Akt der Gewalt, der geübt werden soll. Wenn er aber den Schuldner auspfändet, um den Gläubiger zu befriedigen, wenn er dem Mieter die Sache nach Ablauf der Vertragsperiode nimmt, um sie dem Eigentümer zurückzugeben, so verwirklicht er den Willen, den die Parteien kundgegeben haben. Es ist allerdings selbstverständlich, daß die Obrigkeit nicht in jedem Fall den Willen der Untertanen verwirklicht. Sie wird dies nur unter festen Bedingungen tun. Aber diese Beschränkung ändert nichts an der Tatsache, daß in den gegebenen Grenzen der Wille der Untertanen durchgesetzt wird, daß der staatliche Wille in seinem Dienste steht. Mit diesem Fall darf der andere nicht verwechselt werden, in welchem der staatliche Wille sich selbst verwirklicht, seine Gewaltübung aber an den Willen des betroffenen Untertanen als Voraussetzung knüpft. Ein Beispiel bietet der Dienstvertrag des öffentlichen Beamten. Wenn der staatliche Wille bei der Anstellung ein Hoheitsverhältnis begründet, so tut er es nicht, um den Willen des Beamten zu erfüllen. Aber er tut es nur unter der Bedingung, daß der Beamte seine Zustimmung gibt. Wenn nun der Staat lediglich unter festen Bedingungen den Willen der Untertanen vollzieht, so wird er die Bedingungen angeben, unter denen er bereit ist einzugreifen. Und damit kommen wir zu dem Unterschied zwischen privatem und öffentlichem Recht. Die Regeln, durch welche die staatlichen Machthaber festsetzen, welche Gewalt sie üben werden, bilden das öffentliche Recht, die Regeln, durch welche sie die Bedingungen verkünden, unter welchen sie die Gewalt nach dem Willen der Untertanen gebrauchen werden, charakterisieren sich als das private.[1])

[1]) Wenn wir durch diese Definition beide Rechtssysteme voneinander scheiden, so ist offenbar, daß der Übergang von einem System in das andere nur allmählich stattfinden kann. Die Grenze ist nicht mit einer festen Linie anzugeben. In manchen Fällen wird streitig sein, ob der Wille der Gesamtheit oder der Wille der Einzelnen für die staatliche Tätigkeit maßgebend ist. Diese Frage wird sich immer decken mit der andern, ob das kollektive oder das individuelle Interesse den Vorzug hat. Wir unterscheiden uns also in der Sache nicht von denjenigen, welche Privatrecht und öffentliches Recht danach trennen, ob bei einer Regelung die privaten oder die öffentlichen Interessen überwiegen. „Für das öffentliche Recht ist charakteristisch, daß an demselben öffentliche und gemeinsame Interessen in einem zwiefachen Sinne, und zwar unmittelbar teilhaben. Erstlich in der aktiven Rolle, welche diesen Interessen nach der Natur des Rechts in dem gesamten Gebiete desselben als dem für die Funktionen desselben überall maßgebenden Prinzip zufällt. Zweitens als ein Gegenstand dieser Funktionen in der passiven Rolle von Interessen, deren Machtgebiete durch das Recht einerseits beschirmt, andererseits begrenzt werden. Im Privatrechte treten dagegen öffentliche Interessen im allgemeinen nur in der ersterwähnten aktiven Rolle als Seele der ordnenden, friedenverbürgenden Funktion der Schiedsmacht, welche das Recht heißt, in einer unmittelbaren Weise hervor. Als passiv beteiligte Faktoren, auf welche diese Funktionen sich beziehen, stellen sich hier Privatinteressen vor Augen. — Der Gegensatz zwischen Privatrecht und öffentlichem Recht ist kein absoluter. Bei der Ordnung der Privatverhältnisse erscheinen überall neben den Interessen der

Die Untertanen können nicht selber Gewalt üben. Aber sie können die Gewalt des Staates in Bewegung setzen, um ihrem Willen Geltung zu verschaffen. Das ist eben gezeigt. Der Einzelne kann nun in dieser Sphäre seinen Willen selber kundtun oder sich auf einen fremden Willen berufen, diesen für sich als maßgebend anerkennen. Das ist wieder nur eine besondere Form, seinen eignen Willen auszusprechen. Der Wille einer zweiten Person gewinnt so die Befugnis, den Willen einer ersten in verbindlicher Art zu erklären. Diese Kompetenz bildet den Kern zu einer neuen Bildung von Körperschaften. Die Befugnis, um die es sich handelt, wird durch einen fremden Willen geübt dank einer Institution, die durch einen höheren Willen geschaffen ist. — Dieser höhere Wille ist der staatliche

---

einzelnen, welche unmittelbar durch dieselbe betroffen werden, zugleich in näherer oder entfernterer und in einer bald mehr, bald minder fühlbaren Weise die gemeinsamen Interessen als passiv beteiligt. Damit hängt 1. der gemischte Charakter mancher Teile des Rechts, 2. die Veränderlichkeit der Grenzen zwischen Privatrecht und öffentlichem Recht zusammen" (Adolf Merkel, Juristische Enzyklopädie, 1900. p. 84f., 87, 88, 93.) — Wegen der Unbestimmtheit dieser Abgrenzung erscheint es auf den ersten Blick zweckmäßiger zu sein, das Privatrecht dadurch zu kennzeichnen, daß es die Verhältnisse zwischen den Untertanen ordnet, das öffentliche Recht dadurch, daß es die Beziehungen zwischen den Untertanen und dem Staate regelt. Aber man kommt mit dieser Definition nicht weit. Denn neben dem Staat gibt es Körperschaften, die Gewaltverhältnisse gleicher Art wie der Staat unterhalten, und auf der andern Seite tritt der Staat auch in privatrechtlichen Verkehr mit den Untertanen. Deshalb kommt es nicht auf die Subjekte der Beziehung an; die Natur der Beziehung muß entscheiden, und wenn man von den Subjekten ausgeht, so muß man die Definition dadurch präzisieren, daß man auf die Natur des Verhältnisses eingeht, das jeweils zwischen ihnen besteht. „Der Gegensatz von Privat- und öffentlichem Recht" — sagt Jellinek — „kann auf den Grundgedanken zurückgeführt werden, daß im Privatrecht die Einzelnen als grundsätzlich Nebengeordnete einander gegenüberstehen, es daher die Beziehungen der Einzelnen als solcher ordnet, während das öffentliche Recht Verhältnisse zwischen verschiedenen Herrschaftssubjekten oder die Organisation und Funktion der Herrschaftssubjekte und deren Beziehungen zu den der Herrschaft Unterworfenen regelt" (Jellinek, Allgemeine Staatslehre. 1905. p. 372). Wir kommen über die Definition von Ulpian nicht hinweg: „Publicum ius est, quod ad statum rei Romanae spectat, privatum, quod ad singulorum utilitatem: sunt enim quaedam publice utilia, quaedam privatim". L. 1. § 2, D. de just. et iure (1, 1).

Wille. — Nehmen wir weiter an, daß die Träger der Befugnis und diejenigen, welche durch sie gebunden sind, wechseln können und trotzdem die Institution bestehen bleibt. Wir haben dann eine dritte Bildung vor uns, welche sich von den Körperschaften der zweiten Art nur dadurch unterscheidet, daß die Machtbefugnis, welche den Kern der Vereinigung bildet, dort die staatliche Gewalt selber, hier nur die Möglichkeit ist, die staatliche Gewalt nach eigenem Willen in Tätigkeit zu setzen. Und beide Körperschaften stimmen im Gegensatz zur staatlichen Körperschaft darin überein, daß der höhere Wille, der sie bildet, die schon organisierte staatliche Gewalt selber ist. Auch hier haben wir es also zu tun mit Bildungen sekundärer Natur, mit abgeleiteten Körperschaften. Sie stellen sich den andern, die wir früher kennen gelernt haben, ergänzend zur Seite. Werden dort Phänomene des öffentlichen Rechts, so werden hier Phänomene des Privatrechts gedeutet. Wir können deshalb dort von Korporationen des öffentlichen Rechtes, hier von Korporationen des Privatrechts reden.[1])

Es ist hier einem nahe liegenden Einwand zu begegnen. Wie kann es richtig sein, so wird man fragen, daß das Organ einer privatrechtlichen Körperschaft, daß der Vorstand seinen Willen dem der Teilhaber substituiere? Wenn der Vorstand die Körperschaft durch Vertrag zu einer Leistung verpflichtet, ist das ein Verhältnis der Art, als ob jeder Teilhaber die Leistung versprochen hätte? Gewiß nicht, werden wir antworten. Aber man darf eines nicht vergessen. Wenn man sagt, daß der Vorstand die Körperschaft verpflichtet — um bei dem angeführten Beispiel zu bleiben —, so werden damit eine ganze Reihe von einzelnen rechtlichen Erscheinungen zusammengefaßt. Der Vorstand verpflichtet die Körperschaft, das bedeutet: Der Gläubiger kann die Beiträge angreifen, welche die heutigen oder die früheren Mitglieder dem jetzigen Vorstand oder seinem Vorgänger unter dem Titel einer Übertragung an die Körper-

---

[1]) „Den Korporationen (des Privatrechts) kann wohl kraft eigenen Rechts die Befugnis zustehen, ihre Mitglieder zu verpflichten, aber nicht, sie zur Erfüllung ihrer Verpflichtungen zu zwingen" (Gegensatz der vis obligandi und der vis cogendi). Laband, Staatsrecht. 1911. Band I. p. 70—71. Anm. 3.

schaft geleistet haben; er kann sich nicht an das Vermögen der Mitglieder halten; es haften ihm aber auch die Beiträge, die künftig, vielleicht von späteren Mitgliedern geleistet werden. Indem also die Mitglieder Beiträge leisten, unterwerfen sie sich der Verfügung, die der jeweilige Vorstand über sie treffen wird oder schon getroffen hat. Insofern setzen sie den Willen des Vorstands an die Stelle des ihren. An diesem Beispiel zeigt sich deutlich, wie man die Gesamterscheinung der Körperschaft immer wieder in ihre einzelnen Elemente auflösen muß, um ihr wahres Wesen zu erkennen. Hier wie überall muß man daran festhalten, daß die Körperschaft nur ein Sammelbegriff für einen Komplex von einzelnen Phänomenen bedeutet.

Wir haben drei Arten der Körperschaft aufgezählt und beschrieben. Es bleibt jetzt noch übrig, den höheren Begriff festzustellen, dem sie alle untergeordnet werden können. Es ist das nur noch eine Formalität. Denn wir haben schon den Gattungsbegriff stillschweigend vorausgesetzt, wenn wir drei verschiedene Arten menschlicher Vereinigung als Körperschaften gekennzeichnet haben. Einige Merkmale sind überall vorhanden: Es besteht eine rechtliche Macht über eine Gruppe von Menschen. Sie beruht auf einem Willen, der nicht identisch ist mit dem übereinstimmenden Willen aller einzelnen. Die rechtliche Macht haftet nicht an der Individualität ihrer Träger und nicht an der Individualität der Unterworfenen. Es ist klar, daß dieser Gattungsbegriff äußerst farblos ist und daß die drei Artbegriffe, vor allem der erste, für die Erfassung der Wirklichkeit viel größeren Wert besitzen.

Viertes Kapitel.

Die ursprüngliche Gewalt.

Wir haben im Lauf der bisherigen Untersuchungen festgestellt, daß die staatliche Gewalt auf dem Willen der stärkeren Mehrheit beruht. Wir haben dementsprechend die staatliche Körperschaft im Gegensatz zu andern Körperschaften dadurch charakterisiert, daß bei ihr die Gewalt unmittelbar aus dem Willen der Mitglieder entsteht und nicht aus einer höheren Gewalt abgeleitet ist. Wir haben von ursprünglichen und abgeleiteten Körperschaften gesprochen. So haben wir schon Gelegenheit gehabt, im Umriß den Begriff zu zeichnen, der jetzt näher ausgebaut werden soll: Es ist der Begriff der ursprünglichen Herrschergewalt.

Es ist für den Staat eine zwingende Voraussetzung, daß seine Herrschergewalt ursprünglich sei. Mag man den Begriff des Staates umdeuten wie man will, eines kann man nicht leugnen: mit dem Begriff des Staates verbindet sich immer die Vorstellung, daß es sich um eine erste Vereinigung handelt, nicht um eine zweite Vereinigung, die durch eine erste geschaffen ist. Läßt man den Staat verschwinden, so bleibt nur die Anarchie. Es bleibt keine Herrschaft bestehen. Das ist für den Staat charakteristisch. Wenn manche Autoren dem Staat das Moment der ursprünglichen Herrschergewalt noch immer absprechen, so geschieht es nur deshalb, weil sie zwei Fragen verwechseln, die Frage, welche Kräfte bei der Entstehung eines Gemeinwesens mitwirken, und die Frage, welche Kräfte das Gemeinwesen zusammenhalten. Es kann sehr wohl sein, daß eine äußere Macht die Bildung einer neuen Körperschaft ermöglicht, sie vielleicht begründen hilft. Eine ganz andere Frage ist es, ob die äußere Macht die Gewalt der neuen Körperschaft aufrecht hält, die unentbehrliche Grundlage für sie bildet, oder ob die neue Vereinigung ihre Macht aus sich selber schöpft. Als sich Brasilien im Jahr 1891 zu einem Bundesstaat konstituierte, hat die bisher einheitliche Staatsgewalt durch Selbstbeschränkung Gelegenheit zur Bildung einzelner Staaten gegeben. Als auf Grund des Berliner Vertrags vom 13. Juli 1877 Bulgarien sich aus einer türkischen Provinz zu einem Staat umwandelte, hat die Türkei durch ihr Zurückweichen die neue Gründung ermöglicht. Das hindert nicht, daß Bulgarien wie die brasilianischen Staaten aus eigner Kraft bestehen, ursprüngliche Herrschergewalt besitzen konnte.[1])

Jellinek hat den Begriff der ursprünglichen Herrschergewalt aufgestellt.[2]) Wir haben den Begriff anerkannt. Wir haben

---

[1]) Vgl. die Polemik von Rehm und Duguit, Allgemeine Staatslehre. 1899. p. 114. Droit constitutionnel, 1911. Volume I. p. 123—124: «On a dit: Le droit de puissance d'un État non souverain est un droit *originaire*, et celui d'une unité décentralisée est un droit *dérivé* ou *concédé* . . . Mais la différence de source du droit n'implique point une différence dans la nature du droit; le droit de propriété est toujours le même qu'il soit né de l'occupation ou d'une transmission; le droit de puissance est toujours le même qu'il soit originaire ou dérivé. D'autre part, il n'est pas vrai de dire que le droit des unités décentralisées soit toujours un droit dérivé. En France, avant 1789, beaucoup de communes ont toujours été considérées comme ayant certains droits publics à elles *propres*, leur appartenant originairement sans concession du roi, et ces droits paraissent bien avoir été reconnus par l'article 49 de la loi du 14 Décembre 1789, qui parle des «fonctions propres au pouvoir municipal». A l'inverse il n'est point exact de dire que le droit de puissance d'un État non souverain soit toujours un droit originaire, jamais un droit concédé. Dans un pays d'abord unitaire et qui s'organise fédéralement, comme le Brésil en 1891, peut-on dire que le droit de puissance des États-membres soit un droit originaire? N'est-il pas au contraire le résultat d'une concession d'un État central? — Vgl. Jellinek gegen Rehm, Allgemeine Staatslehre. 1905. p. 173. Anm. 3.

[2]) Allgemeine Staatslehre. 1905. p. 172: „Der Staat ist der einzige kraft ihm innewohnender ursprünglicher, rechtlich von keiner andern Macht abgeleiteter Macht herrschende Verband." p. 476: „Eigene Organisation und die mit ihr verknüpfte Machtverteilung ist das erste Merkmal, um den Staat vom nichtstaatlichen Verbande zu trennen. Wo immer daher ein Gemeinwesen seine Verfassung von einer anderen Macht erhält, so daß sie nicht auf seinem Willen, sondern dauernd auf dem Gesetze dieser Macht ruht, da ist kein Staat, sondern nur das Glied eines Staates vorhanden. — Selbst wenn ein Gemeinwesen unter der Mitwirkung fremder Staaten seine Verfassung empfangen hat, so ist es Staat, wenn diese Verfassung pro futuro ausschließlich als rein originärer Willensakt anzusehen ist, so daß sie von

nur in eigenem Gedankengang zu zeigen versucht, wie man sich die Herrschergewalt als eine ursprüngliche vorstellen kann.

Die staatliche Herrschermacht wird von der stärkeren Mehrheit verliehen. So viel steht fest. Es entsteht nunmehr die Frage, in welcher Gestalt die Herrschermacht begründet wird. Wer wird als Herrscher eingesetzt? Welche Kompetenz wird ihm gegeben?

Es ist theoretisch denkbar, daß zwei und mehr ursprüngliche Herrscher mit verschiedenem sachlichen Herrschaftskreis nebeneinander bestehen, daß ein Volk in einer ersten Sphäre seiner Interessen dem einen Herrscher, in einer zweiten Sphäre dem andern gehorcht. Dieser Zustand kann aber in der Wirklichkeit nicht durchgeführt werden. Warum unterwirft man sich einer Herrschaft, wenn man gemeinsame Interessen in vereinter Arbeit fördern will? Weil man sich nicht darüber einigen kann, welches die gemeinsamen Interessen sind, in welcher Weise sie verfolgt werden sollen. Das haben wir früher gesehen. Man errichtet die Herrschaft, um Streit zu vermeiden. Man wird sich nun über eine Teilung der gemeinsamen Interessen gerade so wenig eini-

---

ihm ohne weitere Ermächtigung abgeändert werden kann. — Wo hingegen ein Herrschergewalt übender Verband seine Organisation von einem über ihm stehenden Staate als sein Gesetz empfangen hat, da ist kein Staat vorhanden. So vor allem bei den Kommunen, deren Verfassung stets auf Staatsgesetzen ruht, die höchstens in untergeordneten Dingen eine begrenzte Organisationsbefugnis zugestehen." — p. 267: „Das Dasein eines Staates kann rechtlich nur auf seinem eigenen Willen ruhen. Ein Staat kann nie von einem andern rechtlich geschaffen werden, welchen Anteil auch immer ein Staat oder mehrere an dem historischen Bildungsprozesse eines andern Staates haben mögen." — Vgl. Löning, Handwörterbuch der Staatswissenschaften. 1911. Band VII. Artikel über allgemeine Staatslehre, p. 709, 711. — Richard Schmidt lehrt, daß für die Existenz eines selbständigen staatlichen Verbandes ein inneres Verhältnis der Zusammengehörigkeit zwischen Gruppe und Organ bestehen müsse. Er beschreibt dieses Verhältnis in sehr anschaulicher Weise und faßt es mit folgenden Worten zusammen: „In jedem Fall muß in einer Willenshandlung oder mindestens in einer stillschweigenden Duldung der Mitglieder gerade dieses Verbandes der entscheidende Vorgang liegen, auf den die herrschende und politische Funktion des Organs zurückzuführen ist." — Damit scheint die ursprüngliche Herrschergewalt treffend charakterisiert. Merkwürdigerweise behauptet aber Schmidt, daß dieses Verhältnis auch bei der Gemeinde gegeben sei und daß sich eine prinzipielle Grenze zwischen ihr und dem Staat überhaupt nicht ziehen lasse. Allgemeine Staatslehre. 1901. Band I. p. 139, 143, 144.

gen können, wie über die Abgrenzung der gemeinsamen Interessen überhaupt. Es wird nicht einmal gelingen, für das eine oder das andere System der Teilung eine stärkere Mehrheit zu bilden. Die Meinungen werden sich ins Unendliche zersplittern. Und gelingt es selbst, in den großen Zügen eine Grenzlinie festzustellen, so werden im einzelnen Fall die Meinungen wieder auseinander gehen, wenn man fragt, wo sie läuft. Die Anwendung der Regel wird streitig sein. Wer soll entscheiden? Eine höhere Instanz über den ursprünglichen Herrschergewalten gibt es nicht. So ist dem Streit, den man vermeiden will, wieder Tür und Tor geöffnet. Der Zweck des Staates ist verfehlt. Der Staat bricht in sich selbst zusammen. Ein Staat, der zwei nebengeordnete Herrschergewalten mit verschiedenem Objekt enthielte, ist unmöglich.[1])

Wenn die Interessensphären nicht in der Weise geteilt werden können, daß jede einer besonderen Herrschergewalt unterliegt, so können sie auch nicht in der Art getrennt werden, daß eine Herrschergewalt in der einen besteht und in der andern nicht. Wenn ein Gebiet bestände, auf dem die Herrschergewalt Geltung hätte, und ein anderes Gebiet, das von ihr frei wäre, so würden die gleichen Schwierigkeiten entstehen wie im ersten Fall. Man könnte sich weder über das Prinzip der Trennung noch über seine Anwendung in der konkreten Sachlage jemals einigen. Und ein Schiedsrichter wäre nicht vorhanden. Hier wie dort wäre die Herrschaft von vornherein untergraben, ihrem wesent-

[1]) Laband bemerkt zu der Frage, ob die Gesamtstaatsgewalt zwischen dem Bundesstaat und dem Einzelstaat geteilt sei: „Es ist eine Chimäre, die Kompetenz der Gesamtstaatsgewalt in der Art abgrenzen zu wollen, daß kein Gebiet übrig bleibt, für welches es zweifelhaft ist, welcher Staatsgewalt die Kompetenz zusteht und daß die Abgrenzung für alle Zeit unabänderlich dieselbe bleibt. Es entsteht also auch hier die Frage, wer hat den Zweifel über die Kompetenzgrenze zu entscheiden, und wer hat über eine Veränderung der Kompetenz zu befinden? Weisen die Einzelstaaten durch ihren Willen dem Bunde die Grenzen seiner staatlichen Befugnisse zu oder empfangen sie umgekehrt von der Zentralgewalt die rechtliche Begrenzung ihrer Willenssphäre? Nur eines von beiden ist möglich, und die Beantwortung der Frage enthält zugleich die Entscheidung, wer souverän ist, die Zentralgewalt oder der Einzelstaat" (Band I. p. 63—64. Staatsrecht 1911). Diese Ausführungen richten sich gegen die Theorie von der Teilung der Souveränität zwischen Bundesstaat und Einzelstaat, die von Waitz aufgestellt worden ist und lange Zeit die Herrschaft behauptet hat (Politik. p. 166).

lichen Zweck zuwider aufgebaut.[1]) Allerdings gibt es Grenzen der Herrschergewalt, und sie sind wichtig genug. Aber es sind Grenzen, die ihr nicht gegeben werden, es sind Grenzen, welche sie kraft ihres ureignen Wesens in sich trägt.[2]) Wird die Herrschaft in der Weise geübt, daß sie sich den stärkeren Willen entfremdet, so löst sie sich auf in das nichts; denn was ist sie anders als die Untertänigkeit des stärkeren Willens. Die großen Gesetze des Naturgeschehens regeln auch die Grenzen der Herrschaft. Aber es ist unmöglich, diese Gesetze zu verfolgen und die Grenzen festzulegen. In den groben Umrissen mag man vielleicht zu einer gegebenen Zeit die Schranken der Herrschaft erkennen. Sie entziehen sich aber jeder genaueren Beobachtung. Eine Deklaration der Menschenrechte, ein Versuch, die Schranken der Herrschaft zu bestimmen, wird sich immer in unbestimmte Sätze verlieren.

Mehrere ursprüngliche Herrscherwillen können nicht in verschiedenen Interessensphären nebeneinander bestehen. Damit ist aber noch nichts über die Zusammensetzung des ursprünglichen Herrscherwillens gesagt. Die staatlichen Willensakte können aus mehreren menschlichen Willensakten, sogar aus mehreren Organisationen menschlicher Willensakte zusammengesetzt sein. Es kann in einem Staat die Regel gelten, daß ein verpflichtendes Gebot nur ergeht, wenn eine Reihe verschiedener Willenserklärungen zusammenstimmen.

Wer entscheidet, welcher Wille die Herrschaft trägt? Der stärkere Teil des Volks. Das ist früher gezeigt. Er betrachtet nun als den Träger der Gewalt entweder den Willen eines Einzelnen oder den Willen einer Versammlung. Möglich ist auch, daß er als Träger der Herrschaft den übereinstimmenden Willen eines Einzelnen und einer Versammlung oder den übereinstimmenden Willen mehrerer Versammlungen betrachtet. In Rußland war bis 1905, in der Türkei war bis 1908 die Herrschaft in der Hand eines Monarchen vereinigt. In Frankreich war die Natio-

---

[1]) Rousseau, Contrat Social. Livre I. Chap. VI: „S'il restait quelques droits aux particuliers, comme il n'y aurait aucun supérieur commun qui pût prononcer entre eux et le public, chacun, étant en quelque sorte son propre juge, prétendrait bientôt l'être en tout; l'état de nature subsisterait, et l'association deviendrait nécessairement tyrannique et vaine.»

[2]) S. am Ende des ersten Kapitels.

nalversammlung von 1871 bis 1873 im Besitz aller Macht. Der Träger der Exekutive war von ihr abhängig und konnte von ihr jederzeit abberufen werden.[1]) Unter der Verfassung der Konvention vom 24. Juni 1793 hatte die legislative Körperschaft im Verein mit den primären Versammlungen die höchste Gewalt.[2])

Es können nicht mehrere ursprüngliche Herrscherwillen mit verschiedener sachlicher Kompetenz neben einander bestehen. Das ist der Satz, an dem wir festhalten. Es fragt sich aber, ob nicht mehrere Herrscherwillen entweder in der Art zusammen bestehen können, daß einem jeden ein bestimmter formeller Bestandteil der Gewaltübung zugehört, oder in der Art, daß sie übereinander stehen.

Die Ausübung der Gewalt zerfällt ihrem Wesen nach in verschiedene sukzessive Stadien. Die natürliche Folge ist die: Es wird eine Regel festgestellt, die, anknüpfend an einen Tatbestand, Rechte und Pflichten erzeugt. Diese Regel ist das Gesetz.[3]) Ist die Regel gegeben, so gilt es, sie anzuwenden.

---

[1]) Esmein, Droit constitutionnel. 1906. p. 391—395, 509f. Résolution du 17 février 1871: «M. Thiers est nommé chef du pouvoir exécutif de la République Française; il exercera ses fonctions sous l'autorité de l'Assemblée Nationale avec le concours des ministres qu'il aura choisis et qu'il présidera». Mit der Abhängigkeit der Exekutive von der Legislative war hier für eine Zeit lang das System von Rousseau verwirklicht — wenn man davon absieht, daß Rousseau nur der Volksversammlung als der Trägerin des Gemeinwillens, nicht einer repräsentativen Versammlung die Gewalt zuerkennen wollte.

[2]) Art. 53: «Le corps législatif propose les lois et rend les décrets». Art. 59: «Quarante jours après l'envoi de la loi proposée, si dans la moitié des départements plus un le dixième des assemblées primaires de chacun d'eux, régulièrement formées, n'a pas réclamé, le projet est accepté et devient loi». Art. 62: «Il y a un conseil exécutif composé de vingt-quatre membres». Art. 72: «Le conseil est responsable de l'inexécution des lois et des décrets et des abus qu'il ne dénonce pas».

[3]) Esmein, Droit constitutionnel 1906, p. 15, gibt folgende Definition des Gesetzes: «Une règle impérative ou prohibitive posée par le souverain, qui statue non dans un intérêt particulier, mais dans l'intérêt commun, non à l'égard d'un individu isolé mais à l'égard de tous, pour l'avenir et à toujours. — Rousseau. Contrat Social. Livre II, chap VI: «Quand je dis que l'objet des lois est toujours général, j'entends que la loi considère les sujets en corps et les actions comme abstraites, jamais un homme comme individu ni une action particulière. Ainsi la loi peut bien statuer qu'il y aura des privilèges, mais elle n'en peut donner nommément à personne; la loi peut

Und hier sind wiederum zwei Stadien auseinanderzuhalten: In dem ersten findet eine reine Denktätigkeit, erst in dem zweiten eine physische Tätigkeit statt. Die Gedankenoperation besteht darin, daß die Regel des Gesetzes dem Einzelfall angepaßt, daß im Wege des logischen Schlusses eine spezielle Norm für den individuellen Tatbestand hergeleitet wird. Es folgt auf die Findung des Urteils die Vollstreckung, die physische Aktivität zur Verwirklichung des Gesetzes.[1]) Eine Urteilsfindung und eine Vollstreckung in diesem sehr weiten Sinn läßt sich auf jedem Gebiet der Gesetzesanwendung feststellen, mag es sich um die Erhebung einer Steuer, um den Bau einer Straße, mag es sich um ein Prozeßverfahren gegen einen Schuldner oder um die Verfolgung eines Verbrechers handeln. So haben wir drei Phasen staatlicher Tätigkeit: die Aufstellung der Regel, ihre logische Anwendung und ihre Durchsetzung im konkreten Fall. Wir unterscheiden die Legislative, die Jurisdiktion und die Exekutive. Und wir nennen diese Entwicklung den natürlichen Gang der staatlichen Tätigkeit deshalb, weil der Akt der Gewalt, dieser dem Gemeinwesen so eigentümliche Akt, in dem Staat, wie wir ihn heute verstehen, immer diese Stufen durchläuft.

Aber der staatliche Wille wird nicht immer in diesen Formen tätig. Er übt nicht immer Gewalt. Er handelt auch nach Art der Untertanen und entfaltet eine Tätigkeit, die sich als eine Wirksamkeit in der Privatrechtssphäre oder als eine rechtlich überhaupt unerhebliche Wirksamkeit erweist. Die Tätigkeit dieser Art faßt man vereint mit der Tätigkeit der Exekutive unter dem Begriff der Verwaltung zusammen. Die Verwaltung ist daher

---

faire plusieurs classes de citoyens, assigner même les qualités qui donneront droit à ces classes, mais elle ne peut nommer tels et tels pour y être admis; elle peut établir un gouvernement royal et une succession héréditaire, mais elle ne peut élire un roi, ni nommer une famille royale: en un mot, toute fonction qui se rapporte à un objet individuel n'appartient pas à la puissance législative.» Die Lehre, daß das Gesetz allgemeinen Charakter besitze, ist immer noch die herrschende. Dagegen namentlich Laband. Staatsrecht. 1911. Band II. p. 2—3. Jellinek, Staatslehre. 1903. p. 595. Übersicht bei Laband l. c. und bei Duguit, Droit constitutionnel. 1911. Tome I. p. 134, § 35.

[1]) Hier ist wieder zwischen der eigentlichen physischen Tätigkeit und den Befehlen zu unterscheiden, die auf sie hinzielen.

ein vielseitiger und darum auch ziemlich farbloser Begriff. Die Verwaltung ist staatliches Handeln im Rahmen der Gesetze. „Die Verwaltung löst konkrete Aufgaben gemäß den Rechtsnormen oder innerhalb deren Schranken durch Mittel, die nähere Untersuchung als ein reich gegliedertes System erkennen lehrt“.[1])

Hält man drei formelle Bestandteile der Herrschaftsübung — Gesetzgebung, Rechtsprechung und Verwaltung — auseinander, so ist es sehr wohl möglich, verschiedene Gewalthaber in diese Rollen einzusetzen. Wir sprechen dann von einer Gewaltentrennung im technischen Sinn. Die Schwierigkeit, der wir bei anderer Teilung der Herrschaft begegneten, erhebt sich hier nicht. Trennt man nach Materien, auf welche sich die Herrschaft erstrecken soll, so ist die Scheidung in tausendfacher Weise denkbar, immer mehr oder minder willkürlich und ungeeignet, bei vielen Übereinstimmung hervorzurufen. Hier ist die Trennung aber natürlich, durch das Wesen der Sache selbst gegeben. Es wird sich immer mit großer Überzeugungskraft der Gedanke bahnbrechen, daß es von großem Vorteil ist, die formelle Gewaltentrennung durchzuführen, die drei Tätigkeiten: Gesetzgebung, Rechtsprechung und Vollziehung in verschiedene Hände zu geben. Die Scheidung ist innerlich gerechtfertigt. Das haben vor allen anderen John Locke und Montesquieu mit zwingenden Argumenten dargetan.[2])

Man wird vielleicht auf diese Argumentation folgendes erwidern: Das Bemühen, darzutun, daß Gesetzgebung, Rechtsprechung und Verwaltung, obwohl ursprüngliche Gewalten, neben einander bestehen können, ist ohne Zweck. Denn die drei Gewalten sind nicht ursprünglich, sie sind abgeleitet aus einer einheitlichen Gewalt, die über ihnen steht. Es ist die verfassunggebende Gewalt. Sie ist eingeschoben zwischen jene drei Gewalten einerseits und die Urkraft des Staates andrerseits. Sie trägt jene drei Gewalten, und sie wird selbst von der stärkeren Mehrheit getragen. Dieser Einwurf mag für gewisse staatliche Bildungen berechtigt sein. Für andere ist er es nicht. Es ist denkbar, daß die stärkere Mehrheit eine verfassunggebende Gewalt errichtet und aufrecht hält und ihr die Einsetzung der an-

[1]) Jellinek, Allgemeine Staatslehre. 1905. p. 595.

[2]) Two treatises on government 1689. Book II. Chapter XIV. Esprit des Lois 1748. Livre XI. Chap. VI. De la constitution d'Angleterre.

deren Gewalthaber überläßt. Aber das ist nicht der Regelfall. Die französische Verfassung von 1875 ist durch die Nationalversammlung geschaffen worden, die aus allgemeinen Wahlen hervorging und am 13. Februar 1871 in Bordeaux zusammentrat. Die Verfassung von 1875 selbst gibt das Recht der Verfassungsänderung einer National-Versammlung, die dadurch gebildet wird, daß Deputierte und Senatoren mit gleichem Stimmrecht in Versailles zusammentreten.[1]) Wer ist nun Träger einer allumfassenden konstituierenden Gewalt, auf die sich Legislative und Exekutive gründen? Die Nationalversammlung von Bordeaux ist es nicht. Diese Institution ist nicht dauernd gewesen. Sie hat sich mit der Vollendung des Verfassungswerkes aufgelöst. Auch die Nationalversammlung von Versailles ist es nicht. Sie hat die Verfassung von 1875 nur in einzelnen Richtungen verändert. Wie kann man sagen, daß sich Legislative und Exekutive aus ihrem Willen herleiten? So ist nur die eine Lösung möglich: Die Verfassungseinrichtungen schöpfen ihre Kraft zum allergrößten Teil unmittelbar aus dem Willen der stärkeren Mehrheit selbst. Die Verhältnisse in Belgien, im Deutschen Reich, in der Nordamerikanischen Union und in anderen Staaten sind völlig analog. Auch hier sind die Gründer der Verfassung nicht zu einer dauernden Institution vereinigt geblieben. Das Recht der Verfassungsrevision ist in andere Hände gelangt. Ganz eigentümlich ist das Verhältnis in England. Hier besteht keine besondere Instanz für die Verfassungsrevision. Die Legislative entscheidet über ihre eigne Gestaltung und über die Form und Kompetenz der anderen Gewalten. Das Parlament ist allmächtig.[2]) Es verlängerte im Jahr 1716 seine eigene Legislaturperiode und die aller folgenden Parlamente von drei auf sieben

---

[1]) Loi constitutionnelle sur l'organisation des pouvoirs publics français. 25 février 1875. Art. 8. Loi du 22 Juillet 1879.

[2]) Blackstone, Commentaries on the laws of England in four books by Sir William Blackstone, Knt. one of the Justices of His Majesty's Court of Common Pleas. 1765. Book I. p. 160, 161. "The power and jurisdiction of Parliament," says Sir Edward Coke, "is so transcendent and absolute, that it cannot be confined, either for causes or persons, within any bounds. And of this high court," he adds, "it may be truly said: Si antiquitatem spectes, est vetustissima; si dignitatem, est honoratissima; si jurisdictionem, est capacissima. — It can change and create afresh even the constitution of the kingdom and of parliaments themselves."

Jahre.[1]) Und so ruht unzweifelhaft die Legislative in England unmittelbar auf dem Willen des Volks.

Es sind verschiedene Träger für die staatlichen Grundaktionen eingesetzt. Sie schöpfen alle ihre Macht aus dem Willen der stärkeren Mehrheit. Hier ist eines zu bedenken. Die stärkere Mehrheit ist ein sehr unbestimmtes Gebilde. Es ist möglich, daß sie nur um ein Geringes überwiegt. Es ist auch möglich, daß sie beinahe die ganze Nation umfaßt. Und vor allem: Es ist möglich, daß sie verschiedene Kraft besitzt, je nach dem Gewalthaber, den es zu stützen gilt. Der eine Machtträger wird einen größeren oder geringeren Anhang finden als der andere. Jeder wird die Herrschermacht besitzen. Aber die Herrschermacht eines jeden wird ungleich sein. Deshalb wird der eine über den andern eine Suprematie erlangen. Wenn ein Konflikt zwischen zwei Gewalthabern entsteht und der eine auf größere Unterstützung rechnen kann als der andere, wird der schwächere oftmals nachgeben müssen; er wird die Besorgnis haben, daß seine Macht aufgehoben oder geschmälert wird, wenn das Volk, um den Konflikt zu lösen, die Verfassung ändert.

Aber die Ungleichheit der Kräfte wird nicht über ein bestimmtes Maß hinausgehen. Das Volk hat ein gewichtiges Interesse, daß die Gewaltentrennung aufrecht bleibe; es hat selber die Gewaltentrennung eingerichtet, es hat dem einen und dem andern Gewalthaber seine Macht nur verliehen unter der Voraussetzung, daß die übrige Macht in andern Händen sei; die stärkere Mehrheit unterstützt vor allem das ganze System als ein einheitliches Gebilde, unterstützt weniger die einzelnen Bestandteile dieses Systems unabhängig voneinander. Um einem übermäßigen Eingriff der einen Gewalt in das Gebiet der andern zu wehren, um einen Mißbrauch der größeren Kraft zu hindern, hat man heute das Prinzip der Gewalthemmung eingeführt. Man hat die eine Gewalt an der Ausübung der andern Gewalt in festen Grenzen beteiligt. Vorbildlich ist hier die Verfassung der Nordamerikanischen Union. Der Präsident hat ein suspensives Veto gegen die Gesetzgebung. Der Präsident seinerseits bedarf der Genehmigung des Senats, wenn er die Beamten der Exekutive ernennt,[2]) wenn er Verträge mit auswärtigen Mächten

[1]) Septennial Act. Dicey. Introduction. 1893. p. 42.

[2]) Es bestehen hier Ausnahmen.

schließt. Er unterliegt endlich ebenso wie seine Minister dem Impeachment, der Anklage des Repräsentantenhauses vor dem Senat.

Wenn der eine Gewalthaber über eine stärkere Grundlage seiner Macht verfügt als der andere, so fragt sich: Wie weit geht die Abhängigkeit? Wann muß der eine Gewaltenträger sich dem andern fügen? Das sind Fragen, auf die man nur in ganz unbestimmter Weise antworten kann. Die psychologischen Kräfte, welche die Suprematie erzeugen, sind unberechenbar. Ob eine Herrschermacht besteht, ist leicht zu sagen; es fragt sich nur, ob sie ihrem Willen Gehorsam verschaffen kann oder nicht; es gibt überhaupt nur zwei deutlich geschiedene Alternativen. Handelt es sich aber um das Verhältnis mehrerer Herrschergewalten, so sind unzählige Konstellationen möglich. Das Verhältnis der Suprematie kann niemals unter eine Regel gebracht, in einem Rechtssatz ausgedrückt werden.[1])

[1]) Die Frage, wann ein Ministerium sich wegen Meinungsverschiedenheit mit dem Parlament zurückziehen muß, kann niemals in festen Sätzen ihre Lösung finden. Es ist eine Frage des politischen Taktes. Zu viele Imponderabilien sind an dem Spiel der Kräfte beteiligt. Keine Verfassung kann hier eine wirksame Regel schaffen. In England haben die Meinungen oft gewechselt, seitdem sich das parlamentarische System entwickelt hat. Nur ein Beispiel: "There is no instance before 1830" — sagt Anson — "of a Ministry retiring because it was beaten on a question of legislation or even of taxation. So late as 1841 Macaulay maintained in the House of Commons, speaking as a Cabinet Minister, that a Government was not bound to resign because it "could not carry legislative changes, except in particular cases, where they were convinced that without such and such a law, they could not carry on the public service". Legislation which Ministers might need for administrative purposes was the only sort of legislation about which, in the opinion of the Melbourne Cabinet, a government need feel sensitive. — But in the last fifty years political interest has greatly increased, and extensions of the Franchise law made the House of Commons a close reflexion of the opinion of the country. This opinion is often formed and expressed in favour of large measures of legislation. A ministry which cannot command a loyal and substantial majority cannot in such respects satisfy the expectations of the country, and if it should fail to satisfy these expectations by negligence or mismanagement, the electorate will visit these short-comings on the supporters of the defaulting ministry." The Law and Custom of the Constitution 1896. Volume II. p. 138—139. — Vgl. Duguit, Droit constitutionnel, 1911. Tome II. p. 501: «Aux termes de la loi de 1875 la responsabilité solidaire n'est engagée qu'à l'occasion de la *politique générale* du gouvernement. Qu'est-ce à dire? Il est évidemment impossible de donner une définition précise.

Man kann darum sagen, daß die Suprematie im System der Gewaltentrennung nur ein politisches, nicht ein rechtliches Phänomen bedeutet.[1])

Wir kommen zu der zweiten Frage: Können mehrere ursprüngliche Herrschergewalten in der Weise zusammen bestehen, daß die eine der anderen übergeordnet ist? Versuchen wir mit unseren Begriffen ein Gebilde dieser Art zu formen.

Denken wir einen Staat, wie er unseren Vorstellungen entspricht. Ein Volk ist auf einem Gebiet angesiedelt. Es besteht eine Herrschaft, die sich auf den Willen der stärkeren Mehrheit gründet, es besteht eine ursprüngliche Gewalt. Der Staat verwickelt sich in einen Krieg mit einem andern. Er wird unterworfen. In zweierlei Gestalt ist diese Unterwerfung möglich. Erster Fall: der besiegte Staat wird dem siegreichen einverleibt. Die Herrschaft, die bisher nur über das eine Volk bestand, wird auf das unterworfene ausgedehnt. Es besteht nur eine Herrschaft über beide Völker. Sie ruht auf einer stärkeren Mehrheit, die sich in der Gesamtheit der nunmehr verbundenen Völker bildet. Nichts hindert bei dieser Gestaltung der Dinge, dem unterworfenen Volk ein minderes Recht zu geben. Zweiter Fall: Der siegende Staat läßt die Herrschaft in dem besiegten bestehen und eignet sich nur eine Oberherrschaft an. Dies ist die Konstruktion, die für uns wichtig ist. Aber wie ist sie zusammengefügt? Eines ist sicher: wenn eine Herrschaft einer höheren unterworfen ist, so kann sie nur solange aufrecht bleiben, als die höhere Gewalt sie nicht zerstört. Sie ist in ihrer Existenz abhängig von der anderen. Und doch bleibt sie eine ursprüngliche Gewalt. Sie ruht nach wie vor auf dem Willen der stärkeren Mehrheit des einen Volks. Verliert sie diese Stütze, so fällt sie zusammen. Die höhere Gewalt erhält sie nicht am

---

Tout ce que l'on peut dire, c'est que les ministres sont solidairement responsables de tout acte qui révèle les tendances générales de la direction que le gouvernement imprime aux affaires du pays, à l'intérieur et à l'extérieur. Cette direction générale peut se révéler par un projet de loi déposé, par un règlement publié, par des ordres ou des instructions donnés aux fonctionnaires, par des actes administratifs particuliers faits par un ministre, comme la nomination ou la révocation d'un fonctionnaire. Enfin l'abstention même du cabinet peut engager sa responsabilité.»

[1]) Voraussetzung ist, daß man den Begriff politischer Machterscheinungen in diesem engen Sinne fassen will.

Leben, wie sie eine abgeleitete Gewalt am Leben erhalten würde. Die höhere Gewalt ist nur ein beschränkendes, ein zerstörendes, kein belebendes Prinzip. Noch ein anderes ist offenbar: Die obere Gewalt muß eine hinreichende Grundlage finden allein bei der herrschenden Nation. Vermag sie die Unterstützung durch einen Teil des unterworfenen Volkes nicht zu entbehren, so können wir nicht mehr sagen, daß der eine Staat über den anderen herrscht. Aber zweifelhaft kann endlich die Frage sein, auf welches Objekt sich die obere Herrschaft richtet. Geht sie gegen den Herrscher des botmäßigen Staates? Oder geht sie gegen die Untertanen selbst? Die obere Gewalt kann sich darin nicht erschöpfen, daß sie dem Herrscherwillen des untergeordneten Staates gebietet. Wenn sie sich darauf beschränkte, dem König, den Mitgliedern des Parlaments zu befehlen, in welcher Weise sie Gesetze geben und Verwaltungshandlungen vornehmen sollen, so wäre das Verhältnis der Unterordnung illusorisch, sobald jene sich weigerten Gehorsam zu leisten. Wie wollte die höhere Gewalt den Gehorsam erzwingen? Und wollte sie zu dem Mittel greifen, die Machtträger des unteren Staates durch andere zu ersetzen, so bestände nicht mehr eine ursprüngliche, sondern eine abgeleitete Herrschergewalt; beide Staaten wären zusammengefügt zu einem. So bleibt nur die andere Alternative: Die obere Gewalt ergreift die Untertanen selbst. Diese Erklärung begegnet keiner Schwierigkeit, solange die obere Gewalt unmittelbar Gesetze an die Untertanen richtet, unmittelbar Verwaltungsaktionen vornimmt, welche ihre Freiheit beschränken. Aber diese Interpretation scheint auf den ersten Blick da nicht standzuhalten, wo die obere Gewalt nur gebietet, daß im unteren Staat bestimmte Gesetze erlassen, bestimmte Verwaltungsaktionen ergehen sollen. Allein auch hier geht die Herrschaft gegen die Untertanen. Eine andere Erklärung ist überhaupt nicht möglich. Will die höhere Gewalt, daß im untergeordneten Staat die Herrschaft in bestimmter Richtung geübt werde, so kann sie sich naturgemäß nur an die Untertanen halten. Sie richten die ursprüngliche Herrschaft ihres Staates auf. Sie geben ihr Grenzen, Richtung und Ziel, weil die Herrschaft sich immer auf ihren Willen gründet. Sie sind für die Herrschaft verantwortlich, welche sie sich selber geben, welche sie naturgemäß in ihrer Abhängigkeit halten, welche sie mit ihrem Geist beleben. Nicht gegen den König, nicht gegen die Parlamentsmitglieder, gegen das Volk wird deshalb der obere Staat die Exekution einleiten, wenn die Herrschaft nicht nach seinem Willen ausgeübt wird. Durch physischen Zwang, durch Drohung mit physischem Zwang gegen die Untertanen wird er es erreichen, daß die Ordnung eingesetzt wird, die er begehrt. Aber gibt es nicht eine dritte Möglichkeit der Erklärung? Kann man nicht sagen, daß die obere Gewalt gegen den unteren Staat als eine Körperschaft geht? Damit ist der bisherigen Erkenntnis keine neue hinzugefügt. Spricht man hier von einer Körperschaft, so erinnert man nur daran, daß die Untertanen, um die es sich handelt, daß die Untertanen, die in einem staatlichen Verbande stehen und einer botmäßigen Herrschaft unterliegen, durch ihre stärkere Mehrheit ihre Herrschaft aufrecht halten, und daß diese Herrschaft eine dauernde Institution verkörpert, so daß sie den Wechsel der Untertanen und der Herrscher überlebt.

Wir haben ein Staatengefüge kennen gelernt, in welchem zwei Herrschergewalten übereinander gebaut sind. Beide sind an sich selber betrachtet ursprüngliche Herrschergewalten. Aber sie sind es nicht beide für einen und denselben Staat. Von dem Standpunkt der unterworfenen Nation ist die obere Gewalt eine fremde, eine von außen her aufgedrängte Gewalt. Allein, es ist noch eine andere Kombination möglich, bei welcher zwei Gewalten übereinander bestehen. Statt daß zwei Gemeinwesen, die schon in der Wirklichkeit vorhanden sind, aus dem Verhältnis der Gleichordnung in das Verhältnis der Unterordnung gelangen, ist der andere Fall denkbar, daß sich zwei oder mehrere Staaten einem neuen Staat unterwerfen, den sie selbst über sich bilden. Man unterscheide hier die einzelnen Völker und das Gesamtvolk, das sich aus ihnen zusammensetzt. Jedes einzelne Volk hat seine ursprüngliche Herrschergewalt. Sie wird von der stärkeren Mehrheit getragen. Aber auch das gesamte Volk hat seine ursprüngliche Herrschergewalt. Sie gründet sich auf die stärkere Mehrheit innerhalb der Totalität. Die Herrschaft über das gesamte Volk wird immer mächtiger sein als die Herrschaft über das einzelne. Sie ist als die stärkere gedacht und als die stärkere gewollt. Als gleichgeordnete wäre sie unmöglich, als untergeordnete sinnlos. Hier bestehen zwei ursprüngliche Herrschergewalten übereinander. Sie sind beide ursprünglich vom Standpunkt des gleichen Untertanen. Er ist zweimal einem Volk eingegliedert, das eine Gewalt über sich erhebt. Mag er den Gewalten günstig sein oder ihnen widerstreben, er gehört zweimal zu der Mehrheit oder zu der Minderheit eines Volkes, das einen Herrscherwillen trägt. Er hat über sich zwei Gewalten.[1]) Wenn die eine Macht der anderen überlegen ist, so hindert das nicht, daß auch die schwächere Macht originären Charakter besitzt. Allerdings muß sie der höheren Macht weichen. Sie kann von ihr eingeschränkt, sie kann von ihr zerstört werden. Aber solange sie besteht, liegt ihr Ursprung nicht in der übergeordneten Gewalt, sondern in dem Willen ihrer Untertanen.[2])

Vergleichen wir noch einmal die beiden Doppelgefüge staatlichen Lebens, die wir beobachtet haben. In jedem Gefüge haben wir zwei Herrschergewalten über dem gleichen Volk. Beide sind an sich betrachtet ursprüngliche Gewalten. Jedesmal ist die eine der anderen übergeordnet. Aber im ersten Fall ist die obere Gewalt eine fremde, sie hat für das beherrschte Volk keinen ursprünglichen Charakter. Anders im zweiten Fall. Hier sind beide Gewalten eigne, in jedem Sinn ursprüngliche Gewalten.

[1]) Hier, wie bei der ersten Formation erstreckt sich also die obere Gewalt unmittelbar auf das Volk. Laband, l. c. p. 78: „Mit großer Einmütigkeit wird als wesentlich für den Bundesstaatsbegriff das Erfordernis aufgestellt, daß die obrigkeitlichen Hoheitsrechte der Zentralgewalt unmittelbar gegen die einzelnen Bürger gerichtet seien, nicht gegen die Gliedstaaten und durch deren Vermittlung gegen die Individuen". Vgl. die dort zitierte Literatur. Bryce, l. c. p. 16: "The american Federal Republic is itself a Commonwealth as well as a union of commonwealths, because it claims directly the obedience of every citizen, and acts immediatly upon him through its courts and executive officers." Jellinek gibt dieses Merkmal im Bundesstaat zu, nicht aber im Vasallenstaat. Allg. Staatslehre. 1905. p. 754.

[2]) Bryce, The American Commonwealth. 1911. Volume I. p. 17 sagt von der Nordamerikanischen Union: "Still less are its minor communities, the States, mere subdivisions of the Union, mere creatures of the national government, like the counties of England or the departments of France. They have over their citizens an authority which is their own, and not delegated by the central government. They have not been called into being by that government. They — that is, the older ones among them — existed before it. They could exist without it." — Zorn, Staatsrecht. 1795. 1897. I. p. 72. Tübinger Zeitschrift. Band 37 (1881). p. 312. Annalen 1884. p. 453f. und in älteren Schriften Jellinek. Lehre von den Staatenverbindungen 1882. p. 44f., 271f., 281f. erkennen diese Möglichkeit nicht an. Die untere Staatsgewalt im Bundesstaat ist ihnen aus der höheren abgeleitet.

Dort sprechen wir von einem Suzerän und einem Vasallen, von einem Oberstaat und einem Unterstaat, hier von einem Bundesstaat. Suchen wir nach einem Gesamtbegriff, so können wir jede der beiden Bildungen als zusammengesetzten Staat[1]) bezeichnen.[2])

[1] Oder als Staatenstaat: Diese Begriffe sind üblich, aber nicht vortrefflich. Sie führen leicht zu dem Mißverständnis, ein Bundesstaat sei ein Staat, gebildet durch mehrere Staaten. Eine solche Auffassung wäre unrichtig. Sie wäre ein leeres begriffliches Phantom, ein Gebilde, das nicht vorgestellt werden kann, das nicht lebendig ist. Der Bundesstaat ist nicht ein Staat, gebildet durch mehrere Staaten, sondern ein Staat, gebildet durch das Volk von mehreren Staaten. Auf den Teilen des Fundaments erheben sich Gebäude, und auf dem gesamten Fundament erhebt sich wieder ein Gebäude. Man stelle sich vor, daß ein Dom und seine Kapellen auf dem gleichen Boden stehen, ohne daß der eine Bau dem andern als Stütze dient. — Besser wäre es, von einem Doppelstaat zu sprechen.

[2]) Laband charakterisiert unter den zusammengesetzten Staaten den Bundesstaat durch die besondere Gestaltung des höheren Herrscherwillens. Staatsrecht. 1911. Band I. p. 60: „Der Staatenstaat verlangt eine Staatsgewalt, welche über den Gliedstaatsgewalten steht und folglich begrifflich von den letzteren verschieden ist. Sowie aber im Einheitsstaat die Staatsgewalt nicht immer den gleichen Träger hat, sondern bald der Gesamtheit der Bürger, bald einer einzelnen physischen Person zustehen kann und man darnach die Demokratie, die Monarchie usw. unterscheidet, so kann auch die Staatsgewalt im Staatenstaat der Gesamtheit der Mitgliedsstaaten oder einem von ihnen (von andern denkbaren, aber nicht praktischen Möglichkeiten abgesehen) zustehen. Von einem Bunde spricht man nur im ersten Fall. — Für das Genus, den zusammengesetzten Staat, ist eine bestimmte Organisation kein begriffliches Erfordernis; dagegen die Spezies, der Bundesstaat, wird gerade durch eine gewisse Form der Organisation, nämlich durch die Beteiligung der Einzelstaaten an der Herstellung des Gesamtwillens, begrifflich bestimmt." Der Unterschied in der Terminologie ist also dieser: Laband fragt: wer ist Träger der höheren Gewalt? Wir fragen: woher stammt sie? Wir forschen nach dem Ursprung der Macht, so wie auch Jellinek und Laband, wenn sie die Natur des Einzelstaates prüfen — Labands Begriff der eignen selbständigen Herrschaft, p. 57, p. 64f., l. c. ist nicht weit entfernt von Jellineks Begriff der ursprünglichen Gewalt.

Zweiter Teil.

Die abhängigen Länder und die verwandten Formationen.

Erstes Kapitel.

Elsaß-Lothringen.

Wir haben in den großen Linien eine Lehre vom Staat und von der ursprünglichen Gewalt gezeichnet. Versuchen wir jetzt, unsere Erkenntnisse auf die abhängigen Länder zu übertragen, um dadurch diese Bildungen zu begreifen und gleichzeitig unsere Auffassung vom Wesen des Staates zu erproben und zu vertiefen.

Die Reihenfolge, in welcher wir die abhängigen Länder betrachten werden, ist nicht von großer Wichtigkeit. Es gilt die mannigfaltigen konkreten Erscheinungen zu beobachten und durch Abstraktion die Begriffe zu formen, mit welchen sie erfaßt werden können. So müssen wir an der Hand des Gegebenen fortschreiten, das Material sammeln. Je mehr sich unser Gesichtsfeld erweitert, je mehr Bildungen abhängiger Länder wir kennen lernen, um so besser werden wir imstande sein, das Gesamtbild zu entwerfen und die innerste Seele dieser Organismen aufzudecken. Mit der Beobachtung müssen wir einsetzen. Wenn sie nur vollständig ist, so kann sie im übrigen sich in der einen oder in der anderen Richtung ausbreiten.

Es sei mir gestattet, von den Einrichtungen meines Heimatlandes Elsaß-Lothringen auszugehen.[1]) Dazu drängt mich

[1]) Laband, Staatsrecht, 1911. Band II. p. 211. Dort ist die Literatur zitiert; Laband, Artikel in der Deutschen Juristenzeitung von 1911; Rehm, Das Reichsland Elsaß-Lothringen, Vorträge der Gehe-Stiftung zu Dresden

auch einigermaßen folgender Grund. In den Problemen, die Elsaß-Lothringen bietet, hat sich in neuerer Zeit die Wissenschaft vom Wesen des Staates zusammengedrängt, um ihre Kräfte zu üben, um die Wahrheit ihrer Lehren zu erproben. Kein anderes unter den abhängigen Ländern hat in gleicher Weise das Interesse der Wissenschaft gefesselt. Hat aber die Staatslehre auf die theoretische Natur dieses Landes ihr stärkstes Licht geworfen, so kann man erwarten, daß die Betrachtung von Elsaß-Lothringen für die Lehre der abhängigen Länder am ergiebigsten sein wird. Aus dieser Rücksicht mag es vorteilhaft sein, hier einzusetzen.

Elsaß-Lothringen ist durch den Krieg von 1870 in den Besitz der deutschen Staaten gelangt. Es ist mit der Reichsgründung in den Besitz des Reiches übergegangen. Es ist seither unter deutscher Herrschaft.

Wie ist das Besitzverhältnis gestaltet, das sich zwischen dem Reich und Elsaß-Lothringen knüpft? Wie ist die Herrschaft des Reiches geformt? Die Antwort lautet verschieden, je nach den Zeitperioden, in denen man das Schicksal des eroberten Landes betrachtet.

Zuerst ist das Territorium gegenüber den deutschen Staaten und gegenüber dem Reich ein vollständiger Fremdkörper. Die Staaten, zu einem Bündnis vereint, und später das Reich sind in sich abgeschlossene Einheiten und üben die Herrschaft über das neue Land nur durch Mittel, die sie eigens dazu schaffen. Elsaß-Lothringen bleibt von der Gestaltung des Reiches unberührt. Später dehnt das Reich seine Organisation in fortschreitender Entwicklung auf Elsaß-Lothringen aus. Es erhebt

---

1911; Pass, Das Zustandekommen der Elsaß-Lothringischen Verfassungsreform 1911; O. Nelte, Die staatsrechtliche Stellung des Statthalters von Elsaß-Lothringen. Archiv für öffentliches Recht. 1911. Band II. p. 133; Leroy, La Constitution d'Alsace-Lorraine. Grande Revue, 25. janvier 1912; die Verfassung für Elsaß-Lothringen. Preußische Jahrbücher, Januar, März, April 1911; Gegenwart, 28. Januar, 4. Februar, 18. Juli 1911; Saturday Review, 18. Februar 1911; P. Braun, La Constitution de l'Alsace-Lorraine. Questions diplomatiques et coloniales, 16 mars 1911; M. Lair, A propos de la Constitution d'Alsace-Lorraine. Revue bleue, 12 août 1911; A. Bonnard, L'Alsace-Lorraine pays de l'Empereur. Bibliothèque universelle et Revue suisse, juillet 1911; Heitz, La loi constitutionnelle de l'Alsace-Lorraine. Revue du droit public et de la science politique. 1911. p. 429.

Elsaß-Lothringen nicht zu einem Mitgliedstaate, schafft es aber um zu einem Gebilde, das sich einem Mitgliedstaat immer mehr annähert. So wird es dem Reiche möglich, seine Institutionen, die für einen Bundesstaat ausgearbeitet sind, immer vollständiger auf das unterworfene Gebiet auszubreiten. Elsaß-Lothringen wird nicht ein Gliedstaat, aber es wird wie ein Gliedstaat behandelt. Es wird nicht von dem Reiche aufgenommen, aber es wird von dem Reiche immer mehr durchdrungen.

Elsaß-Lothringen wird nicht immer ein Besitzobjekt des Reiches bleiben. Durch eine Ermächtigung des Reiches und durch eine konstitutionelle Umbildung, Ereignisse, die mit großer Wahrscheinlichkeit zu erwarten sind und jedenfalls für wissenschaftliche Betrachtung hohes Interesse bieten, wird Elsaß-Lothringen den deutschen Staaten gleichgestellt werden.

Diese vorläufige Übersicht, welche schon wichtige Erkenntnisse voraus nimmt, genügt, um den Gang der Untersuchung im Umriß zu zeichnen. Es entsteht eine Reihe von Fragen. Zuerst, wie ist Elsaß-Lothringen unter die Herrschaft der deutschen Staaten, unter die Herrschaft des Reiches gelangt? Weiter: welches ist der Gang der Entwicklung, durch welchen das Reich Elsaß-Lothringen zuerst als einen Fremdkörper an sich bringt und dann immer mehr in seine Organisation beschließt? Welches ist das staatstheoretische Verhältnis, das in dieser Zeit zwischen dem herrschenden und dem beherrschten Land besteht? Und endlich, in welcher Weise wird Elsaß-Lothringen zu einem Mitgliedstaat umgestaltet werden? Wie ist der Prozeß zu denken, durch welchen ein abhängiges Land zu einem Staat erhoben werden kann?

a. Die Begründung der deutschen Herrschaft.

Fragen wir, wie sich der Besitzerwerb von Elsaß-Lothringen vollzogen hat, so drängen sich von selbst zwei Ereignisse in den Gesichtskreis unseres Interesses, die Eroberung und die Abtretung der französischen Gebiete. Die Territorien, die heute das Reichsland bilden, sind während des Krieges in die Gewalt der deutschen Truppen gelangt. Die Besetzung hat am

4. August 1870 begonnen. Mitte Dezember war nur noch die Festung Bitsch in französischem Besitz. Durch den Präliminarfrieden vom 26. August 1871 hat Frankreich dem deutschen Reiche alle seine Rechte und Ansprüche auf ein Gebiet zuerkannt, das ungefähr dem heutigen Elsaß-Lothringen entspricht. Die Grenzen sind später noch berichtigt worden. Ein drittes Ereignis endlich ist von Bedeutung, sobald das Subjekt der neuen Herrschaft gekennzeichnet werden soll. Es ist die Gründung des Deutschen Reiches. Sie ist am 1. Januar 1871 erfolgt.

Durch welchen Akt ist die deutsche Herrschaft begründet worden? Auf den ersten Blick kann vielleicht ein Zweifel entstehen, ob schon die Eroberung der Gebiete oder erst ihre Abtretung diese Wirkung in sich trug. Aber dieser Zweifel kann nicht andauern.

Die prinzipielle Frage ist die: Kann eine Herrschaft übertragen werden?

Was ist Herrschaft? Hier greifen wir auf den allgemeinen Teil dieser Arbeit zurück. Herrschaft ist die Möglichkeit, nach eignem Willen die Handlungen anderer zu bestimmen; es ist die Möglichkeit, sich Gehorsam zu verschaffen. Herrschaft ist Gewalt. Sie kann aus einer höheren Herrschaft fließen; dann ist sie abgeleitet. Oder sie kann ihre Kraft in sich selber tragen; dann ist sie ursprünglich. Ist die Herrschaft abgeleitet, so kann der höhere Gewalthaber über sie verfügen, er kann sie als eine abgeleitete hingeben, wem er will. Ist sie ursprünglich — und einzig um diesen Fall handelt es sich hier —, so kann sie nicht von einem Träger an einen anderen als eine ursprüngliche übertragen werden. Das widerspricht ihrem innersten Wesen. Das widerspricht ihrem Begriff. Denn sie ruht auf dem Willen der Gehorchenden allein. Zwar, die ursprüngliche Gewalt kann ihren Träger wechseln. Aber dann ist es eine Erneuerung aus der Tiefe. Die Gehorchenden selber schaffen sie um. Sie können die alte Herrschaft zerstören, ihren Träger enteignen. Sie können eine neue Herrschaft errichten, sie einem anderen Subjekt verleihen. Ein Übergang der Gewalt ist eine Neubegründung der Gewalt. Wer darum eine Herrschaft als eine ursprüngliche besitzen will, der muß sie selbst erringen. Durch Hingabe erwerben kann er sie nie.

Was für den Erwerb einer neuen Herrschaft gilt, das muß naturgemäß auch für die Erweiterung einer bestehenden Herrschaft gelten. Wer eine ursprüngliche Gewalt besitzt, der kann sie nicht dadurch erweitern, daß er sich eine andere Gewalt übertragen läßt. Die ursprüngliche Herrschaft muß sich aus sich selbst vergrößern, sie muß die bestehende Macht nutzen, um neue Macht zu gewinnen.

So kommen wir zu dem Schluß: Es gibt keine Übertragung ursprünglicher Herrschaft, mag es sich handeln um den Erwerb neuer oder um die Erweiterung bestehender Gewalt. Die deutsche Herrschaft über Elsaß-Lothringen ist daher nicht durch die Abtretung entstanden.[1]) Sie ist durch die Eroberung begründet worden.[2])

---

[1]) Anders Laband, Staatsrecht 1911. Band II. p. 212: „Durch den Präliminarfrieden wurde die volle Souveränität über diese Gebiete im völkerrechtlichen und staatsrechtlichen Sinne auf das Reich übertragen“. S. Anm. 1 und p. 221.

[2]) Die herrschende Lehre behauptet: Die Okkupation habe die französische Staatsgewalt nicht beseitigt, die staatliche Zugehörigkeit der Gebiete nicht aufgehoben oder verändert; die Ausübung der einheimischen Staatsgewalt sei nur suspendiert und auf die okkupierende Macht übertragen worden. Loening, Die Verwaltung des Generalgouvernements im Elsaß, 1874, p. 182. Laband, Staatsrecht, 1901, p. 236 und die dort zitierte Literatur. Dagegen Zorn. Leoni. Die herrschende Lehre will sich auf Sätze des Völkerrechtes gründen. Aber diese Sätze können nicht berufen sein, die Frage zu entscheiden. Es handelt sich um das Verhältnis zwischen der herrschenden Gewalt und den Unterworfenen. Die Frage ist eine interne, eine staatsrechtliche. Vgl. die weiteren Ausführungen im Text. Jellinek unterscheidet genau zwischen dem völkerrechtlichen und dem staatsrechtlichen Akt. Aber er gelangt zu anderen Konsequenzen. Allgemeine Staatslehre. 1905. p. 654. „Beide Akte, Gebietserwerb und Einverleibung, können zeitlich wahrnehmbar auseinanderfallen. So wurde Schleswig-Holstein im Wiener Frieden vom 30. Oktober 1864 von Dänemark an Preußen und Österreich abgetreten, seine Einverleibung in die preußische Monarchie wurde aber erst auf Grund des preußischen Gesetzes vom 24. Dezember 1866 durch königliches Patent vom 12. Januar 1867 vollzogen. Elsaß-Lothringen war mit dem Tage der Ratifikation des Versailler Präliminarfriedens (2. März 1871) von Frankreich dem Deutschen Reiche zediert, allein erst durch das Reichsgesetz vom 9. Juni 1871 wurde Elsaß-Lothringen für einen Bestandteil des Deutschen Reiches und die Einwohner von Elsaß-Lothringen für Angehörige des Deutschen Reiches erklärt.“

Welche Bedeutung hat aber in diesem Fall der Verzicht des französischen Staates im Friedensvertrag?

Die Besetzung und die Abtretung der Gebiete sind zwei Akte von durchaus verschiedenem Charakter und auch von durchaus verschiedener Wirkung.

Wenn die deutschen kriegführenden Staaten die französischen Gebiete in ihre Gewalt bringen, so wird dadurch ein neues Verhältnis begründet zwischen ihnen und den Bewohnern dieser Gebiete. Die vereinigten Herrschergewalten des Norddeutschen Bundes und der süddeutschen Staaten bringen die Bewohner dieser Gebiete in ihre Abhängigkeit. Ein Machtverhältnis wird begründet. Es ist ein interner, es ist ein staatsrechtlicher Zustand, der geschaffen wird.

Einen ganz anderen Sinn hat die Abtretung durch den Friedensvertrag. Hier stehen nicht Staaten und Staatsunterworfene einander gegenüber. Hier wird nicht ein Machtverhältnis begründet. Wie könnte Frankreich eine Macht übertragen, die es schon verloren hat? Zwei Staaten, Frankreich und das Deutsche Reich, schließen einen Vertrag. Sie regeln den völkerrechtlichen Besitzstand.

Die beiden Akte dürfen deshalb nicht verwechselt werden. Die Subjekte, deren Verhältnis geregelt wird, sind jedesmal verschieden. Und das Verhältnis selbst, um das es sich jeweils handelt, hat eine verschiedene Natur. Der staatsrechtliche Zustand ist ein Zustand der Gewalt. Er steht und fällt mit der Gewalt. Ob eine staatsrechtliche Unterworfenheit gegeben ist, das beantwortet sich nur danach, ob eine Gewalt besteht und aufrecht bleibt. Der völkerrechtliche Zustand aber ist ein Zustand der Übereinstimmung. Die Staaten halten für den Verkehr untereinander einmütig an bestimmten Sätzen fest.[1]) Diese Sätze haben nun immer zur Voraussetzung, daß sich die Staaten gegenseitig in einem festen Besitzstand anerkennen. Das Völkerrecht betrifft die Beziehungen der Staaten, und so muß vor allem feststehen, wer diese Staaten sind und welchen Umfang sie haben. Weil aber das Völkerrecht und das Staatsrecht ganz verschie-

---

[1]) Diese Sätze können sich naturgemäß ändern. Wo Einverständnis besteht, kann das Einverständnis wieder aufgehoben werden. Das hindert aber nicht, daß der gemeinsame Wille die Quelle des Völkerrechtes bleibt.

dene Rechtskreise sind, so ist es sehr wohl denkbar, daß das Völkerrecht die Frage, ob ein Gebiet zu einem Staat gehört, in anderer Weise beantwortet als das Staatsrecht. Es ist möglich, daß ein verschiedener Maßstab angewendet wird, daß das Völkerrecht nicht die Gewalt oder nicht die Gewalt allein entscheiden läßt. Ein Staat erobert fremdes Gebiet. Staatsrechtlich hat er die Herrschaft erworben, sobald er die Gewalt begründet hat. Möglich aber, daß der beraubte Staat und mit ihm die andern Staaten der Völkerrechtsgemeinschaft den Gebietsübergang aus dem alleinigen Grunde der Eroberung nicht anerkennen und sich weigern, die Sätze des Völkerrechts von der Voraussetzung aus anzuwenden, daß die eroberten Gebiete dem siegenden Staate zugewachsen seien. Und so verhält es sich in der Tat. Heute gilt im Völkerrecht der Satz, daß die Eroberung kein gültiger Titel des Erwerbes ist. Der Verzicht des Besiegten ist notwendige Bedingung.[1]) Dieser Verzicht wird im Frankfurter Friedensvertrag geleistet. Erst mit diesem Vertrag ist das Reich in der Sphäre des Völkerrechts als Besitzer von Elsaß-Lothringen zu werten.

Soviel ergibt sich aus diesen Erwägungen: Die staatsrechtliche Gebietszugehörigkeit entsteht in anderer Weise und hat eine andere Natur als die völkerrechtliche. Lehrt diese Erkenntnis uns richtig verstehen, wie Elsaß-Lothringen unter deutsche Herrschaft gekommen ist, so hat sie auch weiter große Wichtigkeit, wenn wir zu dem zweiten Punkt übergehen und fragen, wie das Besitzverhältnis zwischen dem Reich und Elsaß-Lothringen, wie die Herrschaft über das Territorium gestaltet ist. Soviel wissen wir jetzt im Voraus: Bei der Beantwortung dieser Frage kommt den internationalen Abmachungen, den Friedensverträgen keine Bedeutung zu. Die staatsrechtliche Stellung von Elsaß-Lothringen ist die gleiche, unabhängig davon, ob Frankreich die Gebiete abgetreten hat, ob andere Staaten das

---

[1]) Bonfils-Fauchille, Manuel de droit international public. 1912. p. 352. No. 535. „La conquête n'est pas un mode d'acquisition. Une prise de possession violente est un pur fait, simple et brutal. La détention du vainqueur doit se transformer en droit par l'abandon formel ou tacite du vaincu. La prise de possession doit être sanctionnée par un traité de paix, convention expresse, ou par l'usucapion qui implique reconnaissance tacite".

Reich im Besitz der Territorien anerkennen. Wir dürfen nicht fragen: Was hat das Reich von Frankreich erworben? Wir müssen fragen: In welcher Gestalt hält das Reich Elsaß-Lothringen in seiner Abhängigkeit? In welcher Weise formt es seine ursprüngliche Gewalt? Denn es formt sie selber. Das liegt im Wesen der ursprünglichen Gewalt. Die ursprüngliche Staatsgewalt des Reiches über das neue Land ist wie jede ursprüngliche Staatsgewalt aus sich selbst entstanden.

b. Die Organisation der neuen Länder.[1])

Wir haben schon angedeutet, daß in einer ersten Periode die deutschen Staaten und das Reich sich Elsaß-Lothringen als einen Fremdkörper angegliedert haben. Die Organisation der siegenden Staaten und die Organisation des unterworfenen Landes bleiben vollständig getrennte Gebilde. Es wird ein Beherrschungssystem geschaffen eigens für das eroberte Gebiet.

Durch Kabinettsordre vom 14. August 1870 überträgt der König von Preußen als Oberbefehlshaber der deutschen Truppen die Verwaltung der besetzten Gebiete im Elsaß einem Generalgouverneur. Später wird der Verwaltungsbezirk ausgedehnt. Er umfaßt ungefähr das ganze Territorium, welches das heutige Elsaß-Lothringen bildet. Durch Kabinettsordre vom 26. August wird dem Generalgouverneur ein Zivilkommissar beigeordnet. Die Zuständigkeit des Gouverneur bestimmt sich nach einer Instruktion, die von dem preußischen Kriegsministerium und dem Kanzler des Norddeutschen Bundes entworfen und von dem König genehmigt ist. Dieser Zustand ist nach seiner ganzen Natur provisorisch. Der König von Preußen, der kraft der Schutz- und Trutzbündnisse des Norddeutschen Bundes mit den süddeutschen Staaten die oberste Kriegsgewalt besitzt, hat die Machtvollkommenheit, diesen Zustand zu schaffen, gerade weil er provisorisch, für Kriegszeiten bestimmt ist.

---

[1]) Wir werden versuchen, in diesem Kapitel niemals der Frage vorzugreifen, wie das rechtliche Verhältnis zwischen Elsaß-Lothringen und dem Reiche zu charakterisieren ist. Aber die Institutionen weisen schon zwingend auf die Lösung hin. Und so ist es nicht immer möglich, in der Ausdrucksweise neutral und farblos zu bleiben.

Mit der Eroberung steht die Verfügungsmacht über die bisher französischen Gebiete den verbündeten deutschen Staaten zu. Ein Träger für diese gemeinsame Macht besteht für die Zeit des Krieges in der Person des Oberfeldherrn. Er leitet seine Befugnis aus den Bündnissen und später aus der Reichsverfassung her. Aber in dem Augenblick, wo der Krieg seinen Abschluß findet, müssen die Staaten, in deren Gesamtbesitz sich die Territorien befinden, über das Schicksal von Elsaß-Lothringen entscheiden und über die Art der Herrschaftsübung beschließen. Da nun bis zum Vereinigungsgesetz vom 9. Juni 1871 der im Krieg geschaffene Zustand tatsächlich bestehen bleibt, so muß ein stillschweigendes Einverständnis der Staaten mit der Fortdauer der provisorischen Regelung angenommen werden.

Bis zum Vereinigungsgesetz steht Elsaß-Lothringen unter der Gesamtherrschaft des Norddeutschen Bundes und der süddeutschen Staaten. Dieses Gesetz aber bringt eine Umwälzung. Die von Frankreich abgetretenen Gebiete Elsaß und Lothringen, so heißt es hier, werden mit dem Deutschen Reiche für immer vereinigt. Wir haben einen Akt vor uns, durch welchen die neue Reichsgewalt die beiden Gebiete ergreift. Mit dieser Tat muß notwendig eine andere verbunden sein. Die am Krieg beteiligten Staaten, die bisher Elsaß-Lothringen gemeinsam besessen haben, müssen ihre Gewalt über dieses Land aufgeben. Es handelt sich nicht um die Übertragung der Herrschaft. Eine solche Übertragung wäre unmöglich. Es handelt sich vielmehr um die Aufgabe der einen Herrschaft und um die gleichzeitige Begründung der neuen. Dieser Wandel erscheint vom Standpunkt der Staatslehre äußerst wichtig, während er sich vom Standpunkt der politischen Geschichte fast unmerkbar vollzieht.

In dem Augenblick, in welchem das Vereinigungsgesetz in Wirksamkeit tritt, ist Elsaß-Lothringen der Reichsgewalt unterworfen. Das Reich kann die erlangte Gewalt in verschiedener Weise nutzen. Es kann sie zum Teil wieder aufgeben: Es kann sie nämlich in dem Umfang behalten, in welchem es die Gewalt gegenüber den Gliedstaaten besitzt, und kann im übrigen die Ermächtigung geben, daß einer, daß mehrere unter den Gliedstaaten ihre Gewalt auf Elsaß-Lothringen erstrecken. Das neue

Land geht dann in den Gliedstaaten auf. Es verschwindet. Und die einzige Wirkung dieses Prozesses für das Reich ist die, daß die Grenzen des Reichsgebiets erweitert werden. Aber das Reich macht von der neu erworbenen Gewalt nicht diesen Gebrauch. Es behält die Gewalt und schafft besondere Institutionen, um sie auszuüben.

Das Reich kann seine Herrschaft über Elsaß-Lothringen gestalten wie es ihm gefällt. Allerdings, es muß den formellen von der Verfassung vorgezeichneten Weg der Reichsgesetzgebung beschreiten, wenn es eine Organisation für Elsaß-Lothringen schaffen will. Es ist das eine natürliche Notwendigkeit. Die Reichsverfassung hat zwar den Gesetzgebungsprozeß, den sie vorschreibt, nicht auf den Fall berechnet, daß das Reich Normen aufstellt für ein Gebiet, in dem es eine einheitliche, nicht bundesstaatliche Herrschaft führt. Allein das Reich hat kraft seiner Lebensorganisation kein anderes Mittel, um Rechtssätze zu bilden. Es hat keinen anderen Ausdruck für seinen rechtschaffenen Willen. Indessen, wenn es die Institutionen für Elsaß-Lothringen in dem normalen Weg der Reichsgesetzgebung formen muß, so ist es im übrigen ungehindert, die Legislative, die Jurisdiktion und die Exekutive in dem neuen Land nach anderen Grundsätzen auszubauen, als die Reichsverfassung es für die Übung der bundesstaatlichen Herrschaft tut. Ist es die Reichsgewalt, die über Elsaß-Lothringen steht, so folgt daraus nicht, daß die Gesetzgebung prinzipiell von Bundesrat und Reichstag, die Verwaltung von Bundesrat und Kaiser geübt werden muß.[1]) Das Organisationsgesetz ist frei, ganz andere Organe mit diesen Funktionen zu betrauen, zum Beispiel die Gesetzgebung einem Parlament von Elsaß-Lothringen, die Verwaltung einem vom Kaiser unabhängigen Statthalter des Reiches zu verleihen.[2]) Denn die Reichsverfassung ist ihrem ganzen Wesen nach für den

---

[1]) Art. 5, 7, 11, 17 der Reichsverfassung vom 16. April 1871.

[2]) Der Kaiser ist nicht seiner Natur nach das Haupt der Verwaltung in Elsaß-Lothringen. Eine solche Konsequenz läßt sich aus dem Begriff des Kaisertums nicht ableiten. Vgl. Laband, Staatsrecht. 1911. Band I. p. 233. „Die Ausübung der Staatsgewalt in Elsaß-Lothringen ist etwas völlig anderes, als die nach der Reichsverfassung dem Kaiser zustehenden Präsidialrechte.“

Bundesstaat geschaffen, und ihre Institutionen sind für das Zusammenleben von Oberstaat und Unterstaat, nicht für die Einzelexistenz einer einheitlichen Herrschaft geformt.[1])

Das Vereinigungsgesetz vom 9. Juni 1871 macht sich diese Freiheit zunutze. Es schafft eine besondere legislative Gewalt für Elsaß-Lothringen. Die Gesetzgebung wird durch den Kaiser und den Bundesrat ausgeübt. Mit einer Beschränkung: wenn es sich um die Aufnahme von Anleihen oder die Übernahme von Garantien für Elsaß-Lothringen handelt, durch welche das Reich belastet wird, so muß auch der Reichstag mitwirken. Die Exekution wird dem Kaiser allein, nicht wie in der bundesstaatlichen Sphäre, dem Kaiser in Konkurrenz mit dem Bundesrat verliehen. Der Reichskanzler kontrasigniert die Anordnungen und Verfügungen des Kaisers. Er trägt die Verantwortung. Er ist das Haupt der Verwaltung. Das Reichskanzleramt ist die oberste Regierungsbehörde.[2]) Das Vereinigungsgesetz überträgt endlich die bisherigen Funktionen des Kassationshofes von Paris dem Bundesoberhandelsgericht in Leipzig.

Noch immer ist das eroberte Land nach keiner Richtung in die Organisation des Reiches eingeschlossen. Zwar die Organe des Reiches, Bundesrat, Reichstag und Kaiser, Oberhandelsgericht, spielen in seiner Gesetzgebung, in seiner Verwaltung und Rechtsprechung eine Rolle. Aber nur die Subjekte der Herrschaft sind die gleichen. Die Herrschaft selbst ist in ganz anderer Weise aufgeteilt. Die Kompetenzen sind verschieden. Und vor allem, es fehlt die charakteristische Teilung der Gewalt in

---

[1]) Laband, Staatsrecht. 1911. Band II. p. 214: „Die Reichsverfassung setzt durchweg voraus, daß zwischen den einzelnen Territorien und ihren Bevölkerungen und der Reichsgewalt eine Staatsgewalt steht, und daß die Einzelstaaten als Mitglieder des Reiches, als Staatsrechtsubjekte, Anteil an dem Reiche haben. Man könnte nicht mit Unrecht die Reichsverfassung das Vereinsstatut der zum Reiche vereinigten Staaten nennen. In der Reichsverfassung wird nicht nur der Möglichkeit, daß das Reich Bestandteile habe, welche der Zentralgewalt unmittelbar unterworfen sind, nicht gedacht, sondern sie wird durch den Zusammenhang aller Bestimmungen, in denen die Bundesstaaten dem Reiche gegenüber gestellt werden, ausgeschlossen.

[2]) Der Rechnungshof des Deutschen Reiches übt von Anfang und bis heute die Rechnungsprüfung und Kontrolle des Landeshaushalts.

eine partikuläre und in eine zentrale, für das ganze Reichsgebiet gemeinsame Sphäre.

Allein, seitdem die Vereinigung vollzogen ist, beobachten wir einen ersten Ansatz zu einer neuen Entwicklung der Dinge. Die Finanzwirtschaft der neuen Territorien wird gleich im Anfang von der Finanzwirtschaft des Reiches vollkommen getrennt. Vermögen und Schulden bleiben geschieden. Weiter, es wird zwischen dem Land und dem Reich das gleiche finanzielle Verhältnis hergestellt wie zwischen den Gliedstaaten und dem Reich. Zum erstenmal wird eine Teilung in eine partikuläre und in eine zentrale Sphäre durchgeführt, wie sie für das Verhältnis von Reich und Gliedstaaten eigentümlich ist.

Die Teilung, zu welcher die Natur der Dinge drängt, wird durch das Verwaltungsgesetz vom 30. Dezember 1871 nicht gefördert.

Zwischen den Reichskanzler, der an der Spitze der Verwaltung steht, und die Bezirkspräsidenten, welche an die Stelle der französischen Präfekten getreten sind, wird ein neues Organ eingeschoben: Es ist der Oberpräsident von Elsaß-Lothringen. Er ist von dem Reichskanzler abhängig. Er kann deshalb auch keine kaiserlichen Anordnungen gegenzeichnen und keine konstitutionelle Verantwortlichkeit tragen. Seine Kompetenz ist ungefähr die eines preußischen Oberpräsidenten. Das Gesetz ermächtigt aber den Reichskanzler, dem Oberpräsidenten die Befugnisse ganz oder teilweise zu übertragen, die nach den noch geltenden französischen Gesetzen von den Ministerien auszuüben sind. Und der Reichskanzler macht von dieser Befugnis umfassenden Gebrauch.

Die Verwaltung von Elsaß-Lothringen bleibt auch unter dieser Organisation noch abgesondert von der Reichsverwaltung, welche der Bundesstaat für die Gliedstaaten führt. Wir haben zwei Systeme der Beherrschung nebeneinander. Handhabt das Reich die Verwaltung gleichzeitig nach beiden Seiten, so übt es sie noch immer in verschiedener Form. Es übt die bundesstaatliche Verwaltung durch den Kaiser und den Bundesrat, es übt die territoriale Verwaltung durch den Kaiser allein. Allerdings, Reichskanzler und Reichskanzleramt sind Institutionen, die in beiden Systemen ihre Stelle haben. Aber die territoriale Verwaltung hat dann wieder einen besonderen Organismus von Behörden, an deren Spitze der Oberpräsident steht. Und — das ist die notwendige Folge: Nirgends eine Sphäre, in welcher das Reich für die Gliedstaaten und die neuen Territorien eine gemeinsame Regierung führt.

Aber die Zeit muß kommen, wo Elsaß-Lothringen nach Art eines Gliedstaates mit dem Reich verbunden wird. Die natürliche Entwicklung muß dazu führen. Der Gedanke liegt in der Luft. Durch ein Gesetz vom 8. Januar 1873 wird das Reichsgesetz über den Erwerb und Verlust der Bundes- und Staatsangehörigkeit vom 1. Juni 1870 in Elsaß-Lothringen für anwendbar erklärt. Es wird eine Landesangehörigkeit in den neuen Territorien anerkannt, welche der Staatsangehörigkeit in den Gliedstaaten entspricht. Durch ein anderes Gesetz vom 23. Dezember 1873 wird das Reichsbeamtengesetz eingeführt. Es werden Landesbeamte und Reichsbeamte unterschieden. Das sind deutliche Zeichen für die neue Auffassungsweise, die an Boden gewinnt.

Am 1. Januar 1874 tritt in Elsaß-Lothringen die Reichsverfassung in Wirksamkeit.[1])

Damit ist der erste große Schritt getan für die Adaptierung der eroberten Länder an die Organisation des Reichs.

Die zentrale Verwaltung, die über den Gliedstaaten eingerichtet ist, wird fortan auch über Elsaß-Lothringen geübt. Die Verwaltung von Elsaß-Lothringen, bisher vollkommen partikulär, geht zum einen Teil in der Reichsverwaltung auf. Die Grenze, bis zu welcher die partikuläre Regierung in der zentralen untergeht, wird durch die Reichsverfassung bestimmt und ist prinzipiell für alle Gliedstaaten und für Elsaß-Lothringen die gleiche. Eine Sphäre bleibt übrig. Hier wird die Regierung durch das gleiche Subjekt wie bisher, durch das Reich geführt. Aber das Reich entfaltet hier seine Tätigkeit durch ein besonderes System von Organen. Und es ist hier vor eine außerordentliche Aufgabe gestellt, vor eine Aufgabe, die sonst den Gliedstaaten überlassen ist und die es nur auf dem Territorium Elsaß-Lothringen erfüllt. Es übt eine vollkommen unmittelbare Regierung.

---

[1]) Vereinigungsgesetz, § 2. Reichsgesetz vom 20. Juni 1872. Einführungsgesetz vom 25. Juni 1873.

Es gibt von jetzt ab in Elsaß-Lothringen eine zentrale und eine partikuläre Verwaltung. Elsaß-Lothringen hat sich in einer wesentlichen Richtung der Organisation angepaßt, welche die deutschen Staaten umschließt.

Die Anpassung wird auch auf dem Gebiet der Rechtsprechung verwirklicht. Durch das Gerichtsverfassungsgesetz vom 27. Januar 1877 wird die Rechtsprechung auf dem ganzen Gebiet des Reichs in eine partikuläre und in eine zentrale Sphäre aufgeteilt.

Ist dieser Fortschritt auf dem Gebiet der Verwaltung und der Rechtsprechung erzielt, so ist er auf dem Gebiet der Gesetzgebung noch hinausgeschoben. Es folgt zwar aus der Einführung der Reichsverfassung, daß fortan die zentrale Gesetzgebungsgewalt auf Elsaß-Lothringen ausgedehnt wird, daß Bundesrat und Reichstag die Legislative in gleichem Umkreis besitzen wie den Gliedstaaten gegenüber. Allein der Unterschied von zentraler und partikulärer Gesetzgebung wird wiederum verwischt, indem auch in der partikulären Sphäre die Gesetzgebung durch jene beiden Faktoren, durch Bundesrat und Reichstag und in den gleichen Formen ausgeübt wird.[1] [2] Die Annäherung an die Organisation des Reiches erfolgt gleich in so potenzierter Weise, daß sie sich selber neutralisiert. Die für die Gestaltung des Reiches so wesentliche Scheidung von allgemeiner und von besonderer Gesetzgebung geht verloren. Eine andere Unvollkommenheit dieser Adaptierung liegt darin, daß Elsaß-Lothringen nur in einem der zwei Gesetzgebungsfaktoren, nur im Reichstag, nicht im Bundesrat vertreten ist und auch dadurch von der Teilnahme an der Organisation des Reiches zurückgehalten wird.

Das Problem der Zukunft muß jetzt darin liegen, eine for-

---

[1] Vereinigungsgesetz § 3. Leoni meint, der Kaiser sei Träger der Gesetzgebung geblieben und die Einführung der Reichsverfassung habe nur die Änderung herbeigeführt, daß der Reichstag als dritter Faktor hinzugetreten sei. Gegen ihn die herrschende Lehre. Siehe die Literatur bei Laband, Staatsrecht. 1901. Band II. p. 250, Note 1.

[2] Der Kaiser kann im partikulären Gebiete in der bisherigen Form mit Zustimmung des Bundesrats Rechtsverordnungen erlassen, wenn der Reichstag nicht versammelt ist. Über die Schranken dieses Rechts § 8 des Gesetzes vom 25. Juni 1873.

mell selbständige partikuläre Gesetzgebung für Elsaß-Lothringen zu schaffen.

Durch einen Kaiserlichen Erlaß vom 29. Oktober 1874 wird eine neue Institution ins Leben gerufen, welche den Kern der Umgestaltung in sich trägt. Es ist der Landesausschuß. Er wird aus Mitgliedern der Bezirkstage gebildet. Er hat zuerst nur eine begutachtende Funktion. Er gibt sein Urteil ab über Entwürfe zu Gesetzen, welche in den partikulären Bereich gehören.

Durch Reichsgesetz vom 2. Mai 1877 wird der Landesausschuß zum gesetzgebenden Faktor erhoben. Und nunmehr wird ein neuer selbständiger Weg für die besondere Gesetzgebung von Elsaß-Lothringen eröffnet. Kaiser, Bundesrat und Landesausschuß sind die Träger der Legislative. Durch ihre übereinstimmenden Willenserklärungen kommt ein Gesetz zustande.

Dieser Weg unterscheidet sich von dem der Reichsgesetzgebung in zwei Punkten. An die Stelle des Reichstags tritt der Landesausschuß. Weiter. Der Kaiser nimmt an dem Gesetzgebungswillen teil. Ein Gesetz kann nur mit seiner Zustimmung ergehen. Sein Veto hindert das Zustandekommen. In der Reichsgesetzgebung hat der Kaiser diese Stellung nicht: Haben Bundesrat und Reichstag ihren übereinstimmenden Willen kundgetan, so ist der Kaiser zur Ausfertigung und zur Verkündung verpflichtet. Der Kaiser erhält demnach durch das Gesetz von 1877 wieder die gleiche Rechtsposition, die er auf Grund des Vereinigungsgesetzes bis zur Einführung der Reichsverfassung besaß. Auch damals war er Träger der Gesetzgebung, aber damals nur im Verein mit dem Bundesrat.

Fortan gibt es in Elsaß-Lothringen eine zentrale und eine partikuläre Gesetzgebung. Der Übersicht wegen, um die Analogie mit beiden Kategorien der Gesetzgebung in den Gliedstaaten festzuhalten, kann man von einer Reichsgesetzgebung und einer Landesgesetzgebung sprechen. Nur darf man eines nicht übersehen, daß in Elsaß-Lothringen die Reichsgewalt allein die Herrschaft führt, daß es also im Grunde genommen nur eine Reichsgesetzgebung in Elsaß-Lothringen gibt. Von großer Wichtigkeit ist das eine, daß fortan in Elsaß-Lothringen Gesetze auf einem zweifachen Weg zustande kommen, auf dem formellen Weg der Reichsgesetzgebung und auf dem formellen

Weg der Landesgesetzgebung. Es fragt sich: Welche Gesetze ergehen in der einen, welche in der anderen Form? Und welches ist das Verhältnis beider Gesetzesarten zu einander? Die erste Frage wird durch die Reichsverfassung gelöst, die seit kurzem eingeführt ist. Die Grenze ist im Prinzip die gleiche wie diejenige, die in den Gliedstaaten zwischen Reichs- und Landesgesetzgebung besteht. Aber nichts hindert die formelle Reichsgesetzgebung, diese Grenze in Elsaß-Lothringen zurückzudrängen. Es handelt sich ja in einem solchen Fall nicht um eine Änderung der Reichsverfassung; es handelt sich nur um die Änderung einer durch einfaches Reichsgesetz geschaffenen Organisation für Elsaß-Lothringen; es handelt sich nur um die Beschränkung des durch Reichsgesetz vom 2. Mai 1877 gewährten Privilegs. Die formellen Reichsgesetze wechseln ab, jedes geht so weit es will, gibt die Grenze für die Kompetenz der formellen Reichsgesetzgebung, wie es ihm gefällt. In der Tat, nicht nur die Angelegenheiten, die in den Gliedstaaten der zentralen Sphäre zugehören, sondern auch die fundamentale interne Organisation von Elsaß-Lothringen, welche der Verfassungsordnung der Gliedstaaten entspricht, wird von der formellen Reichsgesetzgebung erfaßt und in ihre Kompetenz beschlossen. Wir kommen zur anderen Frage: Das Verhältnis zwischen beiden Arten von Gesetzen ist Kraft der Analogie von Reichsgesetz und Landesgesetz, die in Elsaß-Lothringen durchgeführt ist, das der Über- und Unterordnung. Die formellen Reichsgesetze gehen den formellen Landesgesetzen vor. Reichsrechtliche Satzungen können durch landesrechtliche nicht geändert werden.

Allein auch jetzt wird der Fortschritt, der mit großer Mühe gemacht ist, wieder paralysiert. Der neuen Institution wird eine merkwürdige Halbheit angeheftet. Ein besonderer Weg der Landesgesetzgebung ist in einer besonderen Sphäre geschaffen. Aber, mag die Grenze im Prinzip auch bestehen bleiben, es kann in der gleichen Sphäre auch der Weg der Reichsgesetzgebung beschritten werden.[1]) Ein Gesetz, das in den partikulären Bereich gehört, kann auch durch Bundesrat und

[1]) § 2 des Gesetzes von 1877.

Reichstag beschlossen werden. Ist es in dieser Form ergangen, so kann es auch nur in dieser Form eine Änderung erfahren. Das alte System ist durch das neue nicht verdrängt. Das alte System kann an die Stelle des neuen treten. Das neue hat nur eine prekaristische Existenz.

So ist die Scheidung der beiden Gesetzgebungswege wieder unvollkommen, die natürliche Entwicklung, durch welche Elsaß-Lothringen in das Reich eingebaut werden soll, wieder mächtig zurückgehalten.

Blicken wir zurück auf den Weg, den wir durchlaufen haben. Das große Prinzip, nach welchem das Reich gefügt ist, hat auch in Elsaß-Lothringen eine rudimentäre Verwirklichung erfahren. Gesetzgebung, Rechtsprechung und Verwaltung sind in zwei Kreise aufgeteilt, deren einer gemeinsam, deren anderer eigentümlich ist. Die Sonderung ist in den großen Zügen durchgeführt. Beide Teile staatlicher Tätigkeit sind nach einem verschiedenen System von Regeln ausgestaltet. Die Kompetenzen stehen auf beiden Seiten nicht identischen Subjekten zu. Aber es bleibt auf dem Gebiet der Gesetzgebung und der Verwaltung immer noch große Arbeit zu tun. Ist die Sonderung in den fundamentalen Linien hergestellt, so kann sie graduell noch vervollkommnet werden. Da das Reich in Elsaß-Lothringen nicht nur die zentrale, sondern auch die partikuläre Herrschaft übt, so ist es einigermaßen natürlich, daß es Organe, welche für die Betätigung der zentralen Gewalt geschaffen sind und schon fungieren, auch mit Befugnissen in dem andern Herrschaftskreis begabt. In der Verwaltung sind Kaiser und Reichskanzler beiderseits gemeinsame Institutionen. Neben dem Reichskanzler haben wir das Reichsjustizamt, das, ebenso wie das Reichskanzleramt für Elsaß-Lothringen, seit dem 1. Januar 1877 aus einer Abteilung des Reichskanzleramts zu einer selbständigen obersten Reichsbehörde umgebildet ist. Auch dieses Amt ist gemeinsam. Das eigentümliche Behördensystem für Elsaß-Lothringen beginnt erst mit dem Oberpräsidenten. In der Gesetzgebung hat der Bundesrat eine doppelseitige Kompetenz. Hier muß der Weiterbau der territorialen Organisation einsetzen. Die Wege können noch deutlicher geschieden werden. Je mehr die Formen auseinandergehen, je eigentümlicher die Institutionen von

Elsaß-Lothringen werden, um so mehr wird das Territorium das Bild eines Gliedstaates gewähren, um so mehr wird es hineinwachsen in das Reich.

Auf dem Gebiet der Verwaltung wird bald ein neuer Fortschritt gemacht. Das Reichsgesetz vom 4. Juli 1879 über die Verfassung und die Verwaltung von Elsaß-Lothringen räumt mit den partikulären Kompetenzen auf, die der Reichskanzler und das Reichsjustizamt besitzen; es beseitigt zugleich das Reichskanzleramt für Elsaß-Lothringen und das Oberpräsidium. Das Amt eines Statthalters wird geschaffen. Der Statthalter wird vom Kaiser eingesetzt und abberufen. Ein Ministerium wird für Elsaß-Lothringen gebildet. An seiner Spitze steht ein Staatssekretär, an der Spitze der Abteilungen stehen Unterstaatssekretäre; sie alle werden vom Kaiser ernannt und ihres Amtes enthoben. Statthalter und Ministerium haben ihren Sitz in der Hauptstadt des Landes. Die Kompetenzen des Reichskanzlers, der obersten Reichsbehörden und des Oberpräsidenten[1]) gehen auf die neuen Organe über.[2])

Will man sich diese Sukzession und das Verhältnis von Statthalter und Ministerium deutlich machen, so ist folgendes zu bedenken:

Der Reichskanzler ist in der vorangehenden Periode nicht eine von dem Reichskanzleramt für Elsaß-Lothringen und dem Reichsjustizamt verschiedene Instanz. Er ist das Haupt dieser Ämter. Denn — das ist das entscheidende — er kann jede Handlung selbst vornehmen, die in ihren Geschäftskreis fällt. Seine Rolle ist nicht darauf beschränkt, die Akte dieser Behörden abzuändern oder aufzuheben.

Durch das Reichsgesetz vom 17. März 1878 ist die Möglichkeit geschaffen, daß die Vorstände der obersten Reichsbehörden vom Kaiser zu Stellvertretern des Reichskanzlers ernannt werden. Von dieser Möglichkeit ist in umfassender Weise

---

[1]) Vgl. auch § 8 des Gesetzes vom 4. Juli 1879, wo Befugnisse des Bundesrates übertragen werden.

[2]) Die Verwaltung der Reichseisenbahnen steht von jeher und bis in unsere Zeit dem Reichskanzler zu. Ein besonderes Reichsamt steht ihm zur Seite, das durch Erlaß vom 27. Mai 1878 aus der dritten Abteilung des Reichskanzleramtes hervorgegangen ist.

Gebrauch gemacht. Die Stellvertretung des Reichskanzlers ist seitdem eine dauernde, mit dem Behördensystem des Reiches verwachsene Einrichtung. Die Stellvertreter können kaiserliche Akte gegenzeichnen, sie können für den Reichskanzler die obersten Akte der Verwaltung vornehmen. Sie tragen selbst die konstitutionelle Verantwortlichkeit; und der Reichskanzler wird dadurch entlastet. Aber trotz dieser Stellvertretung bleibt dem Reichskanzler das Recht vorbehalten, jede Amtshandlung selber zu vollziehen. Deshalb ist an dem Verhältnis zwischen Reichskanzler und Reichsamt nichts geändert. Sie bilden immer noch beide zusammen eine einzige Behörde. Und der Reichskanzler behält auch ein gewisses Maß der Verantwortlichkeit. Er hat immer noch die oberste Leitung in seiner Hand. So bleibt er verantwortlich dafür, daß er die Aufsicht führt und, wo es not tut, selbst handelt. Er bleibt verantwortlich für die großen Linien der Politik.

Eine andere Stellvertretung mit Übertragung der Verantwortlichkeit gibt es nicht. Höchste Verwaltungsakte können zwar durch Unterstaatssekretäre in Vertretung erlassen werden. Die Gesetze stehen dem nicht im Weg. Aber der Reichskanzler und die Vorstände müssen diese Akte mit ihrer Verantwortlichkeit decken. Die Unterstaatssekretäre sind ihrem Wesen nach keine verantwortlichen Stellvertreter. Deshalb können sie auch keine kaiserlichen Akte gegenzeichnen; denn das Ergebnis wäre, daß niemand die Verantwortung hätte.

Soweit es sich um Befugnisse handelt, die bis jetzt dem Reichskanzler zugestanden haben, ist der Übergang in den neuen Zustand von der größten Einfachheit. In die Stelle des Reichskanzlers rückt der Statthalter ein. Die Rolle der obersten Reichsämter wird von dem Ministerium, die Rolle der mit Vertretungsrecht begabten Vorstände wird von dem Staatssekretär übernommen. Wir haben vor uns ein Abbild des Systems, welches in der obersten Sphäre des Reiches gilt. Es handelt sich nur darum, die Grundsätze anzuwenden, welche dort Geltung haben.

So ergeben sich folgende Sätze:

1. Der Statthalter hat nur den Kaiser zum Oberherrn. Er ist dem Reichskanzler nicht untergeordnet. Er steht neben ihm. Er hat eine parallele Wirkungslinie. Wie der Reichs-

kanzler das Haupt der zentralen Reichsverwaltung ist, so steht der Statthalter an der Spitze der partikulären Verwaltung, die das Reich in Elsaß-Lothringen übt.[1])

2. Statthalter und Ministerium bilden nur eine Behörde. Der Statthalter kann jede Amtshandlung, die in den Kreis der ministeriellen Geschäfte fällt, selbst vornehmen.

3. Der Staatssekretär vertritt den Statthalter in allen seinen ministeriellen Kompetenzen. Er kontrasigniert kaiserliche Akte, er erläßt oberste Verwaltungsakte für ihn. Er haftet hier selbst. Der Statthalter trägt nur die Verantwortlichkeit für die großen Linien der Politik.

4. Der Staatssekretär kann sich selbst wieder vertreten lassen durch die Unterstaatssekretäre, zwar nicht bei der Gegenzeichnung kaiserlicher Anordnungen und Verfügungen, wohl aber bei der Gegenzeichnung oberster Verwaltungsakte. Die Unterstaatssekretäre haben keine eigene Verantwortlichkeit. Sie werden durch den Staatssekretär gedeckt.

Aber nicht nur die Befugnisse des Reichskanzlers, auch die Befugnisse des Oberpräsidenten werden auf die neugeschaffenen Organe übertragen.

Nun hat der Oberpräsident einmal Befugnisse kraft Gesetzes und weiter Befugnisse kraft Delegation durch den Reichskanzler. Das ist früher gezeigt. Soweit es sich um Kompetenzen kraft Delegation handelt, bilden Reichskanzler und Oberpräsident offenbar nur eine Behörde. Denn der Reichskanzler kann die Delegation nach seinem Ermessen ganz oder zu irgend einem Teil widerrufen und die Amtshandlungen selbst vornehmen, welche in diesen Kreis gehören. Die Kompetenzverteilung, die hier stattfindet, kann mühelos in die neue Organisation hinübergetragen werden. Denn auch in der neuen Organisation haben wir eine Stelle, die Herrschaftsbefugnisse quoad ius und eine Stelle, die Herrschaftsbefugnisse quoad exercitium besitzt. Der Statthalter entspricht dem Reichskanzler und das Ministerium entspricht dem Oberpräsidenten. Das Ver-

---

[1]) „Der Statthalter ist der Reichskanzler für Elsaß-Lothringen.“ Laband, Staatsrecht. 1911. Band II. p. 228. Dieser Begriff sagt alles.

hältnis zwischen Statthalter und Ministerium, das aus der Konstruktion der höchsten Reichsinstanz herübergenommen ist, paßt genau, um das Verhältnis zwischen Reichskanzler und Oberpräsident zu reproduzieren. So weit aber die Kompetenzen in Frage kommen, die der Oberpräsident kraft Gesetzes inne hat, nimmt die Frage eine andere Gestalt. Hier haben wir zwei Instanzen, zwei Behörden, die sich gegenüber stehen. Hier kann der Reichskanzler die Kompetenzen des Oberpräsidenten nicht selber wahrnehmen. Er hat nur die Aufsicht. Er kann die Akte des Oberpräsidenten als höhere Instanz ändern und aufheben. Er kann aber nicht selbst die Akte für ihn erlassen. Besteht dieser Dualismus auch nach dem Gesetz von 1879 fort? Überträgt er sich auf das Verhältnis von Statthalter und Ministerium? Die Frage ist zu verneinen. Erwägt man, daß das fundamentale Prinzip des Gesetzes von 1879 darin besteht, die höchsten Institutionen des Reiches in Elsaß-Lothringen nachzubilden, einen besonderen Reichskanzler und eine besondere oberste Reichesbehörde für dieses Land zu bestellen, erwägt man weiter, daß ein wichtiger Zweck des Gesetzes darin liegt, einen Zwischenbau abzutragen, der zu schwerfällig ist, und die Regierung von Elsaß-Lothringen einfacher zu gestalten, enger zu gliedern, leichter ineinander greifen zu lassen, erinnert man sich endlich, daß die Kompetenzen, die dem Oberpräsidenten durch Gesetz übertragen sind, nur eine untergeordnete Bedeutung haben gegenüber den Kompetenzen der früheren französischen Minister, die er kraft Delegation besitzt, so wird man zu dem Schluß gelangen, daß in dieser Frage das Interesse exakter Deduktion dem Interesse harmonischer Geschlossenheit weichen muß. Und so wird man überall Statthalter und Ministerium als eine Behörde konstruieren.[1])

Ist nun im Jahre 1879 das Ministerium mit dem Statthalteramt zu einer Behörde gestaltet und bedenkt man, daß damals die Behörde in ihren fundamentalen Linien aufgebaut ist,

---

[1]) Die Autoren sind geteilter Ansicht. Laband ist für die Einheitlichkeit der Konstruktion, wie sie hier vertreten wird. Ebenso Leoni, bei ihm zitiert. Beide erkennen mit Recht eine Ausnahme an für den Fall, daß ein förmlicher Rekurs vom Oberpräsidenten an den Reichskanzler gewährt ist, wie im Bergrecht.

so folgt, daß auch eine besondere Instanz nicht geschaffen wird, wenn spätere Gesetze expressis verbis dem Ministerium Kompetenzen verleihen.

So viel über den inneren Bau des neuen Systems, so viel über das Verhältnis seiner Teile zueinander. Es ist jetzt das Statthalteramt näher zu betrachten, welches den Angelpunkt der ganzen Konstruktion bildet.

Der Statthalter ist ein Reichskanzler mit speziellem Wirkungskreis. Seine Kompetenzen sind natürlicherweise von denen des Reichskanzlers verschieden. Aber seine konstitutionelle Stellung ist ihrem Wesen nach die gleiche. Und daraus ergibt sich der wichtige Satz, daß seine konstitutionelle Verantwortlichkeit den gleichen Inhalt wie die des Reichskanzlers haben muß.

So fragen wir zuerst, in welcher Weise der Reichskanzler selbst verantwortlich ist.

Die Reichsverfassung enthält nur den sehr unbestimmten Grundsatz: „Die Anordnungen und Verfügungen des Kaisers bedürfen zu ihrer Giltigkeit der Gegenzeichnung des Reichskanzlers, welcher dadurch die Verantwortlichkeit übernimmt“ (Art. 17).

„Die Verantwortlichkeit des Reichskanzlers“ — sagt uns Laband — „ist nicht zu einem Rechtsinstitut gestaltet; es fehlt an Anordnungen, worauf sie sich erstreckt, wer befugt ist, sie geltend zu machen, welches Verfahren dabei einzuhalten ist, welche Wirkungen mit ihr verknüpft sind. Die Verantwortlichkeit des Reichskanzlers ist daher nur ein politisches Prinzip, das einer Verwirklichung durch Rechtssätze noch harrt, welches aber doch als solches nicht wirkungslos ist, sondern die sogenannte politische oder parlamentarische Verantwortlichkeit des Reichskanzlers begründet. Die praktische Folge derselben besteht im wesentlichen darin, daß der Reichskanzler sich der politischen Notwendigkeit nicht entziehen kann, auf Angriffe gegen seine Geschäftsführung im Bundesrat und Reichstag Rede zu stehen.“[1])

Es sind keine Institutionen geschaffen, um die Verantwortlichkeit geltend zu machen. Daraus zieht Laband mit Recht

---

[1]) Staatsrecht, 1911, Band I, p. 381 u. 382.

den Schluß, daß die Verantwortlichkeit des Reichskanzlers keinen rechtlichen Charakter hat. Ein wichtiges Merkmal des Rechtes — so haben wir früher gesehen — liegt darin, daß das Recht nicht allein unter dem Schutz der blind waltenden sozialen Kräfte steht, wie die Sitte, sondern daß es gesichert ist durch zweckbewußte Institutionen. Untrennbar vom Recht ist die organisierte Garantie.

Ist es ein Zufall, daß die konstitutionelle Verantwortlichkeit des Reichskanzlers eine solche Garantie entbehrt? Oder hängt dieser Mangel mit dem Wesen der konstitutionellen Verantwortlichkeit selbst zusammen?

Hier müssen wir weiter ausholen.

Überall, im Leben eines jeden Staats, finden wir letzte Gewaltenträger, welche ihre Macht unmittelbar aus dem Willen des Volkes herleiten. Diese ursprünglichen Gewaltenträger können ihre Macht weitergeben. Sie überwachen dann natürlicherweise die Ausübung der übertragenen Gewalt. Sie bilden die garantierende Instanz. Wie steht es aber um sie selbst? Besteht für die Verfassungsmäßigkeit ihrer Funktionen eine Gewähr? Ist eine Institution geschaffen, welche sie selbst am Mißbrauch der Gewalt verhindert?

Von Anfang steht eines fest: Die ursprünglichen Gewaltenträger können sich nur unter sich selbst beschränken und überwachen. — Denn steht noch eine hemmende Gewalt über ihnen, so sind sie nicht mehr ursprüngliche Gewaltenträger. — Ihre Funktionen können zu diesem Zweck in der mannigfaltigsten Weise kombiniert, miteinander verkettet werden. Die Funktion des einen Gewalthabers kann vor der Funktion des andern die Schranke der Verfassung aufrichten. Der Monarch kann die Ausfertigung und Verkündung eines Gesetzes weigern, das von dem Parlament nicht in konstitutioneller Weise zustande gebracht ist. Aber diese Kombination gegenseitiger Hemmung findet eine Grenze. Mit mathematischer Notwendigkeit muß die fortlaufende Beschränkung einer Funktion durch die andere zu einem Ende gelangen. Wer wacht darüber, daß der Monarch die Ausfertigung und die Verkündung nach den Grundsätzen der Verfassung vollzieht, daß er diese Akte nicht aus unrechtmäßigem Grunde weigert? Das Parlament selber, so wird man antworten, indem es die Minister verantwortlich macht. Aber wer zwingt die Minister zu gehen, wenn das Parlament ihnen sein Mißtrauen erklärt? Und wer bestimmt, ob ein Fall gegeben ist, in welchem ein Ministerium sich zurückziehen muß? Immer stoßen wir in letzter Linie auf Institutionen, die nicht mehr selbst durch andere Institutionen gehemmt, in Schranken festgehalten werden. In jedem Staat gibt es Funktionen, welche garantieren, aber nicht mehr garantiert werden. Das liegt in der Natur der Dinge. Eine Funktion überwacht immer die andere, und so muß man in aufsteigender Linie zu einem Punkte gelangen, wo die Reihe ihr Ende findet. Es gibt eine Grenze, wo das Verfassungsrecht aufhört und die Verfassungssitte, die Konventionalregel beginnt.[1])

Eine Institution, welche in dieser Weise immer das Endglied einer Reihe bildet, welche immer immer auf Konventionalregeln beruht, welche durch keine andern Institutionen gesichert wird, ist die konstitutionelle Ministerverantwortlichkeit.

Nicht nur in der Exekutive, auch in der Jurisdiktion gibt es mit Notwendigkeit eine Stelle, wo die verfassungsmäßigen Gewaltenträger keinen anderen Richter mehr über sich haben, als den Willen des Volkes selbst, der am Anfang aller Gewalten steht. Hier ist kein System rechtlicher Hemmung mehr eingebaut. Zwar auch die höchsten Richter sind durch Normen gebunden. Aber es ist nur eine Pflicht der Moral, der Sitte, welche sie mahnt, diese Normen zu befolgen. Das Band, das sie einzig fesselt, ist ein Band des Vertrauens. Die Jurisdiktion in ihrer höchsten Instanz kann nicht genötigt werden, nach den Gesetzen und nach den Maximen der Billigkeit zu urteilen. Hier, wo die Garantie entfällt, bleibt nur Raum für das Vertrauen. Die Verfassung kann lediglich das eine tun: Sie kann den Eintritt in das Richteramt an strenge Voraussetzungen binden, eine Bürgschaft fordern für die tüchtige Erziehung, die Kenntnisse, die moralischen Eigenschaften der Bürger, welche dieses Amt bekleiden sollen. Sie kann die Stellung der Richter unabhängig gestalten Oder, statt objektive

[1]) Wir haben schon früher mancherlei Beispiele von Verfassungssätzen genannt, welche keine Rechtsnatur besitzen, weil sie der charakteristischen Garantie ermangeln.

Grundlagen des Vertrauens herzustellen, kann sie das Volk selbst befragen, wem es sein Vertrauen geben will, und die Richter aus Wahlen hervorgehen lassen.

In dem System der Legislative finden wir im allgemeinen keine ungedeckte Stelle dieser Art. Es besteht regelmäßig eine organisierte Garantie dafür, daß die Gesetzgebung sich nur in den Schranken und in den Formen der Verfassung vollzieht. Diese Garantie liegt in der Beteiligung der Exekutive. Und die korrekte Haltung der Exekutive ist wiederum gesichert durch die konstitutionelle Ministerverantwortlichkeit. Erst hier stoßen wir dann auf die ungedeckte Stelle, auf die Institution, die keine Garantie besitzt.

Wir haben zwei Beispiele nicht garantierter Institutionen genannt. Sie kehren in den Verfassungen regelmäßig wieder. Andere Phänomene der gleichen Art reihen sich in dem einen oder in dem andern Staatswesen an, je nach dem konkreten Aufbau des Verfassungswerks.

Gehen wir jetzt näher ein auf die konstitutionelle Ministerverantwortlichkeit.

Die Minister sind Träger ursprünglicher Gewalt. Wenn auch der Monarch, der Präsident in der Republik sie ernennt, so ist doch ihre Position durch die Verfassung selbst geschaffen. Sie leiten ihre Macht nicht von dem Monarchen oder von dem Präsidenten her. Sie schöpfen ihre Macht aus der Verfassung selbst. Dem Monarchen, dem Präsidenten auf der einen Seite, den Ministern auf der anderen Seite, beiden in gegenseitiger Mitwirkung will die Verfassung die Exekutive verleihen. Beide Teile in diesem System gründen ihre Macht in gleicher Weise auf den Willen des Volks.

Ist die Position beider Teile in dieser Beziehung gleich, so ist sie in einer anderen Beziehung verschieden. Die Verfassungsmäßigkeit der Aktion von Monarch und Präsident ist garantiert. Sie ist es durch die Gegenzeichnung der Minister. Hingegen die Aktion der Minister selbst ist durch keine Institution gesichert. Es besteht die konstitutionelle Verantwortlichkeit, so wird man vielleicht entgegnen. Aber was ist die konstitutionelle Verantwortlichkeit anderes als eben der Ausdruck dafür, daß das Band des Vertrauens die einzige Fessel ist? Die Gewalt der Könige, der republikanischen Staatshäupter ist in das Rechtssystem hineingewoben. Nicht so die Gewalt der Minister. Darin liegt die Stärke und die Schwäche ihrer Position. Gerade weil die Gewalt der Könige und Präsidenten rechtliche Garantie besitzt, hat sie auch festen Bestand. Ist diese Gewalt mit festen Schranken umgeben, ist ihrem Mißbrauch durch eine besondere Organisation vorgebeugt, so kann sie auch für ewige Zeit oder für eine bestimmte Periode verliehen werden. Wo aber die Fessel leichter ist, da muß auch der Besitz der Gewalt vorsichtiger, auf Widerruf übertragen sein. Die Macht muß mit der Fessel zerreißen. Die Macht muß zerfallen mit ihrer einzigen Gewähr. Die Minister stehen und fallen mit dem Vertrauen des Volks.

Die Minister können nur im Amte bleiben, solange sie durch das Volk getragen sind. Zwar auch die Monarchen müssen jederzeit bedacht sein, daß sie bei dem stärkeren Teil des Volkes Unterstützung finden. Auch sie müssen das Vertrauen aufrecht halten. Auch sie müssen sich die Grundlage sichern. Aber ihre Stellung ist niemals für sich allein bedroht. Die Festigkeit ihrer Stellung ist identisch mit der Festigkeit des ganzen Verfassungsgebäudes. Sie können nur mit der Verfassung gemeinsam fallen. Ihre persönliche Macht ist eingefügt in das einheitliche System des Staats. Hingegen die Minister können fallen, ohne daß die Verfassung sich ändert. Das Vertrauen kann sich von ihrer Person zurückziehen und kann sich auf andere Personen übertragen. Ist auch die Institution des Ministeriums selbst durch die Verfassung gefordert, so ist sie doch nicht durch die Verfassung mit bestimmten Personen verknüpft.

Die Gewalt der Minister beruht nur auf dem Vertrauen der Nation. Die Gewalt der Minister steht und fällt mit ihm. Und so muß jederzeit die gleiche Frage gestellt werden, ob dies Vertrauen weiter besteht. Die Frage kann in den meisten Fällen geprüft und beantwortet werden, da die öffentliche Meinung zu den Akten der Minister — viel mehr als zu den Urteilen der höchsten Gerichte — Stellung nimmt. Und wo die Meinung der Nation nicht mit Sicherheit ergründet werden kann, da bieten sich wichtige Symptome. Wenn die Minister sich mit dem Monarchen oder mit dem Parlament in Übereinstimmung befinden, dann ist ein wertvolles Anzeichen dafür gegeben, daß sie mit dem Volke selber Fühlung haben. — Ob die Übereinstimmung mit dem Monarchen oder mit dem Parlament wertvoller ist und einen zuverlässigeren Beweis enthält, das richtet sich wieder danach, ob der eine oder der andere Teil höhere Autorität und machtvollere Unterstützung bei einem stärkeren Teil des Volkes besitzt. Daß verschiedene Träger ursprünglicher Gewalt regelmäßig einen Untergrund ihrer Macht von verschiedener Festigkeit haben, ist im allgemeinen Teil schon dargelegt. So werden die Minister in dem einen Staat dem Monarchen trotzen können, wenn sie nur das Parlament auf ihrer Seite haben; so werden sie in einem anderen Staat sich gegen das Parlament behaupten, wenn der Monarch sie aufrecht hält. Ein Beispiel der ersten Art bieten die parlamentarischen, ein Beispiel der zweiten Art bieten die deutschen Monarchien. — Die Nation personifiziert sich einigermaßen im Parlament oder im Monarchen. Der Wille, das Vertrauen des Volks, sie konzentrieren sich in dem Willen, in dem Vertrauen von Parlament oder König. So kann man bis zu einem gewissen Grade auch von einer Verantwortlichkeit vor Parlament oder König reden. Aber nur bis zu einem gewissen Grad. Denn es sind immer außerordentliche Fälle möglich, wo die Minister in unmittelbaren Kontakt mit dem Volke treten und Parlament oder König zum Nachgeben zwingen. Volksvertretung oder Monarch bilden für die Machtstellung der Minister einen wichtigen Zwischenbau, aber nicht das letzte Fundament. Die Minister werden vielleicht auch in einem Lande die Stütze eines solchen Zwischenbaus entbehren können. Sie werden jederzeit in unmittelbarer Fühlung mit dem Volke sein, sie werden das Vertrauen des Volkes selbst ergründen und entscheiden lassen. Das ist möglich, wo die öffentliche Meinung eine starke Disziplin und Organisation besitzt. Ein Beispiel bietet sich in England. Das Schicksal der Ministerien wird hier durch die Parteien selbst bestimmt, nicht durch die Gruppen im Parlament, die nur gehorsame Werkzeuge der Parteien sind. Minister und Nation reichen sich die Hände über das Parlament hinweg.[1])

[1]) „Die Engländer mit ihren regierungsfähigen Parteien und der Erkenntnis der Bedeutung einer starken Regierung haben zwar nicht der Krone, wohl aber dem Kabinett, trotz aller parlamentarischen Ein-

Besteht die konstitutionelle Verantwortlichkeit in dem Phänomen, daß die Minister nur in dem Vertrauen der Nation ihre Lebenskraft finden und mit ihm untergehen, so ist zugleich offenbar, daß man niemals eine feste Regel dafür geben kann, in welchem Fall ein Ministerium sich zurückziehen muß. Es handelt sich um eine psychologische Frage von großer Komplexität. Was ist Vertrauen? Welche Symptome lassen erkennen, ob es besteht? Wo ist die Grenze zwischen dem Tadel einzelner Aktionen und dem Mißtrauen überhaupt. Ob man Vertrauen genießt, ob man Vertrauen schenkt, das sind Eindrücke höchst persönlicher Natur. Will man äußere Kennzeichen aufstellen, so kann man nur mit unbeholfener Hand grobe Umrisse zeichnen. Sehr entwickeltes politisches Feingefühl allein vermag die Frage im einzelnen Fall zu lösen. Mit einem Wort: man kann die konstitutionelle Verantwortlichkeit nicht definieren. Man steht vor einer Frage, die nicht durch eine Formel gelöst werden kann.

Die Nationalversammlung von 1789 hat diese Erfahrung gemacht. Sie hat die Eitelkeit ihres Bemühens einsehen müssen, als sie versuchte, einen Begriff der konstitutionellen Verantwortlichkeit in die Verfassung einzubauen.[1]) Die Frage, wann ein Ministerium sich zurückziehen muß, hat weder in der französischen noch in der englischen Verfassung eine Antwort gefunden. Die französische Verfassung von 1875 bestimmt nur, daß die Minister den Kammern für die allgemeine Politik der Regierung solidarisch verantwortlich sind. Was ist aber eine Frage der allgemeinen Politik? Das zu entscheiden, bleibt wieder Sache des individuellen Taktes. Die Minister werden sich darüber ein verschiedenes Urteil bilden, je nach der Autorität, die sie im Parlament noch zu besitzen glauben, nachdem die eine oder die andere Divergenz stattgefunden hat. Die Minister wer-

---

flüsse Kontrolle und Mitwirkung bei der Verwaltung, das Schwergewicht der Staatsleitung erhalten, während auf dem Kontinent in Verkehrung des natürlichen Verhältnisses das Parlament häufig das Kabinett als seinen untergeordneten, von seinen jeweiligen Weisungen abhängigen Diener betrachtet.“ Jellinek, Allg. Staatslehre, 1905, p. 691.

[1]) Redslob, Die Staatstheorien der französischen Nationalversammlung von 1789. 1912, p. 270.

den dafür halten, daß sie in einer Frage der allgemeinen Politik unterlegen sind, wenn sie wähnen, das Vertrauen des Parlaments verloren zu haben. Ein Zirkel. Jene Formel bringt keine Lösung. Es ist unmöglich, einen Begriff zu geben. Es handelt sich um Fragen viel zu feiner Natur. Deshalb weil die Grenze so schwer zu ziehen ist, hat sich in den letzten Jahren der Gebrauch entwickelt, daß ein Ministerium sich erst zurückziehen soll, nachdem es die Vertrauensfrage gestellt und so das Parlament um eine klare Entscheidung darüber angegangen hat, ob das Kabinett im Amte bleiben soll oder nicht. Aber auch das ist nur ein unvollkommener Ausweg. Der Zweifel bleibt offen, wann diese Frage gestellt werden soll. Und ein Ministerium muß fallen, sobald man ihm wirklich das Vertrauen entzieht, auch wenn es die Frage nicht stellt. In England ist nicht einmal das Prinzip der Ministerverantwortlichkeit in Verfassungsgesetzen ausgesprochen; es ist nur in parlamentarischen Gewohnheiten begründet. Warum auch einen leeren Begriff aufstellen und eine Erscheinung ins Leben rufen wollen, die durch sich selber lebt? In England besteht die gleiche Unbestimmtheit wie in Frankreich. Ein Ministerium muß sich in England mit Notwendigkeit nur dann zurückziehen, wenn ein Mißtrauensvotum ergeht. Ein Mißtrauensvotum kennt man erst seit 1841, wo Sir Robert Peel es zum erstenmal gegen das damalige Whigministerium durchsetzte. Zweifelhaft ist die Notwendigkeit des Rückzugs bei einem bloßen Tadelsvotum, das sich nur auf einen bestimmten Regierungsakt bezieht, nicht wie das Mißtrauensvotum auf die allgemeine Tätigkeit der Regierung; zweifelhaft auch, wenn eine Regierungsvorlage scheitert.

Wir fassen unsere Betrachtung zusammen:

Handelt es sich um konstitutionelle Verantwortlichkeit, so stehen wir an der Grenze, wo der Wille der Untertanen in die staatliche Gewalt übergeht. Hier besteht noch kein Recht; denn das Recht wird hier geboren. Sind wir geneigt, als politische Vorgänge die Erscheinungen zu bezeichnen, die noch nicht in die Form des Rechts eingegliedert sind, die sich noch ohne organisierte Garantie vollziehen, ist uns politisch gleichbedeutend mit präjuristisch, so können wir zusammenfassend sagen: Die konstitutionelle Verantwortlichkeit wird nicht durch das Recht, sondern durch das Spiel der politischen Kräfte entschieden.

Ist die konstitutionelle Verantwortlichkeit des Reichskanzlers nur abhängig von seiner politischen Macht, so muß auf eine Definition dieser Verantwortlichkeit verzichtet werden. — Es ist aber nicht ausgeschlossen, daß man noch um eine, wenn auch kurze Strecke in der Erkenntnis ihres Wesens vorwärts dringt.

Soviel können wir beobachten: Das monarchische Prinzip ist in Österreich und in den deutschen Einzelstaaten so stark entwickelt, der Monarch ist dergestalt der Schwerpunkt der anvertrauten Gewalten, er hat in so starkem Maß die Mehrheit auf seiner Seite, das Vertrauen des Volkes ist dermaßen in seiner Person konzentriert, daß die Minister das Vertrauen des Volkes sozusagen von selbst erwerben, wenn sie nur in Übereinstimmung mit dem Monarchen sind. Die Übereinstimmung mit dem Parlament ist zwar wichtig, doch nicht entscheidend. Wenn auch formell die Minister den Monarchen decken, so werden sie doch materiell durch den Monarchen gedeckt. Das Vertrauensverhältnis zwischen dem Volk und den Ministern wird ungefähr von dem Vertrauensverhältnis zwischen dem Volk und dem Monarchen absorbiert. Das Phänomen, daß die Minister ihre Macht auf den Willen des Volkes gründen, bleibt bestehen. Aber es wird unsichtbar.

Ein analoges Verhältnis besteht im Reich. Auch hier ist das monarchische Prinzip die Seele des staatlichen Lebens. Kein anderer Träger ursprünglicher Gewalt, weder der Reichstag noch der Bundesrat, besitzt eine politische Machtfülle, welche der des Kaisers von ferne ebenbürtig ist. Wie wenig der Reichskanzler von Reichstag und Bundesrat abhängt, das ist in der zitierten Stelle von Laband mit schonenden, aber doch mit recht deutlichen Worten gesagt. Das Schicksal des Reichskanzlers liegt in der Hand des Kaisers allein.[1])

Die Verantwortlichkeit des Statthalters — so haben wir früher festgestellt — hat den gleichen Inhalt wie die Verantwortlichkeit des Reichskanzlers. Sie teilt mit ihr einmal das Wesen einer jeden Ministerverantwortlichkeit: Sie ist eine Frage

---

[1]) Vgl. Jellinek, Staatslehre. 1905. p. 689.

politischer Macht. Aber es übertragen sich auf sie auch die Konsequenzen, die sich aus der Geltung eines starken monarchischen Prinzips ergeben. So wenig die Übereinstimmung mit Reichstag und Bundesrat das Schicksal des Reichskanzlers entscheidet, so wenig ist auch das Schicksal des Statthalters mit dieser Übereinstimmung verknüpft. In den deutschen Staaten und auch im Reich führt die Brücke von dem Minister über den König zum Volk. Gründet der Statthalter seine Machtstellung nicht auf die Majorität des Reichstags, so gründet er sie andererseits auch nicht auf die Majorität des Landesausschusses. Da der Statthalter die Macht des Reiches in Elsaß-Lothringen ausübt, da er eine Macht besitzt, die sich auf den Willen des Reichsvolkes stützt, so muß natürlicherweise die Meinung der Reichsvertretung, nicht die Meinung der Landesvertretung zur Sprache kommen, so weit überhaupt die Volksvertretung bei der Frage mitzureden hat, ob er das Vertrauen der Nation besitzt. Die einzige Bedeutung, die der Landesausschuß haben kann, ist die, daß der Kaiser aus dem Urteil der Landesvertretung über die Amtsführung seines Statthalters Schlüsse zieht und sich durch dieses Urteil mitbestimmen läßt, sobald er die Frage erwägt, ob die geeignete Persönlichkeit das Statthalteramt bekleidet und ob er selbst ihr weiter Zutrauen schenken, sie aufrecht halten will. Der Landesausschuß hat mit anderen Worten bei der Frage des Ministerwechsels nur beratende Funktion. Er repräsentiert nicht eine Macht, mit der man rechnen muß. Der Reichstag repräsentiert wenigstens das Reichsvolk, die Stütze aller Reichsgewalt, bis zu einem gewissen Grade, wenn auch in minder vollkommener Weise als der Kaiser. Deshalb kann man noch von einer konstitutionellen Verantwortlichkeit vor dem Reichstag reden. Aber im Verhältnis zwischen Statthalter und Landesausschuß verliert der Begriff der Verantwortlichkeit einen jeden Sinn. Das Gesetz von 1879 gedenkt auch einer solchen Verantwortlichkeit mit keinem Wort.[1])

---

[1]) Ich erinnere mich an ein geistreiches Bild, das Laband in seiner Vorlesung gebrauchte. Er verglich das parlamentarische Regime mit einem Kegelspiel. Der König stellt die Minister auf und das Parlament wirft sie um. Im Parlament von Elsaß-Lothringen, so möchte ich hinzufügen, ist

Bis jetzt haben wir den Statthalter als einen Minister betrachtet. Er ist ein Reichskanzler für ein besonderes Wirkungsgebiet des Reichs. Aber der Statthalter ist nicht allein Minister. Er hat noch eine andere Rolle. Der Kaiser kann landesherrliche Befugnisse, welche ihm in Elsaß-Lothringen zustehen, dem Statthalter übertragen, sagt das Gesetz von 1879. Der Statthalter empfängt diese Befugnisse nicht als Minister. Die landesherrlichen Rechte wandeln sich durch die Übertragung nicht in ministerielle Rechte.[1]) Sie behalten ihre Natur als Rechte des Staatsoberhauptes. Das ist schon dadurch außer Zweifel gestellt, daß die Hingabe nur auf Widerruf erfolgt, daß der Kaiser die Befugnisse, die er verliehen hat, jederzeit zurücknehmen kann. Wenn nun der Statthalter landesherrliche Rechte ausübt, so ist er mehr als ein Minister. Er tritt für den Kaiser selber ein. Er hat die Stellung eines Staatsoberhauptes, mag er diese Stellung auch nur prekaristisch inne haben. Er führt eine Art von Regentschaft. Nur haften seiner Regentschaft drei Eigentümlichkeiten an: Sie erstreckt sich lediglich auf einen festen Kreis von Herrschaftsrechten. Sie besteht auf Widerruf. Und endlich, was uns verhindert, hier von einer Regentschaft im ureigensten Sinne zu sprechen: Sie ist nicht die Vertretung eines Monarchen, sondern die Vertretung eines monarchenähnlichen Gewaltenträgers.

Soweit der Statthalter kaiserliche Rechte übt, hat er nach der Verfassung keine konstitutionelle Verantwortlichkeit. Der Staatssekretär ist sein verantwortlicher Minister. Er kontrasigniert seine Akte. Der Staatssekretär kann in dieser Funktion nicht vertreten werden, gerade so wenig wie bei der Gegenzeichnung kaiserlicher Akte. Die Gründe sind die gleichen wie dort.

---

nicht das Kegelspiel, sondern das Ballspiel der Basken im Gebrauche. Der Ball wird gegen die steinerne Mauer geschleudert und fliegt immer wieder in die Hand des Spielers zurück.

[1]) Anders in den Fällen, wo der Kaiser auf Grund des Gesetzes vom 30. Dezember 1871 § 18 Befugnisse des französischen Staatsoberhaupts auf Zentral- und Bezirksbehörden übertragen hat. Hier sind die landesherrlichen Rechte in ihrer Natur umgebildet worden. Sie haben sich in Rechte von Verwaltungsbehörden umgewandelt. Und sie können ihren neuen Charakter nur verlieren durch ein Gesetz, welches demjenigen von 1871 derogiert.

Das Gesetz von 1879 ist ein Markstein. Wieder ist eine bedeutende Strecke zurückgelegt. Immer deutlicher wird das Bild des Gliedstaates in die Organisation von Elsaß-Lothringen eingezeichnet. Es ist ein besonderes Kanzleramt geschaffen. Die Verwaltung von Elsaß-Lothringen trennt sich von der Verwaltung des Reichs schon in der obersten Behörde. Beide Verwaltungen haben nur noch eine gemeinsame Spitze, den Kaiser. Und selbst die Kaiserliche Herrschaft wird in gewissem Sinn geteilt, damit die Reproduktion des Gliedstaates vollkommener wird: Der Kaiser erhält einen Vertreter für die Ausübung der landesherrlichen Rechte.

Bringt das Gesetz einen bedeutenden Fortschritt im Bereich der Verwaltung, so ist der Gewinn auf dem Gebiet der Gesetzgebung viel geringer.

Trotzdem sind vier Errungenschaften auf diesem Gebiet zu verzeichnen. Es wird ein Staatsrat eingesetzt, um Gutachten über Gesetzentwürfe abzugeben. Damit wird neben dem Landesausschuß eine zweite, mit legislativer Kompetenz begabte Institution geschaffen, die im Lande selbst ihre Wurzeln hat. Sie kann die Tätigkeit des mit dem Lande nicht vertrauten Bundesrates bis zu einem gewissen Grad ersetzen und trägt in sich den Keim eines Oberhauses. Weiter, es werden drei Bevollmächtigte für das Territorium mit beratender Stimme im Bundesrat zugelassen. Auch diese Einrichtung birgt eine hoffnungsreiche Zukunft. Die Kompetenzen des Landesausschusses werden ausgedehnt. Der Landesausschuß erlangt das Recht, Gesetze vorzuschlagen und Petitionen, welche ihm zugehen, dem Ministerium zu überweisen. Und endlich: der Landesausschuß wird durch das neue Gesetz erweitert, auf eine breitere Basis gestellt.

Bisher sind nur die Bezirkstage mit jedesmal 10 Mitgliedern vertreten. Jetzt entsenden die Bezirkstage 34, die Landkreise 20, die vier großen Gemeinden (Straßburg, Metz, Mülhausen, Colmar) 4 Abgeordnete. Die Bezirkstage wählen die Deputierten aus ihrer Mitte. In den Kreisen sind es die von den Gemeinderäten aus ihrer Mitte erlesenen Wahlmänner, welche die Abgeordneten ernennen; in Gemeinden bis zu 1000 Einwohnern wird ein Wahlmann entsendet, in größeren Gemeinden ein Wahlmann für je 1000 Einwohner; wählbar zu Abgeordneten sind die Bürger, die im Bezirke wohnen und das aktive Gemeindewahlrecht besitzen. Die Gemeinderäte der vier großen Städte wählen die Abgeordneten aus ihrer Mitte.

Gehen wir auf das Prinzip näher ein, welches die Zusammensetzung des Landesausschusses beherrscht. Diese Betrachtung kann vielleicht von Wichtigkeit werden, wenn es künftig einmal gilt, eine Staatsverfassung für Elsaß-Lothringen zu entwerfen.

Die Deputierten gehen nicht aus allgemeinen Wahlen hervor. Und doch liegt das allgemeine Wahlrecht der Zusammensetzung des Landesausschusses zugrunde. Denn die Gemeinderäte und die Bezirkstage werden durch allgemeine Wahlen gebildet.[1]) Wir haben ein Wahlrecht in zwei oder in drei Stufen; und die Wähler der ersten Stufe gelangen alle durch das allgemeine Wahlrecht zu ihren Ämtern.

Es besteht eine bemerkenswerte Analogie zwischen der Zusammensetzung des Landesausschusses und der Zusammensetzung des französischen Senats.

Die Mitglieder des Senats werden in jedem Departement nach dem System der Listen (scrutin de liste) durch ein Kollegium erwählt, in welchem folgende Personen zusammentreten: 1. Die Mitglieder der Deputiertenkammer, die aus dem Departement stammen. 2. Die Mitglieder der conseils généraux und der conseils d'arrondissements, die in unseren Bezirkstagen und Kreistagen ein Gegenstück haben. 3. Wahlmänner, die von den Gemeinderäten ernannt werden und deren Zahl je nach der Größe des Gemeinderats wechselt.

Auch hier gehen die Wähler der ersten Stufe aus allgemeiner Wahl hervor; auch hier haben wir eine Wahl in zwei oder in drei Stufen; auch hier, wie in unserem System, ist die Zahl der Gemeindedelegierten nach der Bedeutung der Gemeinde abgestuft; In Frankreich entscheidet die Zahl der Gemeinderatsglieder, die wieder mit der Zahl der Einwohner in einem, wenn auch nicht regelmäßig wachsenden Verhältnis steht; in Elsaß-Lothringen ist die Zahl der Gemeindedelegierten mit der Einwohnerzahl in direkte Proportion gesetzt.

---

[1]) Gemeindeordnung vom 6. Juli 1895. Gesetz betr. die Wahl der Mitglieder der Bezirksvertretungen und Kreisvertretungen vom 15. Juli 1896.

Beide Häuser, Senat und Landesausschuß stellen sich in der Hauptsache als eine Vertretung der Kommunalverbände dar.[1]) Im Landesausschuß haben die Bezirke das Übergewicht. Der Senat ist vorzugsweise Repräsentant der Gemeinden und offenbart diesen Charakter besonders deutlich in seiner ursprünglichen Gestalt. Das Verfassungsgesetz vom 24. Februar 1875 hat bei der Wahl zum Senat jeder Gemeinde einen Delegierten zuerkannt, ohne auf die Zahl der Einwohner oder auf die Größe des Gemeinderats Rücksicht zu nehmen. Erst das Gesetz vom 9. Dezember 1884 hat die Abstufung eingeführt. Die ursprüngliche Regelung zeigt noch besser als die heutige, daß der Senat die Versammlung der Gemeinden Frankreichs bedeuten soll. Die Gemeinde ist der soziale Verband im eigentlichen Sinne — so hat man erwogen. Die Gemeinde ist der älteste soziale Verband. Läßt man den Senat von Delegierten der Gemeinden erwählen, so macht man ihn zum Vertreter der sozialen Gruppen. Er bildet so ein Gegenstück zur Deputiertenkammer, welche die Individuen vertritt.[2]) Neben diesem wissenschaftlichen Gedanken hat noch ein politischer auf diese Organisation hingearbeitet. Die monarchisch gesinnte Majorität der konstituierenden Nationalversammlung hat den Senat als konservatives Element in den Staat einbauen wollen und hat die Gemeinden als die Träger der konservativen Ideen betrachtet.[3])

[1]) Jellinek, Staatsfragmente. Festgabe für den Großherzog Friedrich von Baden. 1896, p. 287.

[2]) Duguit, Traité de droit constitutionnel. 1907. p. 770: „On essayait de justifier ce système en disant que la commune est le groupe social par excellence, qu'il est l'unité sociale la plus ancienne et la seule qui ait conservé une véritable autonomie dans la France contemporaine, qu'en faisant donc de la commune l'unité électorale pour les élections sénatoriales, on faisait du sénat le représentant des groupes sociaux à côté de la chambre représentant les individus. Gambetta appellera lui-même le Sénat «le grand conseil des communes françaises»".

[3]) Duguit l. c.: «La vérité est que la majorité monarchiste de l'Assemblée nationale qui votait une constitution républicaine parce qu'elle ne pouvait pas faire autrement, voulait faire du sénat un corps conservateur et pondérateur et pensait obtenir ce résultat en assurant pour l'élection des sénateurs la prépondérance aux très nombreuses communes rurales qui devaient, croyait-on, constituer pour longtemps encore l'élément conservateur, voire même réactionnaire du pays."

Soviel über das Gesetz von 1879. Es folgt ein langer Stillstand in der Weiterbildung der territorialen Organisation. Nach langen Kämpfen kommt das Reichsgesetz vom 31. Mai 1911 über die Verfassung von Elsaß-Lothringen zustande. Dieses Gesetz macht die letzte Anstrengung, die möglich ist, wenn man die bisherige Methode weiter verfolgen will, wenn man gesonnen ist, Elsaß-Lothringen nicht zu einem Gliedstaat werden zu lassen und doch in der äußeren Gestalt eines Gliedstaates auszubauen. Zwei neue große Errungenschaften sind zu verzeichnen: Elsaß-Lothringen erhält drei Stimmen im Bundesrat.[1]) Reichstag und Bundesrat verlieren ihre legislative Kompetenz in Landesangelegenheiten.[2]) Die Gesetzgebung wird durch den Kaiser und einen Landtag geübt.[3])

Die Bevollmächtigten von Elsaß-Lothringen im Bundesrat werden durch den Statthalter, nicht durch den Kaiser ernannt und instruiert. Durch diesen Grundsatz soll verhindert werden, daß die drei neuen Stimmen die preußischen verstärken. Wir befinden uns hier an einem sehr merkwürdigen Punkt in dem Entwicklungsgang der territorialen Organisation. Bis jetzt ist das Bild des Gliedstaates vornehmlich aus dem einen Grund immer unvollkommen wiedergegeben, weil ein besonderes Subjekt von Kompetenzen nicht gegeben ist, welches dem Landesherrn eines Gliedstaates entspricht. Befugnisse, die in den deutschen Staaten der Landesherr übt, hat in Elsaß-Lothringen regelmäßig der Kaiser. Einen schwachen Ansatz zu einer neuen Entwicklung der Dinge bedeutet schon die Institution, kraft welcher der Statthalter kaiserliche Befugnisse ausüben kann. Jetzt aber ist der Fortschritt bedeutend. Dem Kaiser wird ein Teil der Kompetenz genommen, welche in den deutschen Staaten dem Landesherrn gehört. Es gibt fortan zwei Sphären derjenigen Kompetenz, welche der landesherrlichen Kompetenz ent-

---

[1]) Art. I.

[2]) Der Bundesrat behält einige administrative Funktionen. Vgl. Laband, Staatsrecht. 1911. Band II. p. 224. Soweit der Kaiser die Mitglieder der Ersten Kammer ernennt, ist er an die Vorschläge des Bundesrats gebunden. Die Kaiserliche Verordnung, welche die Wahlkreise für die Zweite Kammer bildet, bedarf der Zustimmung des Bundesrats.

[3]) Art. II, § 5f.

spricht. Es gibt für jede Sphäre einen Willensträger. Beide Subjekte sind einander gleichgeordnet. Beide gründen ihre Position unmittelbar auf den Willen des Reiches.[1]) So wird ein Prinzip durchbrochen, das fester zu stehen schien als jedes andere: Bisher hatte der Kaiser in Elsaß-Lothringen die Stellung des Staatsoberhauptes. Jetzt wird er zum Teil aus dieser Stellung verdrängt.

Die Position des Statthalters wird durch diese neue Ordnung der Dinge noch vielgestaltiger, noch verwickelter als sie es war. Der Statthalter ist erstens Minister. Der Statthalter ist zweitens widerruflicher Träger landesherrlicher Rechte. Hier überall ist er dem Kaiser untergeordnet und dem Kaiser verantwortlich. Der Statthalter ist drittens auf einem besonderen Gebiet selbstständiger Willensträger. Hier ist er dem Kaiser gleichgeordnet und schuldet ihm keine Rechenschaft.

Betrachten wir näher den Zweck der Institution, welche dem Statthalter die Bundesratsstimmen zur selbständigen Verfügung überläßt. Es soll verhindert werden, das haben wir schon betont, daß die drei neuen Stimmen die preußischen vermehren. Es ist klar, daß der Kaiser, wenn er über die Stimmen von Elsaß-Lothringen verfügt, sie nicht in anderem Sinn abgeben kann als die preußischen Stimmen. Der Kaiser kann nicht in Reichsangelegenheiten einen zweifachen Willen haben, einen für Preußen und einen für Elsaß-Lothringen. Es ist allerdings möglich, daß der Kaiser eine Maßregel als nützlich für Preußen, als nachteilig für Elsaß-Lothringen betrachtet. Aber der Bundesrat ist nicht eine Vertretung der partikulären Interessen, er ist eine Vertretung der Reichsinteressen. Jedes Mitglied des Reiches soll für die Maßregel stimmen, die es für das Reich als nutzbringend betrachtet, und soll darob seine Sonderinteressen vernachlässigen — gerade wie es die Pflicht eines Abgeordneten ist, die Interessen des Landes, nicht die seines Bezirks durchzusetzen. Der Kaiser kann nicht eine verschiedene Ansicht über die Reichs-

---

[1]) Laband, Staatsrecht. 1911. Band II. p. 236: „Dem Kaiser wird ein in der Landesstaatsgewalt enthaltenes Recht, welches alle Bundesfürsten haben, entzogen; er darf es nicht ausüben; er ist aus diesem Recht durch den von von ihm ernannten Statthalter verdrängt; die elsaß-lothringischen Mitglieder des Bundesrates sind nicht Bevollmächtigte des Kaisers, sondern Bevollmächtigte seines Statthalters."

interessen haben, je nachdem er im Bundesrat als Vertreter von Preußen oder als Vertreter von Elsaß-Lothringen handelt.

Durch die neue Institution soll dem Statthalter die Möglichkeit gegeben werden in anderem Sinne zu stimmen als der König von Preußen. Ist der Statthalter vom Kaiser abhängig, handelt er nur als sein Vertreter, wenn er die Bevollmächtigten zum Bundesrat ernennt und instruiert, so sind die Stimmen von Elsaß-Lothringen mit den Stimmen Preußens in der Hand des Kaisers vereinigt. So erwägt man. Deshalb muß der Statthalter selbständig befugt sein, Elsaß-Lothringen im Bundesrat zu repräsentieren.

Aber das ist graue Theorie. Man darf nicht vergessen, daß der Statthalter, wenn er in der einen Sphäre selbständig ist, doch in der anderen Sphäre dem Kaiser unterworfen bleibt: Der Statthalter ist Minister des Kaisers. Nur auf Widerruf überträgt ihm der Kaiser landesherrliche Rechte. Wie soll der Statthalter seine Unabhängigkeit in der einen Sphäre wahren, wenn er in der anderen abhängig ist? Der Kaiser kann ihm sein Amt nach Belieben entziehen und ihm so die Möglichkeit nehmen, im Bundesrat weiter zu wirken. Das genügt, um den Statthalter in jeder Beziehung abhängig zu machen. Der Kaiser kann seine Dispositionsgewalt über das Statthalteramt dazu nutzen, um das Statthalteramt in jeder Richtung zu leiten. Wer will dem Kaiser wehren, den Statthalter faktisch deshalb abzurufen, weil er seine Stimmen nicht mit den preußischen vereinigt hat. Nominell kann der Kaiser zwar niemals diesen Grund anführen. Er würde gegen das Gesetz verstoßen. Aber er braucht einen Grund überhaupt nicht zu nennen. Die Besetzung des Amtes liegt in seinem freien Ermessen. Die Personalunion also, die sich in dem Statthalter vollzieht, die Kumulation einer freien und einer gebundenen Machtsphäre ist eine theoretisch verständliche, aber nicht lebensfähige, in der Wirklichkeit nicht durchzuführende Institution.[1])

[1]) Laband, Staatsrecht, 1911, p. 237: „Glaubt man wirklich, daß in einer Angelegenheit von einiger Wichtigkeit der Statthalter, der vom Kaiser ernannt und abberufen wird, der im Dienst des Kaisers steht und sein Minister ist, gegen seinen kaiserlichen Herrn Opposition machen könne; daß der Statthalter und der Reichskanzler entgegengesetzte Tendenzen verfolgen und gegeneinander stimmen können? Wenn man erwägt, in welcher

Man steht vor einer psychologischen Unmöglichkeit. Es kann auch nicht eingewendet werden, daß der Staatssekretär für die Instruktion verantwortlich sei und daß in diesem Umstand eine wirksame Garantie für eine selbständige Abstimmung liege. Denn die Verantwortlichkeit des Staatssekretärs vor dem Landtag ist eine Illusion. Eine Garantie wäre nur gegeben, wenn der Landtag ein Ministerium stürzen könnte. Aber der Landtag hat bei der Frage des Ministerwechsels nur beratende Funktion. Das ist früher auseinandergesetzt.

Sehr merkwürdig! Der Gesetzgeber hat selbst den Mangel seiner Konstruktion eingesehen. Der Statthalter kann trotz der gegebenen Garantien seine Stimmen nicht mit Selbständigkeit abgeben; so hat er klar erkannt. Um zu verhindern, daß die Stimmen von Elsaß-Lothringen die Stimmen Preußens vermehren, stellt er deshalb noch eine zweite Schutzwehr auf und statuiert die folgenden Sätze:

Erlangt Preußen im konkreten Fall nur deshalb die Majorität, weil die Stimmen von Elsaß-Lothringen auf seiner Seite stehen, dann werden die Stimmen von Elsaß-Lothringen nicht gezählt.

Ist Stimmengleichheit gegeben — Preußen hat in solchem Falle den Stichentscheid[1]) — und sind die Stimmen von Elsaß-Lothringen mit den preußischen im gleichen Sinn abgegeben, so werden die Stimmen von Elsaß-Lothringen wieder nicht gezählt.

Weise durch Vorverhandlungen unter den Bundesregierungen die Abstimmungen im Bundesrat vorbereitet werden, so muß es als ausgeschlossen angesehen werden, daß die elsaß-lothringischen Stimmen den vom Kaiser (König) instruierten preußischen Stimmen entgegentreten. Bei Fragen von untergeordneter Bedeutung, bei Abstimmungen in den Ausschüssen, bei Beschlüssen über die Wortfassung wird man der elsaß-lothringischen Regierung das harmlose Vergnügen gönnen, ihre eigene Meinung selbständig zur Geltung zu bringen; bei allen Anträgen dagegen, auf deren Annahme oder Ablehnung die Reichsregierung Wert legt, wird und muß sich die Tatsache geltend machen, daß das Reichsland keine eigene und selbständige Staatsgewalt und keinen vom Reich unabhängigen Willen hat und daß nicht der Statthalter, sondern der Kaiser die Staatsgewalt in Elsaß-Lothringen ausübt."

[1]) Reichsverfassung, Art. 7 III.

Mit einem Wort: Preußen soll niemals durch die Stimmen von Elsaß-Lothringen zum Sieg gelangen.

So kommen wir zu folgendem eigentümlichen Ergebnis: Die Stimmen von Elsaß-Lothringen können nicht gegen Preußen abgegeben werden. Es ist das eine psychologische Unmöglichkeit. Vereinen sie sich aber mit den preußischen Stimmen, so werden sie nur gezählt, wenn Preußen auch ohne sie die Majorität haben würde. Es bleibt daher äußerst zweifelhaft, welchen Wert die neu geschaffenen Stimmen haben.

Es ist sehr leicht, über die mißglückte Institution zu spotten. Man hört oft sagen: Es ist ein sonderbares Geschenk, das man dem Volk von Elsaß-Lothringen gegeben hat — eine goldene Uhr, die man nicht aufziehen kann. Und doch, wenn wir mit dem Blick der Wissenschaft den Gang der Ereignisse betrachten, sehen wir den tieferen Grund, warum die Einrichtung der neuen Bundesratsstimmen fehlgeht und fehlgehen muß.

Es besteht immer die gleiche Tendenz, Elsaß-Lothringen mehr und mehr einem Gliedstaat anzunähern, es aber nicht zu einem Gliedstaat werden zu lassen. Es handelt sich immer nur um Halbfertiges, um Nachahmung. Die Institutionen von Elsaß-Lothringen werden in der Weise ausgestaltet, daß sie eine äußere Ähnlichkeit mit den Institutionen der Gliedstaaten besitzen. Es entsteht nur ein Spiegelbild. Die körperliche Gestalt ist die gleiche. Aber die Nachbildung hat kein eignes Leben, keine Seele. Solange das Territorium sich nicht in einen Staat umwandelt, hat es keine Herrschaftsträger, die es aus sich selber schafft; es hat nur vom Reich eingesetzte Verwalter. Man kann sich lange über die Wahrheit hinwegtäuschen. Wenn man sich in dem Kreis der partikulären Angelegenheiten befindet, ist die Illusion leicht, daß Elsaß-Lothringen einen Landesherrn, ein wirkliches Parlament besitze. Das äußerliche Schauspiel, das sich bietet, ist das gleiche wie in einem Staat. Betrachtet man die Funktionen des Kaisers, die Zusammensetzung der Volksvertretung, ihre Kompetenz und die Formen ihrer Tätigkeit, so wird man lebhaft an das Leben eines wirklichen Staates erinnert. Man kann den kardinalen Punkt übersehen, daß Staatsoberhaupt und Volksvertretung in Elsaß-Lothringen von der Reichsgewalt eingesetzt sind. Dieser Umstand drängt sich nicht immer in deutlich sichtbarer Gestalt hervor. Es ist möglich, daß man nur die Funktionen betrachtet und das Lebensprinzip selbst vergißt. Sobald indessen Elsaß-Lothringen in den Kreis der zentralen Regierung eingreifen, am Bundesrat mitwirken soll, wird der bloße Schein seiner staatlichen Existenz mit Notwendigkeit fühlbar. Elsaß-Lothringen hat keinen ursprünglichen Willen. Es hat nur den Willen, den das Reich für das Land erzeugt und organisiert. Wenn aber die Herrschaft im eroberten Land ihr Bestehen der Gesetzgebung des Reiches verdankt, so ist es folgewidrig, diese Herrschaft an der Gesetzgebung des Reiches, an den Funktionen des Bundesrats teilnehmen zu lassen. Der Bundesrat hat in Gemeinschaft mit dem Reichstag eine Regierung für Elsaß-Lothringen eingesetzt. — Es kommt in diesem Zusammenhang nicht darauf an, ob er sie in der einen oder anderen Form ausgestaltet, ob er sie dem Kaiser oder einem vom Kaiser völlig unabhängigen Statthalter, ob er sie vielleicht einem Fürstenrat anvertraut hat. — Und jetzt soll er diese Regierung als integrierenden Bestandteil in sich aufnehmen, nicht mehr in seiner früheren Gestalt, nur noch gemeinsam mit ihr tätig sein. Der Gesetzgeber wird verkettet mit der Einrichtung, die er ins Leben gerufen hat. Der Schöpfer wird abhängig von der Kreatur. Die Verfassung des Reiches ändert sich unter der Einwirkung eines gewöhnlichen Gesetzes, das auf Grund der Verfassung ergeht, unter der Einwirkung nämlich des Gesetzes von 1911, das die Regierung von Elsaß-Lothringen schafft.[1]) Diese Kombination ist nicht eine logische Unmöglichkeit. Sie kann auch in der Wirklichkeit durchgeführt werden. Aber

[1]) „Elsaß-Lothringen führt im Bundesrat drei Stimmen, solange die Vorschriften in Art. II, § 1, § 2 Abs. 1 und 3 des Gesetzes über die Verfassung Elsaß-Lothringens vom 31. Mai 1911 in Kraft sind." Art. 1 der neuen Verfassung. Die Voraussetzungen sind die, daß der Kaiser die Staatsgewalt ausübt, daß ein Statthalter an der Spitze der Landesregierung steht, der vom Kaiser unter Gegenzeichnung des Reichskanzlers ernannt und abberufen wird, daß der Statthalter das Recht behält, die Bevollmächtigten zum Bundesrat zu ernennen und zu instruieren. Hier ist deutlich zum Ausdruck gebracht, wie der Inhalt der Reichsverfassung von dem Inhalt eines Reichsgesetzes abhängig wird.

sie enthält einen Mangel an Systematik.[1]) Und sie führt mit Notwendigkeit zu einer psychologisch falschen Situation für denjenigen, der von den drei neuen Stimmen Gebrauch machen soll. Immer wird man sich an eine von zwei Klippen stoßen: Erste Alternative: das Recht der Instruktion wird einem Subjekt verliehen, das rechtlich und politisch vom Kaiser unabhängig ist. Der Träger des Rechtes wird sich dann in der Abhängigkeit der gesetzgebenden Faktoren befinden, welche ihn eingesetzt haben, welche sein Amt wieder aufheben können. Er wird politisch den mächtigeren Staaten oder der Majorität des Reichstags Gefolgschaft leisten. Er wird keine Selbständigkeit besitzen. Die Stimmen werden in seiner Hand für Elsaß-Lothringen wertlos sein. Sie werden nur eine schon bestehende Majorität im Bundesrat oder im Reichstag verstärken. Nicht Elsaß-Lothringen, das Reich selbst wird über sie verfügen. Es besteht nur ein Mittel, um den Träger des Stimmrechtes vor dieser Abhängigkeit zu retten. Man stellt ihn unter den Einfluß des Kaisers, der allein dem Einfluß von Bundesrat und Reichstag die Wage halten kann. Und so kommen wir zu der zweiten Alternative. Was resultiert aber aus dieser Gestaltung der Dinge? Nichts anderes als eine Vermehrung der preußischen Stimmen.

So ergibt sich wissenschaftlich die Unmöglichkeit, dem Territorium Elsaß-Lothringen wirkliche Stimmen im Bundesrat zu geben, wirkliche Stimmen, das heißt solche, die Elsaß-Lothringen selbständig verwerten kann. Elsaß-Lothringen hat keinen selbständigen Willen. Wird im Land eine Herrschaft geführt, so ist sie durch die Organe des Reiches geschaffen und muß von den Organen des Reiches abhängig sein.[2])

---

[1]) Es ist, wie wenn man einen Motor wieder auf die Maschine wirken läßt, welche ihn treibt.

[2]) Art. 6 der Reichsverfassung bestimmt: „Der Bundesrat besteht aus den Vertretern der Mitglieder des Bundes". Diese Bestimmung kann man nicht willkürlich ändern. Denn sie hat einen tieferen psychologischen Grund. Es ist ein Leichtes, formell eine Gesetzesnorm zu erweitern. Eine andere Frage ist es, ob man nicht gegen ihren Grundgedanken verstößt, sie systematisch zerrüttet. Einen solchen Verstoß begeht man dadurch, daß man neben den Mitgliedern des Reiches einem Territorium Bundesratsstimmen verleiht. Laband, Staatsrecht. 1911. Band II. p. 235: „Diese Ab-

Wir sind an einem Punkt angelangt, wo sich der tiefe Unterschied, der zwischen den Gliedstaaten und Elsaß-Lothringen besteht, nicht mehr verdecken läßt. Wir sind an einer Grenze, wo man die Institutionen der Gliedstaaten nicht mehr auf Elsaß-Lothringen übertragen kann. Der Gesetzgeber will unmögliches, wenn er Elsaß-Lothringen am Bundesrat beteiligen will. Nicht darin fehlt er, daß er dem Lande Stimmen ohne Selbständigkeit gibt, sondern darin, daß er einem Lande ohne Selbständigkeit überhaupt Stimmen verleiht. Nicht darob muß man ihn schelten, daß er sein Werk mangelhaft vollführt, sondern darob, daß er es unternimmt.

Die Stimmen von Elsaß-Lothringen sind Stimmen, die keine Lebenskraft in sich tragen. Sie sind unselbständig. Das ergibt sich aus der Natur der Dinge. Um diesem Mangel abzuhelfen, richtet man jene gesetzliche Schranke ihrer Wirksamkeit auf. Die Stimmen von Elsaß-Lothringen sollen nicht gezählt werden, wenn Preußen durch sie das Übergewicht erlangen würde. Man wahrt ihre Selbständigkeit. Aber man vernichtet sie zugleich.

Neben dieser Schranke finden wir noch eine andere. Elsaß-Lothringen soll kein Stimmrecht besitzen, wenn über eine Änderung der Reichsverfassung beschlossen wird.

Es ist einmal politisch verständlich, wenn man das Territorium hindern will, in Lebensfragen des Reiches mitzureden. Elsaß-Lothringen ist an der Gründung des Reiches nicht beteiligt gewesen; es ist nicht einmal Mitglied des Reiches; es ist unterworfenes Land. Aber weiter, es ist auch ein theoretischer Gedanke, welcher hier bestimmend ist. Man empfindet den Mangel an systematischer Geschlossenheit, der darin liegt, daß ein durch den Willen des Reiches geschaffenes Subjekt an dem Willen des Reiches Anteil nehmen soll. Man will die Anomalie nicht auf die Spitze treiben. Man will die Institution, die durch Reichsgesetz geschaffen ist, wenn auch an dem ge-

---

änderung der Reichsverfassung ist eine prinzipwidrige und unlogische; denn der Bundesrat besteht nach Art. 6 aus den Vertretern der Mitglieder des Bundes, das Reichsland ist aber kein Mitglied, sondern ein dem Reiche unterworfenes und seinem Gebiet eingefügtes Territorium, dessen unmittelbarer Herr das Reich selbst ist; das Reich kann aber nicht sein eigenes Mitglied sein."

setzgebenden, doch nicht an dem verfassunggebenden Organismus beteiligen.

Welche Bedeutung hat es für die Maschinerie der Verfassungsänderung, wenn die Stimmen von Elsaß-Lothringen ausfallen? Nach Art. 78 der Reichsverfassung ist eine konstitutionelle Reform ausgeschlossen, wenn sich 14 Stimmen gegen sie erheben. Hätte nun Elsaß-Lothringen bei einer Verfassungsreform mitzureden, so könnten trotzdem die Stimmengruppen die bisher eine Reform zu hindern vermochten, dies auch ferner tun. Preußen allein mit seinen 17, die süddeutschen Staaten mit ihren 16, die 3 Königreiche mit ihren 14 Stimmen könnten nach wie vor ihr Veto einlegen. Dieses Gleichgewicht wäre nicht gestört. Aber durch den Ausschluß der Stimmen von Elsaß-Lothringen wird die Wirkung erzielt, daß eine Gruppe von Staaten, die 11 Stimmen besitzt und bisher einer Reform nicht zu widersprechen vermochte, auch durch Verbündung mit Elsaß-Lothringen diese Macht nicht erwirbt.

In welcher Form übt Elsaß-Lothringen seine Funktionen im Bundesrat?

Elsaß-Lothringen kann, wie jeder Gliedstaat, soviel Bevollmächtigte entsenden, als es Stimmen hat, und kann seine Stimmen nur in einem und dem gleichen Sinn abgeben.[1])

Der Statthalter ist befugt im Namen von Elsaß-Lothringen Vorschläge zu machen und vorzutragen. Das Präsidium ist verpflichtet sie der Beratung zu übergeben. Dieses Recht des Statthalters fällt, wie die Instruktion der Bevollmächtigten in die Sphäre, in welcher er vom Kaiser unabhängig ist.[2])

---

[1]) Reichsverfassung, Art. 6 II. Verfassung von Elsaß-Lothringen, Art. 1 III.

[2]) Reichsverfassung, Art. 7 II. Landesverfassung, Art. 1 III. Laband gibt das Antragsrecht dem Kaiser. Für diese Auslegung spricht, daß die Befugnis dem Statthalter nicht ausdrücklich als eine unabhängige verliehen wird. Aber dagegen ist anzuführen, daß das Antragsrecht von Elsaß-Lothringen, wenn der Kaiser es ausübt, zu einem bloßen Scheinrecht herabsinkt. Diese Konsequenz zieht Laband selber. Gegen seine Auslegung spricht weiter, daß es widerspruchsvoll ist, wenn der Statthalter die Bevollmächtigten instruieren, aber keine Vorschläge machen kann. Gegen sie steht endlich die allgemeine Tendenz der Landesverfassung, die dahin geht, Elsaß-Lothringen bei seiner Mitwirkung am Bundesrat nach Möglichkeit unabhängig zu stellen.

Elsaß-Lothringen kann in die Ausschüsse des Bundesrates gewählt werden, — ein Recht, das von größerer Bedeutung ist als das Stimmrecht im Plenum.[1])

So viel über die Vertretung im Bundesrat. Wir kommen jetzt zu der zweiten Errungenschaft, die das Gesetz von 1911 enthält.

Fortan sind Kaiser und Landtag die alleinigen Träger der legislativen Gewalt. Der Weg der formellen Reichsgesetzgebung kann für Landesangelegenheiten nicht mehr eingeschlagen werden.

Wenn man feststellen will, in welcher Art der Landtag sich zusammensetzt, so muß man zwei Quellen befragen: Das Verfassungsgesetz vom 31. Mai 1911 und das Wahlgesetz vom gleichen Tage. Die Organisation der Ersten Kammer ist vollständig im Verfassungsgesetz geregelt, die der Zweiten teils in dem einen, teils in dem anderen Gesetz. Beide Gesetze sind formell Reichsgesetze. Aber ihre Interpretation ergibt, daß das Wahlgesetz der Änderung durch formelles Landesgesetz unterliegen soll, daß sein Inhalt als landesrechtliche Materie zu betrachten ist.[2]) Soviel steht also fest: Die Organisation der Ersten Kammer ist überhaupt nicht, die der Zweiten ist zum Teil Sache partikulärer Gesetzgebung.

Die Mitglieder der ersten Kammer zerfallen in drei Kategorien je nach dem Grund ihrer Berufung.

Die Mitglieder der ersten Gruppe sind Mitglieder kraft ihres Amts. Sie erwerben ihre Mitgliedschaft mit ihrem Amt und verlieren sie mit ihm.

Hierher gehören die Bischöfe zu Straßburg und Metz, der Präsident des Oberkonsistoriums der Kirche Augsburgischer Kon-

---

[1]) Reichsverfassung, Art. 8. Landesverfassung, Art. 1 III. Laband, Staatsrecht. 1911. Band II. p. 240: „Da die Verhandlungen und Beschlüsse der Ausschüsse hinsichtlich der einzelnen Bestimmungen und der Wortfassung der Reichsgesetze vielfach maßgebend sind und mehrere Ausschüsse auch selbständige Entscheidungen zu treffen haben, und die Tätigkeit der Ausschüsse sachlich oft eine größere Bedeutung hat als der Formalakt der Abstimmung im Plenum, so ist die Teilnahme der Vertreter Elsaß-Lothringens an einem oder mehreren Ausschüssen von nicht geringem Wert und vielleicht wichtiger als die drei Bundesratsstimmen, zumal in den Ausschüssen jeder Staat, auch Preußen, nur eine Stimme hat."

[2]) Argumentum e contrario aus Art. III der Verfassung von 1911.

fession, der Präsident des Synodalvorstandes der reformierten Kirche, der Präsident des Oberlandesgerichts zu Colmar.

Die Mitglieder der zweiten Gruppe werden durch Wahl berufen. Hier sind zu nennen

Ein Delegierter der Universität Straßburg. Das Plenum wählt ihn unter den ordentlichen Professoren, die zum Halten von Vorlesungen und zur Übernahme von Universitätsämtern verpflichtet sind.

Ein Delegierter, den die drei israelitischen Konsistorien aus ihrer Mitte wählen.

Je ein Delegierter der vier großen Städte Straßburg, Metz, Colmar und Mülhausen. Die Gemeinderäte wählen ihn aus ihrer Mitte.

Je ein Delegierter der vier Handelskammern Straßburg, Metz, Colmar und Mühlhausen.

Sechs Delegierte des Landwirtschaftsrats, zwei aus jedem Bezirk. Die Vertreter müssen in den einzelnen Bezirken die Landwirtschaft als Hauptberuf betreiben. Ein Vertreter in jedem Bezirk muß bäuerlicher Kleinbesitzer sein.

Zwei Delegierte der Handwerkskammer zu Straßburg.

Die gewählten Delegierten werden durch drei Vertreter des Arbeiterstandes ergänzt werden, sobald eine Arbeitervertretung geschaffen ist, welcher die Wahl von Abgeordneten übertragen werden kann.

Die Mitglieder der dritten Gruppe werden vom Kaiser auf Vorschlag des Bundesrats ernannt. Ihre Zahl darf die der übrigen Mitglieder nicht übersteigen.

Für die Abgeordneten der zweiten Gruppe wird ein Alter von 30 Jahren, für die Abgeordneten der zweiten und der dritten Gruppe wird Reichsangehörigkeit und Wohnsitz in Elsaß-Lothringen gefordert.

Die Mitgliedschaft der gewählten und ernannten Delegierten dauert 5 Jahre.

Die erste Kammer tritt in die Stelle ein, die bisher der Bundesrat in der Gesetzgebung von Elsaß-Lothringen eingenommen hat. Ist mit der Institution der Bundesratsstimmen die Grenze des Möglichen überschritten, so bedeutet die Bildung der ersten Kammer einen wirklichen Erfolg. Der Bundesrat ist bisher zugleich Faktor der zentralen und der partikulären

Gesetzgebung gewesen. Dieses Band, das beide Gesetzgebungen mit einander verknüpfte, wird jetzt gelöst. Der Bundesrat ist dem Lande fremd. Er wird durch eine Körperschaft ersetzt, welche ganz oder mindestens zu einem starken Teil, ihre Wurzeln im Lande hat.

In der Trennung der Organisationen ist ein wichtiger Schritt getan. Aber es fragt sich: Bedeutet die Institution der ersten Kammer auch einen Zuwachs an innerer Selbständigkeit?

Allerdings, die eine grobe Kette ist zerrissen, welche bisher die Landesgesetzgebung gefesselt hat. Aber es ist zugleich eine neue Kette geschmiedet, von feinerer Natur und begabt mit der Eigenschaft, daß sie nach Gutdünken fest angezogen oder gelockert werden kann. Der Kaiser hat das Recht, die Hälfte der Abgeordneten zu ernennen. Er ist nur an den Vorschlag des Bundesrats gebunden. Er ist darum in der Lage, wenn er will, die erste Kammer in seiner Abhängigkeit zu halten. Da er immer auf einige Mitglieder der anderen Gruppen zählen kann, so hat er die Möglichkeit, sich die Majorität zu sichern. Und so fragt sich: Ist nicht Elsaß-Lothringen noch enger gefesselt dadurch, daß an die Stelle des Bundesrats der Kaiser, an die Stelle des Reiches Preußen tritt? Der Schein spricht dafür, und die Erwägung ist in der Tat oft angestellt und von Politikern ausgebeutet worden. Aber, antworten wir, ist die Tatsache, daß der Kaiser die Majorität der Ersten Kammer auf seine Seite bringen kann, wirklich von so großer Wichtigkeit? Der Kaiser ist ja legislativer Faktor neben den beiden Kammern. Kein Gesetz kommt ohne seinen Willen zustande. So ist wahrhaftig die Majorität der Ersten Kammer keine sehr wertvolle Waffe in seiner Hand. Der Kaiser kann sich selber schützen und bedarf der Verteidigung durch die Erste Kammer nicht.

Die Bedeutung der Ersten Kammer für die Selbständigkeit des Landes ergibt sich aus der folgenden Erwägung.

Solange sich Elsaß-Lothringen nicht in einen Staat verwandelt, bleibt es der Reichsgewalt in jeder Beziehung unterworfen, besitzt es keine garantierte Sphäre freier Betätigung, hat es keine gesicherten Rechte. Die größtmögliche Freiheit, die weitestgehenden Privilegien, sie bleiben doch immer prekär. Sie werden durch Reichsgesetz gegeben und können durch Reichsgesetz genommen werden. Die Herrschergewalten in Elsaß-Lothringen sind abgeleitet, abhängig von der Reichsgewalt. Es ist ja denkbar, daß die Gesetzgebung einem territorialen Parlament völlig übertragen und die Mitwirkung des Kaisers ausgeschlossen wird. Aber diese Organisation kann wieder zerstört werden. Solange daher Elsaß-Lothringen Territorium bleibt, liegt sein hauptsächliches Interesse nicht darin, Freiheiten und Rechte zu haben. Die Kraft von Elsaß-Lothringen liegt nicht in den Geschenken, die das Reich ihm macht. Elsaß-Lothringen hat seine eigene Kraft. Sie liegt in der moralischen Berechtigung seines Verlangens, Staat im Reiche zu werden. Diese Kraft gilt es zu nutzen. Das Hauptbestreben von Elsaß-Lothringen muß dahin gehen, dank der immanenten Billigkeit seiner Forderung Einfluß zu gewinnen auf die Herrschaft, die über ihm steht. Es gilt das Reich zu überzeugen. Die moralische Haltung des Landes wird über seine Zukunft entscheiden. Von ihr hängt es ab, ob die prekäre Rechtsstellung des Augenblicks vor einer Rückbildung gesichert ist, von ihr hängt es ab, ob die Rechtsstellung vorteilhafter ausgestaltet wird, von ihr hängt es endlich ab, ob Elsaß-Lothringen die Autonomie erringt. Es kommt alles darauf an, ob Elsaß-Lothringen das Reich dermaßen von seinem Recht zu überzeugen weiß, daß das Reich auf dem eingeschlagenen Wege fortschreitend sein Werk vollendet und den vielfachen erheblichen Schwierigkeiten zum Trotz dem Lande vollkommene Gerechtigkeit widerfahren läßt.

Gilt es die moralische Haltung des Landes zu stärken, so muß eine Institution wie die Erste Kammer wichtige Dienste leisten. Sie bedeutet in der Tat einen Schritt zu größerer Selbstständigkeit. Denn was ist im Grunde für ein Territorium wachsende Selbständigkeit? Welcher Wert liegt eigentlich in der Entwickelung, welche ein Territorium immer mehr einem Gliedstaat annähert? Sehen wir von der äußeren Erscheinung ab und fragen wir nach dem inneren Wesen, nach dem inneren Vorteil solcher Evolution.

Je zahlreicher und stärker in einem Territorium die Institutionen sind, welche im Lande selbst ihre Wurzeln haben und welche die politischen Meinungen der Bevölkerung repräsentieren, um so mehr wird das Territorium die Möglichkeit haben, seine Interessen zu wahren und seinen billigen Ansprüchen Nachdruck zu geben, um so mehr wird es in dem Sinne selbständig sein, daß es, wenn auch nicht durch eigene Gewalt, dennoch durch die in jeder gerechten Forderung liegende Autorität auf sein Schicksal bestimmenden Einfluß gewinnen kann.

Faßt man diesen Zweck ins Auge, so wird der Fortschritt offenbar, welchen die Erste Kammer in sich trägt. Die Stimme des Landes kann sich in der Ersten Kammer mächtig erheben, mit einer bisher ungeahnten Autorität. Die Erste Kammer wird nach ihrer ganzen Anlage eine beträchtliche Zahl von denjenigen Persönlichkeiten enthalten, welche berufen sind, das Land einer besseren Zukunft entgegen zu führen, die Wege zu ebnen und das Gleichgewicht herzustellen, weil sie alteingesessen, mit dem Lande fest verwachsen sind, weil sie die Unabhängigkeit, das moralische Ansehen, die enge Fühlung mit dem Volk und den edelsten Willen der Aufopferung besitzen. Sie werden in der Ersten Kammer die Tribüne finden, um für ihr Land einzutreten. Haben sie auch nicht die Majorität der Stimmen, so haben sie doch die große moralische Kraft, welche in ihrer Sache und in ihrer Persönlichkeit beschlossen liegt. Sie werden für ihr Land reden, und sie werden diejenigen zu überzeugen suchen, welche die kaiserliche Macht verkörpern. Es wird sich in der Ersten Kammer politisch eine doppelte Repräsentation entwickeln. Die Vertreter des Landes und die Vertreter der kaiserlichen Regierung werden sich gegenüberstehen. Es wird sich ein Parlament ausbilden im besten Sinne des Wortes. Die Erste Kammer wird die Stelle sein, wo man miteinander redet und verhandelt, die Stelle, wo man sich einigt. Wo anders soll zum ersten Mal die Brücke geschlagen werden als hier, wo die Vertreter des Kaisers mit den Männern zusammenarbeiten, welche, über allen Parteien stehend, keine andere Rücksicht kennen als die Liebe zu ihrem Land. Die kaiserliche Regierung hat ein großes Interesse daran, Männer dieser Art selbst in die Erste Kammer zu ernennen. Denn sie kann durch den Zusammenschluß mit ihnen das Vertrauen des Volkes gewinnen. Wenn es die Rolle der Zweiten Kammer ist, den Willen des

Volkes auszusprechen, dem Willen des Volkes zu gehorchen, so ist es der Beruf der Ersten Kammer, den Willen des Volkes zu bestimmen, Führerin des Volkes zu sein. Welche Männer sind aber dieser Aufgabe gewachsen? Jene geborenen Vertreter des Landes. Und so ist es eine fundamentale Forderung: daß ihnen die Erste Kammer in weitem Maß gehöre. Die Regierung hat diesen Gedanken zum Teil, zum guten Teil befolgt. Und dies soll man anerkennen als ein Wahrzeichen einer sich mehrenden Verständigung und einer immer besseren Zukunft.

Die Zweite Kammer des Landtags[1]) ist zum einen Teil durch das Verfassungsgesetz, zum andern durch das Wahlgesetz organisiert.

Das Verfassungsgesetz statuiert vor allem das Prinzip der allgemeinen direkten und geheimen Wahl.

In dem Grundsatz der allgemeinen Wahl ist nicht die Forderung enthalten, daß nur die Majorität, nicht auch die Minorität vertreten sei. Es bleibt daher der Landesgesetzgebung die Freiheit, das System der Verhältniswahl einzuführen. Weiter, nicht das Verfassungsgesetz, sondern nur das Wahlgesetz stellt den Grundsatz auf, daß jeder Wahlberechtigte eine Stimme habe. Die Landesgesetzgebung hat also auch die Möglichkeit, das Pluralwahlrecht und das Listenwahlrecht zu organisieren.

Das Verfassungsgesetz bestimmt die Dauer des Mandats auf 5 Jahre. Es regelt für beide Kammern das Verfahren des Einspruchs gegen die Giltigkeit der Wahlen. Die Entscheidung steht nicht den Kammern selbst, sondern dem obersten Verwaltungsgerichtshof, bis zu seiner Errichtung einem Senat des Oberlandesgerichtes zu. Das Verfassungsgesetz bestimmt endlich über den Eintritt der Beamten in den Landtag und über die Inkompatibilität zwischen einem Mandat in der Zweiten Kammer und der Anstellung oder Beförderung im Reichs- oder Staatsdienst.

Die übrigen Grundsätze für die Zusammensetzung der Zweiten Kammer sind durch das Wahlgesetz festgelegt.

Die Zweite Kammer wird aus 60 Abgeordneten gebildet. Jeder Abgeordnete wird in einem besonderen Distrikt gewählt. Die Wahlkreise werden durch kaiserliche Verordnung mit Zu-

---

[1]) Art. II § 7—10.

stimmung des Bundesrats festgelegt. Als Basis der Einteilung gelten die Verwaltungskreise. Sie werden in Wahlkreise zerlegt. Man hält sich dabei prinzipiell an die Einteilung in Kantone. Die Bevölkerung des Verwaltungskreises wird nach Möglichkeit verhältnismäßig auf die Wahlkreise verteilt. Die Wahlkreise hängen örtlich zusammen. Voraussetzungen der Wahlberechtigung sind männliches Geschlecht, Reichsangehörigkeit, dreijähriger, ausnahmsweise einjähriger Wohnsitz in Elsaß-Lothringen, ein Alter von 25 Jahren. Das Wahlrecht kann nur in der Gemeinde ausgeübt werden, in welcher der Wahlberechtigte seit mindestens einem Jahre seinen Wohnsitz hat. Wählbar sind die männlichen Einwohner von Elsaß-Lothringen, welche seit wenigstens 3 Jahren die Reichsangehörigkeit besitzen, ebensolange in Elsaß-Lothringen wohnen, eine direkte Staatssteuer entrichten und das dreißigste Lebensjahr vollendet haben.

Die Zweite Kammer wirkt an der Gesetzgebung mit. Kein Landesgesetz kann zustande kommen, ohne daß die Zweite Kammer ihre Zustimmung erteilt. Der Kaiser kann sich nicht, wie in der ersten Kammer, die Majorität verschaffen. Eine Körperschaft, die allein aus dem Lande hervorwächst und das Land repräsentiert, vermag die Gesetzgebung zu hemmen.

Die Zweite Kammer ist nach einem durchaus anderen Prinzip als der frühere Landesausschuß gestaltet. Bisher haben wir eine Vertretung von Bezirken und Gemeinden, jetzt haben wir eine Vertretung des Volkes. Bisher ist die allgemeine Wahl nur die Grundlage eines Systems in mehreren Stufen. Jetzt ist die allgemeine Wahl die Schöpferin des Parlaments. Diese Umgestaltung in der Organisation von Elsaß-Lothringen enthält wiederum eine Garantie größerer Selbständigkeit. Ist auch die Theorie vom Gemeinwillen der Nation und von seiner Abbildung im Parlament eine Phantasie, so ist doch die eine Wahrheit historisch erwiesen, daß eine Kammer um so größere Autorität besitzt, je unmittelbarer sie aus der Nation hervorwächst, je weniger Mittelspersonen sich zwischen die ursprünglichen Wähler und die Abgeordneten einschieben.[1])

---

[1]) Der amerikanische Senat bildet nur scheinbar eine Ausnahme. Seine Autorität steht derjenigen des Repräsentantenhauses nicht nach. Allein,

Der Nachweis fällt nicht schwer. Wenden wir unseren Blick nach Frankreich. Deputiertenkammer und Senat verhalten sich in ihrer Zusammensetzung ungefähr wie die Zweite Kammer des neuen Landtags und der Landesausschuß. Die Deputiertenkammer hat eine viel größere politische Kraft als der Senat. Ein Mißtrauensvotum im Senat wiegt nicht so schwer wie ein Mißtrauensvotum in der Deputiertenkammer. Es ist fraglich, ober der Senat überhaupt ein Ministerium zum Rückzug zwingen kann. Senat und Präsident wagen es nicht, die Deputiertenkammer aufzulösen, obwohl die Verfassung ihnen dieses Recht verleiht. Aus diesen wenigen Tatsachen ergibt sich schon die Suprematie der Deputiertenkammer. Wir dürfen nun allerdings die gewonnene Erkenntnis nicht ohne weiteres auf die Institutionen von Elsaß-Lothringen übertragen. Denn, eines ist nicht zu übersehen, wir vergleichen hier Elsaß-Lothringen, ein Territorium, mit einem Staat, und die Parallele kann daher nicht genau gezogen werden. Allerdings, im Staat wie im Territorium ist die Stimmung des Parlaments ein wichtiges Symptom für die Stimmung des Volks. Aber in einem Staat ist die psychologische Verfassung der Nation die Urkraft selber, die den Staat zusammenhält. So ist die Autorität des Parlaments und ganz besonders die Autorität der Volkskammer — die auf allgemeiner und direkter Wahl beruht — eine Macht ersten Ranges, mag sie im übrigen der Autorität eines Monarchen nachstehen oder ihr überlegen sein, wie in den parlamentarischen Monarchien. In einem Territorium wie Elsaß-Lothringen hingegen ist die psychologische Verfassung des Volkes für das Bestehen der Herrschaft unerheblich. Die Herrschaft wird von äußeren Mächten getragen. Und so ist die Volksstimmung, die sich im Parlament widerspiegelt, nichts anderes als ein Anhaltspunkt für den Fall, daß die bestehende Herrschaft aus freien Stücken, nicht durch die natürlichen Bedingungen ihrer Existenz gezwungen, dem Willen der Bevölkerung Rechnung tragen will. Die Stellung des Parlaments in einem Territorium ist eine beratende, nicht eine gebietende. Aber hält man auch

wenn auch der Senat nach dem Buchstaben der Verfassung aus indirekter Wahl hervorgeht, so ist doch in Wirklichkeit, nach den konstitutionellen Gewohnheiten, die sich ausgebildet haben, die Wahl eine direkte.

daran fest, daß die Macht eines territorialen Parlaments an solch enge Schranken gebunden ist, so muß man doch zugeben, daß eine Volkskammer auch in einem solch engen Felde der Tätigkeit eine größere Autorität besitzen muß als eine Kammer, die aus einer Wahl in mehreren Stufen hervorgeht. So ist klar, daß die Ersetzung des Landesausschusses durch die Volkskammer des Landtags einen neuen Fortschritt auf dem engen Wege bedeutet, auf dem überhaupt ein Fortschritt möglich ist. In noch größerem Maß als der Landesausschuß wird die Zweite Kammer eine moralische Kraft besitzen, mit welcher die Träger der Reichsgewalt rechnen werden, mag auch die Reichsgewalt noch so festgefügt, noch so unabhängig von dem Denken und Fühlen des unterworfenen Volkes sein.

Ist der Landtag als eine wichtige Errungenschaft zu bezeichnen, so hängt die Tragweite dieser Errungenschaft wieder davon ab, in welchem Umfang er zur Mitwirkung an der Legislative berufen ist. Diese Frage ist daher zu prüfen.

Eine Sphäre der Gesetzgebung, welche regelmäßig in die Kompetenz der Gliedstaaten fällt, ist dem Territorium Elsaß-Lothringen entzogen. Das Reichsgesetz über die Verfassung von Elsaß-Lothringen, datiert vom 31. Mai 1911, hat diese Sphäre für die Zukunft festgelegt. Das Gesetz bestimmt das Gebiet, auf welchem die formelle Reichsgesetzgebung über die normale Grenze hinüberragen soll. Und es gibt zugleich die Satzungen, die auf diesem Gebiet zu gelten haben. Diese Satzungen haben in der großen Hauptsache die Materien zum Gegenstand, welche in einem Staatswesen durch das Verfassungsinstrument geregelt sind. Manchmal ergreifen sie dieses Gebiet nicht vollständig; die Organisation der Wahlen für die Zweite Kammer ist zum wichtigen Teil der Landesgesetzgebung überlassen. Manchmal auch gehen sie über dieses Gebiet hinaus; die amtliche Geschäftssprache, die Unterrichtssprache ist in dem Reichsgesetz von 1911 geregelt.

Wird die Landesgesetzgebung beschränkt, so wird dadurch gleichzeitig die Machtbefugnis des Landtags gemindert. Das ist die erste Hemmung. Bleiben wir nun auf dem verengten Gebiet der Landesgesetzgebung, so sehen wir, daß der Landtag auch noch durch die innere Organisation der legislativen Tätigkeit mannigfach gebunden ist.

1. Der Kaiser ist gesetzgebender Faktor. Seine Zustimmung ist so gut wie die Zustimmung des Landtags zu jedem Gesetz erforderlich.

2. Der Kaiser hat ein Notverordnungsrecht.

Das Gesetz vom 25. Juni 1873, welches die Reichsverfassung einführt und den Weg der formellen Reichsgesetzgebung für alle, auch für die partikulären Materien vorzeichnet, gibt dem Kaiser eine sehr weitgehende Verordnungsgewalt. Der Kaiser kann in der Form der Gesetzgebung, die bis zur Einführung der Reichsverfassung in Elsaß-Lothringen gegolten hat, das heißt mit Zustimmung des Bundesrats, Verordnungen mit Gesetzeskraft erlassen. Diese Verordnungen können ergehen in allen partikulären Materien. Mit einer Beschränkung: Sie können nicht zum Gegenstand haben eine Aufnahme von Anleihen oder eine Übernahme von Garantien für Elsaß-Lothringen, durch welche irgend eine Belastung des Reiches herbeigeführt wird.[1]) Die Verordnungen sind dem Reichstag sogleich vorzulegen, wenn er sich wieder versammelt. Sie treten außer Kraft, sobald er die Genehmigung versagt.

Das Verordnungsrecht des Kaisers wird in der neuen Verfassung anders ausgestaltet. Da Bundesrat und Reichstag an der Gesetzgebung nicht mehr betätigt sind, so erhalten sie auch beim Erlaß von Verordnungen keine Kompetenzen mehr. Das Recht des Kaisers wird in seiner Tragweite bedeutend eingeengt und in ein Notverordnungsrecht umgewandelt. Als Vorbild dient der Rechtszustand, der in den Bundesstaaten gilt.

Der Kaiser kann in partikulären Materien Verordnungen mit Gesetzeskraft erlassen, wenn der Landtag nicht versammelt ist und die Aufrechterhaltung der öffentlichen Sicherheit oder die Beseitigung eines ungewöhnlichen Notstandes es dringend verlangt. Die Verordnungen sind dem Landtag sogleich vorzulegen, wenn er wieder zusammentritt. Sie treten außer Kraft, sobald er die Genehmigung versagt.[2])

3. Dem Kaiser steht es zu, die Kammern zu berufen, zu eröffnen, zu vertagen, zu schließen und aufzulösen.

---

[1]) § 8 des zitierten Gesetzes. § 3 II des Vereinigungsgesetzes.

[2]) Art. II § 23 der Verfassung.

Diese Befugnisse sind an folgende Schranken gebunden: Beide Kammern werden gleichzeitig berufen, eröffnet, vertagt, geschlossen. Der Landtag wird alljährlich berufen. Die Auflösung nur einer Kammer hat für die andere den Schluß der Sitzungsperiode zur Folge. Ohne Zustimmung des Landtags kann seine Vertagung die Frist von 30 Tagen nicht übersteigen und während der gleichen Sitzungsperiode nicht wiederholt werden. Im Falle der Auflösung ist der Landtag binnen 90 Tagen wieder zu versammeln.[1])

4. Die Kammern des Landtags sind endlich mannigfach beschränkt durch die Art, in welcher der Voranschlag des Landeshaushalts zustande kommt.[2])

Der Landeshaushaltsetat wird alljährlich durch Gesetz festgestellt.

Der Gesetzentwurf wird zuerst der Zweiten Kammer vorgelegt.[3])

Die Zweite Kammer kann weder neue Ausgabeposten in den Entwurf einsetzen, noch vorhandene Ausgabeposten erhöhen.

Die Erste Kammer kann den von der Zweiten Kammer beschlossenen Entwurf nur im ganzen annehmen oder im ganzen ablehnen.[4])

Einnahmen und Ausgaben, die auf einem Gesetz oder auf einem Rechtstitel beruhen, sind an eine Bewilligung des Landtages nicht gebunden. Dieser Satz ist in dem Verfassungsgesetz ausdrücklich statuiert. Er ergibt sich in einem konstitutionellen Staat aus dem Wesen des Budget von selbst. Denn das Wesen des Budget erschöpft sich darin, daß die Regierung der Verantwortlichkeit ledig ist, wenn sie seine Regeln befolgt;[5]) wo

---

[1]) Art. II § 11 u. 12 der Verfassung.

[2]) Art. II § 5 l. c.

[3]) Es ist das schon ein alter englischer Verfassungssatz. Auch in Frankreich hat nur die Deputiertenkammer die Initiative bei Finanzgesetzen. «Les lois de finance doivent être en premier lieu présentées à la chambre des députés et votées par elle.» Verfassungsgesetz vom 24. Februar 1875.

[4]) So in England seit alters. Das Recht des französischen Senats, den Entwurf zu ändern, ist streitig.

[5]) Laband, Staatsrecht. Im öffentlichen Recht der Gegenwart. Band I. 1912. p. 435. „Die materielle Wirkung des Etatsgesetzes besteht in der im voraus erteilten Entlastung der Regierung von der Verantwort-

aber die Regierung ihre Akte auf Gesetze oder Rechtstitel gründen kann, ist naturgemäß von der Ablegung einer Rechenschaft, von einer Verantwortlichkeit keine Rede. Indessen, der zitierte Satz ergibt sich in Elsaß-Lothringen nicht von selbst. Denn das Budget von Elsaß-Lothringen hat nicht die gleiche Natur wie das Budget eines Staates. Wie soll das Budget des Landtages den Weg bezeichnen, um der Verantwortlichkeit zu entgehen, wenn doch eine Verantwortlichkeit vor dem Landtag überhaupt nicht besteht. Aber welche Bedeutung hat es dann, wenn das Verfassungsgesetz in dem gegebenen Fall die Regierung deckt und von der Verantwortlichkeit entlastet? Das ist äußerst zweifelhaft. Jener Satz ist in einem konstitutionellen Staate selbstverständlich, in einem Territorium nichtssagend. Hier wie dort ist es zwecklos, ihn in die Verfassung aufzunehmen.

Die Verfassung von Elsaß-Lothringen dehnt den Satz noch weiter aus. Kommt der neue Etat nicht rechtzeitig zustande, so ist die Regierung nicht darauf beschränkt, die Ausgaben zu machen, welche auf Gesetzen oder Rechtstiteln beruhen. Sie kann auch Bauten fortsetzen, welche auf Grund eines dem Landtag vorgelegten und von ihm genehmigten Bauanschlags ausgeführt werden. Weiter, sie ist, um diese Ausgaben zu leisten, nicht einzig auf die Einnahmen angewiesen, die ihr auf Grund von Gesetzen oder Rechtstiteln zufließen. Sie kann Schatzanweisungen ausgeben, um diese Summen zu ergänzen. So wird ein

---

lichkeit gegen Bundesrat und Reichstag, insoweit die Regierung bei der Führung der Verwaltung den Ansätzen des Etats gemäß verfährt." p. 438: „Hält man an der Bedeutung des Etatsgesetzes, wie sie in den vorhergehenden Erörterungen dargelegt worden ist, fest, nämlich, daß die Regierung im voraus von der Verantwortlichkeit entlastet wird, soweit sie sich innerhalb der Ansätze des Etats hält, so ergibt sich als logisch notwendige Schlußfolgerung, daß beim Mangel eines Etatsgesetzes diese Wirkung nicht eintritt." p. 439: „Den Maßstab für die Beurteilung der Verantwortlichkeit beim Fehlen eines Etatsgesetzes gibt der Satz, daß, soweit die Regierung nur durch den Etat zur Erhebung von Einnahmen und zur Leistung von Ausgaben ermächtigt ist, ihr diese Befugnis beim Mangel eines ordnungsmäßig zustande gekommenen Etats fehlt, daß dagegen diejenigen Befugnisse, welche die Regierung auf Grund dauernd wirksamer Gesetze hat, ihr durch das bloße Nichtzustandekommen des Etats nicht entzogen werden, da es einer alljährlichen Prolongation oder Bestätigung dieser Befugnisse nicht bedarf."

neuer Kreis von Einnahmen und ein neuer Kreis von Ausgaben bezeichnet, die nicht unter Verantwortlichkeit stehen sollen. Die Regel ist aber jetzt, in ihrer weiteren Gestalt von denselben Zweifeln umgeben wie vorher.

Soviel, um die Errungenschaften zu kennzeichnen und abzugrenzen, welche das Gesetz von 1911 in sich trägt. Sie liegen auf dem Gebiet der Vertretung im Reich und auf dem Gebiet der Legislative. Die Stellung der Exekutive bleibt unverändert.

c. Der staatstheoretische Charakter von Elsaß-Lothringen.

Elsaß-Lothringen ist kein Staat. Wir haben diesen Satz schon zu verschiedenen Malen aufgestellt. Wir konnten die Wahrheit nicht übergehen, obwohl systematisch der Moment noch nicht gekommen war, sie zu entwickeln; denn sie war manchmal unentbehrlich für das Verständnis der Evolution. Wir haben einen Teil der Lösung vorausgenommen und nicht einmal begründet. Erst jetzt, wo wir die Institutionen, die Elsaß-Lothringen seit der Annexion besessen hat, im Zusammenhang kennen, vermögen wir die Frage zu vertiefen und in korrekter Weise zu lösen, welches der staatstheoretische Charakter von Elsaß-Lothringen ist.

Die Frage ist identisch mit der anderen: welches autoritative Verhältnis besteht zwischen Elsaß-Lothringen und dem Reich? Beherrscht die Bundesgewalt Elsaß-Lothringen wie einen Gliedstaat, wie eine Provinz, wie ein Territorium? Das sind die möglichen Alternativen.

Nun ist die Herrschaft über Elsaß-Lothringen eine Bereicherung, ein neues Element, das zu der eigentlichen Herrschaft des Reichs hinzugetreten ist. Die Herrschaft des Reichs hat bestanden, bevor sie noch Elsaß-Lothringen ergriff. Wollen wir methodisch verfahren, so müssen wir deshalb die Frage an den Anfang stellen: Welches ist der Grundstock der Reichsgewalt?

Wir sehen von Elsaß-Lothringen ab und suchen das Reich in sich selber zu verstehen.

Das Reich ist ein Bundesstaat.

Wir haben uns schon im allgemeinen Teil bemüht, das Wesen des Bundesstaats zu ergründen. Das Phänomen, daß ein

Volk eine Herrschaft über sich baut, vollzieht sich im Bundesstaat von der gleichen Basis aus in doppelter Weise. Es bestehen zunächst mehrere Herrschaften. Jede dieser Herrschaften hat, wie natürlich, ihre Grundlage in einem Volk. Aber all diese Völker tun sich zusammen, um gemeinschaftlich eine neue Herrschaft zu errichten, die über ihnen allen steht. So hat jeder Untertan über sich zwei Gewalten. Beide sind ursprünglich. Denn beide sind unmittelbar aus der Kraft eines Volkes hervorgewachsen, nicht durch eine schon organisierte Gewalt erzeugt. Die Herrschaft über das gesamte Volk ist stärker als die Herrschaft über das einzelne Volk. Denn sie ist als die stärkere gedacht und als die stärkere gewollt. Sie wäre als eine gleichgeordnete unmöglich und als eine untergeordnete sinnlos.

In diese begriffliche Konstruktion fügt sich das Reich mühelos ein.

Das Reich ist nicht ein völkerrechtlicher Bund. Das Reich beruht nicht auf der Übereinstimmung von Herrschern, die gewillt sind, ihre Staaten in einem einheitlichen Sinn zu leiten. Das Reich hat eine wirkliche Gewalt. Hinter ihr steht ein Volk, das Reichsvolk. Nicht aus dem Grunde behauptet sich die Bundesgewalt, weil die einzelnen Herrscher ihren Völkern Gehorsam gegen das Reich gebieten und die Völker den Willen ihrer Herrscher tun — die Bundesgewalt wäre dann nur eine Scheingewalt —; die Herrschaft des Reiches steht aufrecht, weil die stärkere Mehrheit einer Nation sie aufrecht hält. Es wird ihr nicht ein abgeleiteter, es wird ihr ein ursprünglicher Gehorsam geleistet. Das ist eine völkerpsychologische Tatsache. Sie kann nur durch empirische Beobachtung, sie kann niemals durch Interpretation von Verfassungsartikeln erkannt und festgestellt werden. Ob irgendwo ein Bundesstaat oder ein Staatenbund besteht, das ist nicht eine juristische, das ist eine präjuristische, eine politische, eine psychologische Frage. Niemand aber wird sich darüber täuschen, daß die Träger der Reichsgewalt und vornehmlich der Kaiser mit der deutschen Nation durch die charakteristischen psychologischen Bande utilitärer und ethischer Natur verkettet sind, welche Herrscher und Volk aneinander schmieden. Wenn eines Tages ein Streit ausbricht zwischen dem Reich und einem Staat, so muß in dem Untertanen des widerstrebenden Landes ein seelischer Konflikt entstehen zwischen der Pflicht zu Gehorsam und Treue, die er dem Landesherrn, und der gleichen Pflicht, die er dem Kaiser schuldet. Damit aber ist alles gesagt. Der deutsche Untertan erkennt zwei Herren über sich an. Wenn er dem Kaiser nur aus dem Grunde gehorchte, weil der Landesherr ihm diesen Gehorsam auferlegte, so wäre ein Konflikt nicht möglich. Der Konflikt entsteht deshalb, weil er zu einem Volk gehört, das einem Landesherrn, und zu einem größeren Volk, das dem Kaiser untertänig ist.

Das Reich ist ein Staat. Das Reich hat eine ursprüngliche, aus einem Volk hervorwachsende Macht. Das ist die eine Erkenntnis, deren wir bedürfen, um die Stellung von Elsaß-Lothringen zu verstehen.

Haben wir bis jetzt unsere Auffassung über die Natur des Staats verwertet, um den Charakter des Reiches festzustellen, so wenden wir sie jetzt an, um die theoretische Position von Elsaß-Lothringen zu ergründen.

Ist Elsaß-Lothringen ein Staat? Die Frage löst sich mit einer elementaren Einfachheit.

Was ist ein Staat? Wir haben dieses Problem im ersten Kapitel eingehend erörtert und sind zu folgenden Sätzen gelangt: Ein Staat ist ein psychologisches Phänomen. Ein Volk ist in den Grenzen eines Landes einer Herrschaft untertan. Diese Herrschaft findet ihre Kraft darin, daß der stärkere Teil des Volkes ihren Willen befolgt und erzwingt.

Halten wir daran fest: Das Fundament der staatlichen Gewalt ist der Wille der Untertanen. Die staatliche Gewalt ist ursprünglich. In Elsaß-Lothringen aber besteht nicht eine ursprüngliche, sondern eine fremde Gewalt. Es ist die Reichsgewalt. Sie hat ihren Ursprung in den gesamten Völkern der deutschen Einzelstaaten. Sie empfängt ihre Kraft aus dem Willen dieser Völker. Und sie benutzt den Gehorsam dieser Völker, ihre Willigkeit sich in den Dienst einer höheren Macht zu stellen, nicht allein um sie selber zu beherrschen, sondern auch um über ein fremdes Volk zu gebieten. Die Völker der deutschen Staaten sind organisiert zum Reich. Sie gehorchen dem Reich in einer bestimmten Sphäre, — die allerdings das Reich selber festsetzen kann. Es besteht in diesem Rahmen die charakteristische Konnexität zwischen Untertan und Herrscher: Gewalt fließt aus Gehorsam und Gehorsam fließt aus Gewalt. Aber die Gewalt, die aus Gehorsam entsteht, wendet sich nicht allein zurück auf die Nation, die durch Gehorsam die staatliche Gewalt über sich erbaut und sich zum Gemeinwesen organisiert. Sie tritt, ist sie einmal mit Lebensfähigkeit begabt, aus ihrem eigentlichen Rahmen heraus und wendet sich gegen ein anderes Gebiet und gegen ein anderes Volk, das nicht an dem Aufbau der Herrschaft mitgewirkt hat, das nicht in die primäre Organisation beschlossen ist, welche dem Reich das Leben gibt. Die Reichsgewalt ist in Elsaß-Lothringen eine fremde Gewalt. Denn sie wächst nicht aus dem Volk von Elsaß-Lothringen hervor. Sie lastet auf diesem Volk und baut sich doch auf diesem Volk nicht auf. Sie hat ein Leben, das nicht verwachsen ist mit den Kräften dieses Volkes. Wollen wir wissenschaftlich zwar nicht exakte, aber doch recht plastische Begriffe anwenden, so können wir sagen: Elsaß-Lothringen wird nur beherrscht; das Volk im Staat aber herrscht zugleich. Elsaß-Lothringen ist nur Objekt, das staatliche Volk aber ist auch Subjekt der Gewalt.

Wir fassen zusammen: Der kontinuierliche, in den Volkskräften wurzelnde staatsbildende Prozeß, der das Reich am Leben hält, vollzieht sich außerhalb Elsaß-Lothringens. Deshalb besteht in Elsaß-Lothringen keine ursprüngliche Gewalt. Und deshalb ist Elsaß-Lothringen kein Staat. Es ist ein Land, das einer fremden Gewalt untersteht. Es ist ein Territorium in der Botmäßigkeit des Reichs. Es ist Land des Reichs.

Hier ist im voraus einem Mißverständnis zu begegnen. Man wird vielleicht gegen unsere Argumentation einwenden: Ist nicht nach dieser Theorie jede Provinz, jeder Gebietsteil im Staat abhängiges Land, wenn nur die eine Voraussetzung erfüllt ist, daß der Staat aufrecht bleibt, auch wenn das Volk in dem einen Gebietsteil der staatlichen Gewalt widerstrebt? Wir geben es zu: Hätte der Begriff des abhängigen Landes diesen Sinn, so hätte er keinen Charakter, keinen wissenschaftlichen Wert. Aber wir antworten: Es kommt nicht an auf eine numerische Verteilung von Kräften. Unsere Argumentation ist nicht die, daß wir sagen: Ob das Volk von Elsaß-Lothringen der Reichsgewalt zugetan ist oder nicht, ob es sie unterstützt oder befehdet, die Reichsgewalt bleibt aufrecht, und deshalb ist Elsaß-Lothringen kein Staat. Wollten wir also argumentieren, so könnten wir allerdings jedes kleine Stück Erde im Reich als abhängiges Land betrachten. Wir sind weit ab vom richtigen Wege, wenn wir nach der Verteilung der politischen Energien fragen, um das abhängige Land zu charakterisieren. Untersuchen wir das Gewicht und das Gegengewicht der politischen Kräfte, welche das Schicksal der Herrschaft bestimmen, so setzen wir voraus, daß wir uns schon im Staate befinden, und forschen nach den Grundlagen des Staates. Aber das abhängige Land liegt außerhalb des Staates. Das ist entscheidend. Und warum liegt es außerhalb des Staates? — Verfolgen wir noch einmal unseren Gedankengang, damit kein Zweifel übrig bleibt.

Ein Volk in einem Gebiet errichtet eine Gewalt. Es schafft die Gewalt in dem einen Gebiet. Die Organisation schließt das eine Gebiet zusammen. Es handelt sich immer um ein psychologisches Phänomen und um seine Natur.

Wird nun ein neues Land erworben, so kann es dem bisherigen Staat eingegliedert werden. Dann wird die bestehende Organisation auf das neue Land ausgedehnt. Das Fundament des Staates wird ein anderes. Es ist ein neues Volk vorhanden, ein größeres Volk, in dessen Totalität die Herrschaft nunmehr ihre Stütze finden muß. Der Staat ändert sich in seinem Wesen. Und trennt sich das neue Land wieder von ihm ab, so ändert sich sein Wesen noch einmal. Anders, wenn das erworbene Land nicht eingegliedert, sondern kraft der schon bestehenden Gewalt als Vasallenstaat oder als Territorium beherrscht wird. Dann ändert sich die ursprüngliche Organisation nicht. Das psychologische Phänomen bleibt in seiner Integrität erhalten. Der Staat bleibt der gleiche Staat wie zuvor. Er nutzt nur seine Macht zu einem neuen Zweck. Aber die Macht hat die gleiche Lebensquelle. Sie behält ihre Seele.

Jetzt sind wir in der Lage, den Begriff des abhängigen Landes zu formulieren:

Das abhängige Land ist ein Gebiet ohne ursprüngliche Gewalt und deshalb ohne Staatscharakter. Es wird von einem Staat beherrscht. Es bildet nicht in ihm einen integrierenden

Bestandteil, eine Provinz.[1]) Denn es wird von seiner Lebensorganisation nicht umschlossen.

Es ist klar, daß dieser Begriff nicht die Genauigkeit eines rechtlichen Begriffes hat. Wir sind die ersten, die das eingestehen. Aber so wenig man den Charakter des Staates mit exakten, mit rechtlichen Begriffen erfassen kann, so wenig auch den Charakter des abhängigen Landes. Suchen wir das Wesen von Staat und Land zu ergründen, so befinden wir uns auf dem Gebiet, auf welchem die rechtliche Macht entsteht, auf welchem die zeugenden Machtelemente miteinander ringen, um die Macht in der plastischen Gestalt des Rechts entstehen zu lassen. Wir sind in der Welt des Werdens, in der Welt der politischen Kräfte. Es gibt keinen Rechtsbegriff des abhängigen Landes. Es gibt auch keinen Rechtsbegriff des Staates. Wir können diese zwei Gebilde nicht mit Hilfe des Rechts definieren. Denn sie sind nicht charakterisiert durch die Form der fertigen Herrschaft, sondern durch die Art, in der die Herrschaft entsteht, durch die Quelle, aus der sie fließt. Die Frage, ob ein Gebiet sich als Staat, als Provinz, als abhängiges Land darstellt, ist nicht eine Frage des Rechts, sondern eine Frage der Völkerpsychologie.

Ein rechtlich-logischer Beweis für den staatstheoretischen Charakter von Elsaß-Lothringen ist daher nicht zu führen. Der Beweis kann nur ein historisch-psychologischer sein. Elsaß-Lothringen hat keinen Staatscharakter. Der Kaiser ist nicht sein Landesherr, so haben wir zum ersten behauptet. Diese Erkenntnis ergibt sich aus dem Schicksal des Landes mit aller Deutlichkeit. Die partikuläre Gewalt des Kaisers geht nicht aus der Volkskraft von Elsaß-Lothringen hervor. Sie ist nicht abhängig von ihr. Sie hat eine andere Basis. Das genügt. Das Land ist auch nicht integrierender Bestandteil des Reiches. Das ist eine andere Wahrheit, die wir aufgestellt haben. Das Reich hat sich in voller Abgeschlossenheit von Elsaß-Lothringen konstituiert. Es hat seine Lebensorganisation unabhängig von Elsaß-Lothringen geschaffen. Es hat Elsaß-Lothringen in den Bereich seiner Ge-

[1]) Wir verstehen im Lauf dieser Arbeit unter der Provinz nichts anderes, als den integrierenden Bestandteil eines Gemeinwesens; die Provinz bildet also den Gegensatz zum abhängigen Land.

walt einbezogen, als diese Gewalt schon bestand, schon innerlich gefestigt war. Nun ist das noch kein hinreichender Grund. Denn das Reich und jeder Staat kann seine Lebensorganisation ausdehnen und ein neues Gebiet, ein neues Volk in sie beschließen. Das ist aber im gegebenen Fall unmöglich. Denn die Lebensorganisation des Reiches ist zu dem Zweck gedacht und verwirklicht, um Völker, die schon als Staaten konstituiert sind, miteinander verbinden. Elsaß-Lothringen ist kein Staat. Elsaß-Lothringen zu paßt deshalb nicht in dieses Gefüge. Es kann unmöglich an diesem Zusammenschluß beteiligt werden. Es muß seinem Wesen nach in dieser Institution ein Fremdkörper bleiben. Das sind die inneren, und man möchte sagen die seelischen Gründe, die uns dazu geführt haben, Elsaß-Lothringen als abhängiges Land zu betrachten.

Haben wir uns eine Auffassung über das Lebensprinzip der Herrschaft gebildet, die in Elsaß-Lothringen besteht, so werden wir in dieser Auffassung noch bestärkt, wenn wir die Formen beobachten, in welcher sich die Herrschaft betätigt. Es besteht eine Korrelation zwischen dem inneren und dem äußeren Leben einer Herrschaft. Die Korrelation ist nicht mit zwingender Notwendigkeit gegeben; aber sie ist die natürliche Erscheinung, so daß man mit ihr rechnen kann, um aus der Betätigungsweise auf die treibenden psychologischen Kräfte zu schließen.

Sind die Herrschaftsformen erhebliche Symptome und wollen wir sie verwerten, so müssen wir vor allem feststellen, welche Herrschaftsformen den psychologischen Charakter eines Gebiets als abhängiges Land verkörpern, welche Herrschaftsformen die natürlichen Konsequenzen dieses Charakters sind.

Das abhängige Land bringt keine Gewalt hervor; es leidet eine fremde Gewalt, es wird von einem Staat beherrscht. Der gebietende Staat bildet sich selbst; er ist in sich gefestigt. Und dehnt er seine Herrschaft über das abhängige Land, so dehnt er darum das Gebiet nicht aus, auf dem sich der die Herrschaft zeugende Prozeß entwickelt. Das ist das psychologische Phänomen, das ist der seelische Zustand, den wir festgestellt haben.

Wenn nun die Betätigungsformen die Seele der Herrschaft getreu widerspiegeln, so müssen sie in folgender Weise gestaltet sein: Erstens. Der Staat muß eine Verfassung haben, das heißt eine primäre Ordnung, oder, mit andern Worten, eine Ordnung, die aus keiner anderen abgeleitet ist, aus keiner andern ihre Verbindlichkeit schöpft. Das entspricht der Tatsache, daß er Staat ist, daß er sich selbst organisiert. Zweitens. Er darf seine Verfassung nicht auf das abhängige Land erstrecken. Er muß im Wege der Gesetzgebung die fundamentalen Institutionen für das abhängige Land errichten. Das steht in Einklang mit der Beobachtung, daß ein abhängiges Land nicht von der Lebensorganisation des herrschenden Staates umschlossen wird. Drittens. Das abhängige Land darf keine Verfassung haben. Denn es erzeugt keine Gewalt aus eigener Kraft. Im abhängigen Land darf überhaupt keine Verfassung gelten, weder eine eigene noch die des herrschenden Staates.

Ist diese Gestaltung gegeben, dann ist das äußere Leben dem inneren nachgebildet. Die Abhängigkeit des Landes erscheint in greifbarer Gestalt. Der herrschende Staat hat seine Verfassung für sich allein. Er gibt Gesetze für das abhängige Land. Er tut es im Rahmen seiner eigenen Verfassung, die selber intakt bleibt. Er gibt durch seine Gesetze dem Land grundlegende Einrichtungen. Er gibt ihm eine Exekutive. Er gibt ihm vielleicht eine besondere Legislative. Er legt vielleicht diese Funktionen in die Hände des beherrschten Volkes selbst. Aber der Ursprung dieser Gewalten liegt im Staatsgesetz. Und auch ihr weiteres Schicksal liegt bei ihm.

All diese Momente können wir zusammenfassen in den Satz: Das abhängige Land wird beherrscht durch die Gesetze eines fremden Staates. Wir erinnern noch einmal daran, daß die geschilderten Herrschaftsformen dem Verhältnis zwischen einem Staat und einem abhängigen Land natürlich, aber nicht wesentlich sind. Es ist nicht ausgeschlossen, daß ein Staat nur nominell ein Gebiet in seiner Abhängigkeit hält, nur nominell die in ihm geltenden Institutionen sanktioniert, daß aber in Wirklichkeit das Land seine Institutionen selber aufrecht hält und belebt, daß in Wirklichkeit nach dem bestehenden System der politischen Kräfte das Land nicht ein abhängiges Gebiet, sondern einen Vasallenstaat oder gar ein unabhängiges Gemeinwesen bildet. Die Ursache dieser Inkongruenz wird regelmäßig darin liegen, daß die politischen Lebenszustände sich ändern, während die alten Formen beibehalten werden. Es besteht aber keine Wahrscheinlichkeit, daß eine solche Inkongruenz sich in Elsaß-Lothringen herausgebildet hat. Elsaß-Lothringen gehört erst einige Jahrzehnte zum Reich. Und in dieser kurzen Zeitspanne haben sich sogar die Herrschaftsformen mehrfach erneuert.

Wir sehen, daß Elsaß-Lothringen einer Herrschaft unterliegt, die sich in der dem abhängigen Land charakteristischen Form vollzieht: Elsaß-Lothringen wird beherrscht durch Gesetze des Reiches.

Überblicken wir das rechtliche Geschick des Landes, wie es sich seit der Annexion entwickelt hat, so erkennen wir, daß alle Institutionen von Elsaß-Lothringen durch Reichsgesetze geschaffen sind, daß in Elsaß-Lothringen niemals eine Verfassung, weder eine eigene, noch die Reichsverfassung gegolten hat.

Erster Satz: Elsaß-Lothringen hat niemals eine Verfassung besessen. Allerdings die Akte von 1879 und von 1911 erklären, dem Land eine Verfassung zu geben. Aber nur in einem uneigentlichen Sinn, in welchem Verfassung gleichbedeutend ist mit fundamentalen Institutionen. Diese Akte sind Reichsgesetze und geben sich als Reichsgesetze aus. Damit aber geben sie zu, daß sie eine wirkliche Verfassung nicht schaffen wollen. Gesetze begründen niemals eine Verfassung; sie sind selbst in einer Verfassung begründet.

Zweiter Satz: Die Verfassung des Deutschen Reiches gilt in Elsaß-Lothringen nicht. Diese Behauptung wird auf den ersten Blick befremden. Ist nicht durch das Reichsgesetz vom 25. Juni 1873 die Verfassung des Deutschen Reiches in Elsaß-Lothringen eingeführt? Gewiß, aber nicht mit dem Charakter als Verfassung. Das Gesetz von 1873 gibt dem Land Elsaß-Lothringen Institutionen, welche identisch sind mit konstitutionellen Institutionen des Reiches. Es überträgt namentlich auf das Territorium die Gesetzgebung durch Reichstag und Bundesrat. Das Gesetz von 1873 ändert die Reichsverfassung nicht, dehnt sie nicht aus. Es schafft eine besondere Organisation für Elsaß-Lothringen und ahmt hier die Reichsverfassung nach. Die gleichen Sätze gelten zweimal auf verschiedenem Gebiet. Und sie gelten jedesmal auf Grund eines anderen Titels, das eine Mal auf Grund der Reichsverfassung, das andere Mal auf Grund des Gesetzes von 1873.

Es bestehen zwei Systeme von übereinstimmendem Inhalt nebeneinander.

Wo ist der Beweis, daß diese Auffassung richtig ist? Eine Reihe von Momenten vereinigen sich, um sie zu stützen.

Wäre das Gesetz von 1873 ein konstitutioneller Akt, so wäre die allgemeine Demarkationslinie zwischen zentraler und partikulärer Gesetzgebung auch in Elsaß-Lothringen mit konstitutioneller Kraft festgelegt. In dem Augenblick, wo eine formelle Landesgesetzgebung eingerichtet ist, könnte die Grenze, die allgemein zwischen Reichs- und Landesgesetzgebung besteht, auch in Elsaß-Lothringen nicht mehr ohne Verfassungsänderung überschritten werden. Nun geben aber die Gesetze von 1879 und von 1911 dem Territorium fundamentale Institutionen. Sie bewegen sich auf dem Gebiet, das sonst der konstitutionellen Gesetzgebung der Staaten vorbehalten ist. Die zwei Gesetze gehen also über die Grenze hinweg. Will man behaupten, daß sie als verfassungsändernde Akte zu betrachten sind? Das läge sicher nicht in ihrem Gedanken und wird in schlüssiger Weise dadurch widerlegt, daß das Gesetz von 1911 mit aller Deutlichkeit nur seinen ersten Artikel, der die neuen Bundesratsstimmen einrichtet, als eine Änderung der Reichsverfassung ausgibt, nicht aber seinen zweiten Artikel, der die innere Organisation von Elsaß-Lothringen behandelt.

Diese Argumentation ist beweiskräftig und genügt. Allerdings, man kann noch weitere Erwägungen anstellen, die zu dem gleichen Ergebnis führen. Hätte die Reichsverfassung in Wahrheit am 1. Januar 1874 ihren immanenten Wirkungskreis auf Elsaß-Lothringen ausgedehnt, so hätte das Territorium konsequenterweise Stimmen im Bundesrat erworben. Das Gesetz von 1873 hätte die Zahl der Stimmen festsetzen müssen. Um diese Konsequenz zu vermeiden, wäre es nötig gewesen, Elsaß-Lothringen durch eine Sonderbestimmung vom Bundesrat auszuschließen, eine Zurücksetzung, die dem Geiste der Reichsverfassung widersprochen hätte. Ein anderes Argument: Die Reichsverfassung ist gleichzeitig mit dem Gesetz von 1873 publiziert worden, aber ohne jegliche Änderung, die eine Erweiterung ihres Geltungsgebietes auf Elsaß-Lothringen erkennen ließe.

Wir sehen, das Gesetz von 1873 ist ein Spezialgesetz für Elsaß-Lothringen. Es greift nicht ein in die Organisation des Reiches. Es schafft die Institutionen des Reiches nicht um. Es bildet für Elsaß-Lothringen besondere Institutionen, welche mit denen identisch sind, die schon im Reich bestehen. Das Gesetz von 1873 könnte gerade so gut andere Institutionen in Elsaß-Lothringen einführen. Es könnte in der Sphäre der Reichsangelegenheiten die Legislative andern Organen übertragen als Bundesrat und Reichstag und hierin dem Beispiel des Vereinigungsgesetzes folgen. Es würde dadurch seinen immanenten Charakter nicht verändern. Es bliebe einfaches Reichsgesetz, das, von der Verfassung ausgehend, auf sie gestützt, die Reichsgewalt in einem besondern Wirkungskreise übt.

Es handelt sich immer nur um eine Annäherung, nicht um eine Angliederung an das Reich.

Elsaß-Lothringen wird beherrscht durch Gesetze des Reichs. Das ist unsere These, und wir glauben sie genügend verteidigt zu haben.

Elsaß-Lothringen wird beherrscht durch Gesetze des Reiches. Alle Einrichtungen, die Elsaß-Lothringen besitzt, werden ihm durch Reichsgesetz gegeben und können ihm durch Reichsgesetz wieder genommen werden. Diese Relation, die Elsaß-Lothringen mit dem Reich verbindet, ist das deutliche Abbild, die deutliche Folgeerscheinung seiner staatstheoretischen Natur. In ihr verkörpert sich der Charakter von Elsaß-Lothringen als abhängiges Land, als Reichsland.[1])

---

[1]) Laband, Staatsrecht. 1911. Band II. p. 232. „Die Untersuchung ist darauf zu richten, ob dasjenige Merkmal, welches für den Staatsbegriff wesentlich ist und den charakteristischen Unterschied zwischen Bundesstaat und Reichsland bildet, nach dem Gesetz vom 31. Mai 1911 für Elsaß-Lothringen noch gegeben ist. Dieses wesentliche und deshalb allein maßgebende Merkmal ist eine eigene, auf sich selbst ruhende, von der Reichsgewalt verschiedene Staatsgewalt. Ist eine solche für Elsaß-Lothringen geschaffen? Die Antwort darauf gibt der Schlußsatz des Verfassungsgesetzes: „Es kann nur durch Reichsgesetz aufgehoben oder abgeändert werden." — Noch jetzt hat Elsaß-Lothringen nicht die Befugnis, seine eigene Verfassung zu bestimmen; noch jetzt beruht die Existenz des Reichslandes und seine Organisation ausschließlich auf dem Willen des Reiches; noch jetzt ist das Reichsland mit der ihm verliehenen Verfassung

Nun wird man entgegnen:

Das Reich hat seine Verfassung wenigstens in einer Rich-

---

eine Einrichtung des Reiches. Noch jetzt ist das Reich befugt, wenn politische Rücksichten es erfordern, die in den Gesetzen von 1879 und 1911 getroffenen Anordnungen wieder aufzuheben, ja selbst das Reichsland der preußischen Monarchie einzuverleiben oder an die Nachbarstaaten zu verteilen. Jedem Bundesstaat gegenüber wäre eine solche Maßregel ein Gewaltstreich, ein schwerer Rechtsbruch; Elsaß-Lothringen gegenüber wäre es die Ausübung eines dem Reich zustehenden Rechts." — Rehm, Das Reichsland Elsaß-Lothringen. Vorträge der Gehe-Stiftung zu Dresden, Band IV. Heft 1. 1912. p. 6: „In die Verfassung von Elsaß-Lothringen darf das Reich ohne weiteres eingreifen. Jederzeit könnte es auch jetzt noch Mehrstimmrecht und Proportionalsystem einführen. Und dann bildet das Selbstbestimmungsrecht Elsaß-Lothringens doch sehr die Ausnahme. Seine Regierungsform, die Rechte des Landtags und die Zusammensetzung der Ersten Kammer können nur durch Reichsgesetz geordnet werden. Das ist nicht bloß ein Reservatrecht, d. h. eine Ausnahme vom Wesen des Landes, die sich das Reich an seinem ehemaligen politischen Besitz vorbehalten hat, sondern das ist das Wesentliche und für die Natur des Reichslandes Ausschlaggebende. Dem Lande wird seine Verfassung in erster Linie bestimmt. Wem aber seine Verfassung in erster Reihe bestimmt wird, der gehört staatlich einem anderen. Dem fehlt Selbständigkeit in der Verfassungsbestimmung. Dem fehlt staatliche Selbständigkeit." Jellinek, Staatsfragmente. In der Festgabe für den Großherzog Friedrich von Baden, 1896, p. 267: ‚Elsaß-Lothringen ist kein Staat, denn seine Verfassung ist nicht Gesetz Elsaß-Lothringens, sondern deutsches Reichsgesetz." Die herrschende Lehre spricht Elsaß-Lothringen den Staatscharakter ab. Es ist kaum von Interesse, die wenigen Theorien zu widerlegen, die den Staatscharakter des Landes verteidigen. Trotz der mühsamsten Konstruktionsversuche scheitern sie alle an der fundamentalen Tatsache, daß Elsaß-Lothringen keine ursprüngliche Herrschergewalt und dementsprechend auch keine Verfassung besitzt. Sie verfallen oft in den Fehler, ihre Behauptung durch die Interpretation der Reichsgesetze beweisen zu wollen, welche die Institutionen von Elsaß-Lothringen festsetzen. Der Umstand gerade, daß Reichsgesetze die Institutionen von Elsaß-Lothringen regeln, ist das Anzeichen dafür, daß Elsaß-Lothringen kein Staat ist. Laband vernichtet jede Theorie über die staatliche Natur des Landes im voraus mit dem bitteren, aber geistreichen Wort: „Man wird vielleicht trotzdem die Ansicht verteidigen, daß Elsaß-Lothringen ein Staat sei, weil es wie ein Staat organisiert sei und alle Funktionen eines Staates in derselben Art und in demselben Umfang wie die Bundesstaaten ausübe. Aber diesem elsaß-lothringischen Staat würde die eigene staatliche Lebenskraft fehlen; seine Herrschermacht wäre von der des Reiches entlehnt; er hätte nur das Aussehen eines Staates und die dazu gehörenden Äußerlichkeiten, aber nicht die rechtliche

tung auf Elsaß-Lothringen ausgedehnt. Es hat im Gesetz von 1911 durch formelle Änderung der Verfassung Vertreter des Landes in den Bundesrat aufgenommen. Allerdings, diese Vertreter haben eine beschränkte Kompetenz. Ihre Stimmen werden bei einer konstitutionellen Revision nicht gezählt, und so sind sie von der wichtigsten Machtbefugnis des Bundesrats ausgeschlossen. Die Verfassung ist nur in einer Richtung und auch hier nur stückweise auf Elsaß-Lothringen erstreckt. Aber trotzdem ist das Prinzip durchbrochen. Die Umrisse der Zeichnung sind verwischt; die Herrschaftsformen prägen den abhängigen Charakter des Landes nicht mehr aus, die Züge verwirren sich, das Bild ist zerstört.

Gewiß, die Entgegnung wäre berechtigt, wenn es sich um wirkliche Bundesratsstimmen von Elsaß-Lothringen handelte. Aber es hat sich herausgestellt, daß man dem abhängigen Land in Wahrheit keine Stimmen gegeben hat und keine Stimmen geben konnte, gerade seiner Abhängigkeit halber. Der Versuch ist gescheitert. Das Reichsland kann die Stimmen nicht selbständig verwerten. Das Reich führt die Herrschaft. und so kehren die Stimmen in die Hände des Reichs, in die Hände des Kaisers zurück. Wie die gesamte Gewalt in Elsaß-Lothringen, so absorbiert das Reich auch das Vertretungsrecht im Bundesrat. Die Stimmen können am Reichsland nicht haften bleiben, eben weil es Reichsland ist. Das Reich ist der Magnet, von dem die Elemente losgerissen sind und zu dem sie zurückkehren müssen. Weit entfernt, den Charakter von Elsaß-Lothringen mit Zweifeln zu umgeben, ist die Verleihung der Bundesratsstimmen vielleicht die allerbeste Quelle der Erkenntnis für die Abhängigkeit des Landes.

Ist Elsaß-Lothringen kein Staat, so erhebt sich weiter die Frage: Ist Elsaß-Lothringen eine Körperschaft, eine Gesamtperson? Wir greifen auf den allgemeinen Teil zurück. Dort liegen die Begriffe bereit, um die Frage zu lösen.

Unter den Körperschaften, die Gewalt ausüben, haben wir

Befugnis der Selbstbehauptung; er wäre ein aus Gesetzesparagraphen zusammengeklebter, in der Retorte der Gesetzgebung präparierter Staat, ein staatlicher homunculus neben den wirklichen Staaten." Laband, Staatsrecht. 1911. Band II. p. 234.

zuerst die staatliche Körperschaft definiert. Welchen Sinn hat es, wenn wir dem Staate selbst als einer Gesamtperson die Gewalt zuschreiben, so haben wir gefragt. Zwei Erscheinungen sind damit charakterisiert, es sind die folgenden: Die Herrschaft gründet sich auf den Willen der stärkeren Mehrheit im Volk. Weiter: Die Träger der Herrschaft und die Repräsentanten der stärkeren Mehrheit, die Untertanen wechseln, dieser Wille einer stärkeren Mehrheit aber bleibt. Es ist klar, daß Elsaß-Lothringen dieses Bild nicht darbieten kann. Die Herrschaft im Reichsland lebt nicht durch den Willen des Volks. Aber es gibt noch eine andere Art gewaltübender Körperschaft. Neben der staatlichen Korporation besteht eine andere, die durch den Staat gebildet wird. Sie hat mit der staatlichen Korporation manche Eigenschaften gemein, es sind die folgenden: Es wird eine Gewalt geübt, die auf einem höheren Willen ruht; weiter: die Träger der Gewalt und die Untertanen wechseln, jedoch der höhere Wille bleibt und mit ihm die Gewalt, die er trägt. Aber der höhere Wille ist jetzt ein anderer als derjenige, der den Staat ins Leben ruft. Die Gewalt in der staatlichen Körperschaft ruht auf dem Willen der stärkeren Mehrheit des Volkes; die Gewalt in der neu gebildeten Körperschaft ruht auf dem ihr vorausgehenden und bereits organisierten staatlichen Willen. Die staatliche Körperschaft ist ursprünglich, die Körperschaft der zweiten Art ist abgeleitet. Die staatliche Korporation ist eine primäre, die andere Korporation ist eine sekundäre Bildung. Paßt Elsaß-Lothringen nicht in das Gefüge der ersten Art, so läßt es sich in die zweite Konstruktion mit Leichtigkeit eingliedern.

In Elsaß-Lothringen besteht eine Herrschaft — Kaiser, Landtag, Statthalter sind ihre hauptsächlichen Träger. — Sie besteht unabhängig davon, ob die Gewaltenträger und die Gewaltunterworfenen wechseln. Und diese Beständigkeit wird ihr dadurch verliehen, daß ein höherer Wille sie trägt. Dieser höhere Wille ist ein staatlicher Wille. Es ist der Wille des Reiches. Elsaß-Lothringen ist eine abgeleitete Körperschaft.

Diese Erkenntnis, die wir durch Beobachtung der Machtverhältnisse gewinnen, können wir sofort ins Rechtliche übertragen; denn Macht und Recht, so wissen wir, sind nur zwei

Seiten des gleichen Phänomens. Und erinnern wir uns, daß wir das öffentliche Recht definiert haben als den Inbegriff der Regeln, welche den Inhalt der Gewaltübung fixieren, so gelangen wir zu dem Satz: Elsaß-Lothringen ist eine Person des öffentlichen Rechts.[1])

Dieser Satz bedeutet nicht eine neue Erkenntnis. Die Personifikation in der Staatstheorie, so haben wir früher gesehen, ist nur eine vereinfachte Ausdrucksweise, nur eine Art, Bekanntes in prägnanter Weise zu charakterisieren. Sie macht anschaulich, was schwer zu übersehen ist. In diesem Sinne leistet uns auch die Personifikation von Elsaß-Lothringen wichtige Dienste. Statt in jedem Fall die Kontinuität und den Ursprung der Herrschaft zu rekonstruieren, statt in jedem Falle wieder das ganze Gefüge der Herrschaft zu zeichnen, um ein Gebilde an seiner richtigen Stelle einzusetzen, ermöglicht uns der Begriff der Körperschaft, jede Erscheinung in einen fertigen Rahmen einzufügen, von einem zentralen Punkt aus zu disponieren. Wir können, indem wir neben dem Reich auch Elsaß-Lothringen als Person betrachten, die Zugehörigkeit einer Institution zu dem übergeordneten ursprünglichen oder zu dem abhängigen, abgeleiteten Herrschaftskreis dadurch zum Ausdruck bringen, daß wir sie auf das eine oder auf das andere Subjekt beziehen. Wir können von einer Gesetzgebung und einer Verwaltung des Reiches, wir können von einer Gesetzgebung und Verwaltung des Landes reden. Wir vermögen den Begriff von Landesbehörden und Landesbeamten, den Begriff einer Landesangehörigkeit, wir vermögen den Begriff eines Parlaments von Elsaß-Lothringen aufzustellen. Wir vermögen das Land Elsaß-Lothringen als Träger von Bundesratsstimmen anzusehen.

Elsaß-Lothringen ist abhängiges Land. Es ist nicht Staat und es ist nicht Bestandteil in einem Staat. Damit scheint

---

[1]) Rehm, l. c. p. 13. Jellinek, Staatsfragmente. 1896. p. 286. Elsaß-Lothringen ist auch eine Person des Privatrechts. Daran kann ein Zweifel nicht bestehen. Cf. Laband, Staatsrecht. 1911. Band II. p. 216. Aber diese Frage gehört nicht in einen Zusammenhang, in welchem wir die staatstheoretische Natur des Landes zu ergründen suchen und in welchem uns daher nur die Phänomene der Gewalt beschäftigen.

die Konstruktion beendet, die wir uns vorgesetzt haben. Allein, bevor wir dieses Kapitel schließen, müssen wir uns mit einer Theorie auseinandersetzen, welche behauptet, daß ein absoluter Gegensatz zwischen einem Staat und einem Gebiet ohne Staatscharakter nicht bestehe, daß es Zwischenbildungen gebe und daß man der wissenschaftlichen Präzision nicht genüge, wenn man Erscheinungen nur immer in eine der zwei kontradiktorischen Kategorien einreihe. Wir selber sind niemals auf den Gedanken gekommen, Zwischenstufen zu bauen. Wir haben den Staat durch die eigene Herrschaft charakterisiert, das heißt durch die Herrschaft, die sich über einem Volk, gestützt auf den Willen seiner stärkeren Mehrheit bildet. Die Herrschaft gründet sich auf dieses Fundament, so mußten wir schließen, oder sie gründet sich auf ein anderes. Sie besteht durch innere oder durch äußere Kraft. Sie ist eigen oder fremd. Es sind nur diese zwei Alternativen möglich. Wie hätten wir darauf sinnen können, eine fragmentarische Bildung zwischen beiden Phänomenen zu entdecken? Wer eine solche Bildung anerkennt, der muß von einem anderen Begriff des Staates ausgehen.

Es ist Jellinek, der die Lehre von den Staatsfragmenten aufgestellt hat.[1]) Es gibt politische Gefüge, die in unvollkommener Weise Staatscharakter besitzen. Das ist seine These.[2])

Man kann sich der Verwunderung nicht erwehren. Ist es nicht Jellinek selbst, der den Begriff der ursprünglichen Herrschergewalt verkündet und als Kennzeichen des Staates verwertet hat? Allein wir finden die Erklärung für seinen Gedankengang, so bald wir erkennen, daß er zu diesem einen Kennzeichen ein anderes hinzufügt, das allerdings einer graduellen Steigerung fähig ist.

---

[1]) Die Lehre von den Staatenverbindungen, 1882; Über Staatsfragmente. In der Festgabe für den Großherzog Friedrich von Baden, 1876. p. 261f.; Staatslehre. 1905. p. 632f.

[2]) Staatsfragmente, p. 265: „Es wird sich ergeben, daß politische Gebilde existieren, die zwar einer Staatsgewalt unterworfen sind, aber nicht gänzlich in diesem Staate aufgehen, die zwar nicht selbst Staaten sind, aber die Rudimente eines Staates darbieten. Es sind dies Staatsfragmente, die weder völlig Staaten, noch völlig Staatsabteilungen oder dem Staate unterworfene Kommunalverbände sind."

Es genügt nicht, daß eine eigene Herrschergewalt besteht. Sie muß auch einen Inhalt von einer gewissen Vollkommenheit besitzen, sie muß die gesetzgebende, die verwaltende, die richtende Gewalt in sich begreifen. Wenn sie nur das eine oder das andere, aber nicht alle drei Machtelemente in sich trägt, so ist nur ein unfertiger, ein fragmentarischer Staat gegeben.[1]) Das ist der Anfang der Argumentation.

Man kann darüber streiten, ob diese Auffassung richtig ist. Man kann sich fragen, ob nicht im Verhältnis zwischen Unterstaat und Oberstaat, zwischen Gliedstaat und Bundesstaat eine Teilung derart stattfinden kann, daß die Gesetzgebung nur in der höheren Sphäre der Herrschaft ausgeübt wird. Man kann sich fragen, ob wirklich der untergeordnete Staat infolge solcher Teilung seinen Charakter als Staat verliert.

Wenn man aber diese Auffassung anerkennt, so kann man füglich von ihr nur zu dem einen Schluß gelangen, daß da, wo eine ursprüngliche Herrschergewalt von beschränktem Inhalt besteht, ein unvollkommener Staat vorhanden sei. Unlogisch aber ist es, mit Jellinek weiter zu argumentieren, daß die gesetzgebende Funktion ihrem Wesen nach eine staatliche Funktion bedeute und daß aus diesem Grund ein Gebiet mit einem besondern gesetzgebenden Organ fragmentarische Staatsnatur besitze. Sofort muß sich die Frage aufdrängen, ob wirklich die Gemeinde, die Provinz aus ihrem natürlichen Rahmen heraustritt, wenn sie Gesetze gibt. Ist das richtig, dann widerspricht es auch ihrem Wesen, Verwaltung und Rechtsprechung

---

[1]) „Das erste wesentliche Merkmal einer selbständigen Herrschergewalt ist, daß sie auf ihren eigenen, nicht auf fremden Gesetzen beruht. Das zweite, im Grunde sich als Folgerung aus dem ersten ergebende, daß das mit ihr ausgerüstete Gemeinwesen alle wesentlichen Organe und Funktionen eines Staates besitzt. Ein Staat muß daher sowohl Organe der Gesetzgebung als der Regierung und der Gerichtsbarkeit haben und die Funktionen des Gesetzgebens, Verwaltens, Richtens ausüben. Ein Gemeinwesen ohne eigene Gesetze, Regierung oder Gerichte ist kein Staat; mangelt ihm auch nur eines dieser Stücke, so fällt es nicht unter den Staatsbegriff. Ein Staat kann in dem Umfang dieser Funktionen, in der Kompetenz seiner Organe eingeschränkt sein, allein sie alle müssen vorhanden sein, um ihm den Staatscharakter zu wahren.“ Staatsfragmente, p. 270. Vgl. Staatslehre. 1905. p. 657.

zu üben. Welche Tätigkeit bleibt dann für sie übrig? Die besondere gesetzgebende Gewalt soll einem Lande rudimentären Staatscharakter geben. Man müßte doch die Voraussetzung machen, daß die gesetzgebende Gewalt ursprünglich sei. Denn ohne ursprüngliche Gewalt kein Staat, kein Stück von einem Staat, nicht einmal der Schatten von einem Staat. Aber dann stößt man auf eine unüberwindliche Schwierigkeit. Das Phänomen der ursprünglichen Gewalt kann nicht zum Teil gegeben sein. Es ist vorhanden oder es fehlt.

Die Argumentation ist inkorrekt. Und doch macht sie Jellinek zu der seinen. Der Landesausschuß, sagt er, ist ein eigenes gesetzgebendes Organ des Landes. Ein gesetzgebendes Organ ist ein staatliches Organ. Und so ist Elsaß-Lothringen Staatsfragment.[1])

Der Landesausschuß ist ein eigenes Organ des Landes. Davon geht Jellinek aus. Er läßt wohl den Umstand entscheiden, daß der Landesausschuß aus der Bevölkerung des Landes hervorgeht. Dies Moment trifft auch für die zweite Kammer des heutigen Landtages zu. Auch hier haben wir ein Organ, das aus den Regierten gebildet ist. Und so können wir die Argumentation von Jellinek auf den neuen Zustand übertragen, wie er durch das Gesetz von 1911 geschaffen ist.

Aber die Theorie von Jellinek ist unhaltbar. Sie steht in Widerspruch mit dem Satz, den Jellinek selbst aufgestellt hat

---

[1]) „Über den Typus eines Provinzialverbandes gehen die Funktionen hinaus, die der elsaß-lothringische Landesausschuß auf Grund des Reichsgesetzes vom 2. Mai 1877 ausübt. Dieser aus Wahlen reichsländischer Kommunalverbände — Bezirke, Kreise, Gemeinden — hervorgehende Landesausschuß wirkt nämlich an der Landesgesetzgebung für Elsaß-Lothringen nach Art und Weise einer Volksvertretung mit, da die Landesgesetze vom Kaiser mit Zustimmung des Bundesrats und des Landesausschusses erlassen werden. — Der Landesausschuß ist nicht ein Organ des Reiches, sondern des Reichslandes als eines korporativen Verbandes, der eben durch diesen Landesausschuß selbst seine Organisation empfangen hat. — Der Landesausschuß ist kraft seiner Teilnahme an der staatlichen Funktion der Gesetzgebung nicht Organ eines Provinzialverbandes, sondern Staatsorgan. Durch ihn hat Elsaß-Lothringen den Charakter eines Staatsfragments erhalten", l. c. p. 288. Vgl. Staatslehre. 1905. p. 638. Wie Jellinek auch Rehm, Elsaß-Lothringen. 1912. p. 812.

und den wir immer verteidigt haben, mit dem Satz, daß die ursprüngliche Gewalt dem Staate wesentlich ist. Dieser Widerspruch hindert uns, die Theorie von den Staatsfragmenten anzuerkennen.[1])

Nun gibt Jellinek in seiner Schilderung noch mannigfache Beobachtungen über die Gebilde, welche ihm als Staatsfragmente erscheinen, Beobachtungen, welche er nicht mit der Begriffsbestimmung selbst in Zusammenhang setzt. Sie können vielleicht wertvoll für uns sein. Denn Jellinek betrachtet als Staatsfragmente eine Reihe von Gebilden, die wir später als abhängige Länder charakterisieren werden; das ist auch ganz natürlich: sein Staatsfragment hat mit unserem abhängigen Land die zwei wichtigen Züge gemein, daß es zum Staat und zur Provinz im Gegensatz steht. Vielleicht weisen uns seine Ausführungen einen Weg, um unsere Definition vollständiger zu gestalten, um unsere Synthese des abhängigen Landes enger zu fassen.

Jellinek versucht die Länder, die er betrachtet, zu der Gemeinde und zu der Provinz in Gegensatz zu stellen. Wir selbst haben das abhängige Land vom Gebietsteil des übergeordneten Staates nur durch die psychologische Verfassung der Völker und durch das nicht immer untrügliche Symptom einer Beherrschung durch Staatsgesetze zu unterscheiden vermocht. Es wäre nützlich, wenn wir noch ein besseres Merkmal aufstellen könnten.

---

[1]) Jellinek gelangt noch durch eine andere Gedankenreihe, die er allerdings auf Elsaß-Lothringen nicht anwendet, zur Konstruktion von fragmentarischen Staatsgebilden. Drei Elemente, sagt er, sind dem Staat eigentümlich: das eigene Territorium, die eigenen Angehörigen und die eigene Herrschergewalt. Die beiden ersten Elemente können vorhanden sein. Das dritte kann fehlen. Dann handelt es sich auch wieder um ein Staatsfragment. — Allein diese Gedankenreihe ist so wenig schlüssig wie die andere. Die drei Elemente können nicht selbständig erfaßt werden. Ein Staat hat eigenes Territorium und eigene Angehörige nur dann, wenn er über ein Gebiet und ein Volk eigene Herrschergewalt übt. Ein anderes Band ist nicht denkbar, das uns ermöglichte, von eigenem Land, von eigenen Untertanen zu sprechen. Die beiden ersten Elemente können ohne das dritte nicht gegeben sein. Vgl. Staatsfragmente. p. 265f.; Staatslehre, p. 634f. Dagegen Rehm, Staatslehre. 1899. p. 170: „Sind jene Länder nur Objekte fremder Staatsgewalt, so müssen sie auch Gebiet fremder Staatsgewalt und ihre Angehörigen zugehörig zu diesem Staate sein.

Die Staatsfragmente, sagt Jellinek, haben die Eigentümlichkeit, daß ihre eigenen Organe niemals selbständige Wirksamkeit entfalten, sondern sich immer mit Staatsorganen zu gemeinsamer Tätigkeit verbinden. Anders im Staat und in der Gemeinde. Hier handeln die Organe des Staates oder die Organe der Gemeinde allein. Besitzt ein Fragment ein eigenes Organ der Gesetzgebung, so wird es die Gesetzgebung nur in Gemeinschaft mit einem Staatsorgan üben. Besitzt es eine eigene Verwaltungsbehörde, so wird sie von einer Staatsbehörde bestellt und in Abhängigkeit erhalten. Anders im Kommunalverband. Hier greift der Staat in den partikulären Kreis überhaupt nicht ein.[1]

Diese Beobachtung wird durch viele Tatsachen unterstützt. Wir werden später Gelegenheit haben, bei einer Reihe von abhängigen Ländern die von Jellinek charakterisierte Bindung der Landesorgane durch die Staatsorgane zu konstatieren. Aber wie bei dem Kennzeichen einer Beherrschung durch Staats-

---

[1]) „Das Charakteristische dieser Organe des Landes, das sie sowohl von Selbstverwaltungsorganen als von denen des zentralisierten Einheitsstaats unterscheidet, liegt darin, daß alles im Lande geübte Imperium die gemeinsame Tätigkeit von Landesorganen und herrschender Staatsgewalt zur Voraussetzung hat. Die Landesgesetze werden von der herrschenden Staatsgewalt sanktioniert, die Landesbehörden von der herrschenden Staatsgewalt oder in deren Auftrag bestellt. Der Wille eines Kommunalverbandes ist innerhalb seiner selbständigen Sphäre nur sein, nicht auch Staatswille, seine Behörden bestellt er in der Regel allein, dem Staate steht höchstens ein Bestätigungsrecht zu, und selbst da, wo ausnahmsweise der Staat Kommunalorgane ernennt, fungieren diese dann nicht in staatlichem Auftrag und in staatlicher Abhängigkeit. Die auf das Land bezüglichen Willensakte hingegen gehen alle von der herrschenden Staatsgewalt aus, indem sie die Landesgesetze sanktioniert, die Beamten direkt oder durch Vermittlung ihrer Organe ernennt und durch sie die ihr zustehenden Regierungsrechte ausübt und indem in ihrem Namen Recht gesprochen wird. Das Charakteristische der mit eigenen Organen ausgestatteten Länder liegt demnach darin, daß in ihnen zwei Gattungen öffentlicher Organe zur Versehung der staatlichen Funktionen notwendig sind, während die Funktionen der Gemeinden ausschließlich durch Gemeindeorgane besorgt werden können, die des Staates ausschließlich durch Staatsorgane besorgt werden. Im Lande jedoch können die Landesorgane niemals ohne Staatsorgane, die Staatsorgane wenigstens in bestimmten Fällen nicht ohne Mitwirkung von Landesorganen tätig werden.“ Staatsfragmente. p. 301. Vgl. Staatslehre. 1905. p. 639.

gesetze handelt es sich auch hier nur um ein naturale, nicht um ein essentiale des abhängigen Landes. Der Staat hat die unumschränkte Gewalt, die Gemeinde und auch das abhängige Land zu organisieren, wie er es für gut befindet. Herrscht auch die Gewalt in dem einen Fall über das Gebiet, auf dem sie entsprungen ist, und in dem anderen Fall über ein unterworfenes Gebiet, ist sie auch hier eine eigene, dort eine fremde Gewalt, so kann sie doch frei ausgenutzt werden. Aus dem einen oder dem andern Moment erstehen ihr keine Schranken. Aus dem Wesen der Gemeinde und aus dem Wesen des abhängigen Landes ergeben sich keine Regeln für die Bildung von Institutionen auf dem einen oder auf dem andern Gebiet.

Aber die Beobachtung ist trotzdem richtig. Es ist auch vollkommen verständlich, daß, wie Jellinek feststellt, für die Gemeinde größere Freiheit, für das abhängige Land strengere Unterworfenheit besteht. Der Staat wird in dem fremden Gebiet, das er in Unterwerfung hält, einen stärkeren Widerstand finden, als der Regel nach in der Gemeinde. Dem abhängigen Land wird eine Herrschaft aufgezwungen; und das muß sich in der psychologischen Verfassung der Untertanen widerspiegeln. Wenn auch nicht gerade das Streben vorhanden ist, sich von dem herrschenden Staate loszureißen, so ist doch immer das Bewußtsein wach, daß man einer fremden Gewalt gehorcht, daß man ein minderes Recht besitzt. In jedem abhängigen Land liegt eine zentrifugale Kraft, wie Jellinek in so anschaulicher Weise bemerkt.[1]) Und eben um sich gegen diese zentri-

---

[1]) Allg. Staatslehre. 1905. p. 644: „Politisch bedeutet in der Regel das Land ein Element der unvollkommenen oder der Desorganisation eines Staates. — Die Existenz von Ländern beruht in der Regel auf denselben Ursachen wie die vieler Staatenverbindungen: auf der Unmöglichkeit, national, geschichtlich, sozial geschiedene Volksmassen zur völligen Einheit zu verschmelzen. Der zentrifugalen entspricht von Seiten des Staates wiederum häufig eine zentralisierende Tendenz, woraus dann innere Kämpfe langwieriger Art zu entstehen pflegen. Von der Dezentralisation durch Selbstverwaltung unterscheidet sich die durch Länder somit politisch dadurch, daß jene eine normale, diese eine abnorme Form ist, die entweder zu neuen Staatenbildungen oder zu einer starken zentralisierten, die Länder dieses ihres Charakters entkleidenden Verfassung des ganzen Staates strebt.“

fugale Kraft zu wehren, ist der Staat genötigt, das Band enger zu knüpfen, das ihn mit dem abhängigen Land verkettet.

Wir sind am Ende. Wir haben die Fragen beantwortet, welche das Elsaß-Lothringen der Vergangenheit und der Gegenwart in sich trägt. Es bleibt übrig, in die Zukunft zu blicken. Es bleibt übrig das Problem zu betrachten, wie Elsaß-Lothringen zu einem Gliedstaat im Reich umgestaltet werden kann. Wenn wir es wagen sollen, diese schwierige Aufgabe zu lösen, so müssen wir zuerst eine Reihe von historischen, politischen, rechtlichen Erfahrungen zusammentragen.

Warten wir daher, bis wir andere abhängige Länder kennen gelernt, vielleicht sogar anderswo das Schauspiel beobachtet haben, daß ein Territorium zu einem Staat erhoben wird.

Zweites Kapitel.

Die österreichischen Königreiche und Länder.[1])

Wir haben von Elsaß-Lothringen gehandelt. Wir haben es als abhängiges Land gekennzeichnet. Wenn wir nun in Europa nach analogen Gebilden Umschau halten, so wird unsere Aufmerksamkeit sofort angezogen durch ein Land, das in den großen Zügen mit erstaunlicher Ähnlichkeit das Schicksal von Elsaß-Lothringen widerspiegelt. Es ist Bosnien-Herzegowina. Wenn wir aber in die Doppelmonarchie Österreich-Ungarn eintreten, so wird unser Blick noch durch andere Bildungen gefesselt, die als staatstheoretische Merkwürdigkeiten erscheinen. Es sind in der österreichischen Monarchie die einzelnen Königreiche und Länder; es ist in der ungarischen Monarchie Kroatien-Slavonien. Jellinek und andere haben diese Länder als Staatsfragmente charakterisiert. Dieser Begriff ist mit dem unseren des abhängigen Gebietes verwandt, Grund genug, um diese Länder in den Kreis unserer Betrachtung zu ziehen. Wenn wir auch entdecken, daß sie nicht abhängige Länder sind, so werden sie uns doch dazu dienen, die abhängigen Länder von anderen Erscheinungen abzugrenzen und den Begriff der ursprünglichen Herrschergewalt zu vertiefen.

Die Frage nach der Natur der Königreiche und Länder betrifft das innere Gefüge des österreichischen Staates. Die Frage nach der Natur von Kroatien-Slavonien bleibt im Rahmen des

---

[1]) Österreichisches Staatswörterbuch, Mischler und Ulbrich. Band III. 1906. Artikel: Länder. p. 331; Ulbrich, Österreichisches Verfassungsrecht 1909. Im öffentlichen Recht der Gegenwart. Band X. p. 160; Hernritt, Handbuch des österreichischen Verfassungsrechts. 1909. p. 68, p. 152; Hauke, Grundriß des Verfassungsrechts. 1905. In dem Sammelwerk: Grundriß des österreichischen Rechts. p. 34; Bernatzik, Die österreichischen Verfassungsgesetze, 1906. In diesen Werken finden sich weitere Literaturangaben. Berichte im Jahrbuch des öffentlichen Rechts.

ungarischen Königreiches. Bosnien-Herzegowina hingegen steht in Beziehung zu der doppelten Monarchie. Erst wenn wir Bosnien-Herzegowina betrachten, werden wir deshalb genötigt sein, uns über den Charakter des dualistischen Reiches Rechenschaft zu geben. So scheint es methodisch angebracht, über Bosnien-Herzegowina an letzter Stelle zu handeln.

Beginnen wir mit den Königreichen und Ländern der österreichischen Monarchie.

Österreich ist eine konstitutionelle Monarchie.[1]) Ein Parlament, der Reichsrat nimmt an der Gesetzgebung Teil und kontrolliert die Verwaltung. Die Minister sind dem Parlament verantwortlich. Der Kaiser hat über das Parlament die politische Suprematie.[2])

Der Reichsrat besteht aus dem Herrenhaus und dem Abgeordnetenhaus. Das Herrenhaus umfaßt drei Kategorien von Mitgliedern: die großjährigen Prinzen des kaiserlichen Hauses, die Erzbischöfe und Fürstbischöfe, die vermöge ihres Kirchenamtes Sitz und Stimme haben, die großjährigen Häupter hervorragender Adelsgeschlechter mit ausgedehntem Grundbesitz, welchen der Kaiser die erbliche Reichsratswürde verliehen hat, und endlich verdiente Bürger, die der Kaiser auf Lebenszeit in das Herrenhaus beruft. Das Abgeordnetenhaus geht aus allgemeinen und direkten Wahlen hervor.

Österreich stellt sich dar als ein Komplex von Königreichen und Ländern.[3]) Diese Gebietsteile sind Einheiten von staatsrechtlicher Bedeutung. Sie sind mit einer besonderen Gesetzgebung und Verwaltung ausgestattet.

1. Die Verwaltung in den Königreichen und Ländern wird zum einen Teil durch Behörden geübt, die von den Ministerien

---

[1]) Jellinek, Allgemeine Staatslehre, 1905, p. 689.

[2]) l. c. p. 688.

[3]) Königreich Böhmen. Königreich Dalmatien. Königreiche Galizien und Lodomerien mit dem Großherzogtum Krakau. Erzherzogtum Österreich unter der Enns. Erzherzogtum Österreich ob der Enns. Herzogtum Salzburg. Herzogtum Steiermark. Herzogtum Kärnten. Herzogtum Krain. Herzogtum Bukowina. Markgrafschaft Mähren. Herzogtum Ober- und Niederschlesien. Gefürstete Grafschaft Tirol. Land Vorarlberg. Markgrafschaft Istrien. Gefürstete Grafschaft Görz und Gradiska. Stadt Triest.

abhängig sind. Unter diesen staatlichen Behörden sind diejenigen hervorzuheben, welche man die politischen nennt. Sie ergreifen im Prinzip die zentralen Angelegenheiten der inneren Verwaltung, die nicht in die Kompetenz von Spezialbehörden fallen.[1]) An der Spitze stehen die Statthaltereien oder Landesregierungen. Ihr Amtsbezirk umfaßt in der Regel ein Königreich oder ein Land. Dieser Grundsatz wird aber durch zwei Ausnahmen durchbrochen, indem die Länder Istrien, Görz-Gradiska und das Stadtgebiet von Triest zu dem Verwaltungsgebiet des Küstenlandes, und auch Tirol und Vorarlberg zu einem einzigen Distrikt vereinigt sind.

Die Verwaltung wird aber zum andern Teil durch Obrigkeiten geführt, die aus den Regierten gebildet sind und die nicht in der Abhängigkeit der Staatsregierung stehen, wenn sie auch in mehrfacher Richtung einer Aufsicht unterliegen. Hier kommen wir zum selbständigen Wirkungskreis. In jedem der Königreiche und Länder besteht ein Landtag und ein Landesausschuß.[2]) Diese Landesorgane haben eine umfassende Vermögensverwaltung, verbunden mit einer Steuergewalt. Sie unterhalten Stiftungen und Anstalten, welche der Pflege der öffentlichen Wohlfahrt dienen, und erfüllen hier Aufgaben der inneren und der finanziellen Verwaltung zugleich. Sie haben eine Aufsichtsgewalt über die unteren Kommunalverbände.[3])

---

[1]) Hier sind die Schulbehörden und die Bergbehörden zu nennen.

[2]) In Triest ein Stadtrat und ein Verwaltungsausschuß.

[3]) Die partikuläre Kompetenz ist in allen Landesverfassungen gleichmäßig abgegrenzt. Die Landesordnung des Erzherzogtums Österreich unter der Enns, erlassen mit dem Patent vom 26. Februar 1861, bestimmt:

„§ 20. Der Landtag sorgt für die Erhaltung des landständischen (Domestikal-)Vermögens und des sonstigen nach seiner Entstehung oder Widmung ein Eigentum des Erzherzogtums Österreich unter der Enns bildenden Landesvermögens, dann der aus ständischen und Landesmitteln errichteten oder erhaltenen Fonde und Anstalten.

§ 21. Der Landtag verwaltet das Domestikalvermögen und das Kredit- und Schuldenwesen des Landes und sorgt für die Erfüllung der diesfalls dem Lande obliegenden Verpflichtungen. — Er verwaltet und verwendet den Landesfond und den Grundentlastungsfond des Erzherzogtums Österreich unter der Enns mit genauer Beachtung der gesetzlichen Zwecke und und Widmungen dieser Fonde.

Positive Kompetenzkonflikte zwischen der Landesverwaltung und der Reichsverwaltung werden durch das Reichsgericht entschieden.[1])

Die Landtage sind als Volksvertretungen gedacht und konstruiert. Sie enthalten in der Regel fünf Gruppen von Mitgliedern. Die erste Gruppe ist mit Virilstimmrecht begabt. Die andern Gruppen repräsentieren den Großgrundbesitz, die Handels- und Gewerbekammern, die Städte (Märkte, Industrialorte) und die Landgemeinden. Die Landtage haben nur eine Kammer. Der Vorsitzende wird vom Kaiser ernannt. Er führt in den einzelnen Ländern einen verschiedenen Titel. Er heißt Oberstlandmarschall, Landmarschall, Landeshauptmann oder Präsident. Die Landtage werden durch den Kaiser einberufen. Es können immer Vertreter der Regierung in den Landtagen erscheinen und das Wort ergreifen.

Auf dem Gebiet der Verwaltung beschließen die Landtage nur in den wichtigeren Angelegenheiten. Der Landesausschuß, eine ständige Behörde, führt die laufenden Geschäfte. Er besteht aus fünf bis zehn Mitgliedern. Der Präsident des Landtags führt den Vorsitz. Die andern Mitglieder werden durch den Landtag erwählt.

2. Es gibt in Österreich einen doppelten Weg der Gesetzgebung. Man unterscheidet zwei Sphären der Legislative, eine

---

§ 22. Der Landtag beratet und beschließt über die Aufbringung der zur Erfüllung seiner Wirksamkeit für Landeszwecke, für das Vermögen, die Fonde und Anstalten des Landes erforderlichen Mittel, insoferne die Einkünfte des bestehenden Stammvermögens nicht zureichen.

§ 23. Die Wirksamkeit des Landtages in Gemeindeangelegenheiten wird durch das Gemeindegesetz oder die besonderen Gemeindestatuten geregelt." — § 18 bestimmt, daß die näheren Anordnungen über Gemeindeangelegenheiten in den Grenzen der allgemeinen Gesetze durch die partikuläre Legislative ergehen. Die Gemeindegesetzgebung ist Landesangelegenheit nach §§ 11, 12 des Grundgesetzes über die Reichsvertretung von 1867. —

„§ 26. Der Landesausschuß besorgt die gewöhnlichen Verwaltungsgeschäfte des Landesvermögens, der Landesfonde und Anstalten."

[1]) Staatsgrundgesetz vom 21. Dezember 1867, Art. 2b: „Das Reichsgericht hat endgültig zu entscheiden bei Kompetenzkonflikten — zwischen einer Landesvertretung und den obersten Regierungsbehörden, wenn jede derselben das Verfügungs- oder Entscheidungsrecht in einer administrativen Angelegenheit beansprucht."

zentrale und eine partikuläre. Die allgemeine Gesetzgebung wird durch den Kaiser und die Vertretung des österreichischen Volkes, den Reichsrat, geübt, die besondere durch den Kaiser und die Landtage. Jene Gesetzgebung erstreckt sich in der Regel[1]) auf alle Länder und Königreiche, diese immer nur auf das einzelne Kronland. Die beiden Sphären sind nach Materien geschieden. Ein Kreis von Angelegenheiten unterliegt dem Landesgesetz, ein andrer dem Reichsgesetz.[2])

Die Landesverfassungen von 1861 garantieren, daß die partikuläre Legislative zu bestimmen hat über die Landeskultur, über die öffentlichen Bauten und Wohltätigkeitsanstalten, deren Kosten aus Landesmitteln bestritten werden, über den Landesvoranschlag und die Rechnungslegung, weiter in den Grenzen der allgemeinen Gesetze über die Gemeindeangelegenheiten, die Kirchen- und Schulangelegenheiten, die Vorspannleistung, die Verpflegung und Einquartierung des Heeres.[3]) Das Staatsgrundgesetz für die Reichsvertretung vom 21. Dezember 1867 erweitert diesen Kreis. Es stellt einen Katalog der Reichsangelegenheiten auf und überläßt alle übrigen Angelegenheiten der Landesgesetzgebung.[4])

---

[1]) Ein Reichsgesetz kann sein Geltungsgebiet auch auf ein einzelnes Kronland beschränken. Ein Landtag kann eine Landesangelegenheit der Reichsvertretung überweisen.

[2]) Vgl. Ulbrich, Österreichisches Staatsrecht, 1909. Öffentliches Recht der Gegenwart, Band X, p. 147f., 164f.

[3]) Landesordnung des Erzherzogtums Österreich unter der Enns, § 18. Der Gegenstand ist in den andern Landesordnungen in gleicher Weise geregelt (eine kleine Erweiterung enthalten die Landesordnungen von Tirol und Vorarlberg).

[4]) Art. 11: „Der Wirkungskreis des Reichsrates umfaßt alle Angelegenheiten, welche sich auf Rechte, Pflichten und Interessen beziehen, die allen im Reichsrate vertretenen Königreichen und Ländern gemeinschaftlich sind, insoferne dieselben nicht infolge der Vereinbarung mit den Ländern der ungarischen Krone zwischen diesen und den übrigen Ländern der Monarchie gemeinsam zu behandeln sein werden. Es gehören daher zum Wirkungskreise des Reichsrates:" — Art. 12. „Alle übrigen Gegenstände der Gesetzgebung, welche in diesem Gesetze dem Reichsrate nicht ausdrücklich vorbehalten sind, gehören in den Wirkungskreis der Landtage der im Reichsrate vertretenen Königreiche und Länder und werden in und mit diesen Landtagen verfassungsmäßig erledigt. — Sollte jedoch irgend ein

Wie hat sich diese eigentümliche Organisation herausgebildet?

Die österreichische Monarchie ist dadurch entstanden, daß die landesherrlichen Gewalten der einzelnen Territorien zu einer einheitlichen Gewalt zusammengewachsen sind.

Rufen wir uns die wichtigsten Stadien ins Gedächtnis, welche dieser Entwicklungsgang der Zentralisation durchlaufen hat.[1])

Bald nach der Vereinigung der altösterreichischen, böhmischen und ungarischen Ländergruppen im Jahre 1526 werden zentrale Behörden für das ganze Gebiet errichtet. Der geheime Rat, der sich besonders mit den auswärtigen Angelegenheiten beschäftigt, der Hofkriegsrat und die Hofkammer mit finanziellen Kompetenzen gehen auf Ferdinand I.[2]) zurück, die österreichische und die böhmische Hofkanzlei als Instanzen für die innere Verwaltung und die Gerichtsbarkeit erhalten durch Ferdinand II.[3]) ihre feste Gestalt.

Am 19. April 1713 geben sich die unter dem habsburgischen Zepter vereinigten Territorien zum ersten Mal ein gemeinsames Grundgesetz, die Pragmatische Sanktion. Ursprünglich ein von Karl VI.[4]) verkündetes Hausgesetz, wird es von den Landständen aller Territorien angenommen und so zum Grundgesetz erhoben. Die Länder Karls VI. sollen unverteilt bleiben. Seine Krone soll sich nach dem Recht der Primogenitur auf seine männlichen, wenn solche nicht vorhanden sind, auf seine weiblichen Nachkommen vererben; dann auf die josefinische, hiernach auf die leopoldinische und endlich auf alle übrigen Linien.

Maria Theresia[5]) bildet zwei neue Behörden, welche einen

Landtag beschließen, daß ein oder der andere ihm überlassene Gegenstand der Gesetzgebung im Reichsrate behandelt und erledigt werde, so übergeht ein solcher Gegenstand für diesen Fall und rücksichtlich des betreffenden Landtages in den Wirkungskreis des Reichsrates."

[1]) Ulbrich, Das österreichische Staatsrecht. 1909. Öffentliches Recht der Gegenwart. Band X. p. 187. Hernritt, Handbuch des österreichischen Verfassungsrechts. 1909. p. 287. Österreichisches Staatswörterbuch. 1907. Band III. Länder: p. 331f. Bernatzik, Die österreichischen Verfassungsgesetze. 1906.

[2]) Kaiser 1556—1564, seit 1526 König von Böhmen und Ungarn.

[3]) 1619—1637.

[4]) 1711—1740.

[5]) 1740—1780.

wichtigen Fortschritt in der Zentralisation der westlichen Reichshälfte bedeuten. Sie errichtet für die altösterreichische und böhmische Ländergruppe das Direktorium in internis, in publicis et cameralibus; es ist ein Ministerium des Innern und der Finanzen. Sie errichtet weiter für den gleichen Länderkomplex eine oberste Justizstelle, die zugleich als Justizministerium und oberster Gerichtshof fungiert. Später trennt sie die Finanzgeschäfte von dem Geschäftskreis des Direktoriums ab, überweist sie der Hofkammer und bildet aus dem Direktorium die vereinigte böhmisch-österreichische Hofkanzlei.

Weiß schon Maria Theresia den Einfluß der Stände mächtig zurückzudrängen, so vollendet Josef II.[1]) das begonnene Werk. Er hebt die Stände nicht förmlich auf, aber er beschränkt ihren Machtkreis in einem solchen Maß, daß sie zu voller Bedeutungslosigkeit herabsinken. Er beruft wohl anfangs die Landstände zu öfteren Malen, befaßt sie aber nur noch mit der Bewilligung landesfürstlicher Geldforderungen und mit der Begutachtung von Gesetzen. Durch ein Steuerpatent vom Jahre 1781 hebt er auch das Steuerbewilligungsrecht der Landstände tatsächlich auf. Er beseitigt nach und nach die ständischen Kollegien bis auf zwei Verordnete, die Sitz und Stimme bei der politischen Landesstelle erhalten. Er beachtet nicht einmal mehr die Individualität der Territorien und vereinigt nach Gutdünken verschiedene Länder zu größeren Verwaltungssprengeln. Josef II. begründet die absolute Gewalt der Krone. Er übt die Gesetzgebung allein, die vollziehende Gewalt durch seine Beamten. Er bildet Österreich und Ungarn zu einem zentralisierten Einheitsstaat.

Leopold II.[2]) sieht sich genötigt, die innere Selbständigkeit von Ungarn wieder anzuerkennen. Aber er weiß in der westlichen Reichshälfte die heftige Forderung der Stände auf Erneuerung der alten Rechte abzuwehren. Er stellt zwar die landständischen Verfassungen wieder her. Trotzdem behauptet er die neue Machtstellung der Krone. Die alten Stände haben nicht die innere Kraft, um die verlorene Herrschaft wieder zu gewinnen. Österreich bleibt ein absoluter Staat.

[1]) 1780—1790.
[2]) 1790—1792.

Franz II.[1]) nimmt im Jahre 1804 den österreichischen Kaisertitel an.

Es folgen die Ereignisse des Jahres 1848. Die Stände brechen zusammen. Es gilt eine von Grund aus neue Verfassung zu schaffen, den absoluten Staat zu beseitigen und den konstitutionellen aufzubauen.

Zwei Verfassungsentwürfe werden für die österreichischen Länder ausgearbeitet.

Ein Verfassungsentwurf vom 25. April 1848 will die Gesetzgebung dem Kaiser und einem Reichstag überlassen, den Provinzialständen nur eine Sphäre eigner Verwaltung zugestehen. Kaiser und Reichstag sollen die Provinzialverfassungen reorganisieren.

Ein anderer Verfassungsentwurf, vom Kremsierer Reichstag ausgearbeitet, versucht dem westlichen Länderkomplex eine mehr dualistische Organisation zu geben. Es wird ein Kreis von Reichsangelegenheiten und ein Kreis von Landesangelegenheiten festgelegt. Die zentrale Legislative wird durch den Kaiser im Verein mit dem Reichstag, die partikuläre durch den Kaiser im Verein mit den Landtagen und den Kreistagen ausgeübt. Die Wahl zu den Landtagen und den Kreistagen wird in ihren Grundzügen geregelt. Die beiden Häuser beschicken die Länderkammern des Reichstags. Die Exekutive des Reiches wird Ministern übertragen, welche dem Reichstag verantwortlich sind. Statthalter und Gouverneure handeln als abhängige Behörden. Statthalter und Gouverneure üben aber gleichzeitig die Exekutive des Landes und haben in dieser Sphäre dem Landtag Rechenschaft zu legen, wenn nicht neben ihnen kontrasignierende Statthaltereiräte bestehen. Der Landtag ist berechtigt, von der Regierung Aufschlüsse über alle Zweige der Landesverwaltung zu verlangen, Petitionen entgegenzunehmen, Untersuchungskommissionen anzuordnen, Adressen an den Kaiser und den Reichstag zu richten. Er kann gegen die verantwortlichen Träger der Exekutive Anklage erheben. Das oberste Reichsgericht spricht das Urteil. Konstituierende Landtage werden über die neuen territorialen Verfassungen beschließen. Die kon-

[1]) 1792—1806.

stituierenden Akte werden aber erst in Kraft treten, wenn sie von der gesetzgebenden Reichsgewalt bestätigt sind.

Am 4. März 1849 wird eine Verfassung proklamiert, welche alle österreichischen und ungarischen Länder zu einem einheitlichen konstitutionellen Staat organisieren soll. Der Kaiser übt die gesetzgebende Gewalt. Es gibt eine zentrale und eine partikuläre Legislative. Der Kaiser ist in zentralen Angelegenheiten an die Zustimmung des Reichstags, in partikulären an die Zustimmung der Landtage gebunden. Es wird ein Katalog der Reichs- und Landesangelegenheiten aufgestellt. Der Reichstag besteht aus einem Oberhaus und einem Unterhaus. Die Mitglieder des Oberhauses werden von den Landtagen erwählt. Die Mitglieder des Unterhauses gehen aus Volkswahlen hervor, die an einen Zensus gebunden sind. Die vollziehende Gewalt, so versichert die Verfassung, ist im ganzen Reich und in allen Kronländern einheitlich, unteilbar. Sie steht ausschließlich dem Kaiser zu. Er übt sie durch verantwortliche Minister und Beamte, welche ihnen untergeordnet sind. Wird ein Teil der vollziehenden Gewalt einer Körperschaft oder wem immer übertragen, so ist die Delegation jederzeit widerruflich. Die ständischen Verfassungen der einzelnen Kronländer treten außer Kraft.

Darauf werden in den Jahren 1849 und 1850 neue Landesverfassungen kundgemacht. Sie sind nicht von konstituierenden Landtagen beschlossen. Sie sind oktroyiert.

Aber weder die Reichsverfassung noch die Landesverfassungen treten in Kraft.[1])

Ein reaktionäres Patent vom 31. Dezember 1851 bricht mit der Verfassung von 1849: Österreich-Ungarn ist fortab ein absolutistisch regierter Einheitsstaat. So wird festgesetzt. Ein Patent vom 13. April 1851 hat einen Reichsrat mit lediglich konsultativer Funktion geschaffen. Ein Kabinettsschreiben vom 31. Dezember 1851 enthält eine Reihe von Grundsätzen, welche die Gesetzgebung leiten sollen.

Erst das Diplom vom 20. Oktober 1860 bedeutet den Übergang zum Verfassungsstaat.

---

[1]) Eine Ausnahme bildet die Verfassung von Triest, erlassen durch Patent vom 12. April 1850.

Es werden drei Arten der Gesetzgebung unterschieden. Es gibt eine Gesetzgebung des gesamten Reiches. Sie wird von dem Kaiser und dem Reichsrat ausgeübt. Die Landtage entsenden zum Reichsrat eine bestimmte Zahl von Mitgliedern. Die Sphäre der universellen Gesetzgebung ist fest umschrieben.[1]) Es gibt weiter eine Gesetzgebung der einzelnen Länder und Königreiche. Sie steht dem Kaiser und den Landtagen zu.[2]) Es gibt endlich eine gemeinsame Gesetzgebung der österreichischen Länder: Angelegenheiten, welche nicht in die Kompetenz der universellen Gesetzgebung gehören, können durch den Kaiser und den Teil des Reichsrats geregelt werden, welcher aus den österreichischen Ländern hervorgeht; der Kaiser hat die freie Initiative, diesen Weg zu beschreiten; jeder Landtag kann seinerseits den Antrag stellen, daß eine Sache auf diesem Weg gesetzlich geordnet werde.[3]) Gleichzeitig wird durch ein Handschreiben vom 20. Oktober ein Staatsministerium für die österreichischen Länder gebildet.

Das Patent vom 26. Februar 1861 baut die neue Verfassung im einzelnen aus. Es publiziert ein Grundgesetz über die Zusammensetzung des Reichsrats.[4]) Zwei Häuser bilden das Parlament, ein Herrenhaus und ein Abgeordnetenhaus, das aus Delegierten der Landtage besteht. Das Patent bestätigt Landesverfassungen für die österreichischen Königreiche und Länder, verleiht ihnen die Kraft von Staatsgrundgesetzen[5]) und erklärt

---

[1]) Art. II des Oktoberdiploms.

[2]) Art. I, III des Oktoberdiploms.

[3]) Art. III des Oktoberdiploms: „Nachdem mit Ausnahme der Länder der ungarischen Krone auch in betreff solcher Gegenstände der Gesetzgebung, welche nicht der ausschließlichen Kompetenz des gesamten Reichsrates zukommen, seit einer langen Reihe von Jahren für Unsere übrigen Länder eine gemeinsame Behandlung und Entscheidung stattgefunden hat, behalten wir uns vor, auch solche Gegenstände mit verfassungsmäßiger Mitwirkung des Reichsrates unter Zuziehung der Reichsräte dieser Länder behandeln zu lassen. Eine gemeinsame Behandlung kann auch stattfinden, wenn eine solche in betreff der der Kompetenz des Reichsrates nicht vorbehaltenen Gegenstände von dem betreffenden Landtage gewünscht und beantragt werden sollte."

[4]) Art. I des Februarpatents.

[5]) Art. III des Februarpatents: „Für Unsere Königreiche: Böhmen, Dalmatien, Galizien und Lodomerien mit den Herzogthümern Auschwitz und

sie für integrierende Bestandteile der Verfassung des Reichs.[1])

Zator und dem Großherzogthume Krakau; Unsere Erzherzogthümer: Österreich unter der Enns und Österreich ob der Enns; Unsere Herzogthümer: Krain, Bukowina; Unsere Markgrafschaft: Mähren; Unser Herzogthum: Ober- und Niederschlesien; Unsere Markgrafschaft Istrien sammt den gefürsteten Grafschaften Görz und Gradiska und der Stadt Triest mit ihrem Gebiete; und für das Land Vorarlberg finden Wir, um die Rechte und Freiheiten der getreuen Stände dieser Königreiche und Länder nach den Verhältnissen und Bedürfnissen der Gegenwart zu entwickeln, umzubilden und mit den Interessen der Gesamtmonarchie in Einklang zu bringen, die beiliegenden Landesordnungen und Wahlordnungen zu genehmigen und verleihen jeder einzelnen für das betreffende Land die Kraft eines Staatsgrundgesetzes.“ Die Landesordnung für Dalmatien tritt noch nicht vollständig in Wirksamkeit. Art. IV: „Um die mit den Patenten vom 20. Oktober 1860 für Unsere Herzogthümer Steiermark, Kärnten und Salzburg, dann für Unsere gefürstete Grafschaft Tirol erlassenen Statute mit jenen Bestimmungen in Einklang zu bringen, welche in den am heutigen Tage von Uns genehmigten Landesordnungen grundsätzlich aufgenommen sind; um den Landesvertretungen der eingangs erwähnten Länder jene ausgedehnteren Befugnisse zu gewähren, die Wir den Vertretern der übrigen Kronländer zu bewilligen Uns bestimmt gefunden haben; um endlich Unsere unterm 5. Januar 1861 über das Wahlrecht erlassenen Verfügungen auch in Steiermark, Kärnten, Salzburg und Tirol gleichmäßig zur Ausführung zu bringen: haben Wir in Erweiterung und Umänderung der bereits erlassenen Landesstatute die beiliegenden neuen Landesordnungen für Steiermark, Kärnten, Salzburg und Tirol zu genehmigen befunden.“

[1]) Art. VI des Februarpatentes: „Nachdem theils durch die vorausgängigen Grundgesetze, teils durch die wieder ins Leben gerufenen, teils durch die mittelst der neuen Grundgesetze geschaffenen Verfassungen das Fundament der staatsrechtlichen Verhältnisse Unseres Reiches festgestellt und insbesondere die Vertretung Unserer Völker gegliedert, auch ihre Teilnahme an der Gesetzgebung und Verwaltung geordnet ist, so verkünden Wir hiermit diesen ganzen Inbegriff von Grundgesetzen als die Verfassung Unseres Reiches.“ — Hier sei noch bemerkt: Verfassung und Grundgesetz bedeuten in der Rechtssprache von Österreich nicht vollkommen das gleiche. „Die Verfassungsgesetze enthalten die grundsätzlichen Bestimmungen über die Struktur des Staats, namentlich über die Rechtsstellung des Herrschers und der Minister als seiner unmittelbaren Gehilfen, über die parlamentarischen Vertretungen, über das Wahlrecht für diese, über die Freiheitssphäre der Staatsbürger, über die Formen der Ausübung der Staatsgewalt. Staatsgrundgesetze sind jene Gesetze, die sich ausdrücklich als solche bezeichnen und denen besondere Bürgschaften der Dauer und Unverletzlichkeit dadurch erteilt sind, daß ihre Abänderung an erschwerte Formen gebunden, sowie ihre Beobachtung besonderen Rechtskontrollen unterstellt ist.“ — Ulbrich, Österreichisches Staatsrecht. 1909. p. 2.

Die legislative Kompetenz der Landtage wird in den Landesverfassungen fest umgrenzt; dadurch wird eine feste Kompetenz für den engeren Reichsrat ausgeschieden. Die Landesverfassungen, die mit dem Februarpatent in Form von Landesordnungen und Wahlordnungen erlassen sind, gelten in der Hauptsache noch heute.

Es folgt der ungarische Verfassungsstreit. Es kommt zum Ausgleich von 1867. Es kommt zur Trennung der beiden Reichshälften. Eine Reihe von Verfassungsgesetzen organisieren in diesem Jahre Österreich zu einer konstitutionellen Monarchie.[1]) Der Kaiser übt die zentrale Gesetzgebung mit dem Reichsrat, die partikuläre Gesetzgebung mit den Landtagen.[2]) Er übt die vollziehende Gewalt des Reichs unter der Kontrasignatur von Ministern, welche dem Reichsrat verantwortlich sind.

Damit ist das Material zusammengetragen, welches notwendig ist, um den staatstheoretischen Charakter der österreichischen Länder zu ergründen.

Eine erste Möglichkeit ist die, daß sie Staaten sind. Bleibt man bei dieser Alternative, so ist wiederum eine zwiefache Konstruktion denkbar. Österreich ist entweder ein Bundesstaat: über den einzelnen staatlichen Gewalten gibt es eine höhere, alle Länder umfassende staatliche Gewalt. Oder Österreich ist ein Bund, eine Summe, ein Bündel von Staaten: es gibt wohl gemeinsame Institutionen, aber sie sind nur durch Übereinstimmung der einzelnen Gemeinwesen, nicht durch eine Gewalt getragen, welche sie alle umschließt.

Es gilt hier unsere fundamentale Auffassung zu erproben. Ein Staat ist charakterisiert durch eine ursprüngliche Herrschergewalt. So haben wir immer behauptet. Ein Volk ist zu einem Staat verbunden, wenn die stärkere Mehrheit dieses Volkes die

---

[1]) Gesetz über die Ministerverantwortlichkeit vom 25. Juli 1867. Gesetz über die Reichsvertretung. Gesetz über die allgemeinen Rechte der Staatsbürger. Gesetz über die Einsetzung eines Reichsgerichts. Gesetz über die richterliche Gewalt. Gesetz über die Ausübung der Regierungs- und Vollzugsgewalt. Gesetz über die allen Ländern der Monarchie gemeinsamen Angelegenheiten. Alle vom 21. Dezember 1867. Vgl. die Wahlreform vom 26. Januar 1907.

[2]) Staatsgrundgesetz vom 21. Dezember 1867. §§ 1, 11, 12.

Stütze der Herrschaft bildet. Die ursprüngliche Gewalt hat ihr Fundament in dem Willen der Untertanen.

Das heutige Österreich war in früheren Zeiten ein Komplex von Territorien mit eigner landesherrlicher und mit eigener ständischer Gewalt. Österreich ist aus Staaten hervorgegangen. Das steht fest. Und die Frage ist die: Sind diese alten staatlichen Bildungen dem zentralisierenden Streben, das sich durch Jahrhunderte hindurchgezogen und immer mächtiger entfaltet hat, zum Opfer gefallen? Haben sie noch ein eigenes Leben? Sind sie noch selbständige Organismen? Oder sind sie alle zu einem neuen und einzigen Organismus verwachsen?

Fragt man nach der staatstheoretischen Natur eines Landes, so handelt es sich nicht um eine Lage des Rechts; es handelt sich um ein Verhältnis psychologischer Kräfte. Es gilt nicht Verfassungsinstitutionen zu erklären, es gilt das Fundament zu prüfen, auf welchem die Verfassungsinstitutionen stehen. Diese unsere Auffassung haben wir schon genugsam betont, als wir über das Wesen von Elsaß-Lothringen handelten. Allerdings, die Formen der Herrschaft können wichtige Symptome bilden. Sie können wertvolle Grundlagen eines induktiven Verfahrens sein. Aber sie tragen die Lösung nicht in sich selber.

Die Frage nach dem Staatscharakter der österreichischen Länder ist schwieriger zu beantworten, als die Frage nach dem Staatscharakter von Elsaß-Lothringen. Denn das Reich besteht, noch bevor es seine Gewalt über Elsaß-Lothringen erstreckt. Das Reich besteht vor dem Vereinigungsgesetz. Und wir erleben das Ereignis, durch das Elsaß-Lothringen dem Reich angegliedert wird. In Österreich haben wir ein derartiges Schauspiel zu keiner Zeit. Österreich hat nie außerhalb seiner Länder ein Dasein geführt. Es lebt in seinen Ländern und durch seine Länder. Nicht darum also handelt es sich, den Vorgang zu beobachten, durch den ein fremder Körper mit einem fertigen Organismus vereinigt wird, sondern darum, in einem fertigen Organismus das Prinzip, die Quelle des Lebens zu entdecken. Um ein Bild zu gebrauchen: Das Reich ist ein in sich abgeschlossener Bau. Elsaß-Lothringen ist ein Seitenflügel, der hinzugefügt wird. Man kann die Bautätigkeit verfolgen. Man kann sich vergewissern, wie die zwei Teile miteinander verbunden werden. Die österreichische Monarchie ist ein Gebäude, das von Anfang aus einer Zahl mannigfaltiger Glieder besteht. Will man wissen, wie die Bauglieder miteinander vereinigt sind, will man das Prinzip der Stabilität erkennen, so muß man innere Teile bloßlegen, die unsichtbar geworden sind.

Hält das einzelne Land eine Gewalt aufrecht durch seine eigene Kraft? Auf dieses Phänomen kommt es an. Es hat früher bestanden. Wenn es noch heute besteht, so muß es durch die wechselvollen Ereignisse der österreichischen Verfassungsgeschichte seine Kontinuität bewahrt haben.

Gegen diese Kontinuität erhebt sich einmal die gewichtige Tatsache, daß die Länder in den Verfassungskämpfen des 19. Jahrhunderts oftmals neu geformt und nicht in ihren traditionellen Grenzen aufrecht erhalten worden sind. Hat sich das Gebiet verändert, auf dem die Gewalt bestanden hat, so ist es sehr fraglich, ob die Gewalt die gleiche geblieben ist. Der Mangel der Identität bedeutet schon einen erheblichen Zweifel an der Kontinuität.[1] [2]

---

[1]) Österreichisches Staatswörterbuch, 2. Aufl. Wien 1906. Band III. Artikel: Länder, p. 408: „Der Rückblick auf die historische Entwicklung rechtfertigt wohl folgende Schlußfolgerungen: Sicherlich ist der österreichische Staat durch Verschmelzung zahlreicher, ursprünglich mehr oder minder selbständiger Territorien zu einem Ganzen entstanden, und ebenso sicher wurde bei der Zerlegung des Staatsgebietes in Kronlandsgebiete auf diesen Entstehungsprozeß Rücksicht genommen. Aber trotzdem sind es nicht gerade die 17 Kronländer gewesen, die, bevor es einen österreichischen Staat gegeben hat, staatsrechtliche Individualität besessen haben. So sehr man der Geschichte der einzelnen Länder Rechnung tragen wollte, so hat doch der österreichische Staat (und das gilt insbesondere auch vom konstituierenden Reichstage, also von der Volksvertretung) in der Zeit von 1848 bis 1861 ein Dispositionsrecht in bezug auf die Gestaltung der Kronländer in Anspruch genommen und ausgeübt. Der österreichische Staat mit seiner auf alle Territorien sich erstreckenden Staatsgewalt war damals eine unangezweifelte Realität, die Selbständigkeit und Individualität der Kronländer dagegen nicht."

[2]) Es ist auch von Interesse, daß manche historische Titel landesherrlicher Gewalten, die der Kaiser führt, sich nicht im Einklang befinden mit der heutigen Verteilung der Königreiche und Länder. Staatswörterbuch l. c. „Ganz abgesehen davon, daß der Kaiser viele Titel führt, die zu dem Territorium des heutigen Staates nicht oder nicht mehr in Beziehung stehen, entspricht keineswegs jedem Lande ein besonderer und ein einheitlicher

Dazu tritt ein anderes noch zuverlässigeres Argument.

Wie in andren Staaten so ist auch in Österreich der Dualismus des ständischen Systems dadurch gelöst worden, daß eine Gewalt die andere überwunden hat.[1]) Die Macht des Fürsten hat in Österreich die Macht der Stände gebrochen. Das unumschränkte Königtum, durch eine stetig fortschreitende Arbeit von Jahrhunderten vorbereitet, hat unter Maria Theresia und Josef II. gesiegt. Österreich ist seitdem und bis zum Diplom vom 20. Oktober 1860 eine absolute Monarchie gewesen.[2])

Aber eine absolute Monarchie ist zugleich eine zentrale Monarchie. Sie gründet sich auf die einheitliche Kraft des gesamten Volkes. Sobald alle Länder das eine Königshaus als unumschränkten Träger der Herrschaft anerkennen, gibt es in den einzelnen Ländern besondere Institutionen der Herrschaft nicht mehr; es ist willkürlich und den wahren politischen Kraftverhältnissen nicht entsprechend, wenn man noch die Koexistenz mehrerer königlicher Gewalten behaupten will, die aus verschiedenen Volksgruppen hervorgehen sollen. Eine Personalunion zwischen mehreren absoluten Monarchien gibt es nicht.[3]) Es fehlt ein jedes Moment, welches den einzelnen Monarchien eine besondere Individualität geben könnte. Die Stände der einzelnen Länder haben vorher diese Individualität geschaffen. In dem Augenblick aber, wo die Monarchie die Macht der Stände vernichtet, sind alle Gewalten zu einer einzigen zusammengewachsen.

Titel. Der Kaiser ist Erzherzog von Österreich, aber nicht Erzherzog des n. ö. und Erzherzog des o. ö Landes. Der Name Vorarlberg ist selbst im großen Kaisertitel nicht zu finden; wohl aber werden die einzelnen Herrschaften, aus denen Vorarlberg entstanden ist, im Titel angeführt. Galizien hat nicht einmal als Land einen einheitlichen Titel.“

[1]) In England sind beide Gewalten zur konstitutionellen Monarchie zusammengewachsen.

[2]) Ulbrich, Österreichisches Staatsrecht. 1909. p. 32: „In den zum Deutschen Reich gehörig gewesenen Ländern war schon frühzeitig die Regentenpersönlichkeit der einzelnen Länder in der Person des gemeinsamen Monarchen durch die Kaiserliche Majestät verdunkelt worden. Es hatte eine Konzentration und Kumulierung der Staatsgewalten der verschiedenen Länder stattgefunden, so daß im Bereiche der Erbstaaten die Regentenpersönlichkeit des Kaisers als Träger einer Staatsgewalt hervortritt.“

[3]) Wenigstens nicht unter der Voraussetzung, daß die gleiche Thronfolge besteht.

Die Kontinuität der früheren staatlichen Gebilde ist durch die Periode der absoluten Monarchie durchbrochen. Das ist unsere These. Die alten Königreiche und Länder bestehen nicht mehr.[1])

Nun wird man vielleicht gegen diese Darstellung ein Bedenken erheben. Allerdings, so wird man sagen, ist Österreich im Jahre 1848 eine einzige Monarchie und ein einziger Staat. Indes, wenn die Länder im Laufe der zentralistischen Bestrebungen ihre staatliche Existenz verloren haben, so sind in der Zeit der Verfassungskämpfe neue Länder mit staatlichem Charakter gebildet worden. Man hat nicht nur die Monarchie, sondern auch die Teilstaaten reorganisiert. Man hat nicht nur im Reich, sondern auch in den Ländern konstitutionelle Verfassungen aufgerichtet.

Man nimmt Staatengründungen an. Wie will man aber diese Behauptung stützen? Es gibt keine historischen Ereignisse, die man als staatsgründende Taten der Länder deuten könnte. Wann hätten die einzelnen Völker, jedes für sich genommen, neue Gewalten über sich aufgebaut und durch sie die rivalisierende Reichsgewalt zurückgedrängt? Es ist zwar nicht ein unmögliches Phänomen, daß sich ein zentraler Staat aufteilt in einen Bundesstaat. Einen solchen Vorgang hat man im Jahre 1891 in Brasilien beobachten können. Aber es fehlt in Österreich die tatsächliche Unterlage, um auf einen solchen Bildungsprozeß zu schließen. Solange man keinen Anhaltspunkt besitzt, um eine solche Umwälzung darzutun, muß man daran festhalten, daß Österreich seine bisherige Form beibehalten hat und Einheitsstaat geblieben ist.[2]) Diese Wahrheit wird auch durch die

---

[1]) Staatswörterbuch. l. c. p. 426: „Als staatsbildende Kraft hat sich nach Beseitigung des ständischen Einflusses der Absolutismus bewährt. Durch einheitliche Zusammenfassung und gleichmäßige Ausübung der landesherrlichen Gewalten ist die Staatsgewalt entstanden. Nicht von den Ländern, sondern aus den Ländern ist Österreich geschaffen worden. Als dann der Kampf gegen den Absolutismus begann, war der Staatsbildungsprozeß bereits abgeschlossen. Der österreichische Staat war bereits da, und er hatte darüber zu entscheiden, und hat auch tatsächlich darüber entschieden, welche Stellung den Ländern und den Landtagen bei der Neugestaltung der staatsrechtlichen Verhältnisse einzuräumen sei."

[2]) Allein, oder mit Ungarn zusammen, darauf kommt es hier nicht an.

Geschichte des Kaiserstaates mit aller Deutlichkeit erwiesen. Je mehr man die politische Bewegung seit 1848 verfolgt, um so mehr beobachtet man, daß einzig die zentrale Kraft das Reich zusammenhält, daß einzig die zentrale Kraft das Reich organisiert, in Teile zerlegt und die Teile mit Institutionen begabt. Der Nerv des staatlichen Lebens liegt im Zentrum und nicht in der Peripherie.

Wir haben uns gewöhnt, die Verfassungsgesetze als Symptome des inneren politischen Lebens zu verstehen. Betrachten wir das Gesetzgebungswerk seit 1848, so finden wir in ihm eine neue Stütze für unsere Behauptung, daß Österreich ein zentraler Staat geblieben ist:

Der Verfassungsentwurf vom 25. April 1848 will den Einheitsstaat. Der Entwurf des Kremsierer Reichstages ordnet nicht allein die Verfassung des Reiches, sondern in den großen Zügen auch die Verfassungen der Länder. Er begründet die Landtage und die Kreistage. Er statuiert über die Grundsätze der Wahl. Er betraut die Statthalter und Gouverneure mit der partikulären Vollzugsgewalt, er regelt ihre Verantwortlichkeit und bestimmt über die Beziehungen von Legislative und Exekutive. Er wahrt der gesetzgebenden Reichsgewalt das Recht, die Landesverfassungen zu bestätigen. Kurz, die Arbeit des Kremsierer Reichstages wird durch die Vorstellung beherrscht, daß die Reichsverfassung nicht allein die Gewalten des Reiches, sondern auch die Gewalten der Länder ins Leben ruft. Es gibt nur einen Ursprung von Gewalten. Österreich bildet nur einen Staat.[1]) Diese Auffassung tritt in dem konstitutionellen Akt von 1849 nicht mit der gleichen Deutlichkeit hervor. Aber es ist bekannt, daß die Grundgedanken des Kremsierer Reichstages die neue Verfassung beherrschen. So ist anzunehmen, daß das fundamentale Prinzip über das Verhältnis von Reich und Ländern in das Werk von 1849 übergeht. Dafür sprechen auch mehrere Umstände, die zwar nicht für sich allein von ausschlaggebender

[1]) Wir können uns nicht mit Ulbrich einverstanden erklären, der in dem Entwurf des Kremsierer Reichstages den Versuch einer bundesstaatlichen Organisation des westlichen Länderkomplexes erblickt. Österreichisches Staatsrecht. 1909. Das öffentliche Recht der Gegenwart. Band X, p. 41.

Bedeutung sind, aber doch wichtige Kennzeichen bilden: Die vollziehende Gewalt soll einheitlich unteilbar sein. Die Landesverfassungen werden oktroyiert, und werden so durch die Form ihrer Entstehung in keine individuelle Beziehung zu den einzelnen Ländern gesetzt.

Hier überall bewegen wir uns im Reich der Entwürfe. Keine von den drei Verfassungen ist in Wirksamkeit getreten. Aber wir vermögen in ihnen nicht einmal die Tendenz zu einer partikulären Staatenbildung zu entdecken.

Die Frage wird mit aller Klarheit durch das Februarpatent beantwortet. Die Landesverfassungen werden zu einem integrierenden Bestandteil der Reichsverfassung erklärt. Es ist die Auffassung des Kremsierer Reichstages, welche hier neu zutage tritt. Es gibt nur einen Ursprung der Macht.

Mit dem Februarpatent treten wir in die heutige Verfassung ein. Es bleibt übrig, die Institutionen von Reich und Ländern zu betrachten und die Züge aufzusuchen, in welchen die Eigenschaft der österreichischen Monarchie als Einheitsstaat in die Erscheinung tritt. Es gilt wieder nicht einen strikten Beweis zu führen, sondern den fertigen Beweis durch mehr oder minder sichere Stützen weiter zu festigen. Es sind auch hier nur Symptome, um die es sich handelt.

Der Kaiser übt die Exekutive nur in Reichsangelegenheiten. Er ist an der partikulären Exekutive einzig dadurch beteiligt, daß er den Präsidenten des Landtags und damit zugleich den Präsidenten des Landesausschusses ernennt und in bestimmten Grenzen eine Aufsicht führt. Er hat deshalb nur Gesamtministerien für den österreichischen Staat, keine Ministerien für die Länder; er hat in den Territorien nur Statthaltereien und Landesregierungen, welche von den zentralen Ministerien abhängig sind. Bei diesem Zustand der Dinge kann der Kaiser schwerlich als Monarch der einzelnen Länder gelten. Er wäre für unsere Begriffe ein recht eigentümlicher Monarch, ein König, der die vollziehende Gewalt nicht besäße.[1]) Er nähme nur an

---

[1]) Jellinek hat dieses Argument aufgestellt. Staatsfragmente. p. 281: „Österreich wird heute ausschließlich von dem in sich einheitlichen Kaiser beherrscht, der in Erinnerung des Ursprungs seiner Gewalt zwar noch immer

der Gesetzgebung des Landes teil, und auch hier bestände die Anomalie, daß sein Akt nicht durch einen Minister des Landes gegengezeichnet würde, sondern durch einen fremden Minister, einen Reichsminister.[1])

Ein anderer Punkt. Eine Landesordnung kann nur unter Mitwirkung des Landtags geändert werden. Der Reichsrat kann den Umfang der partikulären Angelegenheiten, der in einer Landesordnung umschrieben ist, nicht beschränken.[2]) Das ist aus dem § 18 der Landesordnungen zu entnehmen, der für die Revision eine besondere Majorität des Landtags fordert, und weiter aus dem § 15 des Staatsgrundgesetzes über die Reichsvertretung, der nur die Revision der gemeinsamen Verfassungsakte regelt. Die partikuläre Legislative hat in der Tat zu verschiedenen Malen die Revision unternommen, die zentrale Legislative niemals.[3]) Wenn nun der Reichsrat über die Landesord-

---

die landesherrlichen Titel der einzelnen Territorien führt, jedoch stets nur als Monarch des Gesamtstaates, niemals als Herrscher eines einzelnen Landes auftreten kann. Das zeigt sich vor allem darin, daß die Länder keine selbständige, vom Landesherrn ernannte und diesem unmittelbar untergeordnete Exekutive besitzen. Alle staatlichen Behörden ressortieren vielmehr von dem österreichischen Ministerium, sie sind samt und sonders kaiserlich-königliche Behörden, d. h. Behörden des Gesamtstaates, nicht Landesbehörden. Der an der Spitze der Landesverwaltung stehende Landeschef (Statthalter oder Landespräsident) ist ein dem Ministerium untergeordneter und nur diesem verantwortlicher Beamter."

[1]) Ulbrich, p. 64.

[2]) Staatswörterbuch, l. c. p. 428—430. Hernritt, Handbuch des österreichischen Verfassungsrechts. 1909. p. 69. Dagegen Hauke, Verfassungsrecht. im Grundriß des österreichischen Rechts. 1905. p. 36, p. 53. Allerdings, insofern muß man Hauke Recht geben, daß der weitere Kompetenzkreis, welcher der partikulären Legislative später durch das Grundgesetz über die Reichsvertretung verliehen wird, durch Reichsgesetz wieder abgeändert werden kann. Aber der Grundstock der Kompetenz, der in den Landesordnungen selbst begründet ist, bleibt der Verfügung der Reichsgesetzgebung entzogen. Aus der richtigen Auffassung ergibt sich zugleich, daß die Grenzen der einzelnen Länder untereinander nur durch übereinstimmende Landesgesetze geändert werden können. Ulbrich, p. 140. Hernritt, p. 75. Dagegen Spiegel, Staatswörterbuch. p. 410.

[3]) Allerdings, die Reichsgesetze können die Landesverfassungen ergänzen. Das ist in den konstitutionellen Akten vom Dezember 1867 geschehen.

nungen nicht verfügen kann, so ergibt sich, daß die Landesordnungen gleichwertige Bestandteile neben denjenigen Verfassungsakten sind, welche über die zentralen Institutionen bestimmen, also gleichwertige Bestandteile neben dem Februarpatent und den Verfassungsakten von 1867. Sind die Verfassungsakte gleichwertig, so müssen auch die Gesetze gleichwertig sein, die auf ihnen beruhen. Dem entspricht die Wirklichkeit. Es gilt in Österreich das Prinzip der Gleichwertigkeit von Reichsgesetz und Landesgesetz. Besteht eine Antinomie zwischen beiden, so ist sie nach den allgemeinen Regeln der Interpretation zu lösen, deren wichtigste dem späteren Gesetz den Vorzug gibt.[1])

Diese rechtliche Gleichwertigkeit, die zwischen beiden Kategorien der Verfassungen und Gesetze besteht, ist ein äußerst wichtiges Symptom dafür, daß die Verfassungen und Gesetze auf beiden Seiten ein gleiches Maß von politischer Kraft in sich tragen. Das ist aber nur möglich, wenn sie alle die gleiche zentrale Gewalt in sich verkörpern, wenn sie alle mit dem einen Staat verwachsen sind. Sobald die autoritativen Akte der einen Art im Reich, die der anderen im Land ihre Wurzeln haben, müssen jene diesen überlegen sein. Im deutschen Bundesstaat ist dieser Zustand gegeben. Reichsverfassung und Reichsgesetz haben einen andern Ursprung als die Landesverfassungen und die Landesgesetze. Daher die Überlegenheit des einen Systems über das andere: Die konstitutionellen Akte des Reichs können die partikulären Verfassungen umgestalten. Reichsrecht bricht Landesrecht.[2])

---

[1]) Staatswörterbuch. l. c. p. 419: „Reichs- und Landesgesetze sind in bezug auf ihre verbindliche Kraft gleichwertig. Es fehlt an jedem Anhaltspunkt dafür, dem Reichsgesetz vor dem Landesgesetz oder dem Landesgesetz vor dem Reichsgesetz den Vorzug zu geben. Wenn Reichsgesetze mit Landesgesetzen kollidieren, so gilt genau das gleiche, wie wenn Reichsgesetze mit Reichsgesetzen oder Landesgesetze mit Landesgesetzen kollidieren, d. h. das spätere Gesetz geht im allgemeinen dem früheren vor.“ Jellinek, Staatsfragmente. p. 282. Hernritt. p. 69.

[2]) Allerdings, in der nordamerikanischen Union sind die Gesetzgebungen gleichgeordnet und entstammen doch verschiedenen Staatsgewalten, die übereinander gebaut sind. Aber dort ist die Gleichordnung nur möglich, weil die Union eine Verfassungsgerichtsbarkeit besitzt, eine Institution, die Österreich und Deutschland fehlt.

Die Einheitlichkeit der Ministerien und die Gleichwertigkeit der konstitutionellen und legislativen Akte, das sind die Einrichtungen, welche am nachdrücklichsten gegen den staatlichen Charakter der Länder sprechen. Man verwertet noch andere Sätze der Verfassung. Man gibt noch andere Argumente für die gleiche These. Aber sie sind nicht von der gleichen Zuverlässigkeit.[1]) Man sucht auch umgekehrt aus manchen konstitutionellen Erscheinungen die staatliche Natur der Länder herzuleiten. Es handelt sich dann meist um Erscheinungen, die sowohl in dem einen wie in dem anderen Sinn gedeutet werden können. Und es bewährt sich dann unser Satz von neuem, daß aus den Formen der Herrschaft nicht mit voller Sicherheit auf ihren Ursprung geschlossen werden kann.[2])

Die österreichischen Länder und Königreiche sind keine Staaten. Das ist unsere These. Sie sind früher Staaten gewesen.

---

[1]) Man beruft sich darauf, daß die Länder keine eigenen Gerichte, kein Staatsbürgerrecht, keine über die gewöhnlichen Grenzen der Kommunalangelegenheiten hinausgehende Verwaltung besitzen, daß der Landtag von Staatswegen einberufen und aufgelöst wird, daß die Landtagswahlen vom Staat ausgeschrieben und geleitet werden. Ulbrich. p. 64—65. Staatswörterbuch. p. 425—426.

[2]) Ulbrich, p. 64: „Man begründet die Auffassung — durch die wichtigsten staatsrechtlichen Akte, als die Pragmatische Sanktion und die Annahme des Kaisertitels, welche die staatsrechtliche Stellung der einzelnen Länder unberührt gelassen haben; endlich durch das Diplom vom 20. Oktober 1860, das den Schwerpunkt der Gesetzgebung in die Landtage der einzelnen Königreiche und Länder verlegt. Ferner führt man für diese föderalistische, bundesstaatliche Struktur mehrere Bestimmungen des geltenden Verfassungsrechtes an, als: a) den Kollektivnamen, im Reichsrat vertretener Königreiche und Länder; b) die auf staatlicher Praxis und ausdrücklicher Bestimmung (Kabinett-Schreiben vom 31. Dezember 1851) beruhende Bezeichnung der Länder mit den ihnen zukommenden Titeln; c) die Textierung der §§ 1, 11 des Staatsgrundgesetzes über die Reichsvertretung, welche bei Anerkennung einer gemeinsamen Vertretung, dann gemeinsamer Interessen und einer gemeinsamen Gesetzgebung indirekt die Sonderexistenz der Länder in bezug auf Sondervertretung, Sonderinteressen und partikuläre Gesetzgebung andeutet; d) die individuelle Berücksichtigung der Länder bei Bildung der Delegation des Reichsrates; e) den Bestand der Landtage als Organe der Landesgesetzgebung; f) das Gesetz vom 19. Mai 1868 über die Organisation der politischen Behörden, das dem Landeschef die Repräsentation des Landesfürsten zuweist."

Sie haben früher eine ursprüngliche Gewalt besessen. Sie haben diese ursprüngliche Gewalt im Kampf mit der neu aufsteigenden absoluten und zentralen Macht verloren. Es fehlt jeder Anhaltspunkt, um eine Staatenbildung im 19. Jahrhundert zu rekonstruieren. So geht unsere Argumentation. Im Gegenteil, die zentrale Formation der Monarchie ist eine Wahrheit, die sich empirisch aus dem reellen Entwicklungsgang der politischen Kräfte ergibt und für welche die Verfassungsgesetze deutliche Wahrzeichen bieten.

Die Territorien von Österreich sind keine Staaten. Sind sie abhängige Länder?

Das abhängige Land — so haben wir früher definiert — ist ein Gebiet ohne ursprüngliche Gewalt und deshalb ohne Staatscharakter. Es wird von einem Staat beherrscht. Es bildet nicht in ihm einen integrierenden Bestandteil, eine Provinz. Denn es wird von seiner Lebensorganisation nicht umschlossen.

Wo ein abhängiges Land besteht, da beobachten wir mit Notwendigkeit zwei Gebilde: einen Staat und ein Gebiet ohne staatliche Natur. Der Staat bildet sich, zeugt seine Herrschaft außerhalb des Gebietes. Das abhängige Land nimmt keinen Teil an der Bildung der ursprünglichen Macht.

In Österreich bietet sich das entgegengesetzte Schauspiel dar. Es gibt keinen österreichischen Staat, der sich außerhalb der österreichischen Territorien organisierte. Der Staat kann nicht ohne die Territorien gedacht werden. Der Staat gewinnt seine Lebenskraft nicht in einer fremden Sphäre. Er lebt in den Territorien, durch die Territorien. Die ursprüngliche Herrschergewalt entsteht in der Gesamtheit der Länder.

Wir haben vor uns integrierende Bestandteile, Provinzen der österreichischen Monarchie.

Jellinek nennt in konsequenter Anwendung seiner Theorie die österreichischen Länder Staatsfragmente.

Die Gesetzgebung, lehrt er, ist ihrer Natur nach eine staatliche Tätigkeit. Die Landesgesetzgebung in den österreichischen Ländern wird nun geübt durch ein Reichsorgan, den Kaiser, und zum anderen Teil durch ein territoriales Organ, den Landtag. Die Territorien besitzen also ein Organ staatlicher Natur, sie nehmen

Teil an einer staatlichen Funktion. Sind sie nicht Staaten, so sind sie deshalb wenigstens Fragmente von Staaten.[1])

Die Gesetzgebung ist ihrer Natur nach eine staatliche Tätigkeit. Wo Gesetzgebung, da staatliches Leben. Das ist ein Satz, dem wir nicht zustimmen können. Nicht der Inhalt der autoritativen Funktion ist ein Symptom staatlicher Existenz, sondern der Grund, auf dem sie ruht. Nicht die gesetzgebende Tätigkeit macht ein politisches Gebilde zu einem Staat, sondern die eigene Kraft, aus welcher die gesetzgebende Tätigkeit entspringt. Es gibt keine Übergänge.[2]) Das haben wir schon früher betont, als wir die Theorie von Jellinek auf Elsaß-Lothringen anwendeten. — Die Territorien besitzen ein eigenes legislatives Organ. So geht die Argumentation weiter. Was heißt eigenes Organ? Der Landtag steht mit den Territorien nur in der einen Beziehung, daß er aus ihrer Bevölkerung gebildet wird. Aber welche Gewalt übt er aus? Darauf kommt es an. Und die Antwort muß lauten: die Reichsgewalt. Der Landtag ist deshalb nicht ein Organ des Landes, sondern ein Organ des Reiches.[3])

Wir haben die österreichischen Länder in eine der zwei großen Kategorien beschlossen, in welche jede politische Formation gehören muß, die keinen Staat bedeutet. Sie sind Provinzen. Die Länder sind eingebaut in den Staat. Es bleibt jetzt

---

[1]) Staatsfragmente. p. 283: „Die Landesgesetze haben einen Doppelcharakter: sie sind zugleich Akte des Reiches und des Landes. Der gesetzgeberische Akt des Kaisers muß den Konsens der Landesvertretungen erhalten: dadurch nimmt das durch den Landtag repräsentierte Land teil an dem dem Kaiser zustehenden Rechte der Landesgesetzgebung. Die Landesgesetzgebung ist nun zweifellos in ihrem ganzen Prozesse eine staatliche Funktion, und alle an diesem Prozesse teilnehmenden Organe sind zweifellos Staatsorgane. Eines dieser Organe aber, der Landtag, ist nicht Organ des Reiches, sondern ausschließlich Organ des Landes. Die österreichischen Königreiche und Länder besitzen demnach, ohne Staaten zu sein, Staatsorgane und fallen kraft dieser Eigentümlichkeit unter die Kategorie der Staatsfragmente.“ Vgl. Staatslehre. 1905. p. 637.

[2]) Ulbrich. p. 65: „Der Ausdruck ‚Staatsfragment‘ ist überhaupt unzutreffend, denn er bedeutet dem Wortlaut nach Bruchstücke eines Staates und es ist damit wenig gewonnen; denn entweder sind die Länder Staaten oder nicht, und bei Negation des Staatscharakters ist die Aufstellung der besonderen Kategorie der Staatsfragmente bedeutungslos.“

[3]) Vgl. Staatswörterbuch. p. 426—427 l. c. Hauke. p. 36.

zu erforschen, wie sich dieses Gebäude von Staat und Provinzen zusammenfügt, wie seine Linien verlaufen, wie seine Steine zusammenhalten. Es erhebt sich die Frage nach dem architektonischen Prinzip der österreichischen Monarchie.

Rufen wir uns einige Sätze in das Gedächtnis zurück, die wir in unserem Kapitel über die ursprüngliche Gewalt aufgestellt haben: Es können nicht mehrere ursprüngliche und gleichgeordnete Herrscherwillen mit verschiedener sachlicher Kompetenz nebeneinander bestehen. Wohl aber können mehrere Herrscherwillen in der Art nebeneinander tätig sein, daß einem jeden ein bestimmter formeller Bestandteil der Gewaltübung zugehört, daß dem einen die Legislative, dem andern die Exekutive, dem dritten die Jurisdiktion zu eigen fällt. Warum ist die formelle Scheidung möglich und nicht die materielle? Unser Argument ist folgendes gewesen: Trennt man nach Materien, auf welche sich die Herrschaft erstrecken soll, so ist die Scheidung in der mannigfaltigsten Weise denkbar, immer mehr oder minder willkürlich und ungeeignet, bei vielen Übereinstimmung hervorzurufen. Eine stärkere Mehrheit bildet sich nicht. Ein Staat kann nicht bestehen. Die formelle Scheidung aber ist natürlich, durch das Wesen der Sache selbst gegeben. Es wird sich immer mit großer Überzeugungskraft der Gedanke Bahn brechen, daß es von großem Vorteil ist, die formelle Gewaltentrennung durchzuführen, die drei Tätigkeiten Gesetzgebung, Vollziehung und Rechtsprechung in verschiedene Hände zu geben.

Es können nicht mehrere ursprüngliche und gleichgeordnete Herrscherwillen mit verschiedener sachlicher Kompetenz nebeneinander bestehen. Enthält das österreichische Verfassungssystem nicht einen grellen Widerspruch mit diesem Satz? Das ist die Frage, die sich aufdrängt.

Es gibt in Österreich zwei Gruppen von legislativen Faktoren. Es gibt zwei Gesetzgebungen im gleichen Staat. Diese zwei Gesetzgebungen sind nach Materien geschieden. Und sie haben dieselbe Kraft. Wie nun, wenn beide Gesetzgebungen in Kollision miteinander geraten, wenn sie sich bekämpfen, wenn eine die andere zu verdrängen sucht? Der Zwiespalt wird nicht dadurch gelöst, daß die Rechtsprechung die Streitenden trennt und jeden in seine verfassungsmäßige Stellung zurückweist. Denn eine Verfassungsgerichtsbarkeit, wie in der Nordamerikanischen Union, gibt es in Österreich nicht.[1]) Und selbst eine Verfassungsgerichtsbarkeit würde den Zwiespalt nicht aufheben können. Die Schwierigkeit liegt tiefer. Der Dualismus erscheint nicht erst in der legislativen, sondern bereits in der konstitutionellen Sphäre. Die Landesverfassungen können durch Kaiser und Landtag in einem solchen Umfang erweitert werden, daß sie mit der Reichsverfassung in Konflikt geraten. Ein gleicher Angriff kann von der andern Seite stattfinden. So scheint dem Kampf ursprünglicher Gewalten Tür und Tor geöffnet zu sein. So scheint der Staatskörper einen organischen Fehler zu enthalten, der sein Leben bedroht. Und doch hält der österreichische Staat zusammen. Wie löst sich das Rätsel?

Das Nebeneinander der zwei Gesetzgebungen ist nur deshalb möglich, weil das gleiche Subjekt an beiden Gesetzgebungen beteiligt ist: der Kaiser. Mag es sich im Reich oder in einem Land um eine Revision der Verfassung oder um den Erlaß eines Gesetzes handeln, niemals kann der Akt ohne den Willen des Kaisers ergehen. So hat es der Kaiser in der Hand, jede Kollision zu verhüten. Er hält Reich und Land im Gleichgewicht. Er ist die ordnende Kraft, welche die beiden andern Kräfte meistert, die zentripetale und die zentrifugale. Seine Gewalt ist der gerade fortlaufende Strom; es trennen sich Arme nach der einen und nach der andern Seite, aber sie laufen immer wieder in den Strom zurück. Seine Gewalt ist die Faust, welche die beiden Renner zügelt und zwingt, einträchtig nebeneinander zugehen. Der Kaiser trennt und verbindet die feindlichen Elemente. Er ist der Schiedsrichter.[2])

Infolge dieser Konstellation verstößt das österreichische Ver-

---

[1]) Staatsgrundgesetz vom 21. Dezember 1867 über die richterliche Gewalt. Art. 7: „Die Prüfung der Gültigkeit gehörig kundgemachter Gesetze steht den Gerichten nicht zu."

[2]) Das Grundgesetz über die Reichsvertretung, welches dem Februarpatent beigefügt war und heute nicht mehr in Geltung ist, hat dem Kaiser das Schiedsrichteramt ausdrücklich zugesprochen. Art. 11: „Bei vorkommenden Zweifeln rücksichtlich der Kompetenz des engeren Reichsrates in gemeinsamen Gesetzgebungsangelegenheiten gegenüber der Kompetenz eines einzelnen im engeren Reichsrate vertretenen Landtages entscheidet auf Antrag des engeren Reichsrates der Kaiser." Vgl. Hernritt. p. 69, p. 206.

fassungssystem nicht gegen den Satz, den wir an die Spitze gestellt haben. Es gibt in der legislativen Sphäre nicht zwei Herrscherwillen. Deshalb nicht, weil widersprechende Entschlüsse nicht gebildet werden können. Jeder Akt ist ein Akt des Kaisers. Sein Wille muß sich einmal mit dem Willen des Reichsrats vereinen und ein anderes Mal mit dem Willen des Landtags. Aber sein Wille ist das bleibende Element. Zwar, es ist hier nicht korrekt, von einem einzigen, identischen Herrscherwillen zu sprechen. Denn es nehmen nicht nur identische Subjekte an seiner Entstehung teil. Aber es ist gar nicht notwendig, die Existenz eines einzigen Willens darzutun, um das geltende Verfassungssystem in Einklang zu bringen mit unserem fundamentalen Prinzip. Es ist einzig erheblich, daß sich nicht konträre Gewalten begegnen, daß sich nicht getrennte Herrscherwillen gegenüber stehen. Es kommt nicht darauf an, daß die gleichen Subjekte beschließen, sondern darauf, daß sie in Übereinstimmung miteinander beschließen. Entscheidend ist nicht die Identität, sondern die Konformität.

Wenden wir unsern Blick von der Gesetzgebung zu der Vollziehung, so erscheint uns ein ganz anderes Bild. Auch hier bestehen zwei Kreise, die nach Materien geschieden sind. Aber die Subjekte, die in dem einen und in dem anderen Kreise die Vollziehung üben, sind in ganz verschiedener Weise zusammengesetzt. Sie sind völlig heterogen. Es gibt nicht inmitten der zwei Gruppen von Gewaltenträgern ein gemeinsames Subjekt, das die Fäden in einer Hand zusammenknüpft, wie der Kaiser bei der Gesetzgebung. Es fehlt das einigende Band. Die zentrale Verwaltung wird durch den Kaiser, die Ministerien geführt, weiter durch die Statthaltereien oder die Landesregierungen und durch eine Reihe von andern Behörden, die von den Ministerien abhängig sind. Die partikuläre Verwaltung steht dem Landesausschuß und dem Landtag zu. Der Kaiser ernennt wohl den Präsidenten, der die zwei Versammlungen leitet, aber er gewinnt dadurch keinen bestimmenden Einfluß auf die Willensentschlüsse, die im Schoß dieser Versammlungen gebildet werden.[1]) Dort ein monarchisches, hier ein demokratisches

[1]) Der Präsident hat zwar das Recht und die Pflicht, Beschlüsse des Landesausschusses, die dem öffentlichen Wohl oder den bestehenden Ge-

System.[1]) Wir haben vor uns zwei Gewaltenträger, zwischen denen ein wirklicher Antagonismus besteht, zwei Gewaltenträger, welche nicht die Garantie des Ausgleiches in sich tragen wie die zwei gesetzgebenden Körper.[2])

Wir haben zwei ursprüngliche Herrscherwillen nebeneinander. Wir haben den Dualismus, welcher der ständischen Zeit eigentümlich ist.[3]) Ein Stück aus der ständischen Monarchie ist in die neue Verfassung hinübergerettet. Aber doch nur ein Stück. Denn zwischen beiden Staatssystemen besteht ein tiefer Unterschied: In dem ewigen Ringen zwischen König und Ständen behält immer die eine oder die andere Gewalt die Oberhand. Notwendiger Weise. Wäre das nicht, so würde der Staat untergehen. Hingegen im modernen österreichischen Staat sind die zwei vollziehenden Gewalten im Gleichgewicht. Sie haben die gleiche Kraft. Und warum können sie gleichwertig sein, ohne daß der Staat in Trümmer geht?

Fragen wir zuerst: Warum besteht überhaupt der eigentümliche Zustand, daß die zwei vollziehenden Gewalten in Gleichordnung nebeneinander gehn? Wir antworten: Weil sie auf zwei gleichwertigen Systemen von Verfassungen und Gesetzen beruhen. Und jetzt finden wir auch die Erklärung, warum die Gleich-

---

setzen zuwiderlaufen, in der Ausführung zu hemmen und dem Kaiser zu unterbreiten. Aber die Ausübung des Rechts steht in seinem freien Ermessen. Landesordnung des Erzherzogtums Österreich unter der Enns, erlassen mit dem Februarpatent, § 42.

[1]) Staatswörterbuch l. c. p. 420.

[2]) Hauke, l. c. p. 40: „Tatsächlich hat sich der Landesausschuß, zu welchem die Organe der kommunalen Selbstverwaltung im Verhältnis der Unterordnung stehen, zu einer zweiten Landesregierung gestaltet. — Der Dualismus in der Verwaltung ist mit richtig gemeinter, aber schlecht gefaßter bildlicher Ausdrucksweise als das ‚doppelte Geleise' angefochten worden. Das doppelte Geleise erleichtert die Lösung der Verkehrsaufgaben, dagegen wirkt der Dualismus in der Verwaltung erschwerend, weshalb er zwei Zügen gleicht, für welche, da nur ein Geleise zu Gebote steht, die Gefahr eines Zusammenstoßes näher liegt."

[3]) Jellinek, Staatslehre. 1905. p. 679: „In der ständischen Monarchie erscheint das Recht von Fürst und Ständen als gleichmäßig ursprünglich und selbständig, als eigenes, nicht etwa aus der Ordnung eines sie zusammenfassenden einheitlichen Staatsverbandes abgeleitetes Recht, wenn auch fortwährender Kampf wogt, das eine unter das andere zu beugen."

ordnung der vollziehenden Gewalten möglich ist, ohne die Kollision herbeizuführen, welche dem Staat verderblich sein müßte.

Die Kreise sind abgeteilt durch Verfassungen und Gesetze, welche ihrerseits die Gewähr der Konformität in sich tragen. Die Verwaltung ist tätig im Rahmen der Gesetze. Wenn also die Garantie besteht, daß die Gesetze nicht kollidieren, so muß sich diese Garantie auf das Gebiet der Verwaltung übertragen. Aber hier stoßen wir auf eine letzte Schwierigkeit. Sind auch die Kompetenzen der zwei Verwaltungskörper im Einklang miteinander abgestimmt, worin liegt die Sicherheit, daß die Gesetze beachtet, daß die festgestellten Grenzen eingehalten werden? Hier beginnt das Werk der dritten Gewalt im Staat, das Werk der Rechtsprechung. Wenn beide Verwaltungen kollidieren, wenn beide Verwaltungen in Streit geraten, weil sie den gleichen Gegenstand ergreifen wollen, so entscheidet das Reichsgericht.

Es ist ein ganz eigentümliches Schauspiel, das sich bietet. Die eine der drei formell geschiedenen Gewalten, die Exekutive, zerfällt in zwei gleichgeordnete und gleich ursprüngliche Gewalten. Es besteht hier ein Dualismus, der mit dem Wesen des Staates nicht vereinbart werden kann und den Staat vernichten muß, wenn nicht die Garantie geschaffen ist, daß die eine Gewalt im Einklang mit der andern ausgeübt wird. Die Garantie liegt nicht in den zwei dualistischen Gewalten, sie liegt außer ihnen. Sie liegt in den zwei andern Gewalten, welche die Exekutive umgeben. Der Dualismus ist nur deshalb möglich, weil er stattfindet in dem einen Bestandteil eines Systems, dessen andere Teile das Widerstrebende zusammenhalten.

Wir sind von dem Satz ausgegangen, daß nicht mehrere gleichgeordnete und ursprüngliche Herrscherwillen mit verschiedener sachlicher Kompetenz nebeneinander bestehen können. Nach den Erfahrungen, die wir gemacht haben, müssen wir diesen Satz präzisieren, wenn er auf die außergewöhnlichen Verhältnisse des österreichischen Staates passen soll. Mehrere Herrscherwillen, so müssen wir interpretieren, sind in unserem Sinn vorhanden und können nicht nebeneinander bestehen, wenn eine Divergenz der Art gegeben ist, daß weder in den Institutionen der dualistischen Gewalten noch in den übrigen Institutionen des Staates die Garantie begründet liegt, daß die Gewalten in Konformität miteinander ausgeübt werden. Wenn wir einen technischen Begriff für das Verhältnis gebrauchen wollen, so können wir von mehreren konträren Herrscherwillen reden und die Möglichkeit einer Koexistenz von konträren Herrscherwillen leugnen, wenn sie gleichgeordnet, ursprünglich und sachlich abgeteilt sind.

Sind die österreichischen Länder Körperschaften? Die Merkmale der gewaltübenden Korporationen sind vorhanden. Es wird eine Gewalt geübt dank einer Institution, die durch einen höhern Willen geschaffen ist. Die Träger der Gewalt und die Untertanen wechseln, jedoch der höhere Wille bleibt und mit ihm die Institution, die er trägt. Aber die österreichischen Länder passen weder in den Begriff der ursprünglichen, noch in den Begriff der abgeleiteten Körperschaft. Sie leiten die Gewalt nicht einzig aus sich selber her, aber auch nicht aus einer staatlichen Gewalt, die über ihnen steht. Abnorm wie das politische Gebilde, ist auch die Körperschaft, in der es plastisch erscheint. Die Gewalt dieser Körperschaft ist ursprünglich wie die Gewalt des Staates. Aber der Herrschaft zeugende Wille bildet sich nicht allein in dem Land, in welchem die Herrschaft besteht, er bildet sich auf einem weitern Gebiet, in welchem das Land einen Bestandteil bildet. Die Basis der Gewalt ist größer als das Objekt der Gewalt.

Wir fassen zusammen: Österreich ist Einheitsstaat. Es hat nur eine Herrschaft über sich. Sie hat ihren Ursprung in dem gesamten österreichischen Volk. Jede Verfassung ist Reichsverfassung;[1]) alle Gewalt ist Reichsgewalt. Alle Gesetze sind Reichsgesetze; die Landtage sind staatliche Partikularparlamente.[2]) Alle Verwaltungsakte entstammen dem Reich; Landtag und Landesausschuß sind staatliche Verwaltungskörper.[3]) Es gibt wohl zwei Kategorien von Verfassungen, von Gesetzen und Verwaltungsakten. Die eine Kategorie hat die gesamte Monarchie, die andere hat das Land zum Wirkungskreis. Die

---

[1]) Februarpatent, Art. VI.

[2]) Ulbrich. l. c. p. 65. Staatswörterbuch. p. 427. l. c. Hauke. l. c. p. 35.

[3]) Anders Ulbrich p. 65. Staatswörterbuch. p. 427.

Funktionen werden hier und dort nicht von den gleichen Subjekten geübt. Aber die Gewalt ist immer die gleiche, weil sie immer den gleichen Umfang hat. Sie ist immer Reichsgewalt.[1]) Man kann wohl von Reichsgesetzen, von einer Reichs- und einer Landesverwaltung sprechen. Aber man muß immer eingedenk bleiben, daß man mit diesen Begriffen nur den Wirkungskreis und die handelnden Subjekte, aber nicht den Ursprung der Gewalten kennzeichnet. So bestehen denn zwei ursprüngliche Träger der Legislative und zwei ursprüngliche Träger der Exekutive. Der Dualismus ist möglich, weil die Konformität der Ausübung durch zwei Institutionen gesichert ist, durch die Mitwirkung des Kaisers an der Verfassungsrevision und der Gesetzgebung sowohl auf dem zentralen wie auf dem partikulären Gebiet und durch die Jurisdiktion des Reichsgerichts bei positiven Kompetenzkonflikten der zwei Verwaltungskörper.

Die österreichischen Königreiche und Länder sind Provinzen, das heißt integrierende Bestandteile der Monarchie. Aber sie sind Provinzen von sehr eigentümlicher Art. Sie werden beherrscht durch die ursprüngliche, nicht durch eine abgeleitete Gewalt. Allerdings, sie haben eine besondere Herrschaft über sich, das heißt eine Herrschaft, welche nur ihr Gebiet ergreift. Aber diese Gewalt ist nicht von dem in sich schon fertigen Staat für dieses Gebiet errichtet, für dieses Gebiet erzeugt, sondern sie ist Bestandteil der Staatsgewalt selber, sie entsteht zugleich mit ihr, sie ist gleich ursprünglich wie sie. Die ursprüngliche Herrschaft wird auf zwei Gebieten in verschiedenen Formen tätig, auf einem engeren und auf einem weiteren Gebiet. Aber sie bleibt immer die eine Staatsgewalt.

Mit dem Begriff des Kommunalverbandes ist die Vorstellung einer abgeleiteten Gewalt verknüpft,[2]) und deshalb paßt dieser

---

[1]) So erklärt es sich auch, daß der Kaiser vor kurzem in Böhmen die Verfassung suspendieren und eine Landesverwaltungskommission einsetzen konnte. Ein solcher Eingriff wäre in einem deutschen Staate nicht möglich.

[2]) Jellinek, Staatslehre. 1905. p. 628: „Die Gemeinden haben gleich dem Staat ein Gebiet, Angehörige und eine selbständige Gewalt. Sie unterscheiden sich aber vom Staate dadurch, daß diese Gewalt niemals ursprüngliches, vom Staate nicht verliehenes Imperium besitzt. Alles Imperium, das der Gemeinde zusteht, ist abgeleitet, auch die ihr zu eigenem Recht ver-

Begriff nicht auf die österreichischen Länder. Es ist schwer einen Begriff zu finden, der die Eigentümlichkeiten kennzeichnet, die wir beobachtet haben.[1])

Wir wollen vorschlagen, die österreichischen Länder ursprüngliche Staatenteile zu nennen. Staatenteile deshalb, weil sie keine Staaten, aber auch keine abhängigen Länder sind, vielmehr mit dem Staat verwachsene Gebilde. Und ursprüngliche Staatenteile, weil sie nicht wie die Kommunalverbände einer abgeleiteten, sondern der ursprünglichen Gewalt untertan sind.

So gelangen wir zu der folgenden Definition: Die österreichischen Königreiche und Länder sind ursprüngliche Staatenteile. Sie sind politische Gebilde, welche integrierende Bestandteile eines Gemeinwesens sind; und zugleich politische Gebilde, auf welche sich die ursprüngliche Herrschaft nicht nur in ihrer allgemeinen im ganzen Staate gültigen Gestalt, sondern auch in einer besonderen, nur ihnen angepaßten Form erstreckt.

---

liehenen Herrschaftsrechte. Eigenes Herrschaftsrecht der Gemeinde ist niemals originäres Recht." Laband, Staatsrecht. 1911. Band I. p. 70—71.

[1]) Hernritt, l. c. p. 69—70, nennt Österreich einen föderalistisch dezentralisierten Einheitsstaat und die Länder Selbstverwaltungskörper. Man hat auch von einem Länderstaat gesprochen. Hauke, l. c. p. 35.

Drittes Kapitel.

Kroatien-Slawonien.

Kroatien-Slawonien[1]) wurde nach langen Kämpfen am Anfang des 12. Jahrhunderts mit Ungarn vereinigt. Der ungarische König Koloman wurde 1103 zum König von Kroatien gekrönt.

Die Beziehungen von Kroatien-Slawonien zu Ungarn sind von je umstritten gewesen. Ein Beispiel. Der ungarische Landtag von 1687 bestimmte die Thronfolge für den Fall, daß König Leopold I. keine männlichen Erben hinterlassen sollte. Obwohl diese Bestimmung auch auf die mit Ungarn verbundenen Teile — partes adnexae —, mithin auch auf Kroatien-Slawonien er-

---

[1]) Über die Verfassungsgeschichte und das heutige Recht des Landes: Ákos v. Timon, Ungarische Verfassungs- und Rechtsgeschichte, 1904. p. 244f. 749f. 761f.; Marczali, Ungarisches Verfassungsrecht. Das öffentliche Recht der Gegenwart, Band XV, 1911; Hernritt, Handbuch des österreichischen Verfassungsrechts, 1909; Jellinek, Über Staatsfragmente, 1896. Allgemeine Staatslehre, 1905. p. 641, 643; Rehm, Allgemeine Staatslehre, 1899. p. 169f.; vgl. diese Werke über die weitere Literatur. — Bernatzik, Die österreichischen Verfassungsgesetze, 1906; Dareste, Les constitutions modernes. Band II, 1891; Posener, Die Staatsverfassungen des Erdballs, 1909; Steinbach, Sammlung ungarischer Verfassungsgesetze, 1906. — Österreichisches Staatswörterbuch, Band III, 1906, Artikel über Kroatien, p. 283; N. v. Eötteveny, Über das staatsrechtliche Verhältnis Kroatiens zu Ungarn. Jahrbuch des öffentlichen Rechts; Kroatien und dessen Beziehungen zu Bosnien. Anonyme Streitschrift eines kroatischen Abgeordneten. Wien 1909 bei Carl Konegen; R. Conrad, Entre Drave et Save. Études économiques, politiques et sociales sur la Croatie. 1911; W. v. Dorotha Ehrenwall, Österreichische Rundschau, 1. November 1911; R. Henry, La dictature en Croatie; L'autriche-Hongrie vue d'Agram. Questions diplomatiques et coloniales, 1 juin 1912; C. Loiseau, Hongrie et Croatie. Revue de Paris, 15 juillet 1912; Die Beschwerden Kroatiens. Economist, 5. Oktober 1912.

streckt wurde, setzten die Stände dieses Landes im Jahre 1712 eine andere Sukzessionsordnung fest. Sie behaupteten damit das Recht der eigenen Königswahl, welches Ungarn ihnen bestritt. Zehn Jahre später auf dem Landtag von 1722—1723 wurde der Streit gelöst, indem die vereinigten ungarischen und kroatisch-slawonischen Stände die Pragmatische Sanktion Karls VI. annahmen.

Das absolute Regime Josefs II. unterbricht die Kontinuität des politischen Lebens in den österreichischen, nicht aber in den ungarischen Ländern.[1]) Zwar beugt Josef II. auch sie unter die unumschränkte Fürstengewalt. Aber nur für einige Zeit. Er vermag die widerstrebende Macht der Stände zurückzudrängen, aber nicht zu überwinden. Sie erobern die verlorene Stellung wieder. Sie zwingen Leopold II., ihre Rechte von neuem anzuerkennen.[2])

Das Verfassungsleben der ungarischen Länder wird auch durch die Stürme, welche die französische Revolution und die Kriege mit dem ersten Napoleon über das Reich der Habsburger bringen, erschüttert, aber nicht zerstört.

Es folgen die umwälzenden Ereignisse der Jahre 1848—1849. Der ungarische Reichstag beschließt in Preßburg die 31 Gesetzartikel. Sie werden vom Kaiser am 11. April 1848 sanktioniert.

---

[1]) Unter den ungarischen Ländern verstehen wir, im Gegensatz zu dem engeren Ungarn, alle transleithanischen Gebiete.

[2]) Gesetzartikel X vom Jahre 1790—1791: „Auf den untertänigsten Vorschlag der Stände des Königreiches hat Se. geheiligte Majestät gütigst anzuerkennen geruht, daß, obschon nach der durch G.-A. I u. II v. J. 1723 auch in Ungarn festgesetzten Erbfolge des weiblichen Geschlechts des erlauchten österreichischen Hauses diese immer demselben Fürsten, welcher die übrigen Erbländer und Reiche in und außer Deutschland nach der festgesetzten Erbfolgeordnung ungeteilt und ungetrennt besitzt, zukomme: dennoch Ungarn samt den mit demselben verbundenen Teilen ein freies Land und hinsichtlich seiner ganzen gesetzlichen Verwaltung unabhängig, d. h. keinem anderen Reiche oder Volk unterworfen ist, sondern seinen eigenen staatlichen Bestand und seine eigene Verfassung besitzt, folglich durch seinen regelmäßig gekrönten König also durch S. geheiligte Majestät und dessen Erben nach seinen eigenen Gesetzen und Gewohnheiten, nicht aber nach der Art der übrigen Provinzen, wie dieses der Art. III des Reichstages v. J. 1715 und der Art. XI des Reichstages v. J. 1741 bestimmten, zu beherrschen und zu verwalten sei.“

An die Stelle der alten Stände tritt eine aus territorialen Wahlkreisen hervorgehende einheitliche Nationalrepräsentation.[1]) Die bisherigen Regierungskollegien und Hofkanzleien, die nur dem König verantwortlich sind, werden durch ein dem Parlament verantwortliches Ministerium ersetzt.[2]) Kroatien und Slawonien werden Ungarn einverleibt.

Das Land versucht sich zu befreien. Der Banus Jellasiks proklamiert die Lösung Kroatiens von Ungarn. Er bricht, nach dem Sieg Radetzkys in Italien, mit bewaffneter Macht in Ungarn ein. Er wird zurückgeschlagen, obwohl er bei der österreichischen Regierung starken Anhang findet. Die Ereignisse gehen weiter. Der ungarische Reichstag wird aufgelöst. Jellasiks wird zum bevollmächtigten königlichen Kommissär ernannt. Es beginnt die offene Revolution. Franz Josef I. erläßt durch Patent vom 4. März 1849 die uns schon bekannte Verfassung, die alle österreichischen und ungarischen Länder zu einem einheitlichen konstitutionellen Staatsverband zusammenfügen soll. Kroatien-Slawonien, so bestimmt sie, wird von Ungarn getrennt und erhält wie die anderen Teile des Reiches ein Maß innerer Selbständigkeit.[3]) Wir haben in unserem Kapitel über die österreichischen Königreiche und Länder gezeigt, worin diese Selbständigkeit besteht und warum sie den Teilen keinen staatlichen Charakter gibt. Allein Ungarn erklärt am 14. April 1849 seine Unabhängigkeit. Österreich wirft darauf mit russischer Hilfe den Aufstand nieder und begründet durch das Patent vom 31. Dezember 1851 die absolute Monarchie. Sie besteht bis zum Oktoberdiplom von 1860.

Hat der in Österreich dauerhaft begründete Absolutismus Josefs II. die staatliche Individualität der Länder zerstört, so bringt in den ungarischen Gebieten der Absolutismus Franz

---

[1]) Gesetzartikel V vom 11. April 1848.

[2]) Gesetzartikel III vom 11. April 1848.

[3]) § 73. „In den Königreichen Kroatien und Slawonien werden deren eigentümliche Institutionen, innerhalb des durch diese Reichsverfassung festgestellten Verbandes dieser Länder mit dem Reiche, in völliger Unabhängigkeit derselben von dem Königreiche Ungarn aufrecht erhalten.“ Die Landesverfassung soll durch die partikuläre Gesetzgebung erlassen werden. Patent vom 7. April 1850.

Josefs I. die gleiche nivellierende Wirkung hervor. Eine absolute Monarchie kann ihrem Wesen nach keine Staaten in sich begreifen; ein absolutes Königreich als eine Personalunion absoluter Staaten zu konstruieren ist ein willkürliches Verfahren. Das sind Sätze, die wir schon früher aufgestellt haben, als es sich um die österreichischen Länder handelte.

So gelangen wir zu der wichtigen Konsequenz: Wenn Kroatien-Slawonien ein Staat ist, so kann es nur in der Zeit nach der absoluten Periode, in der Zeit der neuen Konstituierung des Reiches zu einem Staat geworden sein.

Das Diplom vom 20. Oktober 1860 konstituiert eine zentrale Gesetzgebung des Reiches und eine partikuläre Gesetzgebung der Länder. Die zentrale Gesetzgebung wird von dem Kaiser und dem Reichsrat, die partikuläre von dem Kaiser und den Landtagen geübt.[1])

Jetzt muß eine Verfassung erlassen werden, um die dem Land Kroatien-Slawonien durch das Diplom überlassene selbständige Legislative in feste Formen zu bannen. In der Tat, der Kaiser fordert den Banus auf, eine Versammlung von Notabeln zu berufen und mit ihr über eine neue Verfassung zu beraten. Ein Projekt für eine Landesvertretung soll ausgearbeitet werden. Die Landesvertretung soll den Kaiser über die Wünsche des Volkes unterrichten, bevor das Verhältnis des Landes zu Ungarn geregelt wird.[2]) Der Kaiser oktroyiert am 21. Februar 1861 eine Wahlordnung und ruft den Landtag am 15. April in Agram zusammen.

[1]) Art. II. „Es sollen alle Gegenstände der Gesetzgebung, welche sich auf Rechte, Pflichten und Interessen beziehen, die allen unseren Königreichen und Ländern gemeinschaftlich sind, — in Zukunft in und mit dem Reichsrat verhandelt und unter seiner Mitwirkung verfassungsmäßig erledigt werden."

Art. III: „Alle anderen Gegenstände der Gesetzgebung, welche in den vorhergehenden Punkten nicht enthalten sind, werden in und mit den betreffenden Landtagen und zwar in den zur ungarischen Krone gehörigen Königreichen und Ländern im Sinne ihrer früheren Verfassungen, in unseren übrigen Königreichen und Ländern aber im Sinne und in Gemäßheit ihrer Landesordnungen verfassungsmäßig erledigt werden."

[2]) A. H. Handschreiben vom 20. Oktober 1860 an den Banus von Kroatien und Slawonien. „Da eine Vertretung meiner Königreiche Kroatien und Slawonien einzutreten hat, haben Sie, mit Rücksichtnahme auf die bestandenen verfassungsmäßigen Einrichtungen und auf die, in früherer Zeit

Es folgt das Februarpatent von 1861, welches, wie uns schon bekannt, die Pragmatische Sanktion, das Oktoberdiplom und zugleich die wieder ins Leben gerufenen und die neu geschaffenen Verfassungen[1]) zu Bestandteilen der Reichsverfassung erklärt. Gleichzeitig mit dem Februarpatent ergeht das Grundgesetz über die Reichsvertretung, welches den allgemeinen Reichsrat für die Länder diesseits und jenseits der Leitha konstituiert.

Bis jetzt treten uns keine Ereignisse entgegen, die als staatsgründende Taten des Volkes von Kroatien-Slawonien aufgefaßt werden können. Die sämtlichen Verfassungsakte, die das Februarpatent als Inbegriff der Reichsverfassung erklärt, mögen sie Ordnungen für das Reich oder für die Länder enthalten, verkörpern die eine zentrale Gewalt. Sie entspringen der Kraft des gesamten österreichischen und ungarischen Volkes, nicht der Kraft der einzelnen Landesvölker. Der Kaiser gibt sie, gestützt auf seine universale, nicht auf eine territoriale Machtstellung. Das ist eine politische, das ist eine historische Tatsache, die wir schon früher entwickelt haben. Die eigene Macht der Länder ist durch die Periode des Absolutismus zerstört. Nichts deutet darauf hin, daß sie durch das Oktoberdiplom und das Februarpatent neu ersteht, daß die versiegte Quelle

---

politisch nicht berechtigten Klassen Meiner kroatisch-slawonischen Untertanen Mir den Vorschlag der Zusammensetzung der kroatisch-slavonischen Vertretung einzureichen, die mit möglichster Beschleunigung auf Grundlage der, von Mir zu erlassenden Bestimmungen zusammentreten und namentlich über die Frage der Verhältnisse dieser Länder zum Königreich Ungarn, welche Ich der Beratung und Verständigung der kroatisch-slawonischen Vertretung und des ungarischen Landtages, vorbehaltlich Meiner Entscheidung und Sanktion zuweise, die Wünsche und Ansichten dieser Königreiche auszusprechen haben wird. — In betreff der Form und Zusammensetzung dieser Vertretung ist eine Beratung mit Männern einzuleiten, welche durch amtliche oder bürgerliche Stellung, Talent, geleistete öffentliche Dienste oder öffentliches Vertrauen hervorragen.“

[1]) „In bezug auf Unsere Königreiche Ungarn, Kroatien und Slawonien, sowie auf Unser Großfürstentum Siebenbürgen, haben wir in Absicht auf die Wiederherstellung der früheren Landesverfassungen im Einklange mit Unserem erwähnten Diplome und innerhalb der in demselben festgesetzten Grenzen, mittelst Unserer Handschreiben vom 20. Oktober 1860 bereits die geeigneten Verfügungen getroffen.“

politischen Lebens wieder zu fließen beginnt. Die gestaltende Kraft liegt einzig im Zentrum der Monarchie. Das tritt auch äußerlich in die Erscheinung. Wenn die Verfassungen der einzelnen Länder festgestellt oder wieder aufgerichtet werden, so geschieht es überall in der gleichen Form. Nirgends erfährt der Bildungsprozeß eine Individualisierung durch die Mitwirkung territorialer Instanzen: alle Verfassungen dieser Jahre sind oktroyiert. Und weiter: Die Landesordnungen der österreichischen Territorien stimmen in den großen Linien überein; diese Konformität wäre nicht möglich, wenn jedes einzelne Volk sich seine Landesordnung selbst verliehe.

Ist auch die konstitutionelle Verfassung eingerichtet, so bilden doch die österreichischen und die ungarischen Länder wie in der Zeit des Absolutismus nur einen einzigen Staat. Wenn also in dieser Periode die Frage entsteht, welches Verhältnis zwischen Kroatien-Slawonien und Ungarn geschaffen werden soll, so handelt es sich doch immer nur um das Verhältnis von zwei Provinzen zueinander; gesetzt auch den Fall, daß Kroatien-Slawonien gegenüber Ungarn weitgehende Selbständigkeit erringt, so kann es dadurch niemals zu einem Staate werden, denn Ungarn selber ist kein Staat.

Der am 15. April 1861 einberufene Landtag von Kroatien-Slawonien stellt Grundsätze auf, nach welchen das Verhältnis zu Ungarn geregelt werden soll. Er begehrt die Unabhängigkeit und die volle Gleichstellung mit dem Nachbarland. Auf dieser Basis will er in festen Grenzen eine gemeinsame Gesetzgebung und Verwaltung zugestehen. Diese Grundsätze werden durch kaiserliches Reskript vom 12. November 1861 sanktioniert. Aber der Landtag will das Oktoberdiplom und das Februarpatent nicht anerkennen und den gemeinsamen Reichsrat nicht beschicken und wird deshalb 1861 aufgelöst.

Wie der kroatische, so protestiert auch der ungarische Landtag gegen das Oktoberdiplom und das Februarpatent, gegen die legislatorische Kompetenz des allgemeinen Reichsrates. Da sich die Dinge in Deutschland immer mehr verwickeln, da der Konflikt mit Preußen immer drohender wird, sieht sich der Kaiser zum Nachgeben gezwungen. Er beschließt durch Patent vom 20. September 1865 das Oktoberdiplom und das Februarpatent den Landtagen von Ungarn und Kroatien-Slawonien zur Annahme vorzulegen und das Grundgesetz über die Reichsvertretung zu sistieren, da es nicht in einem Teil des Reichs allein gelten könne. Wenn die Landtage von Ungarn und Kroatien-Slawonien Änderungen jener Akte fordern, so sollen ihre Vorschläge den legalen Vertretern der anderen Königreiche und Länder vorgelegt werden.[1])

Die beiden Landtage werden berufen. Der kroatische tritt am 12. November, der ungarische am 11. Dezember 1865 zusammen. Beide Landtage wählen Deputationen, welche gemeinsame Beratung pflegen sollen. Die Einigung scheitert.

Wir stehen in einem kritischen Moment. Wird das Reich der Habsburger in seinem einheitlichen Bestande aufrecht bleiben? Wir sind angelangt an einem Wendepunkt der Geschichte, wo die Grundlage der Herrschaft zu wanken beginnt, wo die politischen Kräfte des Volkes sich regen, wo die staatlichen Urmächte aus ihrem Schlummer aufsteigen, wo Strömungen verschiedener Intensität aufeinander stoßen, ihre Kräfte mit einander zu messen. Wir stehen mitten in dem Prozeß, in welchem sich die Staaten umbilden, in welchem Verfassungen fallen und neu entstehen. Wird es gelingen, das Reich zusammen zu halten? Wird die gemeinsame Herrschaft in dem Willen des gesamten Volkes auch künftig eine Grundlage fin-

---

[1]) „In Erwägung der unabweislichen Notwendigkeit zur Gewinnung dauernder Grundlagen für eine verfassungsmäßige Rechtsgestaltung des Reiches den Weg der Verständigung mit den legalen Vertretern der Länder der ungarischen Krone zu betreten, und zu diesem Ende den betreffenden Landtagen das Diplom vom 20. Oktober 1860 und das mit dem Patente vom 26. Februar 1861 kundgemachte Gesetz über die Reichsvertretung zur Annahme vorzulegen:

in weiterer Erwägung, daß eine gleichzeitige Behandlung dieser Urkunden als allgemein bindendes Reichsgesetz hierdurch ausgeschlossen wird, verordnen Wir nach Anhörung Unseres Ministerrates, wie folgt:

Erstens: Die Wirksamkeit des Grundgesetzes über die Reichsvertretung wird mit dem Vorbehalte sistiert, die Verhandlungsresultate des ungarischen und des kroatischen Landtages, falls sie eine mit dem einheitlichen Bestande und der Machtstellung des Reiches vereinbare Modifikation der erwähnten Gesetze in sich schließen würden, vor Unserer Entschließung den legalen Vertretern der anderen Königreiche und Länder vorzulegen, um ihren gleichgewichtigen Anspruch zu vernehmen und zu würdigen."

den, stark genug, um weiter zu bestehen? Oder muß sie sich in zwei Herrschaften trennen, wenn sie nicht untergehen will? Ein solcher Streit wird nicht entschieden durch das Recht. Er wird entschieden durch die Kräfte, die das Recht erzeugen.

Der Ausgleich von 1867 bringt die Lösung. Das Reich wird in zwei Staaten aufgeteilt, die österreichische und die ungarische Monarchie. Der alte Staat geht unter; zwei neue werden gegründet. Die zentrale Gewalt wird gebrochen; an ihrem Platz erstehen in den Ländern diesseits und in den Ländern jenseits der Leitha zwei neue ursprüngliche Gewalten.[1])

Ein Reskript vom 17. Februar 1867 restituiert die ungarische Verfassung. Die Verhandlungen zwischen Österreich und Ungarn nahen sich einer befriedigenden Lösung. Der kroatische Landtag wird auf den 1. Mai 1867 einberufen und aufgefordert, an dem bevorstehenden Krönungsakt im ungarischen Landtag und an der Ausarbeitung des Krönungsdiploms mitzuwirken. Er weigert sich aber, dem ungarischen Landtag beizutreten, solange der Verhältnis von Kroatien-Slawonien zu Ungarn nicht geregelt sei und wird deshalb durch Reskript vom 25. Mai 1867 aufgelöst. Franz Josef wird ohne Teilnahme von Kroatien-Slawonien zum König aller ungarischen Länder gekrönt.[2]) Der Gesetzartikel XII, welcher über die Österreich und Ungarn gemeinsamen Angelegenheiten bestimmt und den Charakter eines ungarischen Verfassungsgesetzes hat,[3]) wird ohne Mitwirkung des kroatischen

---

[1]) Es wird zuweilen behauptet, daß der Gesamtstaat durch die Ereignisse von 1867 nicht zerstört worden sei und daß Österreich mit Ungarn auch heute noch einen Staat bilde. Wir werden Gelegenheit haben, diese These zu bekämpfen, wenn wir von Bosnien-Herzegowina handeln und die Frage aufwerfen, von wem das Land abhängig ist, von zwei verbündeten Staaten oder von einem einheitlichen Staat.

[2]) I. Gesetzartikel von 1867. Der Allerdurchlauchtigste Herr Franz Josef I. wird zum König von Ungarn und dessen Nebenländern inauguriert und gekrönt. Sanktioniert am 28. Juli 1867. Kundgemacht im Abgeordnetenhause am 5. Oktober 1867, im Oberhause am 12. Oktober 1867.

[3]) Der Gesetzartikel bestätigt die Thronfolgeordnung der Pragmatischen Sanktion. Er regelt die auswärtigen Angelegenheiten, das Kriegswesen von Ungarn und die Finanzverwaltung, welche diese beiden Gegenstände betrifft. Er richtet ein gemeinsames Ministerium und eine Delegation des ungarischen Parlamentes ein, die mit einer Delegation des öster-

Landtages zustande gebracht.[1] [2]) Die Modalität und Proportion, nach welcher Kroatien-Slawonien an der Delegation für die gemeinsamen Angelegenheiten teilnehmen soll, wird einer späteren Regelung vorbehalten.[3])

Bis zum Jahre 1867 bilden alle Länder der Habsburger einen einheitlichen Staat. Kroatien-Slawonien ist ein integrierender Bestandteil dieses Staats, gerade wie die cisleithanischen Königreiche und Länder, gerade wie Ungarn. Im Jahre 1867 wird ein ungarischer Staat gebildet. Es wird eine ursprüngliche Herrschergewalt aufgerichtet. Diese Staatsgründung kleidet sich in königliche Akte und in Gesetze ein. Aber sie ist wie jede Staatsgründung die politische Tat eines Volkes. Die ungarische Nation erhebt sich zum Widerstand gegen die zentrale Monarchie. Es gelingt ihr, die Gesamtherrschaft zu brechen und eine Sonderherrschaft zu bauen. Sie schafft einen neuen Staat durch eigene Kraft.

Vollbringt Kroatien-Slawonien eine Tat, die derjenigen von Ungarn parallel geht und zu einem gleichen Ziele führt? Erhebt Kroatien-Slawonien für sich allein, durch eigene Tat einen erfolgreichen Kampf gegen die zentrale Gewalt? Reißt sich Kroatien-Slawonien in selbständigem Ringen los von der Gesamtmonarchie? Begründet es ein eigenes Königtum, gibt es sich eine Verfassung, die aus dem Willen seines Volkes ihre Autorität gewinnt?

Mit nichten.

---

reichischen Parlaments die gemeinsamen Angelegenheiten behandeln soll. Der Gesetzartikel gibt also Ungarn konstitutionelle Einrichtungen. Sie sind zum Teil mit den Einrichtungen Österreichs identisch und stehen zum Teil in Einklang mit ihnen; sie sind bestimmt, mit ihnen zusammen tätig zu sein.

[1]) XII. Gesetzartikel von 1867. Über die zwischen den Ländern der ungarischen Krone und den übrigen unter der Regierung Seiner Majestät stehenden Ländern obschwebenden gemeinsamen Angelegenheiten und über den Modus ihrer Behandlung. Sanktioniert am 12. Juni 1867. Kundgemacht in beiden Häusern des Reichstages am 12. Juni 1867. Wenn hier der kroatische Landtag übergangen und auch der österreichische Reichsrat nicht an der Verhandlung beteiligt wird, so steht das im Widerspruch mit dem erwähnten Patent vom 20. September 1865.

[2]) Ebenso eine Reihe von anderen Gesetzartikeln mit konstitutionellem Charakter. Bernatzik, l. c. p. 279f.

[3]) XII. Gesetzartikel von 1867, § 69.

Kroatien-Slawonien wird durch die Tat des ungarischen Volkes mitgerissen. Sein Schicksal wird durch das Schicksal von Ungarn mit entschieden. Indem Ungarn sich frei macht von der zentralen Monarchie, wird dadurch gleichzeitig das Band gelöst, welches Kroatien-Slawonien mit der zentralen Monarchie verknüpft. Das ist eine historische Tatsache. Ungarn ringt um das eigene staatliche Leben, um die Selbständigkeit aller transleithanischen Länder. Es siegt. Es errichtet eine neue Gewalt, und sie umfaßt auch Kroatien-Slawonien. Es bildet eine neue Verfassung, und sie gilt auch hier. Das ist eine Kraftwirkung, die man nicht weiter ableiten, sondern nur konstatieren kann. Die Zerstörung der alten und die Einrichtung der neuen Gewalt sind Phänomene, welche sich nicht im Leben Ungarns allein, sondern im gemeinsamen Leben Ungarns und seiner Nebenländer ereignen. Sie sind das Schicksal aller transleithanischen Länder. Einheit der politischen Tat und deshalb auch Einheit der neuen Herrschaft, die gegründet wird durch diese Tat.

Es besteht in Ungarn und seinen Nebenländern eine ursprüngliche Macht. Dies Phänomen gewinnt auch eine äußere Gestalt: Franz Josef wird als König Ungarns und seiner Nebenländer gekrönt.[1]) Und der Gesetzartikel des Jahres 1867, welcher die Beziehung zu Österreich regelt und damit zugleich wichtige Verfassungseinrichtungen für Ungarn schafft, wird von dem ungarischen Landtag nicht für Ungarn allein, sondern auch für die Nebenländer beschlossen.

Kroatien-Slawonien wird im Jahre 1867 nicht zu einem Staat. Es wird auch nicht zu einem abhängigen Land. Eine ursprüngliche Gewalt, eine Verfassung schmiedet es mit Ungarn zusammen. War es früher Provinz, integrierender Bestandteil der gesamten Monarchie, so ist es jetzt Provinz, integrierender Bestandteil des ungarischen Königreichs.

Ist Kroatien-Slawonien in den ungarischen Staat hineingewachsen, so ist es doch kein vollwertiges Glied in seinem Organismus. Der kroatische Landtag hat nicht an der Krönung, nicht an dem Ausgleich mit den österreichischen Ländern mitgewirkt. Das Parlament, dessen Gewalt sich über die ganze

---

[1]) Gesetzartikel II.

ungarische Monarchie erstreckt, enthält keine Repräsentation des kroatisch-slawonischen Volkes. Die Natur der Dinge drängt zu einer Ausgleichung dieser Anomalie.

Am 9. Januar 1868 wird der neu gewählte kroatische Landtag eröffnet. Er bestellt eine Regnikolardeputation, welche mit einem Ausschuß des ungarischen Landtages über das Verhältnis der beiden Länder berät. Ein Ausgleich wird zustande gebracht. Er wird von beiden Landtagen angenommen und als kroatisches Gesetz am 8. September, als ungarisches Gesetz am 17. November 1868 sanktioniert.

Die legislative und die exekutive Gewalt werden in zwei Kreise aufgeteilt, einen zentralen, der alle ungarischen Länder umfaßt, und einen partikulären, der nur Kroatien-Slawonien in sich begreift. Die richterliche Gewalt wird Kroatien-Slawonien als eine selbständige Funktion übertragen. Das sind die Grundlinien, die den Ausgleich durchziehen.

Welcher staatstheoretische Charakter kommt dem Ausgleich zu? Man hat ihn zuweilen als einen Vertrag gedeutet,[1]) und diese Meinung ist noch heute in Kroatien verbreitet. Man stützt sich darauf, daß die beiden Landtage durch ihre Regnikolardeputationen mit einander verhandelt und sich über einen Text geeinigt haben. Man stützt sich darauf, daß der Ausgleich sowohl in Ungarn wie auch in Kroatien-Slawonien als Landesgesetz mit Zustimmung des territorialen Landtages verkündet worden ist.

Bedeutet der Ausgleich einen Vertrag, so ist die notwendige Voraussetzung die, daß sich im Moment der Stipulation zwei gleichgeordnete Subjekte gegenüber stehen, daß zwei Staaten vorhanden sind, ein Staat von Ungarn und ein Staat von Kroatien-Slawonien. Aber diese Voraussetzung widerspricht den historischen Tatsachen. In dem Augenblick, in dem man den Ausgleich unternimmt, gibt es nur e i n e n Staat, der alle ungarischen Länder umfaßt. Das haben wir zu zeigen versucht. Und die Ereignisse, die darin bestehen, daß zwei Deputationen miteinander beraten, daß zwei Landtage einen gleichlautenden Verfassungstext beschließen, können an sich nimmermehr die Auflösung einer gegebenen Herrschaft und die Gründung von zwei

---

[1]) So auch Hernritt, l. c., p. 67.

neuen Staaten bedeuten. Wo ist die politische Tat, wo ist die elementare Volksbewegung, ohne welche keine ursprüngliche Gewalt entsteht oder in ihrem Wesen verändert wird? Wo ist der geschichtliche Vorgang, durch welchen sich die Situation der Macht verschiebt? So fragen wir. Wo ist der kriegerische oder politische Kampf, in welchem der Wille einer Völkergruppe über den Willen einer anderen siegt? Es fehlt uns jede tatsächliche Unterlage, um zu behaupten, daß die ursprüngliche Gesamtherrschaft über die ungarischen Länder durch den Ausgleich zerstört worden sei.

Wir müssen deshalb versuchen, den Ausgleich von der Basis aus zu erklären, daß die ursprüngliche Gewalt dieselbe bleibt. Und hier müssen wir uns an die politischen Machterscheinungen halten, welche ihn begleiten. Sie geben ihm seinen Geist. Er erklärt sie nicht; sie erklären ihn. Schließt man aus den Formeln des Ausgleichs auf einen Vertrag und auf das Dasein zweier Staaten, begeht man den oft gerügten Fehler, der in der Staatstheorie häufig wiederkehrt. Es ist der Fehler, das Dasein des Staates aus den rechtlichen Phänomenen herzuleiten, statt aus den historischen Ereignissen, aus den Phänomenen der Naturmacht, welche Recht und Staat erzeugen und wohl im Recht symptomatische Kennzeichen ausprägen, aber nicht ihre Wesenheit verkörpern.

Warum hat man den neuen Verfassungszustand in der Form begründet, daß man ein Übereinkommen der beiden Landtage herbeigeführt hat? Man ist von der Absicht erfüllt gewesen, das Volk von Kroatien-Slawonien zu gewinnen. Man hat deshalb eine Verfassung nur im Einvernehmen mit ihm zustande bringen wollen.[1]) Man ist bestrebt gewesen, den neuen Verfassungszu-

[1]) Marczali, p. 155: „In Ungarn war man zu den größten Opfern bereit, um die Staatseinheit zu retten und ein festes Verhältnis zu dem ‚Brudervolke‘ herzustellen. Paul Somssich, ein Anhänger Deaks, bot 1861 den Kroaten ein ‚weißes Blatt‘ an, um ihre Wünsche zu formulieren.“ — Im kroatischen Lager behauptet man, der Ausgleich sei durch unlautere Mittel zustandegekommen, eine gefügige Majorität sei durch Korruption und brutale Macht geschaffen worden. Vgl. die zitierte anonyme Schrift eines kroatischen Abgeordneten. Die Beschwerde geht auch dahin, daß Kroatien durch ungarische Schlauheit über das wahre Wesen des Ausgleiches getäuscht worden sei. Bericht über eine kroatische Streitschrift. v. Dorotha-Ehrenwall, Kroatiens Todeskampf. Österreichische Rundschau, November 1911.

stand auf einen Boden zu stellen, auf dem er feste Wurzeln schlagen konnte. Die politische Macht wäre vorhanden gewesen, um auch gegen das kroatisch-slawonische Volk zu regieren. Aber je größer die Zuneigung der Nationen, um so fester die Herrschaft. Das Übereinkommen der Landtage hat die Macht nicht begründet und die Macht nicht umgewandelt. Aber es hat die Macht befestigt. Das Übereinkommen ist ein Werk politischer Klugheit gewesen.[1])

Es besteht auch nach dem Ausgleich nur eine ursprüngliche Herrschaft in der östlichen Reichshälfte. Es gibt nur ein einziges Volk, das aus eigener Kraft eine Gewalt über sich bildet. Es ist das gesamte Volk der ungarischen Länder. Aber diese eine ursprüngliche Herrschaft wird seit dem Ausgleich nicht überall in den gleichen Formen tätig. Es gibt eine zentrale und eine partikuläre Legislative. Es gibt eine zentrale und eine partikuläre Exekutive. Es gibt nur eine partikuläre Jurisdiktion. Es fließen mehrere Ströme nebeneinander, aber sie fließen aus der gleichen Quelle. Bestehen auch in den zwei Ländern besondere Organisationen, so gehen doch alle Organisationen hervor aus der einen zentralen Kraft. Sie ist es, welche das Reich zusammenhält, welche das Reich konstituiert, sie ist es, welche das Reich in Teile zerlegt und die Teile mit Institutionen begabt. Wir haben das gleiche Schauspiel wie in den österreichischen Königreichen und Ländern. Wir haben politische Gebilde, welche integrierende Bestandteile des gleichen Gemeinwesens sind, und

---

[1]) Marczali, l. c. p. 158: „Es hat sich in Kroatien die Theorie entwickelt, als ob dieses Übereinkommen zwischen zwei gleichberechtigten Faktoren geschlossen worden wäre. Da nun Ungarn ein Staat ist, soll das damit einen Vertrag eingehende Kroatien es auch sein. — Die einzige Stütze dieser Ansicht ist die unzweifelhafte Tatsache, daß der ungarische Reichstag mit dem kroatischen Landtag auf gleichem Fuß verhandelt hat. Die Reichsgesetzgebung hat ihren Willen Kroatien nicht oktroyiert. Sie befolgte in diesem Falle das Gebot der Billigkeit. Es handelte sich um das Ausmaß der Rechte der Nebenländer, wobei letztere wohl gehört werden mußten, um deren freiwillige Annahme und friedlichen Bestand zum voraus zu sichern. Es ist gewiß, daß die Nebenländer durch dieses Gesetz aufhörten, partes subjectae zu sein, wie sie früher hießen, aber ein Staat sind sie dadurch nicht geworden.“ Vgl. auch l. c. die Nachweise dafür, daß man den Ausgleich seiner Zeit nie als einen staatsgründenden Akt aufgefaßt hat.

zugleich politische Gebilde, auf welche sich die ursprüngliche Herrschaft nicht nur in ihrer allgemeinen, im ganzen Staate gültigen Gestalt, sondern auch in einer besonderen, nur ihnen angepaßten Form erstreckt. Ungarn und Kroatien-Slawonien sind ursprüngliche Staatenteile.

Unserer Methode getreu gehen wir jetzt zu der Verfassung über und suchen aus den Rechtssätzen eine Unterstützung der Auffassung zu gewinnen, die wir uns aus politischen Tatsachen gebildet haben.

Die Verfassung von Kroatien-Slawonien ist niedergelegt in dem zitierten Ausgleich von 1868 und in einigen späteren Gesetzen, die seine Ergänzung bilden.[1])

Gleich am Anfang des Verfassungswerkes stehen drei monumentale Sätze, welche die lebendige Wahrheit, daß die ungarischen Länder einen einzigen Staat bilden, mit aller Deutlichkeit verkünden: Der Ausgleich ist gemeinsames Grundgesetz von Ungarn, Kroatien und Slawonien, sagt der konstitutionelle Akt. Alle diese Länder bilden eine und dieselbe Staatsgemeinschaft. Sie haben nur einen Herrscher, der überall die gleiche Krone trägt.[2])

---

[1]) Ungarischer Gesetzartikel XXX v. J. 1868 betreffend die Inartikulierung des Übereinkommens über den Ausgleich der zwischen Ungarn einerseits, Kroatien, Slavonien und Dalmatien andererseits in der Schwebe gewesenen staatsrechtlichen Fragen. — Dalmatien wird nominell zu Kroatien-Slawonien gerechnet, um alte Ansprüche hervorzuheben. In Wirklichkeit gehört Dalmatien zum cisleithanischen Reich. — Ungarische Gesetzartikel XXXIV von 1873, XXVII von 1891, XV von 1881. Ungarischer Gesetzartikel X von 1906 über die Inartikulierung des zwischen Ungarn und Kroatien-Slawonien-Dalmatien zustande gekommenen finanziellen Übereinkommens. Kroatischer Gesetzartikel II von 1870 über die Organisierung des Landtages der Königreiche Kroatien, Slawonien und Dalmatien. Kroatisches Gesetz vom 24. April 1887. Kroatisches Gesetz vom 29. September 1888. Kroatischer Gesetzartikel II von 1869 über die Organisierung der autonomen kroatisch-slawonisch-dalmatinischen Landesregierung. Vgl. Steinbach. Bernatzik l. c.

[2]) „Nachdem zwischen dem Reichstage Ungarns einerseits und dem Landtage Kroatiens, Slawoniens und Dalmatiens andererseits über die Ausgleichung der zwischen ihnen in der Schwebe gewesenen staatsrechtlichen Fragen durch gemeinsame Feststellung ein Übereinkommen zustande gekommen ist, wird dieses Übereinkommen, nachdem dasselbe auch durch Se. Kais. u. Apost. Kgl. Majestät genehmigt, bekräftigt und sanktioniert

Ein anderes Argument. Das dreieinige Königreich[1]) erkennt im Ausgleich die konstitutionellen Einrichtungen an, die der ungarische Reichstag im Gesetzesartikel XII des Jahres 1867 beschlossen hat. Es fordert nur, daß in Zukunft ähnliche Grundgesetze nicht ohne seine gesetzliche Einwilligung zustande kommen.[2]) Damit wird bestätigt, daß die konstitutionellen Akte, die in dem Ausgleich von 1867 enthalten sind, für alle ungarischen Länder Wirksamkeit erlangt haben. Ist aber damals eine gemeinsame Verfassung entstanden, dann hat es damals auch einen gemeinsamen Staat gegeben.

Wir kommen zu den Verfassungseinrichtungen selbst.

Ungarn ist eine parlamentarische Monarchie. Hat in Öster-

---

worden ist, als gemeinsames Grundgesetz Ungarns und Kroatiens, Slawoniens und Dalmatiens hiemit inartikuliert wie folgt:

§ 1. Ungarn und Kroatien, Slawonien und Dalmatien bilden eine und dieselbe Staatsgemeinschaft sowohl gegenüber den übrigen unter der Herrschaft Sr. Majestät stehenden Ländern, wie gegenüber andern Ländern.

§ 2. Aus dieser Staatsgemeinschaft und Zusammengehörigkeit ergibt sich, daß der König von Ungarn und von Kroatien, Slawonien und Dalmatien mit einer und derselben Krone und mit einer und derselben Krönungshandlung gekrönt wird und daß für sämtliche unter der Krone des h. Stephan stehenden Länder auf dem gemeinsamen Reichstage dieser Länder ein gemeinsames Krönungsdiplom festgestellt und ausgestellt wird."

Vgl. zu dem ersten der drei Sätze auch die §§ 69, 70 des Ausgleiches: „Es werden alle jene verfassungsmäßigen Rechte und Grundgesetze, deren Genuß und Schutz sich in der Vergangenheit gleichmäßig auf Ungarn und Kroatien-Slawonien erstreckt hat und welche diesem Übereinkommen nicht widersprechen, auch künftig als gemeinsame Rechte und Grundgesetze der Länder der ungarischen Krone betrachtet." — „Dieses Übereinkommen wird nach der Allerhöchsten Sanktion als gemeinsames Grundgesetz Ungarns und Kroatiens, Slawoniens und Dalmatiens in die besonderen Gesetzbücher dieser Länder inartikuliert."

[1]) Kroatien, Slawonien (Dalmatien).

[2]) § 3. „Kroatien, Slawonien und Dalmatien erkennen den Gesetzartikel XII des ungarischen Reichstages vom Jahre 1867, welcher die zwischen den Ländern der h. Stephanskrone und den übrigen Ländern Sr. Majestät bestehenden gemeinsamen, oder die nicht gemeinsamen, aber im gemeinsamen Einvernehmen zu erledigenden Angelegenheiten und die Art ihrer Verwaltung bestimmt, — als gültig und verbindlich an, jedoch unter der ausdrücklichen Bedingung, daß in Zukunft ähnliche Grundgesetze und Vereinbarungen nur unter der gesetzlichen Zustimmung Kroatiens, Slawoniens und Dalmatiens zustande kommen können."

reich der Monarch, so hat in Ungarn das Parlament die politische Vorherrschaft.[1])

Fragen wir nach den Trägern der Legislative und der Exekutive, so müssen wir zwei Kreise von Angelegenheiten unterscheiden: die Angelegenheiten aller ungarischen Länder und die engeren Angelegenheiten von Kroatien-Slawonien.

Die Gegenstände, die nach dem Ausgleich von 1867 Ungarn und Österreich gemeinsam sind[2]) oder in gemeinsamem Einvernehmen erledigt werden,[3]) sind natürlicherweise auch der partikulären Disposition der einzelnen ungarischen Länder entrückt[4]). Weiter, auch innerhalb der Sphäre, auf welche sich der Ausgleich von 1867 nicht erstreckt, gibt es Angelegenheiten, welche für Ungarn und Kroatien-Slawonien einheitlich zu behandeln sind. Hierher gehören vornehmlich die Unterhaltung des königlichen Hofes, die Bewilligung der Rekruten, das Wehrsystem, das gesamte Finanzwesen, Geld, Münze, Bank, Kredit, Versicherung, Genehmigung von Handels- und Staatsverträgen.[5])

Auf diesem ganzen Gebiet gibt es in den ungarischen Ländern nur eine Gesetzgebung und nur eine Regierung.[6])

Die gemeinsame Gesetzgebung wird durch den König und den gemeinsamen Reichstag ausgeübt.[7]) Das gemeinsame Parlament ist das ungarische Parlament, verstärkt durch 40 Abgeordnete, die der kroatische Landtag aus seiner Mitte in das Repräsentantenhaus, und durch drei Abgeordnete, die er aus seiner Mitte in das Oberhaus entsendet.[8])

---

[1]) Jellinek, Allgemeine Staatslehre. 1905. p. 688—689.

[2]) Es sind die auswärtigen Angelegenheiten, das Kriegswesen und das Finanzwesen, das sich auf diese beiden Gegenstände bezieht.

[3]) Die kommerziellen Angelegenheiten, besonders die Zollgesetzgebung; die Feststellung des Münzwesens und des Geldfußes; die Gesetzgebung über die mit der industriellen Produktion in enger Verbindung stehenden indirekten Abgaben; die Verfügung über jene Eisenbahnlinien, welche das Interesse beider Reichshälften berühren; die Festsetzung des Wehrsystems.

[4]) § 3 des Ausgleiches von 1868. [5]) §§ 5—9, 11 f.

[6]) § 3. Einige Angelegenheiten sind der zentralen Gesetzgebung entzogen, aber der partikulären Verwaltung unterworfen: Gewerbewesen, Vereinswesen, Paßsystem, Fremdenpolizei, Staatsbürgerschaft. § 10. [7]) § 31.

[8]) Ungarischer Gesetzartikel XV von 1881. Im ungarischen Oberhaus haben neben den ungarischen auch kroatische Magnaten Sitz und Stimme in allen, nicht nur in den gemeinsamen Angelegenheiten. § 37. Die jetzige

Die gemeinsame ungarisch-kroatische Regierung wird durch den König und das ungarische Ministerium geführt.[1]) Allein das ungarische Ministerium wird erweitert, wenn es als zentrale Behörde fungiert: Der König ernennt einen besonderen kroatisch-slawonisch-dalmatinischen Minister; er ist stimmberechtigtes Mitglied im Kabinettsrat und hat hier die Interessen des dreieinigen Königreiches wahrzunehmen; er kontrasigniert die kroatischen Originalien der gemeinsamen Gesetze;[2]) er ist dem gemeinsamen Reichstag verantwortlich.[3]) Die Zentralregierung soll bestrebt sein, in Kroatien-Slawonien einmütig mit der territorialen Regierung vorzugehen.[4])

Die Angelegenheiten, welche übrig bleiben, gehören in die besondere legislative und administrative Kompetenz des dreieinigen Königreichs. Die Verfassung hebt die Gegenstände der inneren Verwaltung, der Religion, des Unterrichts und der Justiz hervor.[5])

Die partikuläre Gesetzgebung steht dem König und dem kroatisch-slawonischen Landtag zu. Der Landtag besteht aus einer Kammer und ist zum einen Teil aus Mitgliedern mit persönlichem Stimmrecht, zum anderen Teil aus 90 gewählten Volksvertretern zusammengesetzt.[6])

Der Banus steht an der Spitze der autonomen Landesregierung. Er wird von dem König auf Vorschlag und mit Gegenzeichnung des ungarischen Ministerpräsidenten ernannt. Er ist

---

Proportion zwischen ungarischen und kroatisch-slawonischen Abgeordneten soll für immer bestehen bleiben. Eine Vermehrung der ungarischen Deputierten wird also eine verhältnismäßige Vermehrung der kroatisch-slawonischen Deputierten nach sich ziehen.

[1]) § 43. Selbstverständlich nicht die gemeinsame österreichisch-ungarische Regierung, wie man aus dem ungenau gefaßten § 43 entnehmen könnte. Sie wird durch das gemeinsame Ministerium geführt, das der Ausgleich von 1867 einrichtet.

[2]) Wörterbuch p. 289.

[3]) § 44.

[4]) § 45.

[5]) §§ 47—49.

[6]) Kroatisches Gesetz vom 29. September 1888, womit einige Bestimmungen des Gesetzartikels II v. J. 1870 über die organische Einrichtung des Landtages der Königreiche Kroatien, Slawonien und Dalmatien geändert werden.

dem kroatisch-slawonischen Landtag verantwortlich.[1]) Daraus ergibt sich ein wichtiger Satz: Da die parlamentarische Verantwortlichkeit eine Gehorsamspflicht gegen eine höhere Verwaltungsstelle ausschließt, ist der Banus dem ungarischen Ministerium nicht untergeordnet, sondern selbständig in einer freien Sphäre, die das ungarische Ministerium nicht ergreift.[2])

Wenn die Zentralregierung keine eigenen Organe besitzt, um selbst tätig zu werden, so sind die Behörden des dreieinigen Königreichs verpflichtet, ihre Anordnungen zu vollziehen.[3])

Ist der Banus das verantwortliche Haupt der Verwaltung, ist der Banus Minister, so ist doch zwischen ihn und den Monarchen eine Zwischeninstanz eingeschoben: es ist der schon erwähnte kroatisch-slawonische Minister, der dem ungarischen Kabinett angehört. Er unterbreitet die Vorschläge des Banus seiner Majestät. Und wenn Zweifel darüber auftauchen, ob die Vorschläge in Einklang stehen mit der Interessengemeinschaft oder mit der durch den Ausgleich geschaffenen Rechtsgemeinschaft zwischen Ungarn und Kroatien, und wenn die Zweifel durch Übereinkommen mit dem Banus nicht behoben werden können, so unterbreitet er dem Monarchen seine oder des gemeinsamen Ministeriums Vorstellungen.[4]) Der kroatische Minister und der Banus kontrasignieren beide die Landesgesetze und die partikulären Regierungsakte.[5]) Aber ihre Verantwortlichkeit ist verschieden. Der Banus haftet dem kroatischen Landtag dafür, daß die kontrasignierten Akte mit den Interessen, mit den Gesetzen von Kroatien-Slawonien und mit dem Ausgleich von 1868 in Einklang stehen. Der Minister haftet dem ungarischen Reichstag nur für die letzte Eigenschaft, nur für die Konformität mit dem Ausgleich.[6])

In die Delegation für die gemeinsamen Angelegenheiten der

---

[1]) §§ 50—55. Vgl. den ungarischen Gesetzartikel XXXIV von 1873. Kroatischer Gesetzartikel II von 1869 über die Organisierung der autonomen kroatisch-slavonisch-dalmatinischen Landesregierung.

[2]) Wörterbuch p. 292—293.

[3]) §§ 24, 45.

[4]) Ausgleich von 1868, § 44. Ungarischer Gesetzartikel XXXIV von 1873.

[5]) Kroatischer Gesetzartikel II von 1869, § 11. Hernritt, l. c. p. 66—67.

[6]) Wörterbuch p. 289.

österreichischen und der ungarischen Monarchie entsendet der Reichstag fünf von seinen kroatischen Mitgliedern.[1]

Die Ausgleichsverfassung kann nicht einseitig durch Ungarn oder Kroatien-Slawonien geändert werden. Eine Revision kann nur in dem gleichen Verfahren stattfinden, in dem die Verfassung zustande gekommen ist. Es müssen zwei übereinstimmende Gesetze beider Ländergruppen ergehen.[2]

Suchen wir den Geist dieser Verfassung zu erkunden.

Wie in der Verfassung der österreichischen Königreiche und Länder, so tritt uns auch in der Verfassung der ungarischen Territorien eine Erscheinung entgegen, welche zu der Annahme leitet, daß die zentrale und die partikuläre Gesetzgebung den gleichen Ursprung haben, die gleiche Quelle der Lebenskraft besitzen: Die gemeinsame und die besondere Gesetzgebung sind einander gleichgeordnet.

Die Ausgleichsverfassung sagt nirgends, daß Landesrecht durch Reichsrecht gebrochen wird. Ein solches Prinzip widerspräche auch einem Grundgedanken, der sie durchzieht. Einer ihrer wesentlichen Charakterzüge ist der, daß sie das politische Schwergewicht, den politischen Akzent in die Landesgewalt verlegt,[3] eine Denkweise, die darin ihren sichtbaren Ausdruck findet, daß die Verfassung nur begründet, geändert und aufgehoben werden kann durch einen Akt der Landesgewalten, durch übereinstimmendes Landesgesetz. Zwar, wir behaupten nicht, daß die partikuläre Herrschaft als die ursprüngliche, die zentrale als die abgeleitete aufgefaßt wird. Wäre dies Verhältnis gegeben, dann bestände ja die politische Formation nicht mehr, die wir nachzuweisen suchen. Dann wären Ungarn und Kroatien-Slawonien keine ursprünglichen Staatenteile. Nur das ist der Gedanke, daß die gemeinsame und die besondere Gewalt, obwohl gleich ursprünglich, obwohl beide auf den Willen des gesamten Volks gegründet, doch auf diesem einen Boden verschieden starke Wurzeln haben, aus dieser einen Quelle einen Zufluß von verschiedener Kraft empfangen.

---

[1]) § 41 des Ausgleiches von 1868.

[2]) Art. 70.

[3]) Hier steht sie im Gegensatz zu der Verfassung des Deutschen Reichs.

Die Verfassung gibt dem Reichsrecht nicht den Vorzug vor dem Landesrecht. So sagen wir. Im Gegenteil, sie sucht durch eine Reihe von Maßregeln zu verhindern, daß die beiden Gewalten ineinander übergreifen, ihre Grenzen überschreiten und in Kollision geraten. Dieser Sorge aber wäre sie enthoben, wenn eine Gewalt den Vorzug vor der anderen hätte, der Richter deshalb wie im Deutschen Reich berufen wäre, das eine Gesetz vor dem andern anzuwenden und ein Kompetenzkonflikt infolgedessen gar nicht entstehen könnte. Welches sind die Garantien, welche die Verfassung zu geben sucht?[1]) Der kroatische Minister kontrasigniert die Landesgesetze und übernimmt damit die Gewähr, daß sie die im Ausgleich festgesetzten Grenzen ihrer Zuständigkeit innehalten. Umgekehrt, der Banus ist dem kroatischen Landtag verpflichtet gegen jede Verletzung der Autonomie Protest einzulegen. Wie kann er sich zur Wehr setzen? Da die Zentralregierung verbunden ist, innerhalb des dreieinigen Königreiches im Einvernehmen mit der partikulären Regierung vorzugehen und dieser Grundsatz dazu führt, daß der Banus über Entwürfe gemeinsamer Gesetze gehört wird, so hat der Banus Gelegenheit gegen jede Verletzung der Autonomie Protest einzulegen. Er ist dem kroatischen Landtag verpflichtet, dieses Recht zu gebrauchen. Weiter, in den Fällen, wo die Zentralregierung keine eigenen Organe besitzt und die kroatischen Behörden deshalb verbunden sind, für sie tätig zu werden, wird sich der Banus weigern können und weigern müssen, gemeinsame Gesetze zu vollziehen, die gegen den Ausgleich verstoßen. Er wird auch dafür dem Landtag verantwortlich sein. Wie der Banus, so hat auch der kroatische Minister die Aufgabe, für die partikulären Interessen und deshalb für die Integrität der Autonomie einzutreten. Er kontrasigniert die kroatischen Originalien gemeinsamer Gesetze. Aber diese Pflicht büßt an Bedeutung dadurch ein, daß der Minister für ihre Erfüllung nur dem gemeinsamen Reichstag haftet.

Ist nun die zentrale Gesetzgebung der partikulären gleichgeordnet, so ist damit zugleich gesagt, daß beide die gleiche ursprüngliche Gewalt in sich verkörpern, daß es also nur eine

[1]) Wörterbuch. p. 289—290.

gesetzgebende Gewalt gibt, die alle Länder umspannt. Das ist die These, die wir schon für die österreichischen Königreiche und Länder verteidigt haben. Wo zwei Gesetzgebungen verschiedene Staatsgewalten repräsentieren, die übereinander gebaut sind und deshalb ungleiche Kraft besitzen, da können sie nicht rechtlich gleichwertig sein, so haben wir argumentiert.

Ein anderes Kennzeichen. Ungarn und Kroatien-Slawonien haben eine gemeinsame Verfassung. Sie ist im Ausgleich von 1868 niedergelegt.

Diese Symptome sprechen gegen die Auffassung als Staat und zugleich gegen die Auffassung als abhängiges Land.

Weiter einige Symptome, die sich gegen die Staatsnatur erheben: Die Einheit der Staatsgewalt wird durch die dualistische Position des kroatischen Ministers dargetan. Er ist berufen, die kroatischen Interessen wahrzunehmen und demgemäß die kroatischen Originalien gemeinsamer Gesetze zu kontrasignieren. Und er ist andrerseits bestellt, um einem Übergriff der kroatischen autonomen Gewalt zu wehren; er unterzeichnet die Landesgesetze und die partikulären Regierungsakte; er hat ein Recht der Monitur. Der kroatische Minister soll eine Art von Schiedsrichter sein. Er soll feindliche Tendenzen miteinander versöhnen. Er soll das Gleichgewicht schaffen. Diese Rolle vermöchte er nicht zu spielen, wenn zwei Staatsgewalten miteinander konkurrierten. Er könnte nicht Minister in zwei Staaten sein und das Recht des einen gegen das Recht des andern vertreten. Es ist aber sehr wohl möglich, daß er zwei Betätigungen der gleichen Herrschaft in Einklang hält. Dann steht er im Dienst eines einzigen Willens; er sichert die Ordnung innerhalb ihrer Manifestationen, aber er dient nicht zwei Herren.[1])

Ein anderer Charakterzug. Das ungarische Ministerium ist zugleich das gemeinsame Ministerium. Bildete Kroatien-Slawonien einen Staat, so bestände das gleiche Ministerium in verschiedenen Staaten. Das wäre aber eine unmögliche Situation. Der Banus wird unter Gegenzeichnung des ungarischen Ministerpräsidenten ernannt. Es wäre ein Widerspruch in sich selbst,

[1]) Jellinek, Staatsfragmente. p. 293: „Dieser Minister ist Organ des Staates aller Länder der ungarischen Krone, nicht etwa Sonderorgan Kroatiens.“

wenn der Minister des einen Staates die Haftung übernähme für die Ernennung des Ministers im anderen Staat.[1]) Um so mehr als die Verantwortlichkeit für die Ernennung die Verantwortlichkeit für die Politik des Ernannten, wenigstens in den Grundlinien, mit umfassen würde.[2])

Endlich, der ungarische Reichstag fungiert auch als gemeinsames Parlament. Allerdings, er ist dann durch die Abgeordneten von Kroatien-Slawonien verstärkt. Aber seine Individualität bleibt in den großen Zügen dieselbe. Das spricht gegen eine bundesstaatliche Struktur.

So bietet der konstitutionelle Rechtszustand wichtige Beweismittel, um die These zu erhärten, welche wir aus der Betrachtung politischer Kraftverhältnisse gewonnen haben.[3])

Ungarn und Kroatien-Slawonien sind ursprüngliche Staatenteile.

---

[1]) Jellinek, Staatsfragmente. p. 293: „Der Banus wird vom Könige auf Antrag und unter Gegenzeichnung des ungarischen Ministerpräsidenten ernannt. Es ist daher der König sämtlicher Länder der Stephanskrone, der den Chef der kroatischen Landesregierung ernennt. Daher ist der König von Kroatien nicht in der Lage, selbständig, ohne jede Mitwirkung des Königs von Ungarn die Regierung Kroatiens zu führen. Das gehört aber zu den wesentlichen Merkmalen des Staates, daß seine oberste Gewalt eine freie, selbständige, von niemandem abhängige Sphäre habe; der ist aber kein selbständiger Herrscher, der keinen Schritt ohne den Monarchen eines anderen Staates vornehmen kann. Es ist daher unrichtig, das Verhältnis Ungarn—Kroatien als Realunion zu bezeichnen und es unter denselben Typus zu stellen, wie jenes Österreichs zu Ungarn oder Schwedens zu Norwegen. Der König von Ungarn ist in ungarischen Sonderangelegenheiten ganz unabhängig vom Kaiser von Österreich, wie der König von Norwegen in norwegischen Sachen von Schweden (die Staatsfragmente Jellineks datieren von 1896!). Der König von Kroatien hingegen ist mit dem König von Ungarn derart verschmolzen, daß er ohne ihn gar keine rechtliche Sonderexistenz zu führen vermag. So weit daher auch die staatliche Organisation Kroatiens reicht, so ist sie dennoch nicht vollendet. Auch Kroatien ist daher kein Staat, sondern ein sehr entwickeltes Staatsfragment."

[2]) Der deutsche Reichskanzler kontrasigniert die Ernennung des Statthalters von Elsaß-Lothringen: „In politischer Beziehung wird durch die Gegenzeichnung des Reichskanzlers die Übereinstimmung des Statthalters mit ihm in der politischen Tendenz und Grundauffassung verbürgt." Laband 1911. Band II. p. 246. Note 2.

[3]) Es werden noch andere Kennzeichen rechtlicher Natur angeführt. Aber sie sind von geringerer Zuverlässigkeit. Jellinek, Staatsfragmente. p. 289f.; Marczali. p. 159.

Man hat über die staatstheoretische Natur des dreieinigen Königreichs von jeher mit Heftigkeit gestritten. Pliverić hat den Grund zu der Theorie gelegt, daß Ungarn und Kroatien-Slawonien getrennte Staaten seien, daß ein Bund sie vereine, ein Bund, der allerdings eine Anomalie der Struktur in sich trage, ein seinem inneren Wesen widersprechendes Element: die ungarische Hegemonie. Dieser Lehre haben sich eine Reihe von Autoren angeschlossen.[1]) Ulbrich und Kasparek sprechen wegen dieser Anomalie von einer Unio realis inaequali iure.[2]) Biedermann hat zuerst einen Bundesstaat konstruiert. Er hat zahlreiche Anhänger gefunden.[3]) Die ungarische Theorie behauptet endlich einen dezentralisierten Einheitsstaat, in dem Kroatien-Slawonien ein Kommunalverband sei.[4])

Charakteristisch ist aber die in den verschiedensten Argumentationen wiederkehrende Meinung, daß Kroatien-Slawonien unter keinen der hergebrachten Begriffe mit voller Genauigkeit untergebracht werden könne, daß Kroatien-Slawonien eine Zwischenbildung sei.[5]) Was ist diese Meinung anders als der deutliche Ausdruck dafür, daß ein neuer Begriff gefunden werden muß? Die politische Formation Kroatien-Slawonien, sagt man, ist aus verschiedenartigen Elementen gemischt. Wir erwidern: So fasse man die verschiedenartigen Elemente zu einer neuen

---

[1]) [2]) Wörterbuch. p. 295. Hier ist die Literatur zitiert.

[3]) Wörterbuch l. c.

[4]) Marczali l. c. p. 159.

[5]) So Hernritt. p. 67: „Als Ergebnis einer zwischen Unifikation und Separation seit Jahrhunderten schwebenden Entwicklung läßt sich eben das eigenartige Verhältnis zwischen Ungarn und Kroatien nicht unter die ausgeprägten Typen der Staatsverbindungen einreihen. Da Kroatien, dessen gegenwärtiges Verhältnis mit Ungarn auf einer Vereinbarung (‚regna socia') beruht, eine ursprüngliche Staatsgewalt in gewissem Belange besitzt, und der Ausgleich — allerdings ziemlich unbestimmt — für Kroatien auch ein besonderes Gebiet und eine eigene ‚Landesangehörigkeit' anerkennt, dürfte dem dreieinigen Königreiche neben Ungarn, wenn auch unvollständig ausgebildet, der Staatscharakter nicht abzusprechen sein. Die Länder der ungarischen Krone wären demnach als zusammengesetzter Staat zu betrachten, der sich mit Rücksicht auf den Bestand des ‚gemeinsamen' Reichstages und auf die allen Ländern der ungarischen Krone gemeinsamen Angelegenheiten dem bundesstaatlichen Typus, allerdings mit besonders prädominierender Stellung Ungarns, nähert."

Kategorie zusammen. Die alten Begriffe reichen nicht aus. So forme man den neuen, den die Vielgestaltigkeit der politischen Bildung erheischt. Wir haben versucht, diesen Weg zu gehen. Wir haben den Begriff des ursprünglichen Staatenteiles vorgeschlagen. Wir glauben, daß er die Synthese disparater Elemente bildet, nach der man tastend sucht, und daß er alle Inkongruenzen löst, wenn man Kroatien-Slawonien unter ihn begreift. Jellinek hat schon die Notwendigkeit erkannt, einen Zwischenbegriff zu bauen. Wie die österreichischen Königreiche und Länder, so hat er auch Kroatien-Slawonien als Staatsfragment gedeutet.[1]) Allein wir haben nicht vermocht, seinen Zwischenbegriff als korrekt anzuerkennen, da er nicht mit der Grundauffassung vom Staat in Einklang steht, die wir mit Jellinek teilen und die wir stets verfochten haben.[2])

Ist Kroatien-Slawonien ursprünglicher Staatenteil, so ist es doch ein ursprünglicher Staatenteil minderen Rechts. Dadurch unterscheidet es sich von den österreichischen Königreichen und Ländern. Hier ist kein Territorium vor dem andern privilegiert. In Österreich spielt kein Territorium vor dem anderen in der gemeinsamen Gesetzgebung oder Regierung eine hervorragende Rolle. Das ist von vornherein durch die Zusammensetzung des gemeinsamen Parlaments und durch die Aufteilung der Exekutive unter die Ministerien und die Landtage, die Landesausschüsse ausgeschlossen. Anders in den transleithanischen Ländern: Das ungarische Ministerium ist das gemeinsame Ministerium. Mehr noch, der Träger der kroatischen Exekutive, der Banus, wird unter Gegenzeichnung des ungarischen Ministerpräsidenten ernannt. Für die Grundtendenzen seiner Politik muß demgemäß das ungarische Ministerium haften, und deshalb steht dem Ministerium auch eine Maschinerie zur Verfügung, vermöge welcher es den Einklang der Ansichten mit dem Banus herstellen kann: Der kroatische Minister, ein Mitglied des Kabinetts und notwendig in Übereinstimmung mit ihm, kontrasigniert die Landesgesetze, die partikulären Regierungsakte und hat das Recht der Monitur. Der Banus, obwohl dem Ministerium nicht untergeordnet, kann nur

---

[1]) Staatsfragmente. p. 289f.; Staatslehre. 1905. p. 641, 643.

[2]) Vgl. das Kapitel über Elsaß-Lothringen.

in Übereinstimmung mit ihm handeln.[1]) So ergibt sich: Wegen der Identität des ungarischen und des gemeinsamen Ministeriums und wegen der eigentümlichen Verkettung der partikulären mit der zentralen Exekutive ist Kroatien-Slawonien im Verband der ungarischen Länder zurückgesetzt. Von einer Hegemonie Ungarns kann man nicht sprechen. Denn dieser Begriff setzt voraus, daß sich Staaten gegenüber stehen. Besser ist es, die Formation der transleithanischen Länder zu ursprünglichen Staatenteilen durch eine verfassungsrechtliche Vorherrschaft von Ungarn zu charakterisieren.

Dieser rechtlichen Vorherrschaft entspricht eine politische. Das Schwergewicht der staatsbauenden Kraft liegt in Ungarn. Nicht nur deshalb, weil Ungarn die größere Bevölkerung besitzt, sondern weil hier die Volksstimmung, wie auch natürlich, der bestehenden Verfassung viel günstiger ist als in dem Nebenland. Man kann vielleicht sagen, daß heute in Kroatien-Slawonien die stärkere Mehrheit gegen die Verfassung steht.[2])

Aber selbst in diesem Fall bildet das Volk mit Ungarn eine Nation und einen Staat. Denn ist auch Kroatien-Slawonien unter einen Zwang gebeugt, konzentriert sich auch in dem Hauptlande mehr die Zuneigung, in dem Nebenlande mehr das Widerstreben zur Verfassung, so gibt es doch nur ein Phänomen der Herrschaft, das in historischer Kontinuität alle Länder der Stefanskrone umfaßt. Steht Elsaß-Lothringen der fertigen, in sich geschlossenen Gewalt des Reiches gegenüber, die vermöge

---

[1]) Marczali. p. 160: „Der Banus ist in allen staatlichen Fragen bloß Chef der Exekutive in den Nebenländern unter der Aufsicht und Verantwortlichkeit der ungarischen Regierung."

[2]) Das Regime des Banus v. Čuvaj, die Diktatur, der Wahlaufschub haben in der letzten Zeit große Unzufriedenheit hervorgebracht. „Das ist nicht ein Regierungssystem, mit dem man die Liebe und Anhänglichkeit der Bevölkerung gewinnt, und man wird in Budapest keine Rekriminationen erheben dürfen, wenn in Kroatien die unionistische Partei allmählich alle Anhänger verliert. Die politischen Vorgänge der letzten Zeit haben erwiesen, daß für den unionistischen Gedanken im Lande gegenwärtig keine Majorität zu finden ist. Die Koalition hat sich mit der Rechtspartei verbündet, und beide Parteien haben beschlossen, die Beschickung des ungarischen Reichstages zu verweigern." v. Chlumecky. Politische Übersicht, Österreichische Rundschau 15. April 1912. p. 153.

der ihr innewohnenden Kraft ein neues Gebiet ergreift, so bildet Kroatien-Slawonien mit den ungarischen Ländern nur eine Machtorganisation.

Es können nicht mehrere ursprüngliche und gleichgeordnete Herrscherwillen mit verschiedener sachlicher Kompetenz nebeneinander bestehen, wenn nicht die Konformität ihrer Betätigung gesichert ist. Das ist ein Satz, den wir früher aufgestellt haben. Wo ein Staat sich in ursprüngliche Bestandteile gliedert, wo die zentrale und die partikuläre Gewalt die gleiche Quelle haben, wo also nicht, wie im Bundesstaat oder im abhängigen Land, ein Verhältnis der Überordnung zwischen der allgemeinen und der besonderen Herrschaft besteht, da muß immer die Frage auftauchen, wie die zwei Gewalten ohne Gefahr der Kollision nebeneinander bestehen können. In den österreichischen Ländern ist der Einklang der doppelten Gewaltübung durch mannigfache Institutionen garantiert. An der Gesetzgebung ist immer das gleiche Subjekt, der Kaiser, beteiligt. Dadurch ist das harmonische Zusammenarbeiten verbürgt. Komplizierter ist das Verhältnis auf dem Gebiet der Verwaltung, da es hier keinen gemeinschaftlichen Willensträger gibt. Blicken wir auf Ungarn und Kroatien-Slawonien. Der König übt nicht nur die Gesetzgebung, sondern auch die Regierung in beiden Sphären; er ist daher berufen und befähigt, die Einhaltung der verfassungsmäßigen Grenzen überall zu wahren. Er sichert die Konformität. Und er übt diese Rolle nicht allein. Wir haben schon im Laufe der Darstellung Gelegenheit gehabt zu zeigen, wie der Banus und der kroatische Minister mannigfache Mittel besitzen, um die Verfassung durchzufechten.

Bevor wir Kroatien-Slawonien verlassen, um zu einer anderen Staatsbildung überzugehen, wollen wir uns noch durch einen Vergleich des dreieinigen Königreiches mit Elsaß-Lothringen vergegenwärtigen, wie unsicher es ist, durch Interpretation von Rechtssätzen auf die staatstheoretische Natur eines Landes zu schließen. Elsaß-Lothringen ist abhängiges Land; Kroatien-Slawonien ist ursprünglicher Staatenteil. Und doch stimmen beide in vielen wichtigen Zügen ihrer Rechtseinrichtungen überein: Dem Repräsentantenhaus des gemeinsamen Parlaments entspricht der deutsche Reichstag; wie das Repräsentantenhaus Abgeordnete aus Kroatien-Slawonien, so zählt auch der Reichstag Mitglieder, die aus Elsaß-Lothringen stammen. Der Landtag von Elsaß-Lothringen bildet das Gegenstück zum Landtag von Kroatien-Slawonien. Hier wie dort übt der Monarch die partikuläre Gesetzgebung mit dem Landtag aus. Und vor allen Dingen: Der Banus wird unter Gegenzeichnung des ungarischen Ministerpräsidenten, der Statthalter unter Gegenzeichnung des Reichskanzlers ernannt. Allerdings, auf der anderen Seite haben wir in Kroatien-Slawonien zwei Erscheinungen, die das Land in scharfen Gegensatz zu Elsaß-Lothringen stellen: Die Reichsgesetze haben die gleiche Kraft wie die Landesgesetze. Und Kroatien-Slawonien hat mit Ungarn eine gemeinsame Verfassung. Aber soviel zeigt sich doch, daß der Modus, den Träger der Landesregierung unter Mitwirkung der zentralen Exekutive zu ernennen und auch in Einklang mit ihr zu halten, — im dreieinigen Königreich durch die Institution des kroatischen Ministers und in Elsaß-Lothringen durch die Möglichkeit der Abberufung — eine Erscheinung, die man versucht wäre, mit dem abhängigen Land in engen Zusammenhang zu bringen, auch in politischen Gefügen anderer Art auftreten kann. Grund genug, um an der Auffassung festzuhalten, daß die Betrachtung der politischen Kräfte zu der Erkenntnis, die Betrachtung der Rechtszustände immer nur zu mehr oder minder sicheren Symptomen der staatstheoretischen Natur hinleitet.

Viertes Kapitel.

Bosnien-Herzegowina.

Wir wenden uns zu Bosnien und der Herzegowina.[1])

Solange wir uns mit den cisleithanischen Königreichen und Ländern beschäftigten, standen wir auf dem Boden der österreichischen Monarchie. Solange wir von Kroatien und Slawonien handelten, bewegten wir uns in der Sphäre des ungarischen Staates. Wenn wir aber jetzt zu den Angelegenheiten von Bosnien-Herzegowina übergehen, so erörtern wir Angelegenheiten, die Ungarn und Österreich gemeinsam sind. Bosnien-Herzegowina ist durch ein gleiches Band mit der einen und mit der andern Monarchie verknüpft. Es ist daher eine systematische Notwen-

---

[1]) Vgl. die allgemeinen staatsrechtlichen Werke, die zu den zwei vorher gehenden Kapiteln zitiert worden sind. Ulbrich. p. 134f.; Hernritt. p. 252f.; Hauke. p. 148; Marczali. p. 193f.; Tezner, Das staatsrechtliche und politische Problem der österreichisch-ungarischen Monarchie. Archiv des öffentlichen Rechts, Band XXX und XXXI. Ferner Karl Lamp, Die Verfassung von Bosnien und der Herzegowina vom 17. Februar 1910. Jahrbuch des öffentlichen Rechts. 1911. p. 137f.; Die Rechtsnatur der Verfassung von Bosnien-Herzegowina. Archiv für öffentliches Recht. 1911. II. p. 288; Kleinwächter, Die Annexion Bosniens und der Herzegowina. Zeitschrift für Politik. 1910. p. 138f.; Steinbach, Die Annexion Bosniens und der Herzegowina. Jahrbuch des öffentlichen Rechts. 1910. p. 479f.; Krunsky. 1913. L'annexion de la Bosnie-Herzégovine en 1908; P. Milan, Der Landtag von Bosnien-Herzegowina. Österreichische Rundschau. 1. Februar 1912; Geller, Bosnisch-herzegowinische Verfassungs- und politische Grundgesetze. 1910. In der Sammlung: Österreichische Gesetze; Bernatzik, Die österreichischen Verfassungsgesetze. 1911. Kapitel über B. H; Ulbrich-Mischler, Österreichisches Staatswörterbuch. II. Aufl. Band I. 1905, Artikel über B. H.; v. Ullmann, Völkerrecht. 1908. p. 297f.; v. Liszt, Völkerrecht. 1910. p. 98; Über die Geschichte der Provinzen: v. Komlóssy, Das Rechtsverhältnis Bosniens und der Herzegowina zu Ungarn. 1910.

digkeit, vor allem nach der Natur der staatstheoretischen Organisation zu fragen, welche die beiden Monarchien umspannt. Erst wenn wir über das Verhältnis von Österreich und Ungarn Klarheit gewonnen haben, können wir die politische und rechtliche Stellung von Bosnien-Herzegowina untersuchen. Man muß die Hauptsache kennen, bevor man nach ihren Pertinenzen forscht.

Wir haben schon in früherem Zusammenhang die Behauptung aufgestellt, daß Österreich und Ungarn seit dem Ausgleich von 1867 zwei verschiedene Staaten sind. Es gilt, dies Urteil zu erhärten.

Man findet kaum ein politisches Gefüge, das eine derartige Originalität und eine derartige Abweichung von den herkömmlichen Formationen zeigt, wie das Reich der Habsburger an der Donau. Seit dem Ausgleich ist den Kontroversen Tür und Tor geöffnet; eine Reihe widersprechender Theorien durchkreuzen sich, um das schwierige Phänomen zu erklären.

Die einfachste Lösung besteht darin, daß man jeden Dualismus leugnet. Österreich und Ungarn, so behaupten einige Autoren, sind zu einem einzigen Staat verbunden. Der Ausgleich von 1867 bedeutet nur eine Dezentralisation.

Manche räumen ein, daß zwei Staaten nebeneinander bestehen. Aber dann trennen sich die Meinungen wieder. Bald vereinigt man Ungarn und Österreich zu einem Bundesstaat, bald will man nur eine Realunion anerkennen.

Es gibt endlich eine Gruppe von Eklektikern, welche die Elemente der mannigfachen Konstruktionen miteinander verbinden. Österreich-Ungarn, lehren sie, ist eine Bildung eigner Art, eine Bildung, mit jeder der drei klassischen Formationen verwandt, aber mit keiner identisch.[1])

Werfen wir einen Blick auf die Verfassungsgeschichte.

Österreich und Ungarn bilden vor dem Ausgleich von 1867 einen Einheitsstaat. Das Oktoberdiplom von 1860 und das Februarpatent von 1861 haben wohl eine Verfassung gebracht und dem Absolutismus ein Ende bereitet. Aber die zentrale Gewalt ist geblieben.

Ungarn erhebt sich und weiß die Reichsgewalt zu brechen.

---

[1]) Vgl. über die verschiedenen Theorien: Ulbrich. p. 61f.; Hernritt. p. 63—64f.; Hauke, p. 141f.; Marczali, p. 224f.; Lamp, p. 207; Bernatzik, p. 289; Tezner, l. c.

Der ungarische Landtag weigert sich, den gesamten Reichsrat zu beschicken, welchen das Oktoberdiplom und das Februarpatent als Vertretung der einheitlichen Monarchie institutiert haben. Der Landtag wird am 21. August 1861 aufgelöst. Aber der Widerstand dauert fort, und der gesamte Reichsrat kann nicht zustande gebracht werden. Nach langem Streit sieht sich die Regierung zum Nachgeben genötigt, besonders als sich die Dinge in Deutschland verwickeln und der Konflikt mit Preußen droht. Durch ein Manifest vom 20. September 1865 erklärt der Monarch seinen Entschluß, das Oktoberdiplom und das Februarpatent dem ungarischen und dem kroatischen Landtag zur Billigung zu unterbreiten.[1]) Er sistiert gleichzeitig das Gesetz über die Reichsvertretung, welches mit dem Februarpatent ergangen ist, da es nicht in einem Teil des Reiches allein gelten kann. Ungarn soll über sein Schicksal, über die Art seiner Verbindung mit Österreich selbst entscheiden. Der Landtag, von neuem berufen, entsendet einen Ausschuß, um über die Einrichtung von gemeinsamen Angelegenheiten zu verhandeln. Der Ausgleich kommt zustande. Er ist in zwei parallelen Akten niedergelegt, in dem XII. ungarischen Gesetzartikel des Jahres 1867 und in dem österreichischen Gesetz vom 21. Dezember 1867. Ein ungarisches Ministerium wird ernannt. Und Franz Josef wird am 8. Juni 1867 zum König von Ungarn gekrönt.

Ungarn hat für einen eigenen Staat gekämpft. Ungarn hat sich der zentralen Reichsgewalt nicht beugen wollen. Man hat nicht vermocht, ihm diese Gewalt aufzuzwingen. Ungarn hat selbst über sein Schicksal und seine Herrschaft entschieden. Die natürliche Folge dieses Prozesses muß die Entstehung eines natio. nalen und souveränen Staates sein.

Diese Auffassung wird durch den Inhalt des Ausgleiches[2])

[1]) „Um nun mein kaiserliches Wort lösen zu können, um der Form nicht das Wesen zu opfern, habe ich beschlossen, zunächst den Weg der Verständigung mit den legalen Vertretern Meiner Völker in den östlichen Teilen des Reiches zu betreten, und dem ungarischen sowie dem kroatischen Landtage das Diplom vom 20. Oktober 1860 und das mit dem Patente vom 26. Februar 1861 kundgemachte Grundgesetz über die Reichsvertretung zur Annahme vorzulegen."

[2]) Eine erschöpfende Systematik bei Zolger. Der staatsrechtliche Ausgleich zwischen Österreich und Ungarn, 1911.

selbst bestärkt. Wir glauben aus ihm deduzieren zu können, daß eine einheitliche Gewalt in Österreich und Ungarn nicht bestehen kann.

Es gibt nach dem Ausgleich Angelegenheiten, die allen habsburgischen Ländern gemeinsam sind.

Dahin gehören zunächst die auswärtigen Angelegenheiten. Inbegriffen ist die diplomatische und kommerzielle Vertretung dem Ausland gegenüber. Inbegriffen sind die Verfügungen, die aus Anlaß von internationalen Verträgen ergehen. Allerdings, hier ist eine Schranke aufgerichtet: die Staatsverträge, die nach dem besondern österreichischen oder ungarischen Staatsrecht einer verfassungsmäßigen Genehmigung bedürfen, müssen dem österreichischen Reichsrat oder dem ungarischen Reichstag zur Billigung vorgelegt werden. — Die Fassung der beiden Gesetze stimmt nicht immer überein. So fordert das ungarische Gesetz, daß die auswärtigen Angelegenheiten „im Einverständnis mit den Ministerien beider Teile und mit ihrer Zustimmung" geführt werden, eine Klausel, die in dem österreichischen Texte fehlt.[1])

Gemeinsam ist weiter das Kriegswesen samt der Kriegsmarine. Einheitlich ist die Leitung, Führung und innere Organisation der gesamten Macht. Dieses Prinzip ist in folgender Richtung durchbrochen: die beiden Länder entscheiden selbständig über die Rekrutenstellung, über die Wehrpflicht, über die sachlichen Militärlasten, über die bürgerlichen Verhältnisse und die sich nicht auf den Militärdienst beziehenden Rechte und Pflichten der Heeresmitglieder.[2])

Gemeinsam ist endlich das Finanzwesen, das sich auf die beiden genannten Angelegenheiten, auf Diplomatie und Kriegswesen bezieht. Genauer gesagt: Gemeinsam sind die Ausgaben, welche aus diesen Angelegenheiten erwachsen. Gemeinsam ist also die Feststellung des Wirtschaftsplans, die Prüfung der Rechnungen. — Das ungarische, nicht aber das österreichische Gesetz bestimmt weiter, daß das Budget im Einverständnis mit den Ministerien der beiden Länder ausgearbeitet werden soll.[3]) — Die Be-

---

[1]) Ungarisches Gesetz, § 8; österreichisches Gesetz, § 1a.

[2]) Ungarisches Gesetz, §§ 11—14; österreichisches Gesetz, § 1b.

[3]) § 40.

schaffung der notwendigen Geldmittel hingegen bleibt Sache der einzelnen Länder.[1]) Das Verhältnis, nach welchem beide Reichshälften die Kosten der gemeinsamen Angelegenheiten zu tragen haben, die Quote, wird durch ein Übereinkommen der beiden Parlamente unter der Sanktion des Monarchen für eine bestimmte Zeitperiode festgesetzt. Ist eine Verständigung nicht möglich, so bestimmt der Monarch die Quote nach seinem Ermessen, aber nur für die Dauer eines Jahres.[2])

Es ist ein verantwortliches Ministerium eingerichtet für die Leitung der gemeinsamen Angelegenheiten. Es besteht aus einer Abteilung, des Äußern, des Krieges und der Finanzen.[3])

Führt das Ministerium die Verwaltungsgeschäfte, so üben die zwei Delegationen die formelle Gesetzgebung und die Kontrolle.

Die zwei Delegationen sind Ausschüsse, welche aus den Parlamenten der beiden Monarchien hervorgehen. Jede Delegation besteht aus 60 Mitgliedern, von denen 20 durch das Oberhaus, 40 durch das Unterhaus gewählt werden. Im österreichischen Abgeordnetenhaus geschieht die Wahl gruppenweise durch die Deputierten der einzelnen Länder. Im Herrenhaus und in den beiden ungarischen Kammern erfolgt die Wahl durch das Plenum. Wie aus früherem Zusammenhang bekannt, entsendet das ungarische Abgeordnetenhaus vier von seinen kroatischen Mitgliedern in die Delegation, das Magnatenhaus eines. Die Wahl wird in Österreich jedes Jahr, in Ungarn für jede Session des Reichstages erneuert.[4])

---

[1]) Ungarisches Gesetz, § 16; österreichisches Gesetz, § 1c. Über gemeinsame Angelegenheiten: ungarisches Gesetz § 56; österreichisches Gesetz, § 3.

[2]) Ungarisches Gesetz, §§ 18—22, 41; österreichisches Gesetz, § 3. Über die Beitragsleistung zu den Kosten der Staatsschuld: ungarisches Gesetz, §§ 53—55, 57, 67; österreichisches Gesetz, § 4. Die zeitliche Beschränkung fehlt im ungarischen Gesetz.

[3]) Ungarisches Gesetz, § 27; österreichisches Gesetz, § 5. Es fungiert auch ein gemeinsamer Oberster Rechnungshof auf Grund einer Kaiserlichen Entschließung vom 9. April 1868.

[4]) Ungarisch-kroatischer Ausgleich. Ungarischer Gesetzartikel XXX von 1868; kroatischer Gesetzartikel I vom gleichen Jahr, § 41. Ungarisches Gesetz, §§ 29, 30; österreichisches Gesetz, §§ 7—10. Man beachte hier einige Abweichungen.

Die Delegationen sind Ausschüsse der Parlamente. Damit ist gesagt, daß die Stellung eines Delegationsmitgliedes mit seiner Stellung als Parlamentsmitglied akzessorisch verbunden ist. Der Sitz in der Delegation geht mit dem Austritt aus dem Parlament oder mit einer Kammerauflösung verloren.[1])

Die Delegierten stehen nicht in einem Mandatsverhältnis zu dem Parlament, das sie entsendet. Sie sind nicht an seine Instruktionen gebunden. Das Parlament übt nur die Funktion eines Wahlkörpers und vermag die Selbständigkeit der Erwählten nicht zu beschränken.[2]) [3])

Die Delegationen werden vom Kaiser alljährlich einberufen. Sie konstituieren sich selbst.[4])

Die Delegationen haben das Recht der Initiative. Regierungsvorlagen gehen ihnen abgesondert durch das gemeinsame Ministerium zu.[5])

Jede der beiden Delegationen verhandelt, berät und beschließt für sich in getrennter Sitzung.[6])

Ein Beschluß ist nur wirksam, wenn er von beiden Delegationen in übereinstimmendem Text angenommen ist und die Sanktion des Kaisers erhalten hat.[7]) Um auf einen gleichlautenden Beschluß hinzuarbeiten, teilen sich beide Delegationen ihre Verhandlungen auf schriftlichem Wege mit. Jede Delegation kann den Antrag stellen, daß die Frage durch gemeinschaftliche Abstimmung entschieden werde; nach einem dreimaligen erfolglosen Schriftenwechsel kann der Antrag von der anderen Delegation nicht abgelehnt werden. Dann vereinigen sich beide Delegationen. Es können auf der einen Seite nicht mehr Delegierte abstimmen als auf der anderen. Eine Überzahl wird durch das Los ausgeschieden.[8])

Welches ist der Geschäftskreis der Delegationen? Wir haben

---

[1]) Ungarisches Gesetz, § 46; österreichisches Gesetz, §§ 24, 26.
[2]) Ungarisches Gesetz, § 38; österreichisches Gesetz, § 21.
[3]) Es ist Kreationsorgan; s. Jellinek, Allgemeine Staatslehre. 1905. p. 531.
[4]) Ungarisches Gesetz, §§ 31—32; österreichisches Gesetz, §§ 11—12.
[5]) Ungarisches Gesetz, §§ 40, 43, 44; österreichisches Gesetz, § 14.
[6]) Ungarisches Gesetz, §§ 33—34; österreichisches Gesetz, § 19.
[7]) Ungarisches Gesetz, § 43; österreichisches Gesetz, § 15.
[8]) Ungarisches Gesetz, §§ 32—36; österreichisches Gesetz, §§ 30—33.

ihn schon vorher charakterisiert, indem wir sagten: er besteht in der formellen Gesetzgebung[1]) und der Kontrolle.

Die Delegationen bestimmen das Budget für die gemeinsamen Angelegenheiten. Sie bestimmen es endgültig. Ist es von dem Monarchen sanktioniert, so wird es in den Parlamenten keiner Verhandlung mehr unterzogen.[2]) [3])

Sie prüfen die Rechnungsabschlüsse, sie nehmen periodische Berichte der gemeinsamen Ministerien über bestimmte Verwaltungszweige entgegen, sie beurteilen überreichte Petitionen, sie haben das Recht der Interpellation, sie können die Minister politisch zur Verantwortlichkeit ziehen und auch Anklage gegen sie erheben.[4]) Dieser Machtstellung der Delegationen entspricht das Recht des gemeinsamen Ministeriums, in ihrer Mitte zu erscheinen und das Wort zu ergreifen.[5])

Soviel über die gemeinsamen Angelegenheiten im technischen Sinn. Es ist für sie charakteristisch, daß sie von gemeinsamen Behörden verwaltet, gesetzlich geordnet und kontrolliert werden.

Sie bilden aber nicht die einzige Institution, in welcher sich das einigende Band offenbart, welches beide Länder umschließt. Es gibt Angelegenheiten, welche zwar vollkommen der partikulären Gesetzgebung und Verwaltung überlassen bleiben, aber nach gleichen, von Zeit zu Zeit neu zu vereinbarenden Grundsätzen erledigt werden.[6]) [7]) Man spricht hier von dualistischen[8]) oder besser von dualistisch-gemeinsamen, im Gegensatz zu unitarisch gemeinsamen Angelegenheiten.[9]) In diese Kategorie ge-

[1]) Die Delegationen haben keine materielle Gesetzgebung. Hernritt. p. 236. Hauke. p. 161. Bernatzik. p. 382. Anmerkung zu § 6 des österreichischen Gesetzes.

[2]) Ungarisches Gesetz, §§ 40—41; österreichisches Gesetz, § 1 c. 6,

[3]) Über die Mitwirkung bei der Aufnahme gemeinsamer Anleihen: Ungarisches Gesetz, § 56; österreichisches Gesetz, § 3.

[4]) Ungarisches Gesetz, §§ 39, 42, 50 f.; österreichisches Gesetz, §§ 28, 16 f.; Ulbrich. p. 104; Hernritt. p. 236.

[5]) Ungarisches Gesetz, § 39; österreichisches Gesetz, § 28.

[6]) Ungarisches Gesetz, §§ 13, 58—66; österreichisches Gesetz, § 2.

[7]) Diese Verpflichtung hat nach der ungarischen, wohl zutreffenden Auffassung nur einen moralischen, nicht einen rechtlichen Charakter. Ungarisches Gesetz §§ 18, 23, 58, 59, 61, 68; Hernritt. p. 238; Bernatzik. p. 380. Anmerkung zu § 2 des österreichischen Gesetzes.

[8]) Bernatzik. p. 380, Anmerkung zu § 2 des österreichischen Gesetzes.

[9]) Hernritt. p. 237.

hören folgende Materien: die Handelssachen; die Gesetzgebung über die mit der industriellen Produktion in enger Verbindung stehenden indirekten Abgaben; die Feststellung des Münzwesens und des Geldfußes; die Verfügungen wegen der Eisenbahnen, welche das Interesse beider Reichshälften berühren; die Festsetzung des Wehrsystems. Diese Dinge sind durch eine Reihe von Verträgen geregelt. Die Einigung wird in der Weise herbeigeführt, daß die beiden Staatsministerien einen gemeinschaftlichen Gesetzentwurf ausarbeiten, oder auch in der Weise, daß beide Parlamente aus ihrer Mitte gleichgroße Deputationen wählen, die im Einverständnis mit den beiden Ministerien einen Vorschlag zustande bringen.[1])

Diese Feststellungen genügen, um ein Urteil zu ermöglichen über das Band, das sich zwischen den österreichischen und den ungarischen Ländern knüpft.

Ist das Reich der Habsburger ein Staat, so ist es entweder Einheitsstaat — Österreich und Ungarn sind dann nur Provinzen, vielleicht ursprüngliche Staatenteile —, oder es ist ein zweigliedriger Bundesstaat. In beiden Fällen muß eine ursprüngliche Herrschergewalt vorhanden sein, die aus dem gesamten Reich erwächst. Mit ihr steht und fällt der gemeinsame Staat. Vermögen wir darzutun, daß diese originäre Macht nicht besteht, so ist der Charakter des Reiches als Bund, als vertragsmäßiger Zusammenschluß zweier Staaten erwiesen.

Wenn es eine gemeinsame ursprüngliche Gewalt gibt, wer sind ihre Träger? Die Antwort ist nicht zweifelhaft: der Kaiser, das gemeinsame Ministerium, die Delegationen.

Erinnern wir uns nun an drei Sätze, die wir in früherem Zusammenhang gewonnen haben.

Erster Satz: Der Träger der staatlichen Gewalt hat eine größere Autorität als der Träger einer provinzialen Gewalt. Denn die zweite Macht ist von der ersten abgeleitet. Zweiter Satz: Die Gewalt des Bundesstaates ist größer als die Gewalt des Gliedstaates. Das ergibt sich aus dem Wesen des föderativen Systems. Dritter Satz: Die zentrale Macht des Staates hat die gleiche Kraft wie die partikuläre, die in einem ursprünglichen

---

[1]) Ungarisches Gesetz, §§ 60—62; österreichisches Gesetz, § 36.

Staatenteil besteht; die Gewalten sind beide ursprünglich, sie ruhen beide auf dem Willen der gesamten Nation. — Wir ziehen aus diesen Erkenntnissen eine gemeinsame Konsequenz, indem wir eine These aufstellen, die dem einfachsten politischen Takte selbstverständlich dünkt: Neben einer zentralen Gewalt ist kein Raum für eine ihr überlegene partikuläre Gewalt.

Halten wir fest an dieser These, so erkennen wir bald, daß ein Staat Österreich-Ungarn in Wahrheit nicht bestehen kann.

Wir stellen die Behauptung auf: Die Autorität der gemeinsamen Institutionen, die Gewalt, die von dem Monarchen in Verbindung mit dem gemeinsamen Ministerium und den Delegationen geübt wird, ist politisch schwächer als die partikuläre Gewalt, die sich in den Händen des Monarchen, der beiden Ministerien und der beiden Parlamente befindet. Ist diese Behauptung richtig, so ist zugleich festgestellt, daß es ein Staatswesen Österreich-Ungarn nicht gibt. Denn das Reich der Habsburger kann in diesem Fall weder als ein Bundesstaat aufgefaßt werden, noch als ein zentralisiertes Gemeinwesen, das sich aus zwei Provinzen oder aus ursprünglichen Staatenteilen zusammensetzt.

Es bleibt nur übrig, die Wahrheit unserer Behauptung darzutun.

In dem zentralen Bereich sind die Delegationen an jeder Gewaltübung beteiligt. Der Kaiser ist beim Erlaß von Gesetzen an ihre Zustimmung gebunden. Die Minister sind ihrer Kontrolle unterworfen. — In dem partikulären Bereich handeln Kaiser und Minister in Gemeinschaft mit den Parlamenten, die unmittelbar auf die Legislative, mittelbar auf die Exekutive Einfluß üben.

Nun wird man aber mit Leichtigkeit gewahr, daß die Delegationen nicht die gleiche Autorität, nicht die gleiche politische Kraft besitzen können wie die Parlamente.

Die Delegationen sind durch die Parlamente gewählt.

Es ist nun eine altbewährte staatstheoretische Wahrheit, daß der gezeugte Gewaltenträger schwächer ist als der zeugende, daß die Kreatur mit geringerer Kraft begabt ist als der Schöpfer. Ist ein Gewaltenträger von einem anderen gewählt, so wird er notwendigerweise seinem politischen Einfluß unterliegen. Denn er verdankt ihm die Existenz. Mag er auch rechtlich an ein Mandat nicht gebunden sein, so hat er doch die Quelle seines Lebens in dem Vertrauen, das jener ihm schenkt. Dieses Vertrauen aber bedeutet Abhängigkeit, solange moralische Bande überhaupt eine Kraft besitzen. Und wenn die Bande sich mit der Zeit auch lockern, so werden sie doch durch die periodische Erneuerung der Wahl jedesmal wieder zusammengefügt. Ja, die Erwartung der neuen Wahl selber, die Sorge, die sich mit ihr verknüpft, ist die lebendigste Quelle der Abhängigkeit.

Prüfen wir diese Wahrheit näher.

Warum kann ein Abgeordnetenhaus nicht gegen die Wähler regieren? Warum gibt ein Zwiespalt unter beiden Elementen dem Haupt der Exekutive die politische Macht zur Auflösung der Kammer? Weil die Wähler den Gewählten überlegen sind. Warum hat der französische Präsident nicht die politische Kraft, sein konstitutionelles Veto gegen ein Gesetz einzulegen? Warum ist er schwächer als das Parlament? Weil er den Wahlen der zur Nationalversammlung vereinigten Kammern entstammt.[1]) Warum halten sich umgekehrt in Nordamerika Präsident und gesetzgebende Kammern an politischem Einfluß die Wage?[2]) Weil sie beide unabhängig voneinander aus allgemeinen Wahlen hervorgehen.[3]) [4]) Warum hat eine Exekutive, die von der Legis-

[1]) Duguit, Traité de droit constitutionnel. 1911. Tome II. page 449: «Depuis 1875, le président de la République n'a pas exercé une seule fois le droit de veto suspensif. Il faut bien dire qu'en fait il lui est assez difficile de l'exercer, à notre avis toujours à cause de la faiblesse irrémédiable qui tient à son mode d'élection.“ p. 425: „Il n'est pas vrai de dire qu'il est illogique qu'un président élu par les chambres puisse dissoudre l'une d'elles. En effet en droit le président de la République n'est pas l'élu des chambres, mais d'un corps électoral qui l'élit au nom du suffrage universel dont il émane lui-même. Mais il est vrai que par son origine, en fait, le président de la République se trouve impuissant à exercer son droit de dissolution. En 1875 c'était l'argument que certains orateurs de la droite, notamment M. de Ventavon, invoquaient pour soutenir qu'on ne pouvait donner le droit de dissolution qu'au maréchal de Mac Mahon, qui, élu par l'Assemblée nationale, aurait seul, logiquement et en fait, un pouvoir suffisant pour faire une dissolution.“

[2]) Bryce, The American Commonwealth. 1911. p. 42: „In their effort to establish a balance of power, the framers of the Constitution so far succeeded, that neither power has subjected the other.“

[3]) Wenigstens in letzter Linie. Bryce. p. 42. l. c.

[4]) Burgess, Political Science and comparative constitutional law. 1890. Volume II, Government: "In the two systems which present an elective

lative erwählt ist, nur den Schatten einer Gewalt? Warum ermangelt sie der Lebensfähigkeit? Warum haben die Konvention und das Lange Parlament zur Diktatur geführt? Warum ist das direktoriale System, das dem Gedankenkreis von Rousseau entstammt, mit einem organischen Fehler behaftet, der in den meisten Fällen die Zersetzung des Staates bringt?[1])

Überall bestätigt sich die fundamentale Wahrheit, daß jede Wahl eine politische Schwächung des Gewählten bedeutet.[2])

---

executive, the differences in the character of the electoral body, and in the law of election, produce important results. Here again the differences are more significant than they appear at first view. — The election in both cases is indirect; but while in the one case it proceeds from a number of bodies each independent of the others, and all independent of the legislature with which the executive is connected, in the other it proceeds from a single body, identical in personnel with the membership of the legislature with which the executive is connected. As results, we have, in the one case, a permanently independent executive; in the other, an executive tending to become completely subordinate to the legislature. — It seems to me that the time has come for an amendment of the French constitution in this respect. I do not see why the formation of electoral colleges in the départements and the election of the President by such colleges under a general law of election would not sufficiently avoid the dangers of a direct election by the people, and at the same time give the President a more natural position over against the legislature, especially against the rapacious Chambre of Deputies. It would at least make it impossible for the legislature to force the resignation of one President for the sake of electing another."

[1]) Das System ist in der Schweiz nur wegen der besonderen politischen Veranlagung des Volkes möglich und auch hier im Kampf mit der immer fortschreitenden Bestrebung, die Exekutive aus Volkswahlen hervorgehen zu lassen.

[2]) Condorcet versucht diese Wahrheit vor der von Rousseau beherrschten Konvention zu verteidigen, welche das einzige Heil in der Allmacht der gesetzgebenden Gewalt erblickt. — Condorcet, Dans la séance du 28 fevrier 1893. Réimpression du Moniteur. Tome XV. p. 463: «Les agents du pouvoir exécutif doivent être essentiellement subordonnés à la puissance législative, ou le principe de l'unité d'action serait violé. Ce Conseil exécutif doit être la main avec laquelle les législateurs agissent, l'œil avec lequel ils doivent observer les détails de l'exécution de leurs décrets et les résultats des effets que les décrets ont produits. Mais les institutions d'un peuple libre ne peuvent offrir l'image d'une dépendance servile; si les membres du Conseil sont les agents du Corps législatif, ils ne doivent pas en être les créatures.

Die Parlamente sind den Delegationen überlegen. Denn sie sind die Kreationsorgane. Das ist der Schluß, den wir aus unserer staatstheoretischen Betrachtung ziehen.

Die Delegationen müssen aber ihre Inferiorität auf die übrigen zentralen Institutionen übertragen, mit welchen sie verwachsen sind. Der gemeinsame Monarch und das gemeinsame Ministerium erleiden notwendigerweise einen Verlust an politischer Macht, wenn sie durch eine Körperschaft beschränkt und kontrolliert werden, die von den partikulären Parlamenten abhängig ist. Vergleicht man das Ansehen des nationalen mit dem des gemeinsamen Monarchen, so fällt schwer ins Gewicht, daß der eine mit einer wirklichen Volksvertretung zusammen handelt, der andere nur mit einem Organ, welches die Schöpfung dieser Volksvertretung ist. Jener ist mit einer Körperschaft verbündet und durch eine Körperschaft gestützt, welche unmittelbar durch das Volk gebildet ist und dadurch seine große Kraft gewinnt. Der andere besitzt einen solchen Rückhalt nicht. Der King in Delegation ist schwächer als der King in Parliament.

Will man sich die Natur der gemeinsamen Herrschaft recht deutlich machen, so braucht man nur folgende Erwägung anzustellen: Der Staat kann die provinzialen Gewalten jederzeit aufheben. Er hat sie eingesetzt. Sie leiten sich von ihm her. Weiter, der Bundesstaat kann seine Kompetenzen immer auf Kosten der partikulären Autonomie erweitern. Kann ein Ereignis von dieser Art in Österreich-Ungarn vorgestellt werden? Ist es denkbar, daß Monarch und Delegationen die österreichische und die ungarische Staatsgewalt einschränken oder gar zertrümmern? Die Antwort ist nicht zweifelhaft. Sie ist durch die

---

Il doit avoir les moyens de les forcer à l'obéissance, il doit avoir l'autorité de réprimer leurs écarts; mais la loi, protectrice des droits de tous, doit pouvoir se placer entre eux et lui. *Ainsi les membres du Conseil* ne seront point élus par le Corps législatif, puisqu'ils sont les officiers du peuple, et non ceux des représentants». — Danton, Séance de la Convention du 10 mai 1793. Réimpression de l'Ancien Moniteur. Tome XVI. p. 357: «Il faudra que le pouvoir exécutif soit élu par le peuple; il faudra l'investir d'une grande puissance et la balancer par une autre». Zitiert bei Esmein, Éléments de droit constitutionnel français et comparé. 1906. p. 394—395.

reale Verteilung der politischen Kräfte von selbst gegeben. Ein derartiger Prozeß ist eine staatstheoretische Phantasie.

Man stelle die Frage recht plastisch: Wenn im Kaiserreich an der Donau die partikuläre und die zentrale Herrschaft miteinander in Konflikt geraten, wenn die eine die andere zurückdrängen oder vernichten will, welche von beiden wird populärer sein und über die größere Volkskraft verfügen? Welche wird siegen? — Die zentrale nimmermehr.

So führt die politische Erwägung, die uns allein die Lebenskraft und damit die Natur der Staatsbildungen erkennen läßt, zu dem Ergebnis, daß Österreich und Ungarn Staaten sind und daß sie keinen höheren Staat über sich haben. Dann aber bleibt nur eine Lösung. Sie ergibt sich in streng logischer Konsequenz: das Reich der Habsburger ist ein Staatenbund.[1]) [2])

Die politische Erwägung wird unterstützt durch die Betrachtung der rechtlichen Institutionen. Für die Souveränität der beiden Länder spricht die ungarische Forderung, daß die Diplomatie im Einverständnis und mit Zustimmung der beiden partikulären Ministerien geführt werde. Für sie spricht weiter, daß die zwei Länder die Geldmittel für die gemeinsame Regierung selbständig aufbringen und das Verhältnis der Beiträge durch Vertrag miteinander regeln. Für sie spricht die Institution der dualistisch gemeinsamen Angelegenheiten, und endlich die weitgehende Beschränkung der gemeinsamen Organe. Sie haben keine materielle Gesetzgebung. Sie treten nicht als Träger obrig-

[1]) Wir fassen den Begriff in seinem weitesten Sinne, in dem er alle vertragsmäßigen, völkerrechtlichen Staatsverbände in sich begreift. So Laband, Staatsrecht. 1911. Band I. p. 55f. Anders Jellinek, Allgemeine Staatslehre. 1905. p. 743.

[2]) Jellinek, Staatslehre. 1905. p. 739: „Jede Annahme bundesstaatlicher Elemente oder gar eines entwickelten Bundesstaates in Österreich-Ungarn scheitert ein für alle Mal daran, daß jeder noch so rudimentäre Bundesstaat in der Lage sein muß, seine Glieder zu beherrschen. Ein Staat aber, der seine finanziellen und militärischen Kräfte ganz von seinen Gliedstaaten erhält, der diesen gegenüber nicht mit der geringsten rechtlichen Macht ausgestattet ist, um seine Ansprüche an sie durchzusetzen, der keine wie immer geartete Instanz besitzt, um Konflikte in seinem Innern durch Rechtsspruch zu entscheiden, dessen Dasein von einem seiner Mitglieder ausdrücklich geleugnet wird, ein solcher Staat kann sein Dasein nur im luftigen Reiche juristischer Dialektik führen."

keitlicher Gewalt in Berührung mit den Untertanen,[1]) wie sich aus dem Inhalt ihrer Kompetenzen ergibt.[2])

Allerdings, Österreich-Ungarn ist kein Bund von gewöhnlicher Art, sondern ein Bund von ganz besonderer Intensität. Er geht auf die Einsetzung von gemeinsamen Organen, die berufen sind, eine wirkliche Herrschaft auszuüben. Er geht weiter auf die Einrichtung einer gleichen Dynastie und kann deshalb eine Realunion genannt werden.[3]) [4])

---

[1]) Lamp, p. 218. Eine Ausnahme besteht im Verhältnis zu Bosnien und der Herzegowina.

[2]) Die Befehle und Anordnungen des Kriegsministeriums gehen nicht an die Untertanen als solche. Sie entspringen dem Gewaltverhältnis militärischer Unterordnung.

[3]) Rehm, Staatslehre. 1899. p. 103 gibt folgende Definition: „Dauernde (und darum reale) Personalunion, sog. Realunion, d. h. diejenige Personalunion in weiterem Sinne, welche auf einer bindenden Übereinstimmung der Thronfolgeordnungen der beteiligten Staaten beruht und darum im Verhältnisse zu dem unter Umständen auf das Leben des einzelnen Herrschers beschränkten Bestande der zufälligen Personalunion die tatsächliche Natur verhältnismäßiger Dauer besitzt. Die Bindung kann durch Vertrag, Herkommen oder eine den beteiligten Staaten übergeordnete Gewalt herbeigeführt sein. — Jellinek. Staatslehre. 1905. p. 735: „Die Realunion ist ein auf Vereinbarung beruhender Bund zweier oder mehrerer Staaten, kraft dessen die physische Person des Fürsten gemeinsam ist, der weiterhin in jedem der unierten Staaten eine von der anderen rechtlich ganz unabhängige Organstellung besitzt. Die Realunion ist eine organisierte Verbindung, indem mindestens der gemeinsame Monarch im Rechtssinne stets eine Mehrheit von Herrschern darstellt. Dazu können oder müssen andere vereinbarungsgemäß gemeinsame Angelegenheiten kommen. Vereinbarung ist der einzige Rechtsgrund, der mit unsern modernen Staats- und völkerrechtlichen Begriffen zu beurteilenden Realunion. Unrichtig ist die Theorie, welche die Realunion auf Verfassungsgesetz eines oder beider Staaten basieren wollte, sie geradezu als verfassungsmäßige Vereinigung mehrerer Staaten unter demselben Oberhaupt definierte. Sie kann in die Gesetze aufgenommen werden, ähnlich wie jeder Staatsvertrag durch Publikation von Staatswegen nach innen den Charakter eines Gesetzes erhält." — Der Begriff der Realunion wird in sehr verschiedener Weise gefaßt. Siehe z. B. die Zusammenstellung der Theorien bei Von der Osten-Sacken, Die staatsrechtliche Stellung des Großfürstentums Finnland im Russischen Reiche. 1909. p. 9f.

[4]) Für die Realunion stehen: Jellinek, Die Lehre von den Staatenverbindungen. 1882. p. 197f.; Allgemeine Staatslehre. 1905. p. 738f.; Rehm, Staatslehre. 1899. p. 103; Hernritt. p. 64; v, Ullmann. p. 97—98; für den ver-

Die gemeinsamen Organe sind auf Grund eines Vertrages von den beiden Staaten ins Leben gerufen und mit Herrschaft ausgestattet. Sie haben eine abgeleitete Macht. Sie sind Werkzeuge, durch welche die Staaten einen Teil ihrer ursprünglichen Gewalten einheitlich üben. Die Staaten wollen einen Teil ihrer Herrschaft gemeinsam betätigen und legen ihn deshalb in eine gleiche Hand. Aber die Herrschaft bleibt ihre eigene. Es wird nur die Form ihrer Ausübung organisiert. Die Herrschaft gehört dem Monarchen und den Parlamenten. Sie ist von ihnen verliehen und kann von ihnen zurückgenommen werden. Der gemeinsame Monarch, die gemeinsamen Minister und die Delegationen sind Organe, die von den in sich fertigen, in sich selbst organisierten Staaten geschaffen sind. Sie sind nicht Träger, sie sind Schöpfungen der ursprünglichen Gewalt. Sie sind nicht Elemente, sie sind Produkte staatlichen Lebens. Sie sind mittelbare Organe.[1])

Damit haben wir die wissenschaftliche Basis geschaffen, um das Schicksal des Landes Bosnien-Herzegowina staatstheoretisch zu ermessen.

Welches ist die Natur der Herrschaft, die in Bosnien-Herzegowina besteht? Das ist das Problem, das es zu lösen gilt.

Wir fragen nach der Natur der Herrschaft. Damit fragen wir nach ihrem Ursprung. Denn jede Herrschaft erhält ihr charakteristisches Gepräge durch die Art, in der sie entsteht.

Eine jede Herrschaft ruht auf dem Willen eines Volkes.

---

tragsrechtlichen Charakter Marczali, p. 224f.; für die Realunion, aber mit etwas abweichender Auffassung des Begriffs Juraschek, Personal- und Realunion. Mit einem Anhange: Das rechtliche Verhältnis zwischen Österreich und Ungarn. 1878. Übersicht bei Hauke. p. 144.

[1]) Die Terminologie stammt von Jellinek: „In jedem Staate sind notwendig unmittelbare Organe vorhanden, deren Dasein die Form des Verbandes konstituiert, deren Wegfall entweder den Staat völlig desorganisieren oder von Grund aus umwälzen würde. Solche Organe heißen unmittelbare, weil ihre Organstellung unmittelbar durch die Verfassung des Verbandes selbst gegeben ist, d. h. wie immer sie auch bestellt werden, es ist niemand da, dem sie kraft ihrer Organqualität verpflichtet sind, als unmittelbar dem Staate selbst. Da ihre Stellung unmittelbar in der Organisation des Verbandes selbst wurzelt, so kann der Verband nur durch sie tätig werden."

Eine jede Herrschaft ist ein natürliches psychologisches Gebilde. Das ist ein Axiom, von dem wir immer ausgegangen sind. Aus ihm folgt, daß eine Herrschaft niemals durch einen völkerrechtlichen Akt geschaffen oder übertragen werden kann. Ein völkerrechtlicher Vertrag kann Schwierigkeiten hinwegräumen, welche der Entstehung einer neuen Herrschaft durch fremde Gewalt in den Weg gelegt werden. Er kann einer neuen Herrschaft den Boden bereiten. Er kann sie anerkennen. Begründen kann er sie nie. Das sind Konsequenzen, die wir schon früher gezogen haben.

Wollen wir über das Wesen der Staatsgewalt in Bosnien-Herzegowina Klarheit gewinnen, so dürfen wir uns deshalb nicht auf Ereignisse des internationalen Rechts, sondern nur auf völkerpsychologische Tatsachen gründen, die sich im Rahmen der neu erworbenen Länder und in der dualistischen Monarchie zugetragen haben. Die völkerrechtliche und die staatstheoretische Frage sind getrennt zu behandeln.

Entwerfen wir der systematischen Übersicht halber ein Bild der internationalen Begebenheiten, die für das Schicksal des Landes Bedeutung gewonnen haben.

Bosnien-Herzegowina, bisher türkische Provinzen, werden durch die Berliner Kongreßakte vom 13. Juli 1878 der österreichisch-ungarischen Monarchie zur Besetzung und Verwaltung überlassen.[1])

Die Angelegenheit wird näher geregelt durch eine Konvention vom 21. April 1879, geschlossen zwischen Österreich-Ungarn und der Türkei. Die Religionsfreiheit wird zugesichert. Der Name des Sultans soll wie bisher in den öffentlichen Gebeten der Mohammedaner genannt und der Halbmond, wie üblich, auf den Minaretten gehißt werden. Die Einkünfte der Provinzen sollen nur ihren Verwaltungszwecken dienen. Die Weitergeltung der türkischen Münzen wird stipuliert.[2])

---

[1]) Art. XXV: «Les provinces de Bosnie et d'Herzégovine seront occupées et administrées par l'Autriche-Hongrie. — A cet effet, les Gouvernements d'Autriche-Hongrie et de Turquie se réservent de s'entendre sur les détails.»

[2]) «Art. 1: L'administration de la Bosnie et de l'Herzégovine sera exercée conformément à l'article XXV du traité de Berlin par l'Autriche-

Österreich-Ungarn übt seither in Bosnien-Herzegowina eine vollkommene Gesetzgebung und Regierung, eine unbeeinträchtigte Herrschaft aus.

Veranlaßt durch eine langjährige serbische Agitation, durch die Umwälzungen in der Türkei und die plötzlichen Ansprüche der Jungtürken auf die beiden Provinzen,[1]) proklamiert Franz Josef am 5. Oktober 1908 die Annexion von Bosnien-Herzegowina.

Der Akt, zuerst lebhaft bekämpft[2]), wird von der Türkei in einem Abkommen vom 26. Februar 1909[3]) und von den Mächten in einem Notenwechsel vom März, April und Mai 1909 anerkannt.[4])

Man hat viel über die Tragweite des Berliner Vertrages und der nachfolgenden Konvention gestritten. Österreich-Ungarn erhalte nicht eine wirkliche Herrschaft, sondern nur das Recht, die türkische Herrschaft provisorisch auszuüben; es erhalte nicht die Substanz, sondern nur die Vollziehung der Gewalt. So lautet die eine Doktrin. Die beiden Akte seien als die definitive und

---

Hongrie.» Art. 2: «La liberté et la pratique extérieure de tous les cultes existants seront assurées aux personnes habitant ou séjournant en Bosnie et en Herzégovine. — Le nom de sa Majesté le Sultan continuera à être prononcé dans les prières publiques des Musulmans comme par le passé. En tant qu'il serait d'usage de hisser le drapeau ottoman sur les minarets, cet usage sera respecté.» Art. 3: «Les revenus de la Bosnie et de l'Herzégovine seront affectés exclusivement à leurs besoins, leur administration et les améliorations jugées nécessaires.» Art. 4: «Les monnaies ottomanes effectives continueront à avoir libre cours en Bosnie-Herzégovine.» In der Einleitung ist gesagt, daß die Okkupation die Souveränitätsrechte des Sultans nicht beeinträchtigt.

[1]) Kleinwächter, p. 145—146.

[2]) Kleinwächter, p. 146f.

[3]) «La Convention du 21 avril 1879 ainsi que la protestation de la Sublime Porte contre la décision du Gouvernement commun d'Autriche-Hongrie, concernant la Bosnie et l'Herzégovine, et toutes les autres dispositions ou stipulations existant entre les Hautes Parties contractantes, et contraires à cette décision, sont abrogées et remplacées par le présent protocole qui constate que toute divergence au sujet de ces deux provinces est aplanie entre Elles et que le Gouvernement Ottoman reconnaît d'une façon expresse, le nouvel État de choses en Bosnie et Herzégovine créé par ladite décision.

[4]) Serbien 18.—31. März; Deutschland 7. April; Italien 11. April; England 17. April; Rußland 6.—19. April; Frankreich 19. April.

wahrhafte Zubilligung der Gewalt zu verstehen. So lautet die andere These.[1]) Gibt man dem Berliner Vertrag die einschränkende Interpretation, so bleibt nur ein einziger Weg offen, um die effektive Herrschaft Österreich-Ungarns mit dem Völkerrecht in Einklang zu bringen. Die Anerkennung des Erwerbes, so kann man sagen, hat sich in der Weise vollzogen, daß Österreich-Ungarn im Laufe der Zeit eine unbeschränkte Gebietshoheit ausübte und daß die Mächte keinen Widerspruch erhoben, sich stillschweigend einverstanden erklärten.[2]) Wenn man sich zu dieser Deutung nicht bekennt, so muß man zu dem Schluß gelangen, daß erst die diplomatischen Akte von 1909 den völkerrechtlichen Titel für die Herrschaft Österreich-Ungarns geschaffen haben.[3])

Soviel über das Problem des völkerrechtlichen Titels, über das Problem der Anerkennung durch die Mächte. Ganz unabhängig von dieser Frage ist die andere, in welchem Moment die Herrschaft Österreich-Ungarns in Bosnien-Herzegowina begründet worden ist. Der Zeitpunkt der Gewalterrichtung und der Zeitpunkt der völkerrechtlichen Anerkennung können auseinanderfallen. Der Erwerb der Herrschaft ist eine interne Angelegenheit, eine Tat, die sich in den Grenzen von Österreich-Ungarn und Bosnien-Herzegowina vollzieht. Sie ist eine Frage nationaler Macht, nicht eine Frage internationalen Rechts. Die Herrschaft ist verwirklicht mit der effektiven Okkupation, mit der dauernden und sicheren Durchsetzung der Zwangsgewalt. Die Herrschaft von Österreich-Ungarn ist begründet in dem Augenblick, in welchem der Doppelstaat über die neuen Länder Herr geworden ist.

Die Unterwerfung ist nach einem langen und opferreichen

---

[1]) Kleinwächter, p. 141—143.

[2]) v. Liszt. p. 98. Vgl. auch Kleinwächter l. c.

[3]) Es ist logisch nicht korrekt und bedeutet eine Vermengung des staatsrechtlichen und des völkerrechtlichen Gesichtspunktes, wenn Lamp nachzuweisen sucht, daß der Berliner Vertrag nur den Rechtstitel für eine provisorische Herrschaftsübung im Namen des Sultans enthalte, und daraus den Schluß zieht, daß erst die Annexion vom 5. Oktober 1908 das Band zwischen Bosnien-Herzegowina und der Türkei zerschnitten und das Land zu einem integrierenden Bestandteil der Habsburger Monarchie gemacht habe (p. 166f.).

Feldzug erfolgt, der nach dem Abschluß des Berliner Vertrages unternommen wurde. Mit ihr ist die neue Herrschaft begründet. Liegt der definitive völkerrechtliche Titel in der Berliner Kongreßakte, so war also der völkerrechtliche Titel in Kraft, bevor er realisiert werden konnte. Liegt er hingegen erst in dem Abkommen von 1909, so hat lange Zeit ein Widerspruch bestanden zwischen dem tatsächlichen Herrschaftsverhältnis und dem internationalen Recht.

Ist die Herrschaft über Bosnien-Herzegowina einmal begründet, so erhebt sich die Frage, in welcher Weise sie ausgebaut wird.

Der Monarch übt gleich mit der Okkupation das volle Herrscherrecht aus. Woher stammt seine Gewalt? Aus einer stillschweigenden, durch die Ereignisse selbst gegebenen Erweiterung der Ausgleichgesetze. Mit der Okkupation entsteht eine neue gemeinsame Angelegenheit, die Übung der Herrschaft über Bosnien und die Herzegowina.[1]) Der Geschäftsbereich der ge-

---

[1]) Nach Lamp, Hauke, v. Starzynski — s. Lamp, Jahrbuch. p. 216 — handelt es sich zuerst um eine auswärtige Angelegenheit, die ohne weiteres nach den Grundgesetzen des Ausgleiches in die gemeinsame Sphäre staatlicher Tätigkeit fällt; erst mit der Annexion ersteht in der Beherrschung von Bosnien-Herzegowina eine neue pragmatische Angelegenheit. Das ist die natürliche Konsequenz der Ansicht, welche vor der Annexion nur ein völkerrechtliches Verhältnis konstruiert. „Mit Recht hat Hauke unter Berufung auf v. Starzynski die von der Monarchie im Berliner Vertrage von 1878 übernommene Besetzung und Verwaltung Bosnien-Herzegowinas als eine ‚auswärtige Angelegenheit' charakterisiert, da sie sich als die Durchführung eines völkerrechtlichen Vertrages auf einem außerhalb der damaligen Grenzen der Monarchie gelegenen fremden Gebiete darstellte. Die schon in anderem Zusammenhang genannten Vertreter der Auffassung, daß die Okkupation eine verschleierte Form derivativen Erwerbes gewesen, unterschätzen den Unterschied zwischen der politischen und juristischen Seite des Problems und übersehen den Bestand völkerrechtlicher Rechtsverhältnisse bezüglich des Okkupationsgebietes, welche durch den bis zur völkerrechtlichen Anerkennung der Annexion in kraft gewesenen Berliner Vertrag begründet worden sind. Aber die Voraussetzungen für die Subsumtion der bosnischen Verwaltung unter die auswärtigen Angelegenheiten haben sich in dem Augenblicke vollständig geändert, als infolge der Annexion an die Stelle des völkerrechtlichen Titels für eine ‚provisorische' österreichisch-ungarische Herrschaft in Bosnien eine staatsrechtliche Grundlage für die Eingliederung des Landes in die Monarchie und für endgültige Beherrschung des-

meinsamen Organe, der Geschäftsbereich des Monarchen, des einheitlichen Ministeriums und der Delegationen erstreckt sich auf die neue Materie. — Aber es erhebt sich die Frage: Kann die Angelegenheit Bosnien-Herzegowina durch einen neuen besonderen Ausgleich, kann die Kompetenz jener Organe durch vereinbartes Gesetz geändert oder aufgehoben werden? Die Frage regelt sich von selbst. Die Machtbefugnis der gemeinsamen Organe hat überhaupt keinen anderen Grund, als den — wenn auch stillschweigend erweiterten — Ausgleich, d. i. die übereinstimmende Gesetzgebung beider Monarchien. Sie gilt nur, solange die paktierte Gesetzgebung sie bestehen läßt. Sie ist im natürlichen Gefüge der Dinge das schwächere, das abhängige Element. Und so muß für die neue gemeinsame Angelegenheit Bosnien-Herzegowina der Satz gelten, daß sie nur solange zu der Kompetenz der einheitlichen Organe gehört, als die paktierte Gesetzgebung nicht auf den Schauplatz tritt und die schwächere Form der Herrschaft verdrängt.

In einer ersten Periode ist der Monarch durch eine übereinstimmende Gesetzgebung beider Staaten nicht beschränkt. Er überträgt die Regierung des Landes dem gemeinsamen Ministerrat. Er schafft zur Führung der laufenden Geschäfte eine Kommission, die aus Delegierten der drei gemeinsamen Ministerien und aus Delegierten der beiden Kabinette von Österreich und Ungarn besteht.[1]) Da dieser Mechanismus sich als zu schwerfällig erweist, überläßt er die Regierung dem gemeinsamen Finanzminister. Zu seiner Unterstützung wird eine ständige Behörde konstituiert.[2]) [3]) Die alte Kommission besteht weiter mit beratender und begutachtender Funktion.[4])

---

selben geschaffen und diese in den Formen einer besonderen Rechtsordnung für das Land dauernd geregelt wurde. Von diesem Zeitpunkte an kann die Verwaltung Bosnien-Herzegowinas nicht mehr als ‚auswärtige', d. h. als eine solche Angelegenheit bezeichnet werden, welche im Verhältnisse der Gesamtmonarchie zu den fremden Mächten besorgt werden soll. Die Regierung des Annexionsgebietes ist ausschließlich zu einer inneren Angelegenheit der Monarchie geworden (Lamp)."

[1]) Kaiserliche Entschließung vom 16. September 1878.

[2]) Kaiserliche Entschließung vom 9. März 1879.

[3]) Lamp, Jahrbuch. p. 202—203. Kleinwächter. p. 143.

[4]) Kaiserliche Entschließung vom 26. Februar 1879.

In einer zweiten Periode greift die paktierte Gesetzgebung ein. Es ergeht das Doppelgesetz von 1880.[1] [2])

Die Herrschaft über Bosnien-Herzegowina wird als eine gemeinsame Angelegenheit der beiden Monarchien anerkannt.[3])

Der gemeinsame Finanzminister führt nach wie vor die Regierung. Er führt sie im Einvernehmen mit den Ministerien beider Staaten. Die Kommission, in welcher bisher die zwei partikulären Ministerien vertreten waren, hört auf zu bestehen.[4])

Die Verwaltung ist derart einzurichten, daß die Kosten durch die eigenen Einnahmen der beiden Länder gedeckt werden. Zuschüsse der beiden Monarchien erfolgen auf Grund des gemeinsamen, von den Delegationen festgestellten Budget. Nur die Zuschüsse für dauernde Einrichtungen, die nicht in den Bereich der laufenden Administration gehören — wie Eisenbahnen und öffentliche Bauten —, müssen durch übereinstimmendes Doppelgesetz beider Staaten bewilligt werden[5]).

Endlich wird der Grundsatz bestätigt, daß die staatsrechtliche Stellung von Bosnien-Herzegowina zu den beiden Monarchien nur durch die paktierte Gesetzgebung geregelt werden kann.

Durch Allerhöchste Entschließung vom 29. September 1882 wird die Landesverwaltung organisiert.

Die höchste Instanz ist eine militärische. An der Spitze der Verwaltung steht der Landeskommandierende von Serajewo. Ihm ist der Ziviladlatus unterstellt; er leitet die zivile Verwaltung;

---

[1]) Ungarischer Gesetzartikel VI; österreichisches Gesetz vom 22. Februar.

[2]) Bosnien-Herzegowina wird 1879 in das allgemeine Zollgebiet der österreichisch-ungarischen Monarchie aufgenommen. Ungarischer Gesetzartikel LII; österreichisches Gesetz vom 20. Dezember; ungarische Gesetzartikel XII—XVI 1908; österreichisches Gesetz vom 30. Dezember 1907.

[3]) § 1. „Das Ministerium ist im Geiste der für die gemeinsamen Angelegenheiten der Monarchie bestehenden Gesetze ermächtigt beziehungsweise angewiesen, auf die durch das gemeinsame Ministerium zu leitende provisorische Verwaltung Bosniens und der Herzegowina unter verfassungsmäßiger Verantwortung Einfluß zu nehmen."

[4]) Kaiserliche Entschließung vom 3. Juni 1880.

[5]) Auf dem gleichen Wege sind die Grundsätze festzustellen, nach welchen die folgenden Angelegenheiten geregelt und verwaltet werden sollen: Die Zolleinrichtungen; die indirekten Abgaben, welche in beiden Teilen der Monarchie nach vereinbarten gleichartigen Gesetzen gehandhabt werden; das Münzwesen.

gerät er in Meinungsverschiedenheit mit dem Landeschef, so kann er das Ministerium anrufen. Die Landesverwaltung gliedert sich in die politisch-administrative, die finanzielle, die volkswirtschaftliche und die Justizabteilung. Ein Sektionschef steht an der Spitze eines jeden Departements. Die Sektionschefs bilden mit dem Ziviladlatus die Regierungskonferenz. Sie beschließt über alle organisatorischen Bestimmungen, auch über die Agenden und Angelegenheiten, welche mehrere Abteilungen berühren. Der Ziviladlatus ist an das Votum der Konferenz des Gremiums nicht gebunden. Die Protokolle der Konferenz werden aber regelmäßig dem Ministerium vorgelegt.

Die Verwaltungsbehörden sind dem gemeinsamen Finanzminister untergeordnet und ihm allein verantwortlich.

Am 5. Oktober 1908 wird die Annexion durch den Monarchen proklamiert.[1]) Sie ist nichts anderes als die feierliche Bestätigung des schon lange geltenden Zustandes. Sie ist kein Novum in der staatsrechtlichen Situation der Länder. Sie ist nicht konstitutiv, sondern deklaratorisch.[2]) Sie schreibt den richtigen Titel auf das wahrhaft Bestehende.

Durch allerhöchste Entschließung vom 17. Februar 1910 erläßt der Monarch eine Verfassung[3]) für Bosnien-Herzegowina.

---

[1] Allerhöchste Handschreiben vom 5. Oktober 1908 an den österreichischen und den ungarischen Ministerpräsidenten, an den Minister des Äußeren und den Reichsfinanzminister. Proklamation an das bosnisch-herzegowinische Volk vom gleichen Tage. Das dritte Handschreiben lautet: „Durchdrungen von der unerschütterlichen Überzeugung, daß die hohen kulturellen und politischen Zwecke, um deren willen die österreichisch-ungarische Monarchie die Besetzung und Verwaltung Bosniens und der Herzegowina übernommen hat, und die mit schweren Opfern erzielten Erfolge der bisherigen Verwaltung nur durch Gewährung von ihren Bedürfnissen entsprechenden verfassungsmäßigen Einrichtungen dauernd gesichert werden können, für deren Erlassung aber die Schaffung einer klaren und unzweideutigen Rechtsstellung der beiden Länder die unerläßliche Voraussetzung bildet, erstrecke ich die Rechte meiner Souveränität auf Bosnien und die Herzegowina und setze gleichzeitig die für mein Haus geltende Erbfolgeordnung auch für diese Länder in Wirksamkeit."

[2]) v. Liszt, p. 98.

[3]) Der Begriff einer Verfassung ist hier nicht in jeder Beziehung zutreffend, hat sich aber eingebürgert. Lamp. p. 140—141, und Archiv des öffentlichen Rechts. Band XXVII. p. 288f.

Er erläßt sie, den Grundsätzen von 1880 getreu, unter Gegenzeichnung des gemeinsamen Finanzministers und im Einvernehmen mit den beiden Staatsregierungen. Er erläßt sie auf dem Weg der Verordnung und kann sie daher auf dem gleichen Wege wieder außer Kraft setzen.[1])

Die Verfassung ergeht durch Entschließung des Monarchen. Sie ergeht in der Sphäre, die nicht durch die übereinstimmende Gesetzgebung beider Monarchien ergriffen ist. Wollte sie dieses Gebiet überschreiten, so würde sie keine Giltigkeit besitzen.[2]) Die Verfassung bleibt in dem Bereich, der nicht unter das Gesetz von 1880 fällt. Sie gibt vor allem keine Regel über die staatsrechtliche Stellung von Bosnien-Herzegowina zu den beiden Monarchien.[3])

Die Verfassung besteht aus fünf Teilen, dem Landesstatut, der Wahlordnung, der Geschäftsordnung für den Landtag, dem Gesetz über Vereine und Versammlungen und dem Gesetz über die Bezirksräte.

Bosnien und die Herzegowina bilden ein besonderes einheitliches Herrschaftsgebiet.

Die neuen Provinzen erhalten eine partikuläre Gesetzgebung. Die Krone, die beiden Staatsregierungen und ein territorialer Landtag sind an ihr beteiligt.

Eine Regierungsvorlage soll im Landtag erst eingebracht werden, nachdem sie von den beiden Staatsministerien gebilligt

---

[1]) Lamp. p. 196: „Es läßt sich nicht wohl bezweifeln, daß die Verfassung der annektierten Provinzen auf demselben Wege wieder geändert und aufgehoben werden kann, auf welchem dieselbe verliehen wurde: durch einseitigen, freien kaiserlichen Willensakt, durch kaiserliche Verordnung."

[2]) Lamp. p. 201.

[3]) „Wir haben unter Bedacht darauf, daß die durch das Gesetz vom 22. Februar 1880 (R 18) [ungarischer Gesetzartikel VI: 1880] für die Verwaltung Bosniens und der Herzegowina festgelegten Grundlagen bis zur verfassungsmäßigen Abänderung dieser Gesetze ungeschmälert aufrecht bleiben müssen und daß durch die verfassungsmäßigen Einrichtungen Bosniens und der Herzegowina in keiner Weise die durch Gesetze beider Staaten der Monarchie festgestellten Beziehungen Bosniens und der Herzegowina zu diesen Staaten berührt werden können, das folgende Landesstatut .... zu erlassen, zu genehmigen und zu erteilen befunden." Einleitung der Verfassung vom 17. Februar 1910.

worden ist. Hat der Landtag einen Beschluß gefaßt, so soll wiederum die Zustimmung der Staatsregierungen eingeholt werden.

Das Verfahren gestaltet sich folgendermaßen: Der gemeinsame Minister für Bosnien-Herzegowina, der Reichsfinanzminister, arbeitet die Regierungsvorlagen aus, erwirkt die Genehmigung der Staatsministerien und läßt die Entwürfe dem Landtag unterbreiten. Ist ein Beschluß des Landtags ergangen, so sucht der Finanzminister zum zweiten Mal die Zustimmung der Staatsregierungen nach und bittet den Monarchen um die Sanktion. Ist sie erteilt, so gibt er seine Gegenzeichnung und verkündet das Gesetz.[1])

Wirken auch die beiden Staatsministerien mit, so hat doch ihre Teilnahme keinen Einfluß auf die Rechtsgiltigkeit der partikulären Gesetze. Sind also die Akte in korrekter Form sanktioniert, gegengezeichnet und verkündet, so sind sie voll wirksam, mögen auch die Regeln über jene Mitwirkung verletzt worden sein.[2])

Der Landtag setzt sich aus 92 Mitgliedern zusammen, aus 20 Virilisten und 72 gewählten Abgeordneten. Die Virilisten sind zum einen Teil geistliche, zum anderen weltliche Würdenträger. Das Wahlrecht ist allgemein mit der Komplizierung, daß es in drei Kurien ausgeübt wird und daß innerhalb der Kurien die Mandate wieder unter die drei Hauptkonfessionen verteilt sind.[3])

Die Abgeordneten geloben beim Eintritt in den Landtag dem Monarchen Gehorsam und Treue.[4])

Der Monarch beruft den Landtag in der Regel einmal jährlich.[5]) Er ernennt für jede Session den Präsidenten und die zwei Vizepräsidenten aus den Landtagsmitgliedern.[6]) Er vertagt das Haus. Er schließt und löst es auf.[7])

Die Vertreter der Landesregierung können an den Verhandlungen teilnehmen und das Wort ergreifen.[8])

[1]) Landesstatut, §§ 37—38.
[2]) Lamp. p. 186.
[3]) Landesstatut, §§ 21—22 und die Wahlordnung.
[4]) Landesstatut, § 27.
[5]) Landesstatut, § 26.
[6]) Landesstatut, § 23; Geschäftsordnung, § 2.
[7]) Landesstatut, § 40.
[8]) Landesstatut, § 29.

Der Landtag hat das Petitionsrecht. Er ist befugt Anfragen und Interpellationen an die Landesregierung zu richten und seine Ansichten in Form von Adressen oder Resolutionen kund zu geben. Eine Interpellation wird schriftlich abgefaßt. Sie wird der Landesregierung durch den Präsidenten übermittelt. Die Landesregierung kann sich mündlich oder schriftlich äußern. Sie kann auch die Beantwortung mit Angabe von Gründen ablehnen. Weder die Interpellation noch die Antwort der Regierung können zum Gegenstand einer Verhandlung gemacht werden.[1])

Der Landtag ist beschlußfähig, wenn mehr als die Hälfte der Mitglieder anwesend ist. Absolute Stimmenmehrheit genügt.[2])

Der Landtag wählt aus seiner Mitte einen Landesrat von neun Mitgliedern. Der Rat ist einmal berufen, der Landesregierung, wenn sie es verlangt, seine Meinung oder sein Gutachten über partikuläre Interessen abzugeben. Er hat weiter die Aufgabe, mit den beiden Staatsministerien durch Vermittlung des Finanzministers über territoriale Angelegenheiten zu verhandeln.[3])

Welche Kompetenz hat die partikuläre Gesetzgebung?

Die Verfassung umgrenzt einmal den Bereich, welcher der autonomen Satzung verschlossen ist.[4]) Die Regel ist diese: Angelegenheiten, welche nicht allein Bosnien-Herzegowina, sondern auch einen oder beide Staaten der Doppelmonarchie berühren, sind dem Wirkungskreise des Landtages entrückt. Hierher gehören die gemeinsamen Angelegenheiten des Reichs.[5]) Dann die Gegenstände, die durch übereinstimmende Gesetze geregelt werden sollen, also das Wehrsystem; das Zollwesen; der Handel und der Verkehr; die indirekten Abgaben, welche mit der industriellen Produktion in enger Verbindung stehen; das Münzwesen und der Geldfuß; die Eisenbahnen, die das Interesse beider Reichshälften berühren.[6]) Hierher gehören weiter

[1]) Geschäftsordnung, §§ 47—48. Landesstatut, §§ 30—33.

[2]) Landesstatut, § 36. Eine Ausnahme: In Kultusangelegenheiten ist ein Quorum von vier Fünfteln und eine Zweidrittelmehrheit gefordert.

[3]) Landesstatut, § 39. [4]) Landesstatut, § 41.

[5]) Sie sind im Ausgleich von 1867 genannt.

[6]) Das Wehrsystem. Ausgleich. Österreichisches Gesetz, § 2 Nr. 5. Ungarisches Gesetz, § 13. Landesstatut, § 1 am Ende. § 41 Nr. 1. Das Wehr-

Unternehmungen, für welche finanzielle Leistungen der Monarchien in Anspruch genommen werden.[1]) Der autonomen Gesetzgebung fehlt endlich die Zuständigkeit, in das Verhältnis Bosniens und der Herzegowina zu Österreich-Ungarn regelnd einzugreifen.[2])

Die beschränkenden Sätze, welche für die Gesetzgebung gelten, übertragen sich auf die Feststellung des Budget. Dem Landtag ist die Bestimmung des Wirtschaftsplanes entzogen, der sich auf die unitarisch und auf die dualistisch gemeinsamen Angelegenheiten bezieht.[3])

Wenn das Landesstatut die Angelegenheiten aufzählt, welche der autonomen Gesetzgebung unzugänglich sind, so ergibt sich noch nicht, daß alle andern Angelegenheiten von dieser Gesetzgebung ergriffen werden. Das Landesstatut nennt die Materien taxativ, über die der Landtag bestimmen kann, und zieht noch einen engern Kreis in dem Gebiet, das übrig bleibt.

Aus dem Katalog[4]) sind folgende Kompetenzen hervorzuheben.

---

system in Bosnien-Herzegowina wird durch eine kaiserliche Verordnung geregelt. Ihr Inhalt muß mit den Wehrgesetzen im Einklang stehen, die in Österreich und Ungarn übereinstimmend zustande kommen. Ung. Landesstatut, § 1, am Ende. Steinbach, p. 488, 491. — Das Zollwesen. Ausgleich. Österreichisches Gesetz, § 2 Nr. 1. Ungarisches Gesetz, §§ 58—60. Österreichisches Gesetz vom 20. Dezember 1879. Ungarischer Gesetzartikel LII, 1879. Österreichisches Gesetz vom 30. Dezember 1907. Ungarische Gesetzartikel XII—XVI, 1908. Verwaltungsgesetz für Bosnien Herzegowina. Österreichisches Gesetz vom 22. Februar 1880. Ungarischer Gesetzartikel VI, 1880, § 4 Nr. 1. Landesstatut, § 41, Nr. 3. — Handel und Verkehr. Ausgleich. Österreichisches Gesetz, § 2. Ungarisches Gesetz, §§ 58—60. Österreichisches Gesetz vom 30. Dezember 1907. Ungarische Gesetzartikel XII bis XVI, 1908. Landesstatut, § 41 Nr. 2. — Indirekte Abgaben, die mit der industriellen Produktion in enger Verbindung stehen. Ausgleich. Österreichisches Gesetz, § 2 Nr. 2. Ungarisches Gesetz, § 63. Österreichisches Gesetz vom 20. Dezember 1879. Ungarischer Gesetzartikel LII, 1879. Verwaltungsgesetz, § 4 Nr. 2. — Das Münzwesen und der Geldfuß. Ausgleich. Österreichisches Gesetz, § 2 Nr. 3. Ungarisches Gesetz, § 66. Verwaltungsgesetz, § 4 Nr. 3. — Die Eisenbahnen, die das Interesse beider Reichshälften berühren. Ausgleich. Österreichisches Gesetz, § 2 Nr. 4. Ungarisches Gesetz, § 56.

[1]) Verwaltungsgesetz, § 3.

[2]) Verwaltungsgesetz, § 5.

[3]) Landesstatut, §§ 45—46.

[4]) Landesstatut, § 42.

Der Landtag beschließt über das jährliche Budget.[1]) Entscheidet er nicht rechtzeitig, so bleibt provisorisch das Budget des letzten Jahres in Kraft.[2]) Wenn außerordentliche und unvorhergesehene dringende Bedürfnisse auftreten, während der Landtag nicht versammelt ist, so können die erforderlichen Mittel durch kaiserliche Verordnung bewilligt werden. Die Zustimmung der beiden Staatsregierungen ist vorher einzuholen. Die Verordnung ist dem Landtag zur Genehmigung vorzulegen, sobald er wieder zusammentritt.[3])

Der Landtag regelt das Zivilrecht, das Handels- und Wechselrecht, das Preßwesen, das Gewerbe, den Unterricht und den Kultus. Der Landtag hat endlich eine Steuergewalt.

Alle Gegenstände, die weder in die eine noch in die andre Kategorie gehören, alle Gegenstände, die weder unter die Gesetzgebung der Delegationen oder der beiden Reichsparlamente noch unter die Gesetzgebung des Landtages fallen, unterliegen der kaiserlichen Verordnungsgewalt.

Der Monarch hat die Verfassung von 1910 erlassen. Er hat sich durch diese Verfassung selber beschränkt. Er behält also natürlicher Weise die Kompetenzen, die er nicht vergeben hat und kann Dekrete in dem Rahmen erlassen, in dem weder kraft der höheren Autorität des Gesetzes von 1880 eine Zuständigkeit der Delegationen oder der beiden Reichsparlamente, noch kraft landesherrlicher Selbstbeschränkung eine Zuständigkeit des Landtages begründet ist.

Der Monarch hat demnach einen wichtigen Bereich selbständiger Betätigung: Er gibt Verfassungsregeln. Er organisiert die Gerichtsbarkeit und die Verwaltung. Er ist hier nur in einer Richtung beschränkt: indem er verbunden ist, im Einvernehmen mit den beiden Staatsministerien zu handeln.[4])

Ist die Organisation des Landes vielgestaltig und besonders deshalb kompliziert, weil es mit einem Doppelstaat verwachsen ist, so bietet seine staatstheoretische Natur geringe Schwierig-

[1]) Die Schranken dieser Gewalt sind schon aufgezählt. Gesetz von 1880, § 3. Landesstatut §§ 45—46.

[2]) Landesstatut, § 44.

[3]) Landesstatut, § 48.

[4]) Landesstatut, § 1.

keit. Bosnien und die Herzegowina passen mühelos in die Kategorie der abhängigen Länder. In den großen Zügen entrollt sich das gleiche Bild, das Elsaß-Lothringen gewährte.

Rufen wir uns die charakteristischen Merkmale in die Erinnerung, die das deutsche Reichsland an sich trägt und durch die es seine staatstheoretische Prägung erhält.

Das Fundament einer staatlichen Gewalt ist der Wille der Untertanen. So haben wir früher argumentiert. Die staatliche Gewalt ist ursprünglich. Sie ist es aus dem Grunde, weil sie ihr Leben aus dem Willen der stärkeren Mehrheit schöpft, weil sie durch das Volk getragen wird, auf dem sie lastet.

In Elsaß-Lothringen besteht keine ursprüngliche, sondern eine fremde Gewalt. Es ist die Reichsgewalt. Sie hat die Quelle ihres Daseins nicht in dem eroberten Land. Sie ist in sich organisiert, in sich gefestigt durch Kräfte, die außerhalb von Elsaß-Lothringen entstehen. Sie ist gestützt durch die gesamten Völker der deutschen Einzelstaaten. Der kontinuierliche in den Volkskräften wurzelnde staatsbildende Prozeß, der das Reich am Leben hält, findet statt in einem Rahmen, der die annektierten Provinzen nicht mit umfaßt. Er vollzieht sich in einer fremden Sphäre. Elsaß-Lothringen untersteht nicht einer Herrschaft, die es selber zeugt. Es ist ein Territorium in der Botmäßigkeit des Reiches. Es ist Gebiet des Reiches. Es ist abhängiges Land.

In Bosnien-Herzegowina bietet sich das gleiche politisch-psychologische Phänomen.

Die Herrschaft der habsburgischen Dynastie besteht in Bosnien-Herzegowina nicht aus dem Grunde, weil das Volk der annektierten Länder dieses Königshaus über sich erhebt. Sie besteht in Bosnien-Herzegowina, weil sie die ihr innewohnende Gewalt, die sie aus dem Volk von Österreich und aus dem Volk von Ungarn zieht, über dieses neue Gebiet erstreckt. Die Gewalt fließt aus den gleichen Lebensquellen, auch in dem Moment, wo sie das annektierte Gebiet ergreift. Sie hat denselben Ursprung. Sie ist die gleiche Gewalt.[1])

---

[1]) Lamp. p. 169: „Der oberste Herrscherwille in Bosnien-Herzegowina ruht in der Hand des Kaisers von Österreich-Ungarn. Es wirft sich die

Es gibt in Bosnien-Herzegowina keine Herrschaft durch autochtone Kraft. Bosnien ist 1463 durch die Türken erobert worden und ist seitdem eine Provinz des ottomanischen Reiches gewesen. Um das Land nach der Trennung von der Türkei in einen Staat zu verwandeln, hätte es einer politischen Tat bedurft, durch die das Volk eine eigene Herrschaft aufgerichtet hätte. Wann aber wäre diese politische Tat geschehen?

Bosnien-Herzegowina ist nicht in der österreichischen oder in der ungarischen Monarchie aufgegangen. Es ist weder mit dem einen noch mit dem anderen Gemeinwesen als Provinz oder gar als ursprünglicher Staatenteil verbunden. Wie sollte es auch einem der Staaten allein zugehören? Beide Monarchien haben den gleichen Titel auf die Länder, die sie gemeinsam erworben haben.

Wenn aber Bosnien-Herzegowina zu den beiden Monarchien in einem identischen Verhältnis steht, so bleiben nur zwei Alternativen. Entweder bildet das Land ein drittes Königreich, das mit den beiden ersten nur durch vertragsmäßige, völkerrechtliche Bande verkettet ist, oder es ist abhängiges Territorium beider Staaten. Die erste Alternative scheidet aus. Es hieße gegen die politische Evidenz verstoßen, wollte man leugnen, daß Bosnien-Herzegowina zu den beiden Staaten in einem Gewaltverhältnis steht. Bosnien-Herzegowina hat nicht die Kraft, über sein eigenes Schicksal zu bestimmen. Es unter-

---

Frage auf, ob derselbe seine Herrschaft in dem neuen Lande als selbständiges Organ des letzteren, rechtlich unabhängig von jeder außerhalb des Landesverbandes wurzelnden staatsrechtlichen Stellung ausübt, so daß diese Organstellung ungeändert bestehen bliebe, auch wenn seine Funktion als Kaiser und König der österreichisch-ungarischen Monarchie hinwegfiele? Könnte der Monarch einen Thronverzicht für Österreich-Ungarn aussprechen unter Vorbehalt einer Herrscherstellung in Bosnien-Herzegowina? Könnte er ohne die verfassungsmäßige Zustimmung des österreichischen und ungarischen Parlamentes, etwa unter Mitwirkung des bosnischen Landtages, an Stelle der Pragmatischen Sanktion für Bosnien eine neue, eigene Thronfolgeordnung erlassen? Diese Fragen sind zu verneinen. Der Herrscher im Annexionsgebiete ist weder Kaiser, noch König, noch Herzog, noch Fürst desselben, sondern nur Kaiser von Österreich-Ungarn und nur in dieser Eigenschaft kann er auch im neuerworbenen Gebiete die oberste Gewalt ausüben." Vgl. Lamp. p. 177, 184.

liegt der Verfügung beider Mächte. Es ist ein „Landgut“ der Doppelmonarchie.[1])

Jellinek hat Bosnien-Herzegowina als eine Zwischenbildung, als ein Staatsfragment konstruiert. Wir haben uns schon früher gegen die logische Inkorrektheit des Begriffes gewendet.[2])

---

[1]) Kleinwächter. p. 156; Steinbach. p. 481: „Die Länder waren Provinzen der Türkei und sind Provinzen Österreich-Ungarns geworden. Sie gehörten vor dem Jahre 1878 zum türkischen Staatsgebiet und nach 1878 hat es kein bosnisch-herzegowinisches Gebiet im staats- oder völkerrechtlichen Sinne gegeben. Wenn seither von bosnisch-herzegowinischem Gebiet gesprochen wurde, so sollte damit nur die Sonderstellung zum Ausdruck gebracht werden, welche diese Provinzen innerhalb der Monarchie einnahmen. Sie gehörten weder zum österreichischen Staatsgebiet, noch zum ungarischen, sie wurden weder von der österreichischen noch von der ungarischen Regierung verwaltet, sie bildeten ein Sondergebiet unter einer besonderen Verwaltung, und dieses Gebiet untersteht dem Kondominium Österreichs und Ungarns. Will man ein solches Gebiet „Reichsland“ nennen, so steht dem nichts entgegen, denn der Ausdruck besitzt keinen feststehenden technischen Inhalt. Nur darf man dabei nicht an das staatsrechtliche Verhältnis denken, in welchem Elsaß-Lothringen zum Deutschen Reiche steht. [Wegen des Kondominiums. Anmerkung des Verfassers. Vgl. Lamp. p. 212.] Ebensowenig wäre für die begriffliche Bestimmung etwas gewonnen, wollte man die Bezeichnung ‚Staatsfragment‘ anwenden. Der Ausdruck kann eine Reminiszenz an die Vergangenheit, Vorschau in die Zukunft enthalten, aktuelle Bedeutung für die Gegenwart besitzt er um so weniger, als Bosnien und der Herzegowina das erste und wichtigste juristische Merkmal des souveränen Staates fehlt: die ausschließliche Verfügbarkeit durch eigenen Willen. Man wird die staatsrechtliche Stellung Bosniens und der Herzegowina wohl am richtigsten definieren als die eines unter dem Kondominium Österreichs und Ungarns stehenden Nebenlandes der Monarchie Österreich-Ungarn. ‚Ein Nebenland ist derjenige Teil eines Staatsverbandes, der politisch eine untergeordnete Rolle spielt, so daß er an dem wesentlichen Inhalt des im Hauptlande konzentrierten Staatslebens keinen Anteil hat‘ (Jellinek).“ — Hernritt, p. 261. „Die staatsrechtliche Stellung von Bosnien und der Herzegowina dürfte nach dem Inslebentreten der Landesverfassung diejenige einer mit umfassender Autonomie ausgestatteten Provinz der österreichisch-ungarischen Monarchie sein, welche der verfassungsmäßigen Herrschaft der beiden Staaten (Kondominium) durch den gemeinsamen Monarchen untersteht.“

[2]) Jellinek, Allgemeine Staatslehre. 1905. p. 635. Ihm folgt Lamp. p. 205: „Allem Anscheine nach haben wir es bei Bosnien-Herzegowina trotz seiner Verfassung mit einem politischen Gebilde zu tun, welchem ein klar ausgesprochener staatsrechtlicher Typus fehlt. Von den bekannten allgemeinen Kategorien des Staatsrechtes will keine sich in einwandfreier Weise für das-

Ist nun Bosnien-Herzegowina einer Fremdherrschaft untertan, so ist die Situation aus dem Grund eigentümlich gestaltet, weil diese Herrschaft in zwei selbständige Teile auseinanderfällt. Bosnien-Herzegowina steht unter zwei Gewalten. Dieser Zustand ist natürlicherweise nur solange lebensfähig, als die zwei Gewalten in dem gleichen Sinn geübt werden, als die autoritativen Akte einen identischen Inhalt haben. Nun ist die Gleichförmigkeit der Machtbetätigung dadurch garantiert, daß die Regierung von Bosnien-Herzegowina durch denselben Mechanismus in Lauf gesetzt wird, der schon in einer andern Werkstätte das Zusammenarbeiten von Österreich und Ungarn vermittelt. Die Organisation, die für die gemeinschaftliche oder übereinstimmende Herrschaft des Reiches schon besteht, wird auf die Gesetzgebung und Verwaltung von Bosnien-Herzegowina angewendet. Willensentschlüsse des gemeinsamen Monarchen, des gemeinsamen Finanzministers und der Delegationen, paktierte Gesetze bestimmen über die Angelegenheiten des gemeinschaftlichen Landes.

Bosnien-Herzegowina steht unter dem Kondominat der österreichischen und der ungarischen Monarchie.[1])

---

selbe als passender Rahmen verwenden lassen. Wir haben es auch nach der Errichtung der Verfassung für diese eigenartige Gebietskörperschaft mit einem Beispiel jener Zwischenformen zu tun, welche Jellinek in seinen bekannten ‚Staatsfragmenten' einer systematischen Untersuchung unterzogen hat." Lamp bezeichnet Bosnien-Herzegowina als eine Kolonie. p. 214.

[1]) Ullmann. p. 296—297. Jellinek, Allgemeine Staatslehre. 1905. p. 383. Steinbach. p. 482: „Das Nebenland Bosnien steht unter dem Kondominium Österreich-Ungarns. Wenn man unter einem Kondominat sonst ein Gebiet versteht, das von zwei oder mehreren Souveränen gleichberechtigt beherrscht wird, so ist das Kondominat Bosnien-Herzegowina eine Singularität. Bosnien-Herzegowina wird nur von einem Souverän beherrscht, der aber zwei Souveränitätspersonen repräsentiert, den Kaiser von Österreich und den König von Ungarn. Im Namen dieser beiden Staaten übt der Souverän das Kondominat aus. Der Einfluß, der jedem der beiden Staaten auf die Regierung Bosnien-Herzegowinas zusteht, ist ein gleichberechtigter, paritätischer und kommt in den Vorschriften des Verwaltungsgesetzes vom Jahre 1880 und neuestens auch durch das bosnische Landesstatut zum Ausdruck. Das paktierte Verwaltungsgesetz und das von den Regierungen der beiden Staaten genehmigte Landesstatut bilden die Übereinkommen Österreichs und Ungarns bezüglich der Ausübung der Staatsgewalt in dem Kondominat, und sie sorgen zugleich für eine von der Herrschaft der beteiligten Staaten verschiedene Herrschaft."

Soweit geht unsere politische Argumentation.

Treten wir nunmehr in die Welt der Verfassungsnormen ein, betrachten wir die rechtliche Bildung der Länder, so ergibt sich eine ganze Reihe von neuen Beweisgründen, die alle mehr oder minder stichhaltig die aufgestellte Theorie unterstützen.

Bedeutsam ist schon die Terminologie. Das Landesstatut bezeichnet Bosnien-Herzegowina als ein Verwaltungsgebiet.[1])

Dagegen mit Heftigkeit Lamp. p. 205, Anmerkung. — Man kann nicht — wie Lamp es tut — die Konstruktion einer Doppelherrschaft dadurch umgehen, daß man sich auf die Regierung durch gemeinsame Organe beruft. Denn diese Regierung ist durch die zwei Gewalten geschaffen. Sie ist dadurch entstanden, daß sich die zwei Gewalten über die gemeinsame Übung der Herrschaft geeinigt haben. Die zwei Gewalten laufen kraft Vertrags in einer gleichen Bahn; aber sie bestehen nach wie vor. p. 209: „Wir müssen es uns versagen, auf eine selbständige dogmatische Untersuchung der eigenartigen Stellung der österreichisch-ungarischen Reichsorgane einzugehen und uns mit der Feststellung der geschichtlichen Tatsache begnügen, daß die verfassungsmäßige Bestimmung oberster Organe in der Monarchie mit einer sachlich beschränkten, aber den ganzen Komplex des habsburgischen Länderbesitzes umfassenden Kompetenz, und ebenso die Schaffung eines einheitlichen, ungeteilten Heeres der Gesamtmonarchie und einer Reihe von sonstigen, dem Reiche als Ganzes dienenden Einrichtungen trotz des strengen Grundsatzes des Dualismus als die Frucht eines politischen Kompromisses zwischen zentralistischen Bestrebungen erscheint. Bei dem Abschlusse dieses Kompromisses hat man sich um Dogmatik und juristische Begriffslogik wenig gekümmert, sondern nach langen Jahren schwerer politischer Kämpfe, gedrängt von der Not der Zeit einen Modus vivendi gesucht, der den zentralistischen und separatistischen Interessen nach Möglichkeit Rechnung trug. In diesem Sinne sind wir berechtigt, ohne gegen die Dogmatik zu verstoßen, und mit Ausschaltung sowohl der Fiktion eines Oberstaates als auch der Fiktion eines Doppelwillens der gemeinsamen Organe der Monarchie von der Tatsache eines von diesen unmittelbar für die Monarchie gebildeten, innerlich einheitlichen, unteilbaren Willens, einer Reichsgewalt zu sprechen und festzustellen, daß durch die bosnisch-herzegowinische Verfassung nicht nur die verfassungsmäßige Kompetenz der bisherigen einheitlichen Reichsorgane für die gemeinsamen Angelegenheiten eine bedeutsame Erweiterung erfahren habe, sondern daß neben den gemeinsamen Monarchen und die Reichsminister nun noch ein neues Reichsorgan, der bosnisch-herzegowinische Landtag, getreten ist, welcher bei der Willensbildung der bisherigen Reichsorgane innerhalb der ihnen zugewachsenen Kompetenz verfassungsmäßig mitzuwirken hat."

[1]) § 1. „Bosnien und die Herzegowina bilden ein einheitliches, besonderes Verwaltungsgebiet, welches in Gemäßheit des Gesetzes vom 22. Febr. 1880

Es kennt nur zwei Staaten in der Monarchie.[1]) Im Annexionsinstrument erklärt der Monarch, daß er die Rechte seiner Souveränität auf Bosnien-Herzegowina erstrecke.[2])

Ein anderes Merkmal bietet die Titulatur. Der Monarch legt sich nach dem Erwerb des Landes keinen neuen Fürstentitel bei. Er verkündet die Annexion als Kaiser von Österreich, König von Böhmen usw. und Apostolischer König von Ungarn.[3]) Er sanktioniert die Landesgesetze als kaiserlich und königlich Apostolische Majestät.[4])

Früher, als wir von Elsaß-Lothringen handelten, sind wir zu der Erkenntnis gelangt, daß eine natürliche Korrelation besteht zwischen dem Wesen einer Herrschaft und den Formen, in die sie eingekleidet ist. Die Natur des abhängigen Landes, so haben wir festgestellt, tritt dadurch äußerlich hervor, daß im abhängigen Land keine Verfassung besteht, weder die des herrschenden Staates noch eine eigene. Das abhängige Land wird durch die Gesetze eines fremden Staates beherrscht. Wie sind wir dazu gekommen, dieses Symptom aufzustellen? Das abhängige Land, so haben wir argumentiert, hat keine eigene Gewalt. Es nimmt auch nicht Teil an der Gewalterzeugung, die im herrschenden Staate vor sich geht. Es unterliegt einer fremden in sich fertigen Macht. Die Akte der Herrschaft, die im abhängigen Land ergehen, sind Akte, durch die sich jene bereits organisierte Macht betätigt. Sie sind der Ausfluß jener Macht. Es ist daher logisch, daß sie als bloße Gesetze in die Erscheinung treten.

Die Herrschaft über Elsaß-Lothringen wird geübt durch Gesetze des Reiches. Das ist ein Phänomen, das die Natur des Landes als abhängiges Gebiet widerspiegelt. Es fragt sich, ob wir in den Institutionen von Bosnien-Herzegowina ein analoges Symptom entdecken.

[Ungarischer Gesetzartikel VI ex 1880] unter der verantwortlichen Leitung und Oberaufsicht des k. und k. gemeinsamen Ministeriums steht."

[1]) Landesstatut, Einleitung und § 37. Lamp. p. 177.

[2]) Vgl. die sämtlichen Handschreiben und die Proklamation an das Volk von Bosnien-Herzegowina. Lamp. p. 170.

[3]) Proklamation an das Volk. Lamp. p. 170.

[4]) Landesstatut, § 43. Lamp. p. 183.

Untersuchen wir, ob die Gesetze einer fremden Macht über Bosnien-Herzegowina verfügen, so muß alsogleich die fundamentale Verschiedenheit zur Geltung kommen, die zwischen der herrschenden Gewalt in Elsaß-Lothringen und der herrschenden Gewalt in Bosnien-Herzegowina besteht. Über Elsaß-Lothringen gebietet ein Staat, das Reich, über Bosnien-Herzegowina gebieten zwei Staaten, Ungarn und Österreich in einmütigem Zusammengehen. Der Charakter von Bosnien-Herzegowina als abhängiges Land kann also nur dadurch zum Ausdruck kommen, daß die Gebiete den übereinstimmenden Gesetzen beider Monarchien unterstehen.

Der Monarch übt in Bosnien-Herzegowina eine weitreichende Verordnungsgewalt. Auf sie gestützt hat er die Verfassung gegeben. Woher stammt diese Gewalt? Von den Ausgleichgesetzen wie früher nachgewiesen ist, also von paktierten Gesetzen. Mit der Okkupation von Bosnien-Herzegowina ist eine neue gemeinsame Angelegenheit entstanden;[1]) die Kompetenz des Monarchen, die Kompetenz der gemeinsamen Organe hat sich von selbst erweitert; die Tragweite der Ausgleichgesetze hat sich ausgedehnt. Aber der Zustand, der durch die paktierte Gesetzgebung geschaffen ist, kann durch die paktierte Gesetzgebung wieder umgestoßen werden. Er steht zu ihrer Verfügung. In der Tat, die paktierte Gesetzgebung hat in die Angelegenheiten von Bosnien-Herzegowina tief eingegriffen. Das Doppelgesetz von 1880 hat die Kompetenzen der gemeinsamen Organe geschmälert und eine Kategorie von Gegenständen zu dualistisch gemeinsamen Angelegenheiten erklärt. Und so kommen wir zu dem Schluß: Die Herrschaft über Bosnien-Herzegowina wird primär durch die paktierte Gesetzgebung geübt. Von ihr ist die Verordnungsgewalt des Monarchen abgeleitet. Und dieser Verordnungsgewalt entstammt hinwiederum das Statut von 1910.

[1]) Einen Anhalt für diese Auffassung bietet die Tatsache, daß die Regierung zuerst dem gemeinsamen Ministerrat übertragen worden ist. Einen weiteren Anhalt gibt das Gesetz von 1880: „§ 1. „Das Ministerium ist im Geiste der für die gemeinsamen Angelegenheiten der Monarchie bestehenden Gesetze ermächtigt, bzw. angewiesen, auf die durch das gemeinsame Ministerium zu leitende provisorische Verwaltung Bosniens und der Herzegowina unter verfassungsmäßiger Verantwortung Einfluß zu nehmen." Vgl. Lamp. p. 191.

Die paktierten Gesetze und die wichtigsten unter ihnen, die Ausgleichgesetze, sind aber nicht konstitutionelle, sondern nur legislative Akte. Sie sind nicht Staatsgrundgesetze. Sie sind nicht staatsrechtlich an erschwerte Formen der Revision gebunden.[1]) Allerdings, es besteht zwischen den beiden Monarchien die völkerrechtliche Verpflichtung, paktierte Gesetze nicht einseitig aufzuheben. Aber eine völkerrechtliche Verbindlichkeit vermag einem Gesetze nicht den Charakter eines konstitutionellen Aktes zu geben.[2])

Wird Bosnien-Herzegowina durch Gesetze der beiden Monarchien beherrscht, so ist das ein wichtiges Argument für seinen Charakter als abhängiges Land.[3]) Dazu treten andere Argumente.

---

[1]) Der österreichische Akt des Ausgleichs vom 21. Dezember 1867 bezeichnet sich als einfaches Gesetz. Titel und § 37. Ein anderes österreichisches Gesetz vom 21. Dezember 1867, welches über den Anfang der Wirksamkeit verschiedener legislativer Akte bestimmt, zählt neben verschiedenen Staatsgrundgesetzen den Akt des Ausgleichs als einfaches Gesetz auf. § 1. Die Akte vom 21. Dezember 1867 Art. 15 und vom 2. April 1873 Art. 15 über die Reichsvertretung fordern die Garantie einer Zweidrittelmehrheit und ein Quorum der Hälfte im Abgeordnetenhause nur, wenn es sich handelt um eine Revision der Staatsgrundgesetze über die allgemeinen Rechte der Staatsbürger, über die Einsetzung eines Reichsgerichts, über die richterliche, die Regierungs- und Vollzugsgewalt und über die Reichsvertretung. Vgl. Bernatzik, p. 379, Anm. 1 zum Titel des Gesetzes vom 21. Dezember 1867 über den Ausgleich.

[2]) Anders Hernritt. p. 54—55; Ulbrich. p. 3: „Auch den Gesetzen über die allen Ländern der Monarchie gemeinsamen Angelegenheiten und die Art ihrer Behandlung (Gesetz vom 21. Dezember 1867, Nr. 146 RgBl. und ungarischer Gesetzartikel XII: 1867) muß, obwohl sie sich nicht als Staatsgrundgesetze bezeichnen, die Eigenschaft von Grundgesetzen zugeschrieben werden; denn sie sind vereinbarte (paktierte) Gesetze, die einseitiger Abänderung entzogen sind und nur im Wege einer neuen Vereinbarung abgeändert oder ergänzt werden können.“

[3]) Lamp ist der Auffassung, die beiden Monarchien könnten nur im Wege der Verfassungsänderung ihre Herrschaft auf Bosnien-Herzegowina erstrecken. Wir erwidern: Dieser Schritt wäre allerdings notwendig, wenn Bosnien-Herzegowina als integrierender Bestandteil in die Monarchien eingefügt werden sollte; das ist aber deshalb unmöglich, weil zwei absorbierende Monarchien vorhanden wären, und wird auch von Lamp nicht angenommen. p. 200: „Paktierte österreichisch-ungarische Gesetze, welche beiderseits unter den besondern Formen und Garantien der Verfassungsgesetzgebung zustandekommen, haben eine weiter reichende Wirkungskraft als die

Die paktierte Gesetzgebung entscheidet in höchster Instanz über die Geschicke des Landes. Von ihr leiten sich alle Kompetenzen her. Sie ergreift eine Reihe von wichtigen Materien und beschränkt das Gebiet, in welchem der Landtag tätig werden kann. Nun aber kommt die paktierte Gesetzgebung, welche über die höchste Gewalt verfügt, unter Mitwirkung von Parlamenten zustande, die den Gebieten Bosnien-Herzegowina fremd sind, keine Deputierten aus ihrer Bevölkerung enthalten. Dieser Zustand wäre unnatürlich, wenn Bosnien-Herzegowina einen Staat bildete. Das eigene Leben, die Selbstorganisation müßte dadurch zum Ausdruck kommen, daß die Nation selbst ein Parlament zur Ausübung der höchsten gesetzgebenden Gewalt beschickte. Das bestehende System verträgt sich aber sehr wohl mit der Natur des abhängigen Landes. Die Tatsache, daß eine fremde Gewalt über ein Territorium gebietet, tritt klar in die Erscheinung, wenn das herrschende Organ einem andern Volk entstammt.

Wäre Bosnien-Herzegowina als Staat in den Bund der habsburgischen Länder aufgenommen, so müßte es logischer Weise wie die beiden andern Monarchien eine Delegation entsenden, um über die gemeinsamen Geschäfte mitzureden. Dieses Recht besitzt es nicht; und das ist wieder ein Kennzeichen für seine Abhängigkeit.

Der gemeinsame Finanzminister ist in dem annektierten Lande die höchste Verwaltungsinstanz. Er kontrasigniert die Gesetze, die Rechtsverordnungen und die Verwaltungsakte, die der Monarch erläßt. Er hält den Mechanismus der Gesetzgebung in Lauf. Kurzum, er ist Landesminister in Bosnien-Herzegowina. Wäre nun das Gebiet als Staat zu betrachten,

---

einfachen, von denselben Legislativorganen geschaffenen paktierten Gesetze. Denn sie sind nicht an die in den bestehenden beiderseitigen Verfassungen liegenden Schranken und daher insbesondere nicht durch die österreichische und die ungarische Staatsgrenze gegenüber Bosnien-Herzegowina gebunden. Durch die paktierte Verfassungsgesetzgebung kann der staatsrechtliche Bau der Gesamtmonarchie, zu welcher nun ja auch Bosnien-Herzegowina gehört, bis in seine Grundlagen geändert und demgemäß auch die bloß innere Verfassung des Annexionslandes, welche außerhalb der Kompetenz der einfachen paktierten Gesetzgebung liegt, einer Neuregelung beliebig unterzogen werden." Vgl. auch p. 217—218, 224.

so hätten wir die eigentümliche Situation, daß ein und derselbe Minister Geschäften obliegt, die von drei Staaten vertragsmäßig als gemeinsam stipuliert sind, und daß er außerdem die partikuläre Regierung in einem dieser Staaten führt. Diese Situation ist, wenn auch eine Anomalie, doch nicht ein Widerspruch in sich selbst.[1]) Aber sie wird es dadurch, daß der Minister, wenn er die partikulären Angelegenheiten des einen Staates leitet, nicht dem Parlament dieses Staates, dem Landtag, sondern einer Versammlung verantwortlich ist, die aus den Parlamenten der zwei anderen Staaten hervorgeht, den Delegationen.

Die Abhängigkeit von Bosnien-Herzegowina gewinnt auch dadurch greifbare Gestalt, daß die Ministerien der beiden Monarchien berufen sind, bei der Gesetzgebung und Verwaltung des Landes mitzureden.

Es ist beinahe müßig, dieses Spiel fortzusetzen und die Argumente zu häufen. Bosnien-Herzegowina ist ein klassisches Beispiel für ein abhängiges Land. Und es zeigt sogar in dieser Eigenschaft eine größere Formenreinheit als Elsaß-Lothringen:

Das Deutsche Reich hat in konsequenter Verfassungsarbeit die Tendenz verfolgt, sein neues Territorium immer mehr in die Form eines Staates zu bannen. Die Abhängigkeit von Elsaß-Lothringen tritt heute nur noch durch die Machtbefugnisse des Kaisers äußerlich hervor:[2]) In dem Rahmen, in welchem überhaupt die Glieder des Deutschen Reiches eine staatliche Tätigkeit ausüben können, in partikulären Angelegenheiten ist die reichsländische Gesetzgebung dem Reichstag und dem Bundesrat entzogen und einem Parlament übertragen, das sich in der Hauptsache aus Vertretern der Bevölkerung zusammensetzt. Der Kaiser hat außer einem eng begrenzten Notverordnungsrecht keine selbständige legislative Kompetenz. Anders in Bosnien-Herzegowina. Die Parlamente der beiden herrschenden Staaten üben einen wichtigen Teil der partikulären Gesetzgebung aus. Der Monarch hat eine weitgehende Verordnungsgewalt. —

---

[1] Allerdings, sie wäre nur dann politisch verständlich, wenn der Staat, dessen besondere Regierung der Minister führte, die Suprematie besäße. Die besondere Regierung wäre dann historisch die primäre Funktion, mit welcher sich die gemeinsame Regierung als sekundäre Funktion verknüpfte.

[2]) Abgesehen von einigen unwichtigen Kompetenzen des Bundesrats.

Elsaß-Lothringen ist an den gemeinsamen Geschäften beteiligt; es entsendet Delegierte in den Reichstag und in den Bundesrat. Bosnien-Herzegowina entsendet keine Delegation, die sich mit der österreichischen und ungarischen verbände. — Elsaß-Lothringen hat ein besonderes Ministerium, das seinem Landesparlament verantwortlich ist. Die Regierung durch den Reichskanzler hat aufgehört. Der Minister des herrschenden Staates ist nicht zugleich der Minister des abhängigen Landes, wie es der Natur der Dinge entspräche. Das System in Bosnien-Herzegowina ist logischer ausgebaut. Ein Minister der beiden herrschenden Staaten, ein Minister, der in ihren gemeinsamen Angelegenheiten tätig ist und den Delegationen ihrer Parlamente Rechenschaft schuldet, führt die Regierung im annektierten Land. — Die einzige Institution, die Bosnien-Herzegowina einem Staat annähert, ist der Landtag.

Elsaß-Lothringen ist in seiner Entwicklung zum Staat weiter vorangeschritten als Bosnien-Herzegowina. Wir denken natürlicher Weise nur an einen Fortschritt, der sich in den äußeren Formen der Herrschaft vollzieht; denn das innere Leben eines abhängigen Landes zeigt keine graduellen Unterschiede; ein Land ist abhängig oder ist es nicht; der einzige innere Fortschritt, den ein abhängiges Land machen kann, ist der, daß es aufhört abhängiges Land zu sein. Die beiden Territorien Bosnien-Herzegowina und Elsaß-Lothringen sind von dem gleichen Schicksal betroffen. Eine fremde Hand lastet auf ihnen. Nur werden sie durch diese Hand in verschiedener Weise gestaltet.

Aber die Gestaltung beider Territorien ist nicht allein dadurch verschieden, daß beide in verschiedenem Grad einem Staatswesen nachgebildet sind, sondern weiter dadurch, daß Elsaß-Lothringen von einem einzigen Staat, Bosnien-Herzegowina von einer Realunion zweier Staaten abhängig ist. Die Herrschaft über Elsaß-Lothringen hat naturgemäß einheitlichen Charakter. Die Herrschaft über Bosnien-Herzegowina hingegen ist dualistisch geartet und nur durch ein völkerrechtliches Band zur Einheit zusammen gefaßt. Allerdings, die Zweiheit ist nur auf der höchsten Stufe der Herrschaft vorhanden. Denn, wie die Reichsgesetze in Elsaß-Lothringen, so schaffen die paktierten Gesetze in Bosnien-Herzegowina eine Reihe von Gewaltenträgern, die dann ihrerseits einheitlichen Charakter besitzen. Der Monarch, der gemeinsame Finanzminister, der Landeschef, die immerhin zu einem einheitlichen Gefüge zusammengebauten Delegationen, der Landtag, sie regieren in Bosnien-Herzegowina, wie der Kaiser, der Statthalter, das Ministerium und der Landtag in Elsaß-Lothringen gebieten. Nur darf man nie vergessen, daß ihre Kraft aus einer doppelten Quelle fließt. Ist der Statthalter ein Minister des Reiches, der Landtag von Elsaß-Lothringen ein Parlament des Reiches in einer besonderen Sphäre, sind die Gesetze von Elsaß-Lothringen partikuläre Reichsgesetze, ist das annektierte Gebiet Reichsland, so ist eine analoge Charakterisierung in Bosnien-Herzegowina nicht möglich. Es ist kein Reich über dem Territorium vorhanden, sondern ein völkerrechtlicher Verband zweier Staaten. Die Organe, die in Bosnien-Herzegowina die Herrschaft führen, sind Organe der beiden Monarchien zugleich. Der Finanzminister, die Delegationen, der Landtag, sie sind österreichisch-ungarische Institutionen. Das Gebiet ist österreichisch-ungarisches Land.

Durch die Einheitlichkeit der eingesetzten Gewaltenträger wird man leicht zu dem Glauben verleitet, Ungarn und Österreich übten in Bosnien-Herzegowina eine wirklich einheitliche Staatsgewalt. Und wenn man sich nicht entschließen kann, das Reich der Habsburger auch im übrigen als einheitliches Gemeinwesen zu konstruieren, so muß man notgedrungen zu dem Schluß gelangen, Ungarn und Österreich seien weder als ein einziges Reich, noch als eine Realunion zu konstruieren; sie stellten eine Mischbildung beider Systeme dar.[1])

---

[1]) Lamp. p. 209: „Wir sind berechtigt, ohne gegen die Dogmatik zu verstoßen, und mit Ausschaltung sowohl der Fiktion des Oberstaates als auch der Fiktion eines Doppelwillens der gemeinsamen Organe der Monarchie von der Tatsache eines von diesen unmittelbar für die Monarchie gebildeten, innerlich einheitlichen, unteilbaren Willens, einer Reichsgewalt zu sprechen und festzustellen, daß durch die bosnisch-herzegowinische Verfassung nicht nur die verfassungsmäßige Kompetenz der bisherigen einheitlichen Reichsorgane für die gemeinsamen Angelegenheiten eine bedeutsame Erweiterung erfahren habe, sondern daß neben den gemeinsamen Monarchen und die Reichsminister nun noch ein neues Reichsorgan, der bosnisch-herzegowinische Landtag, getreten ist, welcher bei der Willensbildung der bisherigen Reichsorgane innerhalb der ihnen zugewachsenen Kom-

Die gemeinsame Beherrschung von Bosnien-Herzegowina soll die beiden Monarchien teilweise zu einem Staat zusammenschmieden. — Es ist zum ersten klar, daß die Theorie der Eklektiker einen Widerspruch in sich selbst bedeutet. Wir haben den Staat auf die ursprüngliche Gewalt gegründet. Und wir müssen deshalb zu der Einsicht gelangen, daß ein Gebilde mit unvollkommenem Staatscharakter undenkbar ist. Eine Gewalt ist ursprünglich oder ist es nicht. Ein gemeinsamer Staat Österreich-Ungarn ist eine reale Erscheinung oder ein lebloses Phantasiegebilde. Es gibt keine Staatsfragmente, es gibt keine rudimentären Staaten.[1]) — Es ist zum anderen klar, daß die gemeinsame Beherrschung eines Gebietes durch zwei verschiedene Staaten keinen staatstheoretischen Widersinn enthält. Es ist ein diplomatisch oft gefahrvolles, aber logisch wohl erfaßbares Phänomen, daß zwei staatliche Gewalten sich übereinstimmend auf einem dritten Gebiet betätigen. — Es ist endlich offenbar, daß der Gedankengang der Eklektiker auf einer richtigen Beobachtung beruht, wenn er sie auch vorschnell ausbeutet, wenn er auch unrichtige Konsequenzen aus ihr zieht. Die Beobachtung ist die, daß der Erwerb von Bosnien-Herzegowina das Band zwischen beiden Monarchien fester geknüpft und mit einer wichtigen Garantie umgeben hat. Suchen wir dieser Wahrheit auf den Grund zu gehen.

Ungarn und Österreich sind durch ein vertragliches Band miteinander verkettet. Dieses Band ist der Ausgleich von 1867. Es wird eine gemeinsame Geschäftsführung durch über-

---

petenz verfassungsmäßig mitzuwirken hat. Damit erfuhr das zentralistische Element im Bau der Gesamtmonarchie, der Reichsgedanke, eine wesentliche Verstärkung." — p. 211: „Die bosnische Verfassung bedeutet eine wesentliche Vermehrung und Verstärkung des auch im Ausgleiche von 1867 schon verborgenen bundesstaatlichen Elements im Gefüge der österreichisch-ungarischen Staatenverbindung. — Die den bestandenen und den neugeschaffenen realen Macht- und Herrschaftsverhältnissen entsprungenen Erwägungen dürften es rechtfertigen, ohne Rücksicht auf die komplizierten Probleme der Dogmatik von dem Bestande und dem Walten einer einheitlichen, ungeteilten Reichsgewalt im Kaiserstaate an der Donau zu sprechen und daraus die Folgerungen für die staatsrechtliche Stellung Bosnien-Herzegowinas zu ziehen. p. 182, 186, 207.

[1]) Anders Lamp, der hier die Theorie von Jellinek analog anwendet, p. 209, Anm. 2.

einstimmende Gesetze eingerichtet. Versetzen wir uns in die Zeit, in welcher die Angelegenheit Bosnien-Herzegowina noch nicht entstanden ist, und fragen wir, welche Folgen eine Verletzung der Ausgleichgesetze nach sich zieht: Ein Vertrag wird gebrochen. Ein völkerrechtliches Band wird gesprengt. So lautet die Antwort. Die Geschäfte, die bisher gemeinschaftlich waren, trennen sich wieder in zwei verschiedene Sphären. Sie werden fortan in jedem Staate selbständig geführt. Es treten die Sanktionen einer internationalen Rechtsverletzung ein. Das sind die einzigen Folgen. — Aber die Dinge ändern sich, sobald die Monarchien ihre Gewalt auf Bosnien-Herzegowina erstrecken. Der Ausgleich hat seine Tragweite ausgedehnt. Die gemeinsame Geschäftsführung ergreift jetzt auch das annektierte Land. Dadurch ist die Bedeutung des Ausgleiches erhöht. Wird er nicht beobachtet, sagen sich die beiden Staaten von ihm los, so erfolgt eine Erschütterung, die sich nicht auf das Gebiet des Völkerrechts beschränkt. Es wird mehr als ein völkerrechtliches, es wird ein Gewaltverhältnis gestört. Wenn beide Staaten ihre Herrschaft über Bosnien-Herzegowina nicht mehr übereinstimmend ausüben, so muß die Herrschaft über das annektierte Land verloren gehen oder dem einen Staat durch den andern entrissen werden. In jedem Falle wird staatliche Gewalt gebrochen.[1])

Die Erwerbung von Bosnien-Herzegowina ändert nicht die Natur des Bandes, das sich zwischen beiden Monarchien knüpft. Sie festigt das Band. Sie festigt es durch ein neues Interesse. Der völkerrechtliche Vertrag, der Ausgleich ist die tatsächliche Bedingung dafür, daß beide Staaten eine gemeinsame Herrschaft über Bosnien-Herzegowina ausüben können. Und dadurch gewinnt er eine höhere Bedeutung. Es liegt in der Natur des Kondominates, daß es nur verwirklicht werden kann, wenn ein vertragliches Einverständnis vorhanden ist für die übereinstimmende Ausübung der doppelten Macht. Und eben dieser charakteristische Kausalzusammenhang verleitet oft zu der unrichtigen Ansicht, daß jenes Einverständnis einheitliche Gewalt erzeuge, zwei Staaten zu einem Staat zusammenschließe.

---

[1]) Vgl. Lamp. p. 224.

Fünftes Kapitel.

Finnland.

Wir nehmen Abschied von der Doppelmonarchie an der Donau. Sie trägt in sich mannigfaltige Formationen. Sie ist wohl das staatstheoretisch lehrreichste Gefüge, das es gibt. Sie hat uns die tiefgehende Verschiedenheit offenbart, welche die ursprünglichen Staatenteile und die abhängigen Länder voneinander trennt. Sie hat uns Typen geliefert für die eine und die andere Kategorie. An ihr haben wir unseren Blick geschärft, unsere Begriffe gefestigt. Ein anderer Vorteil, der dem Lernenden zugute kommt: die drei Bildungen, die wir beobachtet haben, liegen einigermaßen abseits von den klassischen Kontroversen, abseits von den großen Strömungen, in denen die Staatslehre wächst und vorwärts dringt. Wir haben in stiller Abgeschiedenheit gearbeitet. Wir haben in einer ruhigen Bucht unser Fahrzeug erprobt. Wir haben es für sicher befunden. Also vorbereitet, wollen wir es wagen, nunmehr den heftigsten aller Strudel zu kreuzen, in dem je Staatstheorien mit einander gerungen haben. Wir steuern hinein in die brandenden Wogen der finnländischen Frage.[1])

---

[1]) Rafael Erich, Das Staatsrecht des Großfürstentums Finnland, 1912. Das öffentliche Recht der Gegenwart, Band XVIII. Das öffentliche Recht in Finnland. Jahrbuch des öffentlichen Rechts, 1913, p. 293. Neueste Darstellung des gesamten Verfassungsrechts. Ältere Werke sind bei Erich zitiert. Der Text der finnländischen Grundgesetze findet sich bei F. R. und P. Dareste, Les constitutions modernes, 3. Ed., 1910. Die Literatur, welche sich mit der staatstheoretischen Natur des Landes und mit seiner Stellung zum Russischen Reiche beschäftigt, ist unübersehbar. Die wertvollsten Arbeiten sind bei Erich aufgezählt. S. auch die Literaturnachweise bei Wolf Freiherr von der Osten-Sacken, Die staatsrechtliche Stellung des Großfürstentums

Finnland, schon in den Jahren 1157, 1249 und 1293 von Kriegszügen seiner westlichen Nachbarn heimgesucht, kommt

---

Finnland im Russischen Reiche, 1909; Arnheim, Der außerordentliche finnländische Landtag von 1899, 1900; De Sars, La Finlande au point de vue du droit international, 1901. Wir müssen uns beschränken, eine Auswahl unter den Arbeiten zu zitieren: v. Bar, Der Burenkrieg, die Russifizierung Finnlands, die Haager Friedenskonferenz usw., 1900; Derselbe, Zur finnländischen Frage. Das Recht, Band V; Bornhak, Rußland und Finnland. Ein Beitrag zu der Lehre von den Staatenverbindungen, 1900; Danielson, Finnlands Vereinigung mit dem Russischen Reiche, 1891; Delpech, La Question finlandaise, les droits du Grand-Duché de Finlande et le manifeste du Tsar du 3/15. février 1899. Revue générale de droit international public, 1899, p. 552; Pillet et Delpech, La question finlandaise, le manifeste du Tsar examiné au point de vue du droit international. Même Revue, 1900, p. 402; Despagnet, La question finlandaise au point de vue juridique, 1901; Fisher, Finland and the Tsars, 2 ed., 1901; Getz, Das staatsrechtliche Verhältnis zwischen Finnland und Rußland, 1901; Hermanson, Om Finland ständer, deras förhållande till monarken och till folket, 1884; Derselbe, Finlands statsrättsliga ställning, 1892. Bemötande i frågan om Finlands statsrätsliga ställning, 1894; Anonym, Ein Beitrag zur Beurteilung der staatsrechtlichen Stellung des Großfürstentums Finnland. Die wichtigsten Ergebnisse der Schrift von Professor Dr. R. Hermanson: „Finlands statsrätsliga ställning, 1900; Mechelin, La question finlandaise, 1893; Derselbe, La question finlandaise. Revue politique et parlomentaire, 1898, p. 186; Derselbe, Zur Frage der Autonomie Finnlands und seiner Grundgesetze, 1903, russisch; Derselbe, Die Meinungsverschiedenheiten in den russisch-finnischen Fragen. 1908, schwedisch, russisch, finnisch; Michoud et de Lapradelle, La question finlandaise, 1901; Moreau, La question finlandaise, Paris 1900. Revue de droit public et de la science politique, sept.—oct. 1900; Nyholm, Die Stellung Finnlands im Russischen Kaiserreich, 1901; Oppenheim (Leiden), Reiger (Groningen), De Louter (Utrecht), De Hartog (Amsterdam), Die Finnische Frage. Ein Gutachten. Archiv für öffentliches Recht. Band XV, 1900; Ordin, Die Unterwerfung Finnlands, 2 Bände, 1889, russisch; Rehm, Deutsche Juristenzeitung. Band V, 1900, Nr. 22; von der Osten-Sacken, The legal position of the Grand Duchy of Finland, 1912; van der Vlught, Le conflit finlandais envisagé au point de vue juridique, 1900; Westlake, The case of Finland. National Review. March 1900, p. 111. Aus Anlaß des politischen Streites sind eine Reihe von Dokumenten veröffentlicht worden. Arnheim, oben zitiert. Das Werk enthält die Antwortschreiben der Stände auf die kaiserlichen Vorlagen über die Umgestaltung des finnländischen Herrwesens; La Constitution du Grand-Duché de Finlande. Paris. Société nouvelle de Librairie et d'Édition, 1900; La Diète de Finlande en 1899. Réponse des États aux propositions impériales concernant le service militaire personnel. Même Société, 1900; Der Finnländische Landtag von 1904, 1905, Leipzig,

dnrch den Frieden von Nöteborg 1312 in schwedischen Besitz. Das Land wird anfangs als erobertes Gebiet behandelt. Aber schon nach wenigen Jahrzehnten ist es als organisches Glied mit dem schwedischen Staate verwachsen. Es nimmt seit 1362 Teil an der Königswahl. Es ist auf den Reichstagen vertreten. Es ist in gleicher Art wie die übrigen Landschaften Schwedens zur Gesetzgebung und Steuerbewilligung berufen. Es ist eins mit dem großen Staat. Die Gewalt, der Schweden gehorcht, ist auch die seine. Finnland ist integrierender Bestandteil, Provinz im Reich.[1])

Das ist die rechtliche und politische Situation, die in dem Lande zu der Zeit besteht, als Rußland seine Eroberung beginnt.

Durch die Friedensschlüsse von 1721 und 1743 gehen wichtige Territorien im Südosten an den mächtigen Nachbarn verloren. Im Lauf des russisch-schwedischen Krieges von 1808 bis 1809 macht sich Alexander I. zum Herrn des ganzen Landes.

Betrachten wir den Gang der Ereignisse, durch welche Finnland von Schweden losgelöst und mit Rußland verbunden wird.[2]) Sie müssen uns Klarheit geben über die neue Herrschaft, die in Finnland entsteht.

Die russischen Truppen überschreiten vom 9./21. Februar 1808 die Grenze. Sie besetzen die südlichen Provinzen. Das

---

Duncker & Humblot, 1905; Zur Finnischen Frage, Allerhöchst eingesetzte Kommission zur Ausarbeitung eines Projektes von Regeln für die Ordnung des Erlasses von Gesetzen allgemeinstaatlicher Bedeutung, die Finnland betreffen, 1910. Mehrere Zeitschriften sind der Finnländischen Frage gewidmet. Chronique de Finlande. Périodique publié depuis le 15 mars 1900; Finland, An English Journal devoted to the cause of the finnish people, since 1899; Finnländische Rundschau. Vierteljahrschrift für das geistige, soziale und politische Leben Finnlands, seit 1900.

[1]) „La loi et l'organisation sociale de la Suède furent acceptées sans opposition dans un pays qui n'avait encore ni loi, ni société organisée. Le peuple s'adapta à ses nouvelles formes, les appliqua selon son caractère propre et finit par se les assimiler complètement.“ Finnland im XIX. Jahrhundert. Kapitel über das finnische Volk, Topelius, 1900, zitiert bei de Sars, p. 23; Erich, p. 1—2; v. d. Osten-Sacken, p. 45f.; de Sars, p. 21f.; Nyholm, p. 1f.; Bornhak, p. 7f.; Getz, p. 1f.; La Constitution du Grand-Duché de Finlande, p. 1f.; Danielson, p. 17f. Es herrscht Einigkeit in der Literatur über diese Frage.

[2]) Vgl. die eben zitierten Werke.

schwedische Heer zieht sich nach dem Norden zurück, ohne eine Schlacht zu liefern und räumt einen großen Teil des Landes dem eindringenden Feinde.

Am 16./28. März erläßt der Zar Alexander I. eine Deklaration an die europäischen Mächte. Die bisher schwedischen Teile von Finnland, so tut er kund, werden als eroberte Provinzen betrachtet und für immer mit dem Russischen Reich verbunden.[1])

Am 20. März/1. April ergeht ein Manifest an das finnische Volk. Die Annexion wird verkündet und der Treueid gefordert.[2])

Aber der Widerstand ist nicht gebrochen. Das Volk leistet eine heldenmütige Gegenwehr. Es weigert den Eid. Das schwedisch-finnische Heer, von England unterstützt, bereitet sich vor, den Feind im Rücken anzugreifen. Das Kriegsglück schwankt. Die Russen werden an verschiedenen Punkten zum Rückzug genötigt.

Am 5./17. Juni wendet sich der Zar ein zweites Mal an die finnische Nation. Er will das Land der russischen Monarchie einverleiben. Er tut von neuem und mit allem Nachdruck diese Absicht kund. Er verspricht dem Volk als Gegengabe sein Wohlwollen, seine stete Fürsorge und vor allem die unverbrüchliche Wahrung der alten Gesetze und Privilegien.[3])

---

[1]) „Sa Majesté Impériale porte à la connaissance de tous les États d'Europe, que dorénavant la partie de la Finlande, qui, jusqu'à présent, était nommée Suédoise et que les armées russes ne pouvaient autrement occuper, qu'après avoir soutenu différents combats, est reconnue province conquise par les armes et est annexée pour toujours à l'Empire russe. Recueil des lois russes. Tome XXX. Nr. 22899; zitiert in dem Werk: Condition juridique de la Finlande. Traduction du russe. Paris, Société d'éditions scientifiques. 1902. p. 18.

[2]) «Cette contrée conquise par Nos armes, Nous l'annexons dès à présent et pour toujours à l'Empire russe, en foi de quoi, Nous avons ordonné que le serment soit prêté par ses habitants comme sujets fidèles à Notre trône». Même Recueil. Tome XXX. No. 22911. Zitiert in dem vorher angegebenen Werk.

[3]) «Selon les décrets de l'Être suprême, qui a béni Nos armes, Nous avons réuni pour toujours à l'Empire de Russie la province de Finlande. Nous avons appris, avec le plus grand plaisir, que les habitants de cette province ont juré un serment solennel, gage de leur fidélité et de leur dé-

Noch immer ist der Kampf unentschieden. Das schwedisch-finnische Heer ergreift die Offensive und erringt mehrere Siege. Erst im September gelingt es der russischen Übermacht, des Landes Herr zu werden. Der Waffenstillstand vom 7./19. November steht vor der Tatsache einer nahezu vollendeten Eroberung.

Der Zar hält den Augenblick für gekommen, um seiner Herrschaft eine feste Gestalt zu geben. Er befiehlt, das Volk möge eine Deputation nach St. Petersburg entsenden, um seine Wünsche auszusprechen. Allein die Entsendung einer solchen Deputation ist ein politischer Akt, der in Finnland geltenden Verfassung unbekannt. Deshalb entschließt sich das Volk nicht eher zur Wahl, als bis ihm die Versicherung gegeben ist, die Deputation werde nicht als nationale Vertretung, sondern nur als beratende Körperschaft handeln und angesehen werden. Die Deputation wird am 18./30. November vom Kaiser empfangen. Allein, erfüllt von der großen Sorge, die Rechte Finnlands zu wahren, erklärt sie schon am nächsten Tage ihre Inkompetenz, die Angelegenheiten des Landes zu erörtern, und bittet den Kaiser, die Stände zu berufen.[1])

vouement éternel à la Couronne de Russie. De notre côté, nous avons pris l'engagement sacré de maintenir intacte et sans changements cette province, qui Nous est échue selon l'arrêt de l'Être suprême, dans une réunion éternelle à l'empire de Russie. — Les habitants de la Finlande maintenant conquise ont désormais pris rang parmi les peuples soumis au sceptre russe, et formant un empire. Il n'y a que la volonté et la décision du Tout-puissant qui puisse les détacher de ce grand ensemble. Nous espérons que cette providence de Dieu qui a assisté et protégé nos braves soldats dans la conquête de cette province nous aidera dorénavant aussi à la conserver sans changement. — Habitants de la Finlande: que ce principe règne à jamais dans vos cœurs. De nombreux peuples vivent contents et heureux sous la protection de Notre sceptre. Le bonheur et le bien de chacun Nous tient à cœur. Vous aussi, vous faites dès maintenant partie de Notre empire. Par conséquent vous avez acquis les mêmes droits à Notre sollicitude et à Notre bienveillance. Les vieilles lois et privilèges de votre pays seront inviolablement maintenus.» Statssecretariatets Acter, 1808, No. 1—5. Copie im Hauptarchiv des russischen Ministeriums des Auswärtigen. Affaires finlandaises. Beilage, Nr. 1 (Notiz, von der Osten-Sacken). Der Text ist zitiert bei de Sars. p. 46. Condition juridique. p. 19.

[1]) «Assurés de la grâce et de la clémence de Votre Majesté Impériale, ayant osé, en toute soumission, indiquer les obstacles qui leur ont paru se présenter à l'objet de leur mission, il leur semble que n'étant pas les repré-

Der Kaiser, von den Gründen der Deputation überzeugt, gebietet durch ein Dekret vom 20. Januar/1. Februar 1809, daß ein allgemeiner Landtag am 10./22. März 1809 in der Stadt Borgå nach den geltenden Reichstagsordnungen zusammentrete.[1]) In dem Berufungsschreiben nennt er sich zum ersten Male Großfürst von Finnland.

Auf dem Landtage von Borgå gibt Alexander I. die denkwürdigen Versicherungen ab, mit denen Finnland noch heute den Anspruch auf seine Freiheiten stützt.

Der Zar publiziert am 15./27. März ein Schreiben, welches man späterhin als die Finnische Magna Charta bezeichnet hat. Er gelobt darin, die Religion, die Grundgesetze, die Rechte und Privilegien jedes Standes und aller Untertanen gemäß der geltenden Verfassung unverbrüchlich zu wahren.[2])

---

sentants de toute la nation, ils ne sauraient entrer en des délibérations appartenantes aux États du pays, convoqués dans l'ordre ordinaire et prescrit par la constitution. Mais s'il plaisait à Votre Majesté Impériale d'ordonner de nous quelques éclaircissements, sur les affaires économiques de notre patrie, nous ferons tout notre possible d'obéir à Sa généreuse volonté, remettant au bon plaisir de Votre Majesté Impériale, s'il serait nécessaire, dans la situation actuelle des choses, d'ordonner une assemblée générale des États dans le pays pour entendre la voix de la nation en de tels sujets qui concernent le bien et les intérêts de tous.» Text bei de Sars. p. 57; von der Osten-Sacken. p. 30.

[1]) Nous, Alexandre I. par la grâce de Dieu, Empereur et Autocrate de toutes les Russies, etc., Grand-Duc de Finlande, etc., à Vous, Nos amés et féaux sujets, habitants le Grand-Duché de Finlande, Comtes, Barons, Nobles, Évêques, Prêtres, Bourgeois et Paysans, Salut. — «Par les décrets de la Providence et le succès de Nos armes, le Grand-Duché de Finlande ayant été uni pour toujours à Notre Empire, le bien-être de ses habitans devient un des premiers objets de Notre sollicitude. Persuadés que pour atteindre ce but salutaire, tous les États de Finlande s'empresseront à Nous seconder de leurs efforts, Nous avons résolu, conformément aux constitutions du pays, de les réunir en diète, et en conséquence Nous avons ordonné et ordonnons par les présentes, qu'une diète générale soit convoquée pour le dix du mois de mars de cette année dans la ville de Borgo. A cet effet les plénipotentiaires de tous les États s'y rendront de la manière prescrite dans les règlemens de diète pour discuter des objets que Nous trouverons bon de confier à leurs délibérations.» Text bei de Sars. p. 58; von der Osten-Sacken. p. 31. La Constitution du Grand-Duché de Finlande. 1900. p. 109.

[2]) «Nous, Alexandre I. Empereur et Autocrate de toutes les Russies, Grand-Duc de Finlande etc., savoir Faisons: La volonté du Très-Haut Nous

Tags darauf eröffnet er die Versammlung in den Formen, die für den schwedischen Reichstag üblich waren und erneuert das Gelöbnis, daß er die Grundgesetze des Landes heilig halten werde.[1])

Am 17./29. März in der Domkirche von Borgå, auf einem Thronsessel, der mit dem finnländischen Wappen, einem roten Löwen, geschmückt ist, nimmt Alexander I. die Huldigung der Stände nach dem in Schweden üblichen Zeremoniell entgegen. Die Stände schwören den Eid der Treue, aber nicht nur dem Kaiser, sondern auch der Verfassung des Landes.[2]) Hierauf wird der Versicherungsakt vom 15./27. März verlesen und dem Landmarschall, dem Präsidenten der Ritterschaft und des Adels, ausgehändigt. Wie es bei den Königshuldigungen in Schweden üblich gewesen, tritt ein adliger Herold vor den Thron mit dem Ruf: Es lebe Alexander I., Kaiser aller Reußen und Großfürst von Finnland!

---

ayant fait entrer en possession du Grand-Duché de Finlande, Nous avons voulu par les présentes confirmer et sanctionner la religion et les lois fondamentales du pays, ainsi que les droits et privilèges dont chaque Ordre en particulier, dans ledit Grand-Duché, et tous ses habitants en général, tant grands que petits, ont joui jusqu'à présent en vertu des constitutions. Nous promettons de maintenir tous ces avantages et lois en pleine vigueur sans altération ou changement. En foi de quoi Nous avons signé le présent acte de garantie de Notre propre main.» Das russische Original ist verloren gegangen, wahrscheinlich bei einem Brande in Åbo 1827. Text bei de Sars. p. 61; von der Osten-Sacken. p. 31; Erich. p. 3; Condition juridique usw. p. 20; La Constitution usw. p. 110; Getz. p. 4.

[1]) «J'ai désiré vous voir pour vous donner une nouvelle preuve de Mes intentions pour le bien de votre patrie. J'ai promis de maintenir votre constitution, vos lois fondamentales; votre réunion ici vous garantit Ma promesse. — Cette réunion fera époque dans votre existence politique; elle est destinée à affermir les nœuds qui vous attachent au nouvel ordre de choses, à compléter les droits que le sort de la guerre M'a déférés par des droits plus chers à mon cœur, plus conformes à Mes principes, ceux que donnent les sentimens de l'amour et de l'affection». de Sars. p. 61; von der Osten-Sacken. p. 32; Nyholm. p. 25; La Constitution usw. p. 111.

[2]) «Nous, la Chevalerie et Noblesse assemblée de cette Diète générale, tant pour nos propres personnes que de la part de ceux de notre état qui restent chez eux, promettons et jurons tous en général et chacun en particulier devant Dieu et sur son Saint-Évangile, que nous acceptons pour notre Souverain Alexandre I., Empereur et Autocrate de toutes les Russies, Grand-Duc de Finlande et que nous voulons maintenir invariablement les lois fondamentales». Die Formeln für die anderen Stände sind ungefähr gleich. de Sars. p. 64.

Am 23. März/4. April ergeht eine neue Kundmachung an das Volk. Der Kaiser, so lautet der Text, hat die Stände Finnlands zu einem allgemeinen Landtag versammelt. Er hat den Eid ihrer Treue empfangen und hält dafür, daß dieser Eid die ganze Nation verpflichte. Er selbst hat bei dieser Gelegenheit die Religion, die fundamentalen Gesetze, die Rechte und Privilegien der Stände und aller Untertanen durch einen feierlichen Akt bestätigt.[1])

Der Landtag geht an seine Geschäfte und beobachtet dabei die Formen, die zur schwedischen Zeit seine Tätigkeit geregelt haben. Er befaßt sich mit vier kaiserlichen Vorlagen. Sie behandeln: die Organisation der Regierung, die Steuern und Finanzen, die Heeresorganisation, das Münzwesen.

Der Kaiser schließt den Landtag am 6./18. Juli und erklärt feierlich in seiner Rede, daß Finnland nunmehr zum Rang einer Nation erhoben sei, die unter eigenen Gesetzen lebe.[2])

---

[1]) «Nous, Alexandre I. etc. Ayant réuni les États de la Finlande en une Diète générale, et reçu leurs sermens de fidélité, Nous avons voulu à cette occasion par un acte solennel émané en leur présence et proclamé dans le sanctuaire de l'Être Suprême confirmer et assurer le maintien de la religion, des lois fondamentales, les droits et les privilèges dont chaque état en particulier et tous les habitans de la Finlande en général ont joui jusqu'à présent. — En faisant promulguer cet acte par ces présentes, Nous croyons devoir instruire en même tems Nos fidèles sujets de Finlande qu'en Nous conformant à l'usage antique et révéré de ce pays, Nous regardons les sermens de fidélité prêtés par les États en général et par les députés des paysans en particulier en leur nom et en celui de leurs commettans de leurs mouvemens propres et spontanés comme bons et obligatoires pour tous les habitans de la Finlande. — Intimement persuadés que ce peuple bon et loyal conservera à jamais pour Nous et pour Nos successeurs les mêmes sentimens de fidélité et d'attachement inviolable qui l'ont toujours distingué, Nous Nous attacherons à lui donner avec l'aide de Dieu des preuves continuelles de Nos soins assidus et paternels pour son bonheur et sa prospérité». de Sars. p. 65; Nyholm. p. 27; La Constitution etc. p. 112; Getz. p. 4.

[2]) «Ce peuple brave et loyal bénira la Providence qui a amené l'ordre de choses actuel. Placé désormais au rang des nations, sous l'empire de ses loix, il ne se ressouviendra de la Domination passée que pour cultiver des rapports d'amitié lorsqu'ils seront rétablis par la paix». — Portez dans le sein de vos provinces, imprimez dans l'esprit de vos compatriotes la même confiance qui a présidé ici à vos délibérations. Inspirez-leur la même con-

Unterdessen dauern die kriegerischen Unternehmungen weiter. Die Finnländer strecken erst am 25. März bei Kalix die Waffen, nachdem die Schweden sich aus dem Lande zurückgezogen und den Torneå-Fluß überschritten haben. Der Krieg setzt sich noch in Schweden fort. Nach den letzten Kämpfen von Åland und Umeå wird der Friede am 5./17. September 1809 in Frederikshamn geschlossen. Er hat folgenden Inhalt: Schweden verzichtet auf die finnischen Gebiete; sie gehören fortan zum russischen Reich und werden ihm einverleibt. Da der Zar bereits in edelmütiger Weise den Finnländern versprochen hat, ihre Religion, ihre Eigentumsrechte und ihre Privilegien zu wahren, so sieht sich der König von Schweden der Pflicht enthoben, Garantien für seine früheren Untertanen zu fordern.[1])

Wir haben die historischen Tatsachen aufgezählt, welche den Übergang der Herrschaft verkörpern. Wir haben die Akte kennen gelernt, durch die Alexander I. seiner neu erworbenen Gewalt ihr charakteristisches Gepräge verleiht. Unter ihnen nimmt der Versicherungsakt vom 15./27. März eine ausgezeichnete Stellung ein. Er verkündet zum erstenmal unzweideutig und in feierlicher Weise, daß die Grundgesetze des Landes aufrecht

viction, la même assurance sur les objets les plus importans à votre existence politique; le maintien de vos loix, la sûreté personnelle, le respect inviolable à vos propriétés». de Sars. p. 66; La Constitution usw. p. 113; Getz. p. 5.

[1]) Article IV: „S. M. le Roi de Suède, tant pour elle que pour ses successeurs au trône et au Royaume de Suède, renonce irrévocablement et à perpétuité, en faveur de S. M. l'Empereur de toutes les Russies, et de ses successeurs au trône et à l'Empire de Russie, à tous ses droits et titres sur les gouvernements ci-après spécifiés, qui ont été conquis par les armes de S. M. Impériale dans la présente guerre sur la Couronne de Suède, savoir: etc. — Ces gouvernements, avec tous les habitants, villes, ports, forteresses, villages et îles, ainsi que les dépendances, prérogatives, droits et émoluments, appartiendront désormais en toute propriété et souveraineté à l'Empire de Russie et lui restent incorporés». — Article VI: «S. M. l'Empereur de toutes les Russies ayant déjà donné les preuves les plus manifestes de la clémence et de la justice avec lesquelles S. M. a résolu de gouverner les habitants des pays qu'elle vient d'acquérir, en les assurant généreusement et d'un mouvement spontané du libre exercice de leur religion, de leurs droits de propriété et de leurs privilèges, S. M. Suédoise se voit par là dispensée du devoir, d'ailleurs sacré, de faire des réserves là-dessus en faveur de ses anciens sujets». von der Osten-Sacken. p. 33; de Sars. p. 48.

bleiben sollen. Die späteren Akte sind nur Wiederholungen dieses ersten Versprechens.

Aber hier entsteht eine Kontroverse, welche die wissenschaftlichen und politischen Meinungen in zwei feindliche Lager scheidet: Was ist unter den Grundgesetzen zu verstehen, die heilig gehalten werden sollen? Welche Tragweite hat das Versprechen Alexanders I.?

Die Finnländer behaupten, der Versicherungsakt des Zaren halte die zwei schwedischen Grundgesetze von 1772 und 1789 in Kraft. Vergegenwärtigen wir uns ihren Inhalt.

Die Regerings-Form vom 21. August 1772 gibt die Legislative dem König und den Ständen. Kein neues Gesetz kann geschaffen, kein altes aufgehoben werden, wenn nicht durch den übereinstimmenden Willen der beiden Gewaltenträger.[1]) Der König beruft die Stände nicht in festen Zwischenräumen, sondern nur, wenn es ihm die Angelegenheiten des Staates zu erfordern scheinen.[2]) Wie weit geht die Legislative? Auf Grund einer althergebrachten Übung ist ein weites Gebiet der königlichen Verordnung überlassen. Man charakterisiert dieses Gebiet als das ökonomische. Aber dieser Name ist nicht treffend; denn das Verordnungsrecht ergreift nicht alle Materien ökonomischer Natur und regelt andererseits auch manche polizeiliche Angelegenheiten von anderer Art. Es ist schwer, eine feste Grenze zu ziehen. Jedenfalls gehören Heerwesen und Besteuerung — darauf kommt es uns besonders an — in den Bereich der Legislative und deshalb in die Zuständigkeit von König und Ständen.[3]) — Der Monarch hat die Exekutive, ist aber durch den

[1]) Forme de Gouvernement. Consacrée par Sa Majesté Royale et les États du Royaume, datée de Stockholm, le 21 août 1772. Art. 80: «Le Roi ne peut, sans la connaissance et le consentement des États, faire aucune loi (lag) ni en abroger une existante». — Art. 41: «Les États du Royaume ne peuvent abroger aucune loi existante, ni en faire aucune nouvelle, sans l'assentiment et le consentement du Roi». Der Text ist zitiert in der Sammlung La Constitution du Grand-Duché de Finlande, 1900.

[2]) Art. 38.

[3]) Art. 18: «Toutes les forces militaires de terre et de mer et leur commandants de tout grades prêteront serment de foi et hommage à Sa Majesté Royale, au Royaume et aux États, suivant le formulaire rédigé à cet effet. Les forces militaires à pied et à cheval, ainsi que les matelots de

Rat des Königreiches beschränkt.[1]) — Eine Revision der Verfassung ist nur möglich mit der Einwilligung der Stände.[2])

Die Regerings-Form wird durch den Förenings- och Säkerhets-Akt vom 21. Februar und 3. April 1789 modifiziert. Der Machtkreis des Königs wird bedeutend erweitert; der Rat des Königreichs hat keinen Teil mehr an der Exekutive.[3]) Das Sy-

---

la flotte resteront levés et entretenus sur les bases actuelles du système de répartition [indelning] et les contrats passés avec les paysans et les villes, lesquels contrats seront strictement exécutés et observés, jusqu'à ce que Sa Majesté Royale et les États jugent nécessaire d'y apporter des modifications d'un commun accord». — Art. 45: «Il appartient à Sa Majesté de protéger et défendre le Royaume, surtout contre l'étranger et l'ennemi; mais Elle ne pourra, contrairement à la loi, au serment et à la garantie royale, imposer à ses sujets aucun aide de guerre, ni nouveaux impôts, levées de troupes, ou autres contributions, sans la connaissance, la libre volonté et le consentement des États du Royaume, sauf toutefois le cas où le malheur voudrait que le Royaume fût envahi militairement; en ce cas, il appartiendra à Sa Majesté de prendre toutes mesures nécessaires à la sûreté du Royaume et conformes à l'intérêt de ses sujets; mais aussitôt que la guerre aura cessé, les États devront se réunir et les nouveaux impôts qui auront été établis pour les frais de la guerre devront cesser sur-le-champ». La Constitution usw. Siehe dort den Kommentar zur Regerings-Form.

[1]) La Constitution etc., Introduction. p. 14.

[2]) Art. 39: «Les États du Royaume devront avec une fidélité scrupuleuse laisser tous les droits royaux, tels qu'ils sont déterminés par la Loi de Suède, en pleine force et autorité sans y porter aucune atteinte, et maintiendront, défendront et soutiendront avec zèle, soin et sollicitude, toutes les attributions de l'autorité royale; ils ne pourront en conséquence rien améliorer, changer, ajouter ni retrancher à aucune des lois fondamentales, sans l'avis et le consentement du Roi, de manière qu'aucune illégalité ne puisse prévaloir sur la loi, et que la liberté des sujets et les droits du Roi ne soient jamais méconnus ni violés, mais que chacun jouisse de ses droits légaux et privilèges légitimes. Tous les actes considérés comme lois fondamentales depuis 1680 jusqu'aujourd'hui sont par les présentes abrogés et abolis». Art. 52, 57.

[3]) Art. 1: «Nous reconnaissons avoir un Roi héréditaire, qui a tous pouvoirs pour gouverner, maintenir, protéger et défendre l'État; faire la guerre, conclure la paix et les alliances avec les puissances étrangères; faire grâce, restituer la vie, l'honneur et les biens; disposer, suivant son bon plaisir, de tous les emplois de l'État, lesquels devront être confiés à des Suédois de naissance, faire exécuter et maintenir la loi et le droit. — Les autres objets intéressant l'État seront traités de la manière que le Roi jugera préférable».

stem der Legislative hingegen bleibt unverändert; nach wie vor bedarf es der Übereinstimmung von König und Ständen.[1])

Diese Grundsätze, sagen die Finnländer, müssen maßgebend sein für das Verhältnis zwischen dem Zaren und dem eroberten Land. Und diese Grundsätze können nur geändert werden mit Einwilligung der Stände. Finnland hat eine Verfassung, die man ihm nicht wider seinen Willen nehmen kann.

Diese These ist lange Zeit unangefochten geblieben. Zum ersten Male hat Ordin in einem 1887 erschienenen Werke[2]) die fast ehrwürdige Doktrin in Frage gestellt. Der Versicherungsakt Alexanders I., so sucht er nachzuweisen, will nicht die schwedischen Grundgesetze von 1772 und 1789 bestätigen, sondern nur das allgemeine Gesetzbuch von 1734[3]), das Kirchengesetz von 1686 und die Schenkungsurkunden über die Privilegien der einzelnen Stände.[4]) Seither tobt der literarische Streit über die Tragweite des Versicherungsaktes. Er wird auf beiden Seiten mit einem großen Aufwande von Gelehrsamkeit und Dialektik geführt.[5])

Wir brauchen auf die vielumstrittenen Fragen der Textkritik nicht einzugehen, denn es besteht für die finnländische Auffassung ein historisches Argument, welches stärker ist als jede philologische Dissertation.[6]) Der Landtag von 1899 hat es aufgestellt.

---

[1]) Art. 9, Art. 5: «Comme la véritable liberté consiste à donner librement le nécessaire pour l'entretien de l'État, le peuple suédois a le droit indiscutable de délibérer, transiger, refuser et s'accorder à ce sujet avec le Roi». Arg. Art. 6.

[2]) Einer annotierten Übersetzung des Werkes: Précis du droit public du Grand-Duché de Finlande von Mechelin.

[3]) Es enthält das Zivil-, Kriminal-, Polizei-, Gerichts- und Handelsrecht.

[4]) Siehe über die Theorie von Ordin die Darstellung bei Danielson, p. 116f.

[5]) Zur Übersicht der verschiedenen Argumente vgl. Danielson: Die Gründe von Ordin werden einzeln mit großer Sorgfalt geprüft und kritisiert; Arnheim. p. 135f.: Der finnländische Landtag von 1899 entwickelt seine Theorie; Getz. p. 12f.; Hermanson. p. 4f.; Nyholm. p. 39f.; de Sars. p. 69f.; Condition juridique de la Finlande. p. 1f.: Die Arbeit ist vom russischen Standpunkt geschrieben; von der Osten-Sacken. p. 34f.; Zur finnischen Frage.

[6]) Übrigens, die Gründe Ordins und seiner Gesinnungsgenossen sind ziemlich sophistischer Natur. Man kann sich dem Urteil von de Sars an-

Bis zum Jahr 1899, wo das bekannte Manifest zur Begrenzung der finnländischen Gesetzgebung erging, hat Rußland die Rechtsstellung, die Finnland auf Grund der schwedischen Fundamentalgesetze sein eigen nannte, niemals angetastet. Wohl ist der Landtag bis 1863 niemals einberufen worden. Aber das war kein Bruch der Verfassung. Denn der Monarch war nach schwedischem Rechte nicht verbunden, den Landtag zu bestimmten Zeiten zu versammeln. Der Monarch konnte ein Gesetz nur mit dem Landtag erlassen; diese Notwendigkeit allein regelte die Häufigkeit der Berufung. Der Zar — darauf kommt es an — hat den Landtag niemals übergangen, wenn die schwedischen Grundgesetze seine Mitwirkung forderten. Allerdings, er hat eine große Zahl von Verordnungen erlassen. Aber diese Gewalt stand bereits dem König von Schweden auf Grund einer Tradition von Jahrhunderten zu. Mag auch in manchen Fällen Zweifel entstanden sein, ob der Zar die Schranken der hergebrachten Befugnis eingehalten habe, so handelte es sich doch immer nur um eine Meinungsverschiedenheit über eine unsichere, alt ererbte Übung und nie um einen klaren, wissentlichen Bruch des Rechts.[1])

---

schließen, p. 69: «Ce sont des „querelles de mots“ à la vérité un peu étonnantes, alors qu'il existe des textes nombreux et parfaitement nets où le tzar Alexandre I., en particulier, a répété, „avec trop de force et d'insistance pour qu'on puisse douter“, que son intention était, non seulement de laisser aux Finlandais leurs institutions, mais encore de les élever au rang d'une nation. Au demeurant, l'argumentation d'Ordin est inexacte, non seulement à raison des lacunes qui se rencontrent, volontaires ou inconscientes, dans l'exposé historique fait de la situation antérieure au traité de Frédéricshamn et postérieure à la Diète de Borga, mais encore à raison de la manière par trop subtible employée pour l'interprétation des textes».

[1]) Untertäniges Antwortschreiben der Finnländischen Stände aus Anlaß der allerhöchsten Vorlagen seiner Kaiserlichen Majestät, betreffend teils den Entwurf zu einem Wehrpflichtgesetz für das Großfürstentum Finnland, teils die Grundlagen für die Organisation und Verwaltung der finnländischen Truppen, 1899. Zitiert bei Arnheim, p. 141, und bei Nyholm, p. 52: „Die Tatsache, daß die Stände in dem Zwischenraum von 1809 bis 1863 nicht einberufen worden sind, involviert keinen Beweis gegen die Gültigkeit der ‚Regeringsform‘ (von 1772 und 1789), da es — bis zur Promulgation der Landtagsordnung — laut der ‚Regeringsform‘ vom Gutdünken des Monarchen abhing, die Stände einzuberufen. Und die Ungültigkeit der ‚Regeringsform‘ wird auch ebensowenig dadurch bewiesen, daß der Monarch unab-

Der Versicherungsakt von 1809 hat die schwedischen Grundgesetze bestätigt. Dieser These schließen wir uns an. Die hundertjährige Befolgung des alten Verfassungsrechts ist der beste Beweis ihrer Richtigkeit.

Es ist aber ein großer Irrtum, zu glauben, daß mit dieser Feststellung die theoretische Natur Finnlands entschieden sei, daß man aus dem Versicherungsakt den staatlichen Charakter des Landes deduzieren könne. Der Akt des Zaren hat Finnland

---

hängig von den Ständen Verordnungen in verschiedenen Angelegenheiten erlassen hat. Es ist nämlich erachtet worden, daß der Monarch, ohne daß es einer Inanspruchnahme der Mitwirkung der Stände bedürfe, auf gewissen Gesetzgebungsgebieten (umfassend eigentlich das, was in der in Schweden und in Finnland üblichen Rechtssprache, wenn auch nicht ganz sachgemäß, als Ordnungs- und Haushaltungsfragen bezeichnet wird) Verordnungen erlassen könne. Allerdings enthält das Gesetz keine ausdrückliche Bestimmung hierüber, aber ein solches Recht ist jahrhundertelang ausgeübt worden; es ist infolgedessen durch die Tradition geheiligt, und die Reichstagsgeschichte zeigt, daß es von den Ständen anerkannt worden ist. Da es nun aber eine ausdrückliche Bestimmung darüber nicht gibt, ist es, wie man denn auch in Schweden noch in jüngster Zeit zugegeben hat, schwer gewesen, die Grenzen dieses Rechtes genau anzugeben, und dieses war eine der Ursachen, weshalb jenes Recht zu verschiedenen Zeiten in etwas verschiedener Weise in Anspruch genommen wurde. — Wenn dasselbe nun aber auch einige Male vor wie nach 1809, sowohl in Schweden als auch in Finnland, mit Überschreitung von Grenzen, die später als unzweideutig erschienen, zur Ausübung gelangt ist, so liegt in dieser Tatsache, zu der auch anderswo als in Schweden und in Finnland Seitenstücke vorgekommen sind, keineswegs eine Verleugnung des Grundsatzes selbst, nach welchem den Ständen das Recht zukommt, an der Gesetzgebung teilzunehmen. Auf Grund dieses Rechtes, auf gewissen Gesetzgebungsgebieten Verordnungen auf administrativem Wege auszufertigen, ist nun geschehen, daß zwischen 1809 und 1863 solche Verordnungen in Finnland erlassen wurden. Auch nach 1863 sind fortwährend derartige Verordnungen neben den Gesetzen, die unter Mitwirkung der Stände geschaffen wurden, zustande gekommen. Aus dem Gesagten erklärt es sich auch, wie der Umstand, daß Verordnungen auf administrativem Wege in solchen Fragen erlassen wurden, in bezug auf welche allgemeine Gesetze oder Grundgesetze Bestimmungen enthalten, dem in der finnländischen Gesetzgebung Unbewanderten die Auffassung einflößen konnte, als sei auf das Grundgesetz keine Rücksicht genommen worden, während es sich doch tatsächlich so verhält, daß allgemeine Gesetze oder Grundgesetze in mehreren Fällen nur gewisse allgemeine Grundsätze ausgesprochen haben und es Verordnungen der eben erwähnten Art überlassen, nähere Bestimmungen in den genannten Fragen zu treffen."

seine Verfassung zugesichert; also ist Finnland ein Staat: Das ist der Schluß, den die einheimische Lehre vorschnell zieht.

Wir haben immer an einem wissenschaftlichen Leitsatz festgehalten: Das Leben der staatlichen und der staatsähnlichen Gebilde ist nur aus der Konstellation der politischen Kräfte zu erklären. Bleiben wir dieser Auffassung treu, so müssen wir zu der Überzeugung gelangen, daß wir das Rätsel, das Finnland umgibt, nicht durch Interpretation eines Textes lösen können, mag er auch die fundamentalen Statuten des Landes bestimmen. Der Versicherungsakt ist nicht die Antwort auf das Problem. Er selber ist ein Problem. Er selber muß auf seine theoretische Natur geprüft werden. Er selber empfängt seinen Inhalt durch Phänomene politischer Macht. Stellen wir die Frage, die einzig erheblich ist: Wo die Quelle von Finnlands Herrschaft fließt. Suchen wir die Seele von Finnlands politischer Existenz zu entdecken; sie allein haucht den äußeren Formen der Herrschaft ihr wahres Leben ein.

Finnland ist mit den Waffen in Besitz genommen. Es ist vor der Eroberung nicht ein Staat, sondern nur eine Provinz in einem Staat gewesen. Durch die Eroberung ist es aus seinem bisherigen Verband gerissen und zugleich unter die Gewalt eines andern Staates gebeugt worden. In welcher Form, das lehrt folgende Betrachtung.

Wir können allgemein sagen: mit jeder Eroberung verknüpft sich notwendig die Unterwerfung unter eine neue Gewalt. Wird nun ein Land, das einen Staat bildet, mit der Macht der Waffen in Besitz genommen, so kann es als Staat unter der neuen Herrschaft weiter bestehen. Das hängt von dem Willen des Siegers ab. Er kann den Staat bestehen lassen und über den Staat gebieten. Ein Land ohne staatlichen Charakter hingegen, das in die Hände des Gegners fällt, wird entweder dem siegenden Staat einverleibt oder als abhängiges Land von ihm beherrscht. Allerdings, die Möglichkeit ist nicht ausgeschlossen, daß es zum Staate wird. Aber dann geschieht es durch Ereignisse, die mit der Eroberung wohl in einem zeitlichen, nicht aber in einem logischen Zusammenhang stehen: Es kann sein, daß der Sieger seine Hand wieder zurückzieht und dem unterworfenen Land den nötigen Spielraum gibt, um unter seiner

Oberherrschaft einen Staat zu gründen. Es treten zu der Eroberung neue Taten hinzu.

Betrachten wir die Geschicke Finnlands in historischer Reihenfolge: Zwei Fragen knüpfen sich aneinander. Die erste: Ist Finnland durch die Eroberung als Provinz oder als abhängiges Land mit dem russischen Reich verbunden worden? Und die zweite: Hat sich Finnland durch eine neue Reihe von Begebenheiten zu einem Staat umgebildet?

Wollen wir die erste Frage prüfen, so müssen wir uns vergegenwärtigen, wie sich abhängiges Land und Provinz voneinander unterscheiden. Wir haben die Grenze schon früher gezogen, als wir von Elsaß-Lothringen handelten.

Der Staat — davon sind wir immer ausgegangen — entsteht in der Weise, daß ein Volk in einem Gebiet eine Gewalt errichtet. Es schafft die Gewalt in dem einen Gebiet. Die Organisation schließt das eine Gebiet zusammen.

Wie entsteht nun eine Provinz oder ein abhängiges Land?

Wird ein neues Gebiet erworben, so kann es dem bisherigen Staat eingegliedert werden: die bestehende Organisation dehnt sich aus. Das Fundament des Staates wird ein anderes. Es ist ein neues Volk vorhanden, ein größeres Volk, in dessen Totalität die Herrschaft nunmehr ihre Stütze sucht. Der Staat ändert sich in seinem Wesen. Trennt sich das neue Land wieder von ihm ab, so ändert sich sein Wesen noch einmal. — Anders, wenn das eroberte Land nicht eingegliedert, sondern als Territorium beherrscht wird: dann erweitert sich die ursprüngliche Organisation nicht. Der Staat bleibt der gleiche wie zuvor. Er nutzt nur seine Macht zu einem neuen Zweck. Aber die Macht hat die gleiche Lebensquelle. Sie behält ihre Seele.

Der Kernpunkt des Problems ist also dieser: Geschieht der Zusammenschluß zum Staat, geschieht die Errichtung, die Belebung der Herrschaft durch die Kraft des Volkes auch nach der Eroberung nur für die Grenzen der russischen Länder, oder vollzieht sich das Phänomen fortan für einen größeren Wirkungskreis, in den auch Finnland eingeschlossen ist? Es gilt die psychologischen Kräfte zu erklären, welche die Gewalt erzeugen; es gilt ihre Richtung zu erforschen. Ersteht aus der Nation ein Fürst, der über Rußland gebieten soll, ist die Beherrschung

Finnlands nur die Anwendung einer Macht, die schon in einer anderen Sphäre entstanden ist? Oder soll aus der Volkskraft ein Herrscher hervorgehen über alle Länder?

Ein Spiel von Worten! So wird man erwidern. Aus welchen Anzeichen soll man schließen, ob die ursprüngliche Gewalt des Zaren für alle Länder berechnet ist, oder ob sie nur für Rußland entsteht und als eine fremde zur Beherrschung von Finnland ausgenutzt wird? Hier ist kein Stützpunkt für politisch folgerichtiges Denken; es ist Geschmack oder Willkür, wenn man die ursprüngliche Gewalt in die eine Grenze bannt oder in die andere.

Der Einwand ist vollkommen berechtigt. In der Tat. Warum soll Finnland eher ein abhängiges Land bilden als irgend ein anderer Teil des russischen Reiches? Warum soll die Herrschaft des Zaren in Finnland ein anderes Lebensprinzip besitzen als anderswo? Welches sind die Erscheinungen, die uns veranlassen können, der ursprünglichen Gewalt nur in den Grenzen von Rußland Geschlossenheit und Individualität zuzuerkennen? Die Kategorie des abhängigen Landes verflüchtigt sich und zerfließt in Nebel. Wir vermögen ihre Merkzeichen in Finnland nicht festzulegen. Wir vermögen das Herrschaftsphänomen in diesem Lande nicht abzusondern von dem Herrschaftsphänomen in den übrigen Teilen des Reichs. Und so kommen wir notgedrungen zu dem Schluß: Finnland ist eine Provinz.

Wollen wir aber wissenschaftlich verfahren, so können wir uns nicht mit dieser Beobachtung begnügen. Wir müssen den tieferen Grund zu verstehen suchen, warum die Kategorie des abhängigen Landes, der sich Bosnien-Herzegowina und Elsaß-Lothringen mühelos unterordneten, plötzlich versagt. Dieser Grund ist nicht schwer zu entdecken: Das deutsche Reich ist ein Oberstaat in einem föderativen System. Die Lebensorganisation des Reiches ist zu dem Zweck gedacht und verwirklicht, um Völker, die schon als Staaten konstituiert sind, miteinander zu verbinden. Das Deutsche Reich ist ein Gefüge von Staaten. Elsaß-Lothringen aber ist kein Staat. Es paßt deshalb nicht in dieses System. Es kann unmöglich an diesem Zusammenschluß beteiligt sein. Es muß seinem Wesen nach in dieser Institution ein Fremdkörper bleiben. Ähnlich verhält es sich mit Bosnien-Herzegowina. Das Land kann weder mit Österreich noch mit Ungarn als Provinz verwachsen sein. Denn es kann nicht einem der beiden Staaten allein zugehören; beide Monarchien haben den gleichen Titel auf die Länder, die sie gemeinsam erworben haben. Wir sehen, in beiden Gefügen, im deutschen und im österreichisch-ungarischen Staatensystem, ist ein trennendes Element vorhanden, welches ein Territorium als einen Fremdkörper, als einen disparaten Bestandteil ausscheidet. Es ist eine Naturverschiedenheit der Herrschaft gegeben im Haupt- und im Nebenland. Die Gewalt, die im Deutschen Reich, die Gewalt, die in einer der Donaumonachien ausgeübt wird, ist nicht die gleiche wie die andere, die das Territorium ergreift. Im Reich eine Herrschaft in Konkurrenz mit Unterstaaten; in Elsaß-Lothringen eine erschöpfende Herrschaft über Land und Leute. In Österreich, in Ungarn eine freie Gewalt; in Bosnien-Herzegowina eine Gewalt im Kondominat mit einer anderen. So wird klar, warum das Reich und die Donaumonarchien geschlossene Einheiten, fertige Individualitäten sind und kraft ihrer Substanz die Territorien nicht in sich aufnehmen können. Wir haben nebeneinander feindliche Substanzen, die unfähig sind, eine Verbindung einzugehen. Und so sind wir berechtigt, mehr noch gezwungen, zwei Gebiete zu unterscheiden, das eine, für das die Gewalt entsteht, und das andere, das sie, einmal entstanden, zur weiteren Betätigung des ihr jetzt innewohnenden Lebens erfaßt. Eine solche Differenzierung ist in den russischen und finnischen Ländern unmöglich. Es besteht weder ein föderatives System, noch eine Doppelherrschaft, noch irgendein anderer Grund, welcher zur Ausscheidung Finnlands aus dem Organismus der Monarchie führen könnte.[1])

[1]) Nicht das autokratische Regiment bringt diese nivellierende Wirkung hervor. Nicht weil der Zar als absoluter Herrscher über allen Ländern steht, ist es unmöglich, seine Herrschaft über einen Länderteil zu isolieren. Hätte 1808 in Rußland eine konstitutionelle Monarchie bestanden, so wäre die Situation die gleiche: die Herrschaft von Zar und Parlament wäre in dem eroberten Gebiete gleich ursprünglich wie im Mutterland, dies selbst dann, wenn Finnland kein Recht erhalten hätte, das russische Parlament zu beschicken; denn der Ausschluß von der gesetzgebenden Körperschaft ist wohl ein Symptom des abhängigen Landes, nichts anderes. Und zudem oft ein trügerisches Symptom, wie sich an folgendem Beispiele zeigt: Bosnien-

Mit der Eroberung ist Finnland eine Provinz der russischen Monarchie geworden. Wir können sagen, eine Provinz besseren Rechts, wenn wir bedenken, daß Finnland seine freien Institutionen behalten hat. Aber nunmehr entsteht das Problem, mit dem man sich schon jahrzehntelang müht: Ist nach der Eroberung, ist auf dem Landtag zu Borgå ein finnischer Staat aufgerichtet worden?[1]) Wir wissen, welche Dinge sich in Borgå zugetragen haben. Sind diese Vorgänge staatsbildende Akte gewesen?

Stellen wir die Vorfrage: Wie wird ein Staat gegründet?

Wir greifen hier auf die Darstellung zurück, die wir im allgemeinen Teil dieser Arbeit gegeben haben.

Der Staat ruht auf dem Volk. Das bedeutet: die Herrschaft hat ihre einzige Grundlage in dem Willen der stärkeren Mehrheit. Eine andere Grundlage kann sie nicht haben. Sonst ist sie keine ursprüngliche, keine staatliche Gewalt. Ruht die Herrschaft einzig auf der Zuneigung des Volkes, so muß sie zerfallen, sobald das Volk ihr widerstrebt. Die Herrschaft ist eins mit dem Willen der Nation. Sie lebt und vergeht mit ihm.

Wenn man diese Wahrheit wohl erfaßt, so kann man folgende Konsequenz nicht übersehen:

Steht man vor einem politischen Gebilde und prüft man es auf seine staatliche Natur, so darf man nicht fragen: Ist die stärkere Mehrheit des Volkes der bestehenden Herrschaft günstig gesinnt? Die Frage muß vielmehr lauten: Ist diese Zuneigung der einzige Grund der Herrschaft, ohne die sie nicht bestehen kann; oder hat die Gewalt einen andern Quell ihrer Kraft, der

---

Herzegowina ist in den Delegationen nicht vertreten. Elsaß-Lothringen hingegen entsendet Deputierte in den Reichstag und selbst in den Bundesrat. Und doch haben beide Länder abhängige Natur.

[1]) Der Friedensvertrag von Frederikshamn hat Rußland keine Gewalt gegeben. Rußland hat seine Gewalt über Finnland selbst errungen. Der Friedensvertrag hat nur die völkerrechtliche Anerkennung des schon bestehenden Zustandes gebracht. Staatliche Gewalt wird nie durch einen völkerrechtlichen Vertrag geschaffen. Staatliche Gewalt ist ein Naturereignis, hervorwachsend aus der Kraft eines Volkes. Man begegnet nur zu oft einer Verwechslung beider Phänomene. Wir haben uns bemüht, sie in unserem Kapitel über Elsaß-Lothringen deutlich zu scheiden. Cf. de Sars. p. 47f.; Nyholm. p. 35; v. d. Osten-Sacken. p. 56f.; Erich. p. 6—7.

ihr ermöglicht, auch dann noch über das Volk zu regieren, wenn es widersteht? Die freundliche Stimmung des Volkes kann eine Folge guter, wenn auch fremder Regierung sein und dadurch wohl eine Ehrung, die der Herrschaft widerfährt; diese freundliche Stimmung kann bestehen, ohne daß sie die Herrschaft trägt.[1]) Das ist wichtig. Nur wenn sie in Wahrheit den Stützpunkt der Herrschaft bildet, nur dann ist eine ursprüngliche Gewalt vorhanden, nur dann haben wir einen Staat. Mit einem Wort: Eine Herrschaft ist staatlich, wenn sie nur mit dem Volk, nicht gegen das Volk regieren kann.

Übertragen wir diese Erkenntnis auf die Begebenheiten zu Borgå.

Alexander I. sichert dem Lande wichtige Freiheiten zu. Er verspricht ihm, die alte Verfassung zu wahren. Finnland soll zum Rang einer Nation erhoben werden und seine eigenen Gesetze haben. Die Stände huldigen dem Zaren auf dieses Gelöbnis hin. Treueid und Versicherungsakt werden in den Formen von Leistung und Gegenleistung ausgetauscht.[2]) Der Zar gebraucht die Symbole einer finnischen Gewalt. Sein Thron trägt den roten Löwen. Er nennt sich Großfürst von Finnland. — Welche Natur haben diese Akte?

Lassen wir uns nicht zu schnell durch den äußeren Schein verleiten. Schließen wir nicht inkorrekter Weise auf einen Staatsvertrag zwischen Kaiser und Volk, wenn uns auch die Akte von Borgå verführerisch auf diesen Weg hinlocken. Seien wir wissenschaftlich.

Ist die Verfassung nur ein widerrufliches Geschenk? Ist die Huldigung nur ein Zeremoniell? Oder sind diese Akte politische Wirklichkeiten? Sind sie der Ausfluß staatsbildender Kräfte? Wird in Borgå eine Verfassung errichtet, ein Staat gegründet?

Wir glauben, daß sich die viel erörterte Kontroverse mit Hilfe der Formeln löst, die wir aus unserer Grundauffassung des Staates abgeleitet haben.

Der Zar ist fortan Herrscher in Finnland. Und die Frage ist die: Warum ist er Herrscher? Auf welchen Grund baut er seine Gewalt? Ist er Herrscher, weil das finnländische Volk ihn

---

[1]) Dies übersehen Nyholm. p. 32f.; de Sars. p. 52.; Bornhak. p. 13f.

[2]) Nyholm. p. 26.

zum Herrscher will? Ist er Herrscher, weil er sich auf die Mehrheit des finnischen Volkes stützen kann? Erlangt er die Krone durch die Huldigung? Verliert er sie, wenn das finnische Volk sich von ihm abwendet? Sind die Verhandlungen in Borgå Versuche, eine Krone in Finnland zu schaffen, Versuche, die scheitern müssen, wenn Zar und Majorität sich nicht auf eine Verfassung einigen können?

Lenken wir in dieser Weise unsern Blick in die Tiefen des staatlichen Lebens, in die Welt, in der die politischen Kräfte entstehen und um ihr Dasein ringen, so finden wir die richtige Antwort auf die Frage nach dem finnländischen Staat. Die Frage lösen heißt sie richtig stellen. Solange unsere Betrachtung nur an Lebensformen haftet, ohne die Quelle des Lebens selber zu erforschen, so lange sind wir in Gefahr, durch unsichere, mehr oder minder zweideutige Erscheinungen getäuscht zu werden. Nicht aus seiner Verfassung können wir Finnland verstehen, sondern allein aus dem Zeugungsprozeß, der die Verfassung hervorbringt. Die Frage kann nicht lauten: Ist die Verfassung Finnlands die Verfassung eines Staates? Sie muß also gestellt werden: Ist die Gewalt ursprünglich, welche sich in der Verfassung offenbart?

Niemand aber wird behaupten, daß Finnland seit dem Landtag von Borgå eine ursprüngliche Gewalt besitze. Niemand wird behaupten, daß die Herrschaft des Großfürsten von Finnland seitdem nur durch Finnlands eigne Kraft bestehe. Niemand wird das politische Phänomen bestreiten, daß die Gewalt über Finnland auch heute durch russische Gewalt gesichert ist. Mag das finnische Volk den Zaren als Herrscher anerkennen oder nicht — der Zar ist Herrscher über Finnland. Er ist es kraft einer Machtfülle, die ihm nicht zuströmt aus Finnland allein, sondern aus andern weit mächtigern Ländern.[1]) Diese Tatsache bleibt

[1]) Es wird oft ein anderes Argument angewendet, das mit diesem in Zusammenhang steht. Man sagt: Die Stände hätten in Borgå nur unter dem Zwang höherer Gewalt die Huldigung geleistet. Die Gründung eines Staates aber sei eine freie Tat. — v. d. Osten-Sacken. p. 43—44: „Die politischen Bedingungen, unter denen im März 1809 der Landtag zusammentrat, ließ demselben absolut keine Wahl bezüglich der Frage: Soll man tun, was Rußland vorschreibt, oder soll man nur unter der Bedingung der Er-

aufrecht trotz aller Versicherungen, die in Borgå geleistet sind. Und so führen uns die elementaren Sätze der Staatstheorie zu der These: Finnland wird in Borgå nicht zu einem Staat. Finnland bleibt Provinz.[1] [2])

haltung der Verfassung sich auf Rußlands Seite schlagen? Die Stände, vom Kaiser aus freien Stücken einberufen, waren nach der Lage der Dinge gar nicht im Stande, den Treueid zu verweigern. Auch wenn der Kaiser die Zusicherung aller Rechte und Privilegien nicht gegeben hätte, wären die Finnländer ohne Zweifel gezwungen gewesen, sich dem russischen Machtspruch zu unterwerfen.“ de Sars. p. 55.

[1]) So die russische Theorie; cf. Zur finnischen Frage usw.; Palme, Die Russische Verfassung, 1910. Mit Berufung auf die beiden ersten Artikel der Staatsgrundgesetze. Art. 1: „Der Russische Staat ist einheitlich und unteilbar.“ Art. 2: „Das Großfürstentum Finnland, welches einen unabtrennbaren Teil des Russischen Staates bildet, wird in seinen inneren Angelegenheiten durch besondere Institutionen auf Grund einer besonderen Gesetzgebung verwaltet“; Condition juridique usw. p. 64f., 70f.; Sarmatus, Rußland und Finnland, 1903, p. 8f. Hier ist ein Brief des Zaren an Napoleon zitiert: «J'ai déclaré la Finlande suédoise province russe»; Kalantaroff, Die moderne Staatsverfassung des Russischen Reiches, 1908 p. 7f. — v. d. Osten-Sacken, p. 93f., p. 98: „Entscheidend für den Staat ist die Existenz der Herrschergewalt. Und die fehlt in Finnland. — Zwar ist hier durch eine besondere Organisation die Hervorbringung eigener Willensakte ermöglicht. Das Wesentliche ist aber, daß diese Organisation (wenn sie sich auch hundert Jahre lang ununterbrochen erhalten hat), nicht in dem Sinne dauernd ist, daß ihr Bestand nur von dem Willen des Landes, der in den Entscheidungen der kompetenten Landesorgane sich ausdrückt, abhinge. Das Russische Reich ist berechtigt, kraft seiner souveränen Gewalt Finnland in seinem Interesse zu verwalten. Die Existenz der finnischen Verfassung gründet sich auf den Willen der russischen Staatsgewalt. Die Verfassung ist ein integrierender Bestandteil der Gesamtverfassung des Reiches. Die Sonderexistenz des finnischen Gemeinwesens steht zur Disposition Rußlands. Da nun dem russischen Staate ein Eingriffsrecht grundsätzlicher Natur in die innere Ordnung Finnlands zusteht, so mangelt letzterem das wesentlichste Element des Staates: die eigene unentziehbare Herrschergewalt, die Staatsgewalt. Daher kann Finnland kein Staat sein. — Die in Finnland herrschende Gewalt kann nicht eine besondere finnische Staatsgewalt sein, denn sie ist nicht ursprüngliche, unentziehbare Herrschergewalt, die von keiner übergeordneten Gewalt (innerhalb ihres Kompetenzkreises) unabhängig wäre. Jedes Gebiet aber ist einer Staatsgewalt unterworfen. Wenn nun in Finnland eine eigene Herrschergewalt nicht existiert, — so kann es eben nur die Gewalt des übergeordneten Gemeinwesens sein, welche auch hier in Erscheinung tritt.“

[2]) Für diese Auffassung spricht auch der Text mancher Urkunden. Manifest vom 20. März/1. April 1808: „Cette contrée conquise par Nos

Ist Finnland ein integrierender Bestandteil des russischen Reiches, so steht es wie die übrigen Länder unter dem autokratischen Regiment des Zaren.[1])

Nun zeigt aber die Gestaltung Finnlands eine Merkwürdigkeit. Die unbeschränkte Gewalt tritt in Finnland nicht sichtbar hervor. Sie erzeugt eine beschränkte Gewalt, durch die sie das Land regiert. Und sie bleibt hinter ihr nur als belebende Macht bestehen. Der Kaiser, der ursprüngliche und absolute Machthaber, bildet nämlich in der finnischen Provinz eine Legislative, an der eine Volksvertretung beteiligt ist. Die Herrschaft ist also auf beiden Stufen mit verschiedenem Charakter begabt. Ein höchst eigentümlicher Doppelbau,[2]) in dem die abgeleitete Gewalt einer moderneren Entwickelungsperiode angehört als die ursprüngliche.

Indes, steht Finnland in letzter Instanz unter der absoluten Gewalt des Zaren, so ergibt sich von selbst, daß es seine Freiheiten nur unter prekärem Titel besitzt, daß ihm seine Freiheiten jederzeit durch den Zaren wieder genommen werden können. Die Institution der beschränkten Gesetzgebung ist ein Akt des absoluten Monarchen und deshalb widerruflich. Die ursprüngliche Gewalt verfügt immer über die abgeleitete.[3])

Nun aber bleibt eine letzte Schwierigkeit. Wie sind die Versprechungen Alexanders I., wie ist vor allem der Versicherungsakt

---

armes, Nous l'annexons dès à présent et pour toujours à l'Empire Russe"; Manifest vom 5./17. Juni 1808: „Selon les décrets de l'Être suprême, qui a béni Nos armes, Nous avons réuni pour toujours à l'Empire de Russie la province de Finlande. — Les habitants de la Finlande maintenant conquise ont désormais pris rang parmi les peuples soumis au sceptre russe, et formant un empire" usw.; Schreiben zur Berufung des Landtages.

[1]) v. d. Osten-Sacken, p. 60f. Anders die finnländische Theorie. Untertäniges Antwortschreiben usw. bei Arnheim, p. 165: „Da eine besondere Konstitution für Finnland bestätigt worden ist, sind weder die Institutionen des Kaisertums, noch dessen Gesetze über die Selbstherrschergewalt in Finnland eingeführt worden oder jemals hierzulande gültig gewesen." Hermanson, p. 20.

[2]) Hermanson, p. 19, scheint zu leugnen, daß er überhaupt möglich sei.

[3]) So die russische Theorie. Zur Finnischen Frage usw., p. 24, 26, 34, mit Berufung auf Rehm, p. 38, 42. Die Argumentation, die sich hier findet, ist der neuen Verfassung von Rußland angepaßt. Über die Institutionen Finnlands verfügt der Zar nicht mehr allein, sondern im Verein mit Staatsrecht und Duma. Art. 7 der Staatsgrundgesetze vom 23. April/6. Mai 1906.

von Borgå zu deuten? Seinem Inhalte nach erzeugt der Akt eine Bindung des Fürsten. Aber eine Bindung von welcher Art? Man ist schon lange von der Utopie des Staatsvertrages zurückgekommen; und wir haben gesehen, daß ein Staat von Finnland überhaupt nicht gegründet worden ist. Man macht sich die Aufgabe leicht, wenn man das Versprechen Alexanders I. hinwegleugnet, wenn man erklärt: Der Versicherungsakt binde den Fürsten nicht, er habe keinen staatstheoretischen Sinn, er gelte als nichtvorhanden. Die Konfirmation der Verfassung zu Borgå ist nicht eitle Deklamation; sie ist kein Possenspiel. Sie enthält in Wahrheit eine Verpflichtung des Fürsten, eine Verpflichtung voll Ernst und Größe. Es gilt nur, in die Natur dieser Verpflichtung einen klaren Einblick zu gewinnen.

Der Zar geht mit dem finnischen Volk eine Verbindung ein; er schafft ein zweiseitiges Verhältnis mit ihm. Das Band aber ist moralischer Natur.[1]) Es ist ein Band des Vertrauens. Alexander I. will das Volk gewinnen, das er seinem Zepter beugt.[2]) Er verpfändet für die Wahrung der alt-ehrwürdigen Institutionen sein kaiserliches Wort. Von nun an umschließt ein Pakt der Treue Kaiser und Volk, ein Pakt der Treue, der von beiden Parteien heilig zu halten ist. Wohl ist die Herrschaft über Finnland nicht auf diesen Pakt gegründet. Sie kann es nicht sein, solange die Machtfülle, die der Zar aus fremden Ländern gewinnt, ihren ungeheuren Schatten auf Finnland wirft. Die Gewalt des Zaren ist russische Gewalt. Sie ist einheitlich über allen Ländern. Aber jener Pakt der Treue ist in diese

---

[1]) Nyholm. p. 52; v. d. Osten-Sacken. p. 52; Ordin zitiert bei Danielson p. 2.

[2]) Rede zur Eröffnung des Landtags. Über die Motive, die den Zaren veranlassen, dem Lande Freiheiten zu gewähren. Nyholm, p. 15f.; Getz. p. 16f.; Berendts. Über Grenzmarkenpolitik und die finnländische Frage insbesondere. 1907. p. 13f.; Condition juridique usw. p. 76—84; vgl. zwei Zitate bei Nyholm. p. 49—50: «Mon but est rempli dès le moment, que les sujets reconnaissent le motif qui me fait agir; c'est de voir se consolider *l'existence politique* de la nation Finnoise.» — „Bei der Regelung der finnländischen Verhältnisse ist es Meine Absicht gewesen, diesem Volke eine politische Existenz zu verleihen, so daß es sich nicht als von Rußland erobert, sondern als durch seinen eigenen offenbaren Vorteil mit demselben verbunden betrachten soll."

allumschließende Gewalt verflochten. Auch er ist eine Macht, welche ihren Anteil beiträgt zur Stärkung des russischen Trones. Die politischen Mächte, die den Staat zusammenhalten, sind Imponderabilien, sind Elemente psychologischer Natur. Jedes moralische Band, das Fürst und Nation umschließt, ist eine Masche in dem dichten weit gesponnenen Gewebe, das die Kräfte des Volkes sammelt, mit einander verknüpft und zum Staat ineinander fügt. Jedes moralische Band zwischen Fürst und Nation ist ein Element der staatsbildenden Kraft. Bricht der Zar den Pakt mit dem finnischen Volke, so bricht er zwar seine Herrschaft über Finnland nicht, aber er nimmt etwas hinweg von dem Ansehen der russischen Krone. Und im Grund ist es doch das Ansehen allein, das einer Krone ihre Macht verleiht.[1])

Der Versicherungsakt von Borgå ist nicht ein Oktroi. Was ist unter einem Oktroi zu verstehen? Der Begriff hat einen historischen Sinn. Er bedeutet den Akt, durch den der absolute Monarch seine Macht beschränkt und an die Mitwirkung einer Volksvertretung knüpft. Es entsteht eine neue ursprüngliche Gewalt an Stelle der alten. Ein System verdrängt

---

[1]) de Sars konstatiert einen Vertrag von rechtlichem Charakter zwischen Fürst und Ständen. Er sieht in ihm den Gründungsakt des neuen Staates. Er bewegt sich also ganz in den Bahnen des Naturrechts, p. 64: «Ces engagements solennels ne sauraient être considérés comme une vaine cérémonie et comme un simple article de protocole; ils constituaient une reconnaissance authentique et définitive de l'Empereur de Russie comme Grand-Duc de Finlande. Il y a là un véritable contrat bilatéral. D'une part, Alexandre I, vainqueur hier, mais aujourd'hui simple partie contractante, reçoit le serment de fidélité et donne confirmation des lois du pays. D'autre part, les quatre Ordres de la Diète, représentants de la nation, comme tels s'engagent en son nom, reconnaissent Alexandre I comme leur légitime souverain et reçoivent, de ses mains, leur constitution particulière et non la constitution de l'Empire russe.» — Getz. p. 17, versucht, einen Garantievertrag zu konstruieren zwischen Rußland und seiner Provinz. Eine contradictio in se. Ein solcher Vertrag könnte niemals eine Verfassung sichern. Er müßte selbst durch eine Verfassung und durch Gesetze gesichert werden. Getz will eine Parallele ziehen mit dem Vertrag, der nach seiner Meinung die Verfassung von Kroatien-Slawonien garantiert. Ein solcher Vertrag besteht nicht, wie früher nachgewiesen. — Erich behauptet eine immerwährende Bindung. Aber aus welchem Grunde? p. 6.

das andere. Wohl stellt sich das Oktroi in seiner äußerlichen Form als ein Geschenk des Monarchen dar.[1]) Aber dieses Geschenk ist keine freiwillige Tat. Es wird durch harte Notwendigkeit erzwungen. Die Änderung der Verfassung erfolgt, weil das absolute Regiment zu wanken beginnt, im Willen des Volkes nicht mehr die hinreichende Stütze findet. Die Herrschaft ändert ihr Wesen, weil sie nur in verjüngter Gestalt weiter leben kann.

Die oktroyierte Verfassung ist formell ein Geschenk des Fürsten, materiell eine durch historische Notwendigkeit hervorgerufene Wandlung der ursprünglichen Gewalt.

Der Versicherungsakt von Borgå bietet gerade das entgegengesetzte Bild. Er ist in seiner äußerlichen Erscheinung ein Gründungsvorgang. Es hat den Anschein, als werde eine ursprüngliche Gewalt durch eine andere ersetzt, als werde das autokratische Regiment zerstört und eine beschränkte Monarchie konstituiert. Aber die Formen trügen. In Wahrheit ist der Versicherungsakt ein Geschenk,[2]) die Bestätigung der alten Ver-

---

[1]) Die Charte Ludwigs XVIII. vom 4. Juni 1814 hat den klassischen Typus des Verfassungsoktroi geschaffen. «A ces causes nous avons volontairement et par le libre exercice de notre autorité royale accordé et accordons, fait concession et octroi à nos sujets, tant pour nous que pour nos successeurs et à toujours, de la Charte constitutionnelle, qui suit.» Der König kann das Oktroi nicht mehr zurücknehmen. Er hat dazu nicht mehr die politische Kraft. Die verfassunggebende Gewalt ist ihm für immer entglitten. Verfassungsänderungen können künftig nur durch König und Parlament beschlossen werden. Das zeigt sich bald, z. B. als das Gesetz vom 9. Juni 1824 über die Integralerneuerung der Deputiertenkammer zustande kommt.

Eine Reihe von Verfassungsurkunden sind der Charte von 1814 nachgebildet. Vgl. z. B. den Statuto fondamentale del regno di Sardegno. «Perciò di nostra certa scienza, regia autorità, avuto il parere del nostro consiglio, abbiamo ordinato ed ordiniamo in forza di statuto e legge fondamentale, perpetua ed irrevocabile della monarchia, quanto segue.»

Den äußerlichen Gegensatz zum Oktroi bilden die paktierten Verfassungen, die mit dem Parlament oder den Ständen vereinbart sind. Vgl. Jellinek, Staatslehre. 1905. p. 511f.

[2]) «Une concession purement grâcieuse.» Despagnet, zitiert bei v. d. Osten-Sacken. p. 43. — Vertrag von Frederikshamn. Art. VI: «En les assurant généreusement et d'un mouvement spontané du libre exercice de leur religion, de leurs droits de propriété et de leurs privilèges.» — Einleitung zum Arbeitsprogramm für den Landtag. Verlesen am 16./28. März 1809: «Sa

fassung eine freie Tat des Kaisers, die nicht durch Notwendigkeit hervorgerufen ist und deshalb wieder zurückgezogen werden kann.[1]) Die absolute Monarchie besteht weiter.

Der Versicherungsakt enthält in Wahrheit, was ein Oktroi zu enthalten scheint. Und der Versicherungsakt ist in eine Form gekleidet, die den wahren Inhalt des Oktroi widerspiegelt.[2])

Der Versicherungsakt ist in doppelter Richtung das konträre Gegenteil von einem Oktroi.[3])

Damit haben wir unsere Auffassung über die Verhandlungen zu Borgå und über die staatstheoretische Natur Finnlands dargestellt.

Die Doktrin von einem finnischen Staat[4]) hält der wissenschaftlichen Beurteilung nicht stand. In welcher Form auch immer sie erscheint, sie verstößt in letzter Linie gegen die fundamentale Wahrheit, daß ein Staat nur lebt durch eine ursprüngliche Gewalt. Es lohnt nicht, den Argumentationen nachzugehen, die man angewendet hat, um den Staatscharakter Finnlands zu erhärten. Die Beweisführung bewegt sich immer in der gleichen Bahn; sie enthält immer nur eine Interpretation der Akte von Borgå.[5]) Man hat eine unermeßliche Fülle von

---

Majesté Impériale, en réunissant les États de Finlande en une Diète générale, a bien voulu donner par là une preuve solennelle de Ses intentions généreuses de conserver et maintenir inviolablement la religion, les lois» usw. La Constitution, p. 24.

[1]) v. d. Osten-Sacken, p. 60f.

[2]) Condition juridique usw., p. 91, das Kapitel: Constitution apparente et Constitution réelle.

[3]) Nyholm, p. 52, verwechselt beide Erscheinungen.

[4]) Sie ist vertreten von Bornhak, Brie, Davidson, Delpech, Despagnet, Erich, Getz, Hermanson, Mechelin, Moreau, Nyholm, Fisher, de Sars.

[5]) „Niemand,“ — schließt Nyholm. p. 43 — „der nach dem oben Gesagten die Versicherung durchliest, kann darüber im Zweifel sein, daß der Kaiser sämtlichen Bewohnern Finnlands, sowohl hoch wie niedrig, die volle Beibehaltung ihrer Religion und Grundgesetze, sowie der Privilegien und Vorrechte verspricht, die ein jeder von ihnen den bestehenden Gesetzen gemäß genossen, und daß der Kaiser, mit anderen Worten, an seinem vorher wiederholt ausgesprochenen Willen festhaltend, Finnland als einen untrennbaren Teil des Russischen Reiches für immer zu behalten, dem Lande zugleich in innerer Beziehung ein besonderes konstitutionelles Leben, eine politische Existenz zugesichert und es insofern zu einem Staate gemacht hat.“ — Wir erwidern: Ein Fürst kann niemals ein Gemeinwesen bilden. Diese

Scharfsinn und Gelehrsamkeit aufgewendet, um den Sinn dieser Akte zu bestimmen. Man hat stets von neuem die Institutionen geprüft, die von Alexander I. in Finnland eingeführt wurden, und man hat aus ihnen Schlüsse gezogen. Allein über der Erforschung der Institutionen hat man vergessen, nach der Kraft zu suchen, welche die Institutionen aufrecht hält. Die Verfassung des Landes, die in Borgå festgestellt wurde, kann an sich selber als staatliche oder als provinzielle Verfassung gedeutet werden. Nicht auf ihren Inhalt kommt es an, will man die politische Natur des Landes bestimmen, sondern allein auf die Lebensquelle, die sie durchströmt. Wir werden niemals abweichen von der These, die am Anfang dieser Arbeit steht: Nur der Ursprung der Gewalt erklärt die politischen Formationen.

Betrachtet man Finnland als einen Staat, so erhebt sich die Frage, wie er mit dem russischen Reich in Verbindung steht. Hier haben wir zwei Gruppen von Meinungen zu unterscheiden: Die eine Lehre konstruiert eine Realunion, die andere einen zusammengesetzten Staat.

Die Realunion ist ein Bund von Staaten, gerichtet auf die Herrschaft einer gleichen Dynastie. Das ist die Definition, die wir gegeben haben, als wir das Staatsgefüge von Österreich-Ungarn zu erfassen suchten. Stehen Rußland und Finnland in einem Verhältnis dieser Art, so sind sie nur von einem völkerrechtlichen Band umschlossen.[1][2]

Tat kann nur eine Nation vollbringen. Der Staat ist nicht eine künstliche Formung. Der Staat ist ein Naturprodukt.

[1]) Der Begriff der Realunion ist von den Schriftstellern, welche ihn auf Finnland anwenden, nicht immer klar gedacht. Sehr deutlich Delpech, La question finlandaise usw. p. 23: «La Finlande et la Russie peuvent justement apparaître comme deux États distincts offrant plus d'un trait de ressemblance avec une Confédération d'États (.... l'union réelle n'est guère qu'une variante de la Confédération d'États); car l'une et l'autre possèdent des institutions séparées et ont une souveraineté interne, exercée par des organes spéciaux; par ailleurs, l'unité du souverain n'existe qu'au point de vue physique, attendu qu'au point de vue constitutionnel le tsar est aussi grand-duc et réunit ainsi sur sa tête deux personnalités juridiques distinctes» Zitiert bei v. d. Osten-Sacken, p. 8. Zu den Anhängern der Realunion zählen auch Mechelin, de Sars und andere. Übersicht bei v. d. Osten-Sacken. p. 8; de Sars. p. 113, Anm.; Condition juridique usw. p. 16f.

[2]) Einen Anklang an die Realunion enthält die lang geübte Gepflogen-

Der zusammengesetzte Staat ist kein völkerrechtliches Gebilde. Er ist ein Gefüge von Staaten, das durch ein Gewaltverhältnis zusammengehalten wird. Wie können aber mehrere Staaten durch ein Gewaltverhältnis miteinander verbunden sein? Entweder in der Weise, daß die Völker der einzelnen Staaten eine gemeinsame höhere Gewalt über sich bilden. Oder in der Weise, daß ein Staat den andern in seiner Abhängigkeit hält. Bundesstaat und Vasallenstaat sind die beiden Möglichkeiten.

Hermanson betrachtet die Verbindung von Rußland und Finnland als einen Bundesstaat mit russischer Hegemonie. Er gibt zwar dem Gefüge, das er bildet, diesen Namen nicht, aber der Sache nach gehört seine Kombination unter diese Kategorie.[1] Finnland, sagt er, ist ein Staat. Neben ihm besteht ein anderer Staat, das Kaisertum. Beide sind zu einem Reich verbunden. Das Kaisertum hat die dominierende Macht. Denn es hat nicht nur, wie Finnland, eine partikuläre, es hat auch die Reichsgewalt in Händen.[2] Wenn diese Theorie auch

---

heit, daß in Angelegenheiten von allgemeinem Interesse die legislativen Projekte von russischen und finnländischen Behörden geprüft oder von gemischten Kommissionen ausgearbeitet wurden und dann zwei übereinstimmende Gesetze ergingen. Ein Anklang an Institutionen des österreichisch-ungarischen Doppelreiches. Berendts, Über Grenzmarkenpolitik usw. p. 15; v. d. Osten-Sacken. p. 83; Erich. p. 60.

[1]) Hermanson wehrt sich gegen solche Deutung seiner Lehre. p. 27. Das rührt aber nur daher, daß er eine andere Terminologie anwendet. Er faßt den Bundesstaat, wie Laband, in dem engen Sinn, daß in ihm die Teilstaaten an der Oberherrschaft beteiligt sind. Eine Hegemonie erscheint ihm im Bundesstaat unmöglich. Vgl. unsere Ausführungen am Ende des allgemeinen Teils.

[2]) p. 15—16: „Finnland ist als ein Staat mit eigenen Gesetzen und eigener Konstitution mit dem Kaisertum zu einem Reich vereinigt, welches als ein zusammengesetzter Staat aufgefaßt werden muß; es kommt aber dem Kaisertum zu, die dominierende Macht im Reiche zu sein und dessen Souveränitätsrechte auszuüben, welche das ganze Reich betreffen, zum Unterschied von den besonderen Angelegenheiten des Kaisertums und des Großfürstentums. Dann wird Finnland in dem souveränen Russischen Reich die Stellung eines nichtsouveränen, somit eines autonomen Staates einnehmen; das Kaisertum hingegen muß als souverän angesehen werden, da es demselben zukommt, die Souveränitätsrechte im Reiche auszuüben. — Finnland ist als autonomer Staat mit eigener Staatsverfassung (Konstitution) und dem Kaisertum zu einem Reich vereinigt, das einen zusammengesetzten Staat

den historischen Tatsachen widerspricht, so hat sie doch den Vorteil, innerlich wohl gefügt, logisch gebaut zu sein.

Rehm sieht Finnland und Rußland als zwei Staaten an, die in einem Verhältnis der Abhängigkeit zu einander stehen. Aber er leugnet, daß eine Vassalität bestehe. Er ist nämlich der Ansicht, daß im zusammengesetzten Staat nicht nur ein föderatives und ein Vasallenverhältnis möglich sei, sondern noch ein drittes Verhältnis, dasjenige von Haupt- und Nebenland: es sei dadurch charakterisiert, daß der Herrscher des mächtigeren Gemeinwesens in dieser Eigenschaft auch die Staatsgewalt im Nebenland zu eigenem Recht besitze.[1]) — Wir vermögen diese Zwischenform nicht anzuerkennen. Es ist bei diesem Tatbestand überhaupt nicht möglich, zwei Staatswesen auseinander zu halten: Ein Herrscher regiert aus eigenem Recht, oder — was das gleiche bedeutet — ein Herrscher hat eine ursprüngliche Gewalt; und er hat durch sie auch eine ursprüngliche Gewalt in einem andern Lande: Das sind Umschreibungen, die nichts andres sagen, als daß die gleiche Herrschaft in zwei Ländern besteht und daher beide Länder zu einem Staat

---

bildet, in welchem Rußlands Kaiser berechtigt ist, die Souveränitätsrechte, in den Angelegenheiten des Reiches auszuüben; außerdem kommt es ihm zu, Großfürst von Finnland zu sein und in solcher Eigenschaft die höchste Gewalt in diesem Lande inne zu haben, wie sie sich nach den Gesetzen des Landes gestaltet."

[1]) Allgemeine Staatslehre. 1899. p. 104. p. 80: „Das aus Reich und Schutzgebiet zusammengesetzte Staatswesen ist nicht staatsrechtliches Protektorat. Die rechtlichen Beziehungen zwischen beiden Staaten gehen darüber hinaus. Der Oberstaat ist hier zugleich Subjekt der Staatsgewalt des Unterstaates. Beim staatsrechtlichen Protektorat übt der Oberstaat die Unterstaatsgewalt vertretungsweise im Namen des Unterstaates aus, hier aus eigenem Recht, im eigenen Namen. Die Oberstaatsgewalt besitzt als solche ipso iure auch die Unterstaatsgewalt; die Verbindung ist also eine engere." — Deutsche Juristenzeitung. V. p. 22: „Es liegt im Wesen des Nebenstaates, daß der Herrscher des Hauptstaates über das Nebenland nicht bloß Rechte als Landesherr, sondern auch Rechte als Herrscher des Hauptstaates hat. Aus dem Begriffe des Nebenstaates folgt die Überordnung des Hauptstaates über das Nebenland. Das Hauptland ist für das Nebenland der Oberstaat. Der Herrscher des Hauptstaates hat über den Nebenstaat auch eine Oberstaatsgewalt. Auf das Verhältnis von Rußland und Finnland angewandt: Der Zar hat über Finnland nicht nur als Großfürst, sondern auch als Kaiser, als Herrscher des Kaisertums Rußland, Rechte."

zusammenschließt. Rehm definiert in Wahrheit sein Nebenland als eine Provinz. Er kommt deshalb zu keinem anderen Ergebnis als wir, wenn er Finnland der Kategorie des Nebenlandes unterordnet.[1])

Wenn diese Fülle wissenschaftlicher Meinungen darin übereinstimmt, daß Finnland einen Staat bedeute, so gibt es vereinzelte Lehren, die einen Kompromiß versuchen zwischen der Auffassung als Provinz und der Auffassung als Staat.

Bornhak betrachtet das Verhältnis zwischen beiden Ländern als eine unvollkommene Inkorporation. Er gelangt zu diesem Urteil aus dem Grunde, weil er die Souveränität als ein wesentliches Merkmal des Staates betrachtet und weil ihm in der Sphäre der Herrschaft über Finnland keines der beiden Länder die Souveränität zu besitzen scheint. Soweit Rußland sich in seinen eigenen Grenzen regiert, ist es ein wirklicher Staat. Soweit es aber Finnland beherrscht, hat es nur eine unvollkommene Gewalt. Die Herrschaft ist zwischen beiden Ländern geteilt. Keines der Länder hat für sich eine souveräne Macht. Erst wenn man die zwei getrennten Bestandteile zusammenfügt, gewinnt man das Bild eines Staates. Finnland ist daher nicht die Provinz und Rußland nicht das Gemeinwesen, dem es eingegliedert ist. Beide Ländern bilden zusammen einen Staat.[2])

---

[1]) Vgl. die Polemik gegen Rehm bei v. d. Osten-Sacken. p. 101.

[2]) p. 17: „Die Eigenschaft des Staates, höchste Macht zu sein, ist es überhaupt, was ihn von allen andern menschlichen Gemeinschaften unterscheidet. Die Frage, ob es nicht souveräne Staaten geben kann, ist gleichbedeutend mit der, ob es Staaten geben kann, die nicht Staaten sind. Der Begriff der Souveränität ist also untrennbar mit dem des Staates verknüpft. Aber der Begriff ist abgeleitet aus der Betrachtung des Einheitsstaates, der alle Machtbefugnisse in seiner Hand vereinigt, die Souveränität ist eine Eigenschaft des Staates an sich. Wo eine Spaltung der Staatsgewalt eingetreten ist, bildet jede der beiden staatlichen Organisationen für sich nur einen Torso. Den Staat an sich bilden erst beide in ihrer untrennbaren Verbindung. So hat denn auch weder das eine noch das andere Staatswesen die Souveränität, sondern erst beide zusammen. — Wendet man dies auf das Verhältnis von Rußland und Finnland an, so ergibt sich eine für beide verschiedene Stellung. Rußland ist zweifellos für sein Gebiet außerhalb Finnlands ein nach innen wie nach außen vollkommen souveränes Staatswesen. Für Finnland ist eine Spaltung der Staatsgewalt eingetreten. Dem finnischen Staate steht sie zu nach innen, soweit das Verhältnis zu Land und Leuten

— Bornhak trennt sich schon im ersten Prinzip seiner Lehre von der allgemeinen Auffassung: Er kennt nur souveräne Staaten. Hielte er nicht fest an dieser Idee, so würde er Finnland, dem er immerhin einen Teil staatlicher Gewalt zuspricht, als Vasallenstaat oder als Glied in einem Bundesstaate konstruieren.

Jellinek ordnet Finnland unter seine Kategorie der Staatsfragmente.[1]) Wir haben uns schon mit dieser begrifflichen Bildung auseinander gesetzt. Wir brauchen nicht von neuem darzutun, warum wir sie ablehnen müssen. Allein unser Interesse wird gefesselt durch eine Konsequenz, die Jellinek aus seiner Theorie ableiten will. Ist Finnland Staatsfragment, sagt er, so hat es vor der Provinz ein wichtiges Privileg voraus. Es hat die Fähigkeit, einen unentziehbaren Kreis staatlicher Herrschaft zu besitzen. Es kann eine Gewalt mit der Garantie sein eigen nennen, daß ihm diese Gewalt nicht ohne seinen Willen genommen werden kann.[2]) So ist Finnland, schließt Jellinek, als Fragment im Besitze seiner Freiheit wohl geschützt. Noch besser, fügt er hinzu, als wenn es souveräner Staat wäre. Ist Finnland nämlich ein Fragment, so kann es sich

---

in Betracht kommt, dem russischen Staate und zwar demselben, der in seinen anderen Gebieten vollkommen souverän ist, in den völkerrechtlichen Beziehungen Finnlands und seiner Staatsangehörigen zum Auslande. Bei dieser Spaltung ist für Finnland weder das russische noch das finnische Staatswesen souverän; beide verbunden machen erst die Staatsgewalt überhaupt aus und genießen damit die wesentliche Eigenschaft des Staates, eben die Souveränität."

[1]) Staatsfragmente. p. 294f.; v. d. Osten-Sacken. p. 102—103.

[2]) Staatsfragmente. p. 299: „Vom Standpunkte des Rechtes muß jeder willkürliche Eingriff Rußlands in die finnländischen Angelegenheiten als rechtswidrig bezeichnet werden. Der wissenschaftliche Streit in der finnländischen und russischen Literatur drehte sich bisher stets nur um die Staatsqualität Finnlands, die von russischer Seite energisch angegriffen wurde. Aus dem Mangel des Staatscharakters Finnlands wurde sodann die Unterwerfung dieses Landes unter den einseitig verfassungsändernden Willen Rußlands deduziert. An dieser Stelle zeigt sich nun die große politische Bedeutung des hier entwickelten Begriffes des Staatsfragmentes, das, wie es überhaupt über den Rahmen einer Provinz hinausgeht, auch mit einem unentziehbaren, d. h. nur mit seiner Einwilligung zu verwendenden Rechtskreise ausgestattet sein kann." cf. Staatslehre. p. 643.

gegen Eingriffe Rußlands auf die Unverbrüchlichkeit seiner Verfassung berufen. Ist es hingegen ein souveränes Gemeinwesen, so ist es dem Gewaltstreich des Nachbarstaates ausgesetzt.[1]) — Wir vermögen dieser Deduktion nicht zu folgen. Man kann Finnland seine Organisation nicht gegen seinen Willen nehmen, so wird argumentiert. Worauf gründet sich diese These? Das ist nirgends gesagt. Ist sie aus dem Wesen des Fragmentes abgeleitet? Dann müssen wir erklären, daß wir uns in den Gedankengang nicht einleben können, der zur Bildung der Kategorie des Fragmentes führt. Wir halten an unseren fundamentalen Sätzen fest und argumentieren also: Ist ein Land nicht selbst ein souveräner Staat, so ist es der Gewalt eines souveränen Staates unterworfen, mit dem es nicht identisch ist. Wir können sagen: es ist einem souveränen Staat angegliedert. Verschiedene Formen sind möglich: Das Land ist überhaupt nicht Staat. Dann ist es Provinz oder abhängiges Land. Oder es hat staatliche Natur. Dann ist es einem Gemeinwesen als föderativer Gliedstaat oder als Vasallenstaat untergeordnet. Mag aber der eine Begriff erfüllt sein oder der andere, sobald das Land einer anderen Gewalt untertan ist als seiner eigenen, steht es zur Verfügung dieser Gewalt. Wohl kann sein Machtkreis durch die Gesetze, durch die Verfassung des herrschenden Staates geschützt sein. Aber diese Akte können durch den herrschenden Staat wieder geändert werden. Der Bundesstaat kann die Grenzen der unteren Staatsgewalt sprengen. Der Einheitsstaat kann die Schranken niederreißen, die er für die selbständige Regierung der Provinz, des abhängigen Landes, des Vasallenstaates gezogen hat. Die höhere Gewalt kann die Freiheit, die sie dem angegliederten Lande verliehen hat, wiederum zerstören. Das nicht souveräne Land kann niemals einen Machtkreis besitzen, der unentziehbar ist. Sonst wäre es eben souverän. Und wollte man einwenden, daß es einen Teil gesicherter und einen Teil prekärer Gewalt besitzen könne, so wäre das

[1]) Staatslehre. p. 740, Anm. 2: „Die Verteidiger des Staatscharakters von Finnland meinen dadurch diese Länder vor Eingriffen des mit ihnen verbundenen großen Staatswesens sichergestellt zu haben. Allein selbst die Unmöglichkeit des Krieges würde kleinere unierte Staaten noch schlechter stellen als die nichtunierten, weil völkerrechtliche Mediation und Schieds-

eine unvorstellbare Kombination, eine psychologische Unmöglichkeit. Es gibt keine geteilte Souveränität. Aus diesen Gründen können wir dem Urteil nicht beistimmen, daß Finnland bessere Garantien besitze, wenn es einem Staat angegliedert sei, als wenn es ein souveränes Gemeinwesen bilde. Wir kommen zu dem entgegengesetzten Ergebnis: Nimmt das russische Reich einem angegliederten Lande seine Herrschaft wieder, so handelt es im Rahmen einer bestehenden Organisation, im Rahmen des Rechts. Greift es aber ein in das Leben eines souveränen Staates, so übt es einen Gewaltakt, den es vor den Mächten der Völkerrechtsgemeinschaft verantworten muß.

Soviel über die Theorien, die Finnland ganz oder teilweise staatliches Wesen zuschreiben. Wir haben sie nur der wissenschaftlichen Vollständigkeit halber und nur in den großen Zügen gezeichnet. Sie stehen auf einem ganz andern Boden als die Lehre, zu der wir uns bekennen.

Wir haben uns bis jetzt nur mit der Frage beschäftigt, welche Art von Gewalt in Finnland besteht. Wir haben uns bemüht, das innere Leben der Gewalt zu erfassen. Es kommt jetzt darauf an, die körperliche Gestalt zu betrachten, in welcher die Gewalt zur Zeit ihrer Entstehung und weiter im Lauf der verflossenen hundert Jahre in die Erscheinung getreten ist. Fragten wir bisher nach dem Grunde, so fragen wir jetzt nach dem Inhalt des Rechts. Wenn wir aber die Institutionen erforschen, so gilt es zugleich die Konformität zu prüfen, die zwischen ihnen und der sie beseelenden Kraft besteht. Unterziehen wir uns dieser Aufgabe, so bleiben wir nur unserer Methode getreu, die immer dahin geht, zuerst das Lebensprinzip der Gewalt aus den politischen Phänomenen zu erkennen und dann in den Formen, welche die Gewalt annimmt, die Bestätigung des Ergebnisses zu suchen.

spruch schon deshalb bei ihnen ausgeschlossen sind, weil sie völkerrechtlich gar nicht anerkannt sind, und überdies die Bestimmungen der Haager Akte sich nur auf den Krieg beziehen. Hingegen gewährt eine staatsrechtliche Einordnung solcher Länder in einen Gesamtstaat die Unmöglichkeit rechtlichen Beweises, daß es unzulässig ist, die ihnen gewährte Verfassung anders als in der gesetzlichen Form zu ändern. Aus demselben Grunde haben auch die Staaten eines Bundesstaates gegen ein mächtiges Bundesglied rechtlich eine ganz andere Stellung als die Mitglieder eines Staatenbundes."

Wie ist die Herrschaft in Finnland ausgebaut worden?

Einige Tatsachen sind uns schon bekannt. Wir wissen, daß die schwedischen Grundgesetze von 1772 und 1789 in Kraft geblieben sind; wir haben uns mit ihrem Inhalt in den großen Zügen vertraut gemacht. Wir wissen, daß der Zar, bei der Berufung des Landtages von Borgå den Titel eines Großfürsten von Finnland angenommen hat.

1. Zustände bis 1899.

a. Der Monarch.

Es besteht in Finnland keine besondere Thronfolgeordnung. Es gilt der Akt Pauls I. vom 5. April 1797. Um die Änderung dieses Gesetzes zu erschweren, ist durch Nikolaus I. bestimmt, daß in der Botschaft über die Thronbesteigung der gesetzliche Thronfolger zu verkünden und der Untertaneneid dem Kaiser und dem Thronfolger gleichzeitig zu leisten ist.[1])

Der Kaiser hat die gesamte Exekutivgewalt. Er kann seine Befugnisse widerruflich übertragen.

b. Die obersten Verwaltungsbehörden.

Noch vor dem Friedensschluß und noch vor der Versammlung des Landtages gibt ein Dekret vom 19. November/1. Dezember 1808 die Exekutive provisorisch einem Regentschaftsrat mit einem Generalgouverneur an der Spitze. Der Generalgouverneur steht in unmittelbarer Beziehung zum Kaiser; die Geschäfte werden nicht durch Vermittlung der russischen Minister geführt.

Der Regentschaftsrat wird durch ein Reglement vom 6./18. August 1809, erlassen in verfassungsmäßiger Übereinstimmung mit den Ständen, in eine definitive Einrichtung verwandelt. Er erhält durch ein Dekret vom 9./21. Februar 1816 den Titel eines finnländischen Senats.[2]) Er wird drei Jahre später von St. Petersburg nach Helsingfors, der Hauptstadt des Landes, verlegt.

---

[1]) Palme, Die russische Verfassung. 1910. p. 47.

[2]) «Nous avons, pour mieux marquer le but que Nous avions en vue en instituant l'Organe précité du gouvernement local de ce pays, et ses relations immédiates avec Notre personne, jugé bon, en conformité avec la dénomination de l'Organe suprême de gouvernement de Notre Empire et du

Die Mitglieder des Senates werden vom Kaiser ernannt. Es werden nur Finnländer berufen; die Regel gilt nicht für den Generalgouverneur. Der Senat ist in zwei Sektionen gegliedert. Die eine fungiert als höchstes Gericht; die andere befaßt sich mit den Wirtschaftsangelegenheiten, ist höchste Verwaltungsinstanz.[1] [2])

Der Generalgouverneur ist bald Präsident des Senates, primus inter pares, bald mit eigenen Kompetenzen begabt. Es ist der Fall vorgesehen, daß der Generalgouverneur in Widerspruch tritt mit einem Beschluß des Senates. Er kann alsdann dem Monarchen seine Bedenken vortragen, gleichgiltig ob er an der Verhandlung teilgenommen hat oder nicht. In bestimmten Angelegenheiten kann der Senat nur im Einverständnis mit dem Generalgouverneur beschließen, besonders in Ernennungsfragen. Besteht eine Divergenz, so entscheidet der Monarch.

Ein Prokurator ist berufen, die Befolgung der Gesetze zu überwachen. Seine Kompetenzen werden durch eine Instruktion vom 31. Januar/12. Februar bestimmt. Er konstatiert die Überschreitung von Gesetzen durch Gerichte und Behörden, er kontrolliert sogar den Senat und den Generalgouverneur, legt Einspruch gegen ihre gesetzwidrigen Maßregeln ein und berichtet dem Monarchen, wenn der Einspruch erfolglos bleibt.

Royaume de Pologne qui lui a été récemment uni, d'attribuer au gouvernement suprême de Finlande le titre de Sénat, sans cependant modifier son organisation actuelle, et encore moins la Constitution et des Lois que Nous avons sanctionnées pour la Finlande et confirmons par la présente encore une fois dans toute leur étendue. Tout en confirmant en même temps de la façon la plus solennelle que les membres de Notre sénat de Finlande ne devront, à l'avenir comme jusqu'aujourd'hui, être choisis que parmi les citoyens finlandais de naissance ou qui se sont établis dans le pays et y ont obtenu les droits civils finlandais.

[1]) «Ayant entendu les avis des États et considérant qu'une administration générale, revêtue d'une autorité suffisante pour le maintien des loix et basée sur des principes libéraux, ne manquera pas d'exercer la plus salutaire influence sur le bien-être de l'État, Nous avons décrété et décrétons ce qui suit. Art. 1. L'administration générale de la Finlande est confiée à un conseil de Régence, composé de deux Sections, dont l'une connoit des affaires judiciaires, l'autre des différents objets d'économie publique. Art. 2. Le conseil est présidé par le Gouverneur-Général de la Finlande.»

[2]) Ein neues Reglement für den Senat ergeht am 1./13. September 1892. Es berührt aber nicht die Grundlagen der Organisation.

Am 25. Oktober/6. November 1811 wird in St. Petersburg eine Kommission für finnländische Angelegenheiten bestellt. Sie wird vom Kaiser aus Einwohnern des Landes zusammengesetzt. Sie hat die Aufgabe, ihr Gutachten in Verwaltungssachen abzugeben, die der Entscheidung des Kaisers unterliegen. Ein Mitglied der Kommission berichtet als Staatssekretär dem Monarchen.[1])

Die Kommission für finnländische Angelegenheiten wird durch ein Manifest vom 5./17. März 1826 wieder aufgelöst. Aber das Amt des Staatssekretärs wird beibehalten.[2])[3])

[1]) «Nous, Alexandre etc. — Désirant que les affaires relatives à l'administration générale de la Finlande qui sont soumises à Notre décision, soient examinées, préparées et réglées en conformité avec les lois de ce pays, confirmées par Nous, Nous avons trouvé bon, pour atteindre ce but, d'instituer et établir ici à Saint-Pétersbourg un comité et de tracer et statuer pour son fonctionnement les principes généraux et règles qui suivent. Art. 1. Le Comité des affaires finlandaises est institué pour l'examen et l'étude préliminaire des affaires qui, conformément aux lois fondamentales du pays et au règlement du Conseil de Régence de Finlande, dépendent de la décision immédiate du Pouvoir suprême. Art. 2. Le Comité ne pourra statuer en dernier ressort sur aucune affaire. Ses rapports seront soumis à Notre grâcieuse décision. Art. 3. Les membres du Comité sont choisis parmi les habitants de la Finlande. Art. 8. Il sera institué un secrétariat d'État pour les affaires finlandaises. — Le secrétaire d'État est nommé par Nous parmi les habitants de la Finlande. Il Nous fait le rapport des affaires. Il siège avec voix délibérative au comité tout comme les autres membres et jouit de tous les droits qui leur sont accordés suivant les paragraphes précédents.»

[2]) «Nous avons trouvé bon de déclarer que les fonctions du Comité pour les affaires finlandaises, institué le 25 octobre/6 novembre 1811 - cesseront à partir d'aujourd'hui. En même temps Nous avons voulu organiser pour la Finlande d'une manière conforme aux lois fondamentales et organiques du pays, confirmées par Nous, la procédure selon laquelle devront être rapportées devant Nous les affaires qui dépendent de la décision du Pouvoir suprême. C'est pourquoi Nous avons conservé la Charge de secrétaire d'État pour le Grand-Duché de Finlande et décrété pour l'exercice de ses fonctions une instruction spéciale ainsi conçue. Art. 2. Du traitement des affaires au Secrétariat d'État. — Sont renvoyées aux Secrétariat d'État toutes les affaires se rapportant à l'administration civile générale de la Finlande, qui d'après les lois fondamentales et organiques du pays, dépendent de l'examen et de la décision du Pouvoir suprême.»

[3]) Das Staatssekretariat wird später noch zweimal mit einer Kommission umgeben, indes nur vorübergehend.

Die auswärtigen Angelegenheiten sind ganz in den Händen der russischen Behörden.

Der Landtag, seit 1809 nicht mehr einberufen, wird im Jahre 1863 wieder versammelt. Er beschließt eine neue Landtagsordnung, datiert vom 3./15. April 1869.

Ist schon der schwedische und der 1809 von ihm abgetrennte finnische Landtag weniger eine Ständeversammlung als vielmehr eine konstitutionelle Volksvertretung gewesen, so bedeutet die Landesordnung von 1869 den ungefähr vollkommenen Bruch mit der ständischen Idee.[1]) Die Delegierten sind an kein Mandat gebunden. Die Stände repräsentieren das gesamte Volk.[2])

Die vier alten Vertretungskörper bestehen fort, Ritterschaft und Adel, Geistlichkeit, Bürgerschaft, Bauernstand.[3]) Die Stände sollen mindestens alle fünf Jahre zu einer ordentlichen Sitzung zusammentreten.[4]) Die gewöhnliche Tagung soll nicht mehr als vier Monate dauern.[5]) Der Kaiser kann den Landtag jederzeit aus eigner Initiative oder auf Antrag der Stände schließen.[5]) Ein Auflösungsrecht kommt nicht in Frage, da vor jeder Sitzungsperiode neue Wahlen stattfinden. Den Ständen bleibt wie bisher das Recht der Gesetzesinitiative versagt. Es wird ihnen erst durch ein Manifest vom 13./25. Juni 1886 gewährt.

Bis zum Ende des 19. Jahrhunderts tritt die Herrschaft über Finnland in solchen Formen zu Tage, daß der große litterarische Streit über die Natur des Landes niemals eine greifbare Gestalt im politischen Leben annimmt. Mag man sich zu der einen oder andern der feindlichen Theorien bekennen,

---

[1]) Erich. p. 8—10.

[2]) Art. 7. «Les membres de la Diète ne sont liés dans l'accomplissement de leurs fonctions, par aucune autre prescription que les lois fondamentales du pays.» Art. 1. «Les États du Grand-Duché de Finlande, qui représentent, assemblés en Diète, le peuple finlandais, se composent de l'Ordre Equestre et de Noblesse, de l'Ordre Ecclésiastique, de l'Ordre de la Bourgeoisie et de l'Ordre des Paysans.»

[3]) Art. 1.

[4]) Art. 2. Seit 1882 werden die Stände alle drei Jahre versammelt.

[5]) Art. 5.

mag man Finnland als Staat oder als Provinz betrachten, immer kann man die zwei Auffassungen mehr oder minder schlüssig mit den Einrichtungen der Herrschaft versöhnen, die bis zu dieser Zeit bestehen.

Wer die staatliche Natur Finnlands behauptet, kann sich auf die Erscheinung berufen, daß nur eine partikuläre Gesetzgebung tätig ist. Wenn Rußland wirklich die staatliche Gewalt über Finnland besitzt, kann er argumentieren, so besteht die Anomalie, daß der Zar die autokratische Gesetzgebung, die er inne hat, nicht auf Finnland anwendet, vielmehr für das Land einen besonderen Weg der Gesetzgebung beschreitet, auf dem er mit einer heimischen Volksvertretung modernen Charakters zusammengeht. Wie soll man glauben, daß der Zar für sich allein die ursprüngliche und im Verein mit dem Landtag eine abgeleitete Gesetzgebung übt, wenn er sich nie als Autokrat offenbart, wenn er als Selbstherrscher unsichtbar bleibt? Und diesem Beweisgrunde kann noch der andere beigefügt werden, daß Finnland besondere, von den russischen völlig getrennte Verwaltungsbehörden besitzt.[1][2]

Umgekehrt, wer in Finnland eine Provinz erblickt, kann auch seinen Teil an Argumenten finden. Die russische Thronfolge gilt auch in Finnland, so kann er sagen. Beide Länder haben also einen gemeinsamen Verfassungsakt. Und das spricht für Finnlands provinzielle Natur. Ein anderes Argument bietet die Stellung des Generalgouverneur. Sieht man nicht allein auf die äußere Form des Amtes, sondern vor allem auf den Geist, der es belebt, so bemerkt man, daß dieses Amt gedacht ist als eine Schranke gegen den aus dem Lande hervorgehenden Senat. Besteht aber ein Hemmnis zu gunsten eines Willens, der sich in Gegensatz stellt zu den aus dem Land hervorwachsenden Tendenzen, so ist das ein Anzeichen dafür, daß es eine Gewalt in Finnland gibt, die dem Lande nicht entstammt,

---

[1]) Getz. p. 19.

[2]) Die Titulatur bietet immer nur ein sehr zweifelhaftes Argument; diese Erfahrung haben wir schon gemacht, als wir von den österreichischen Ländern und von Kroatien-Slawonien handelten. v. d. Osten-Sacken. p. 657; Condition juridique usw. p. 64—65.

ein Anzeichen dafür, daß Finnland unter fremder Herrschaft steht.[1])

Wir sehen, die Formen der Herrschaft lassen sich in verschiedenem Sinne deuten. Die Schlußfolgerungen sind unsicher, weil einander widersprechend. Die Institutionen Finnlands geben keine deutlichen Symptome, wie die Institutionen andrer Länder. Und es ist wichtig, diesen Mangel an äußeren Merkmalen festzustellen. Er enthüllt die Ursache der großen Meinungsverschiedenheit, die über Finnland besteht. Er erklärt, daß wissenschaftliche Einigkeit nicht erzielt werden kann und daß die Kontroverse mit Notwendigkeit immer wieder hervorgetrieben wird, solange man den Fehler begeht, nur die Manifestationen der politischen Kräfte, statt ihren Ursprung zu betrachten.

2. Die Zustände seit 1899.

Um die Wende des Jahrhunderts wird eine Tat vollzogen, die plötzlich wie ein Lichtstrahl die helldunkle Szenerie erleuchtet. Rußland proklamiert einen Gesetzesakt, der über die Situation Finnlands keinen Zweifel mehr übrig läßt. Hat Rußland bisher dem edlen Renner seinen Lauf gelassen, so ergreift es nun die Zügel mit mächtiger Hand. Es zerstört mit einem Schlage jeden Schein finnischer Souveränität.

Ist Rußland der Staat und Finnland die Provinz, so ist damit gesagt, daß Rußland die Macht besitzt, das Maß der Freiheit Finnlands zu bestimmen. Rußland geht daran, diese

---

[1]) Erich. p. 44. „Während die (einem Ministerium entsprechende) höchste Regierungsbehörde in Finnland und die besondere Behörde in St. Petersburg behufs des Vortrages finnischer Angelegenheiten beim Monarchen sich aus der im Jahr 1809 begründeten Stellung Finnlands als notwendige Institutionen ergeben, erscheint der Generalgouverneur als ein Funktionär, dessen Stellung nicht organisch mit der Struktur des finnischen Staates und des Behördenwesens zusammenhängt; das Vorhandensein dieses hohen Beamten hat lediglich in politischen Rücksichten seinen Grund. Immerhin sind dem Generalgouverneur neben der ihm zugedachten politischen Rolle, welche er je nach den wechselnden Direktiven der russischen Regierung zu spielen hat und welche leicht sehr unheilvolle Wirkungen hervorbringen kann, auch sehr wichtige Funktionen hinsichtlich der Regierung und der inneren Verwaltung übertragen.“ Sarmatus, Rußland und Finnland. Vom russischen Standpunkte aus betrachtet. 1903. p. 14—15.

Konsequenz mit unerbittlicher Strenge zu ziehen. Am 3./15. Februar 1899 ergeht das bekannte Dekret des Zaren, das zum ersten Mal eine Schranke aufrichtet zwischen einer russischen und einer finnischen Legislative.[1]) Es gibt fortan Gesetze, die in Finnland ohne Zustimmung des Landtages Wirksamkeit erlangen. Angelegenheiten, welche die gemeinsamen, die Reichsinteressen berühren oder mit russischen Gesetzen in Verbindung stehen, sind der legislativen Gewalt des Landtages entrückt. Der Kaiser übt seine autokratische Gesetzgebung in dieser Sphäre; und er entscheidet frei, ob eine Sache in den einen oder den andern Kreis der Zuständigkeit gehört.[2]) Die finnischen Behörden haben einen Anteil an der Vorbereitung der

---

[1]) „Grundbestimmungen über die Formulierung, Prüfung und Promulgation von Gesetzen, die für das Kaisertum, einschließlich des Großfürstentums Finnland, erlassen werden.“

[2]) „Es entstehen, abgesehen von Fragen der lokalen Gesetzgebung Finnlands, die aus der eigenartigen Gesellschaftsordnung des Landes entspringen, bei der Reichsverwaltung auch andere Finnland betreffende legislative Fragen, die, mit Rücksicht auf ihren intimen Zusammenhang mit den allgemeinen Reichsinteressen, nicht ausschließlich von den Institutionen des Großfürstentums gehandhabt werden können. Über den Modus, wie Fragen dieser Art zu entscheiden sind, enthält die vorhandene Gesetzgebung keine bestimmten Vorschriften, und der Mangel an solchen hat zu schwerwiegenden Übelständen geführt. — Zur Beseitigung dieser Übelstände haben Wir in beständiger Fürsorge für das Wohl aller Unserer treuen Untertanen ohne Ausnahme, für nützlich gefunden, in Ergänzung der bestehenden Verordnungen und zur Richtschnur für die betreffenden Institutionen des Kaisertums und des Großfürstentums eine feste und unverbrüchliche Ordnung für ihre Tätigkeit in bezug auf die Ausarbeitungen und Anfertigungen allgemeiner Reichsgesetze zu bestimmen.“

Art. 1. „Die ursprüngliche Ausarbeitung von Gesetzen, die für das Kaisertum, einschließlich des Großfürstentums Finnland, erlassen werden, erfolgt nach jedesmaliger Allerhöchster Genehmigung in denjenigen Fällen, wo der allgemeine Gang der Verwaltungsangelegenheiten die Ausarbeitung einer neuen Verordnung oder die Abänderung bzw. Ergänzung eines bestehenden Gesetzes erforderlich macht.“

Art. 2. „Diese Vorschrift wird sowohl hinsichtlich der auf den ganzen Umfang des Kaisertums, einschließlich des Großfürstentums Finnland, sich erstreckenden, als auch hinsichtlich der innerhalb der Grenzen des Großfürstentums geltenden Gesetze beobachtet, falls sie allgemeine Reichsinteressen betreffen oder mit der Gesetzgebung des Kaisertums in Verbindung stehen.“ Text bei Arnheim, p. 12f.

Texte. Soweit der Landtag mitwirkt, hat er nur eine begutachtende Funktion.

Gar bald wird der neueröffnete Weg der Gesetzgebung beschritten.

Ein Gesetz vom 15./27. Dezember 1878 hat in den alten Formen mit Einwilligung des Landtages das finnische Heerwesen geordnet und die allgemeine Wehrpflicht eingeführt. Nunmehr soll eine neue Wehrpflichtordnung in autokratischer Form erlassen werden. Die Stände Finnlands, nach der neuen Gesetzgebungsmethode um ihr Gutachten gefragt, aber entschlossen an den alten Verfassungsformen festzuhalten, verwerfen den Akt.[1]) Trotz ihres Widerspruches wird das Projekt am 29. Juni/12. Juli 1901 vom Zaren zum Gesetz erhoben. In Finnland bricht ein Sturm der Entrüstung los. Man verweigert dem verfassungswidrigen Akt den Gehorsam. Aber Rußland, weit entfernt sich den Rechtsansprüchen der Finnländer zu beugen, geht auf der Bahn weiter, die es einmal beschritten. Der Zar erläßt eine Reihe von Verordnungen, welche gegen die Verfassungsgesetze Finnlands verstoßen und die Unabhängigkeit der Richter, die natürliche Freiheit der Untertanen bedrohen. Es wird eine Diktatur eingerichtet. Der Generalgouverneur wird durch zwei Dekrete vom 26. August/8. September 1902 und vom 14./26. März 1903 mit außerordentlichen Vollmachten versehen. Der Senat wird durch das Dekret vom 26. August/8. September 1902 ungefähr seiner ganzen Macht beraubt und dem Generalgouverneur untergeordnet. Die Protestation dauert fort. Der im Jahre 1904 einberufene Landtag fordert in einer ausführlich begründeten Petition die Wiederherstellung der grundgesetzmäßigen Regierungsweise.[2]) Rußland erwidert mit Gewaltmaßregeln, vermag aber nicht des Widerstandes Herr zu werden. Nach dem unglücklichen Krieg mit Japan entfesselt sich die Revolution im ganzen Reich. Die russische Freiheitsbewegung kommt der finnischen zu Hilfe. Und nunmehr sieht sich die Regierung zum Nachgeben gezwungen. Hat sie schon am 16./29. März 1905 die Wehrpflichtverord-

---

[1]) Die Texte bei Arnheim.

[2]) Der Text in der Schrift: Der finnländische Landtag. 1904—1905.

nung von 1901 sistiert, so hebt sie durch ein Manifest vom 22. Oktober/4. November 1905 die Grundbestimmungen von 1899 und die verfassungswidrigen Verordnungen auf. Es werden zwei wichtige Gesetze in konstitutioneller Form mit Einwilligung des Landtages beschlossen, die neue Landtagsordnung vom 7./20. Juli und das Gesetz über die Rede-, Versammlungs- und Vereinsfreiheit vom 7./20. August 1906. Aber der Sturm im Reiche geht vorbei, nachdem das Werk der Reformen verwirklicht und Rußland in eine konstitutionelle Monarchie verwandelt ist. Und kaum ist die Regierung erstarkt, so geht sie wieder zum Angriff über. Die Trennung eines zentralen und eines partikulären Machtkreises wird von neuem durchgeführt. Ein erster Vorstoß in dieser Richtung ist ein am 20. Mai/2. Juni 1908 bestätigtes Protokoll des russischen Ministerrats.[1]) Die Verwaltung wird in zwei Teile aufgelöst. Der Ministerrat entscheidet, welche finnischen Angelegenheiten zugleich die Interessen des Kaiserreichs berühren und daher durch die Ministerien und Hauptverwaltungen zu erwägen sind. Ein russisches Gesetz, von den neuen legislativen Faktoren, Duma und Reichsrat angenommen und am 17./30. Juni 1910 vom Kaiser sanktioniert, unterscheidet für Finnland zwei Kategorien von Gesetzen und Verordnungen. Die einen betreffen Angelegenheiten des Reiches; das Gesetz nennt ihrer einen ganzen Katalog. Die andern betreffen Angelegenheiten des Landes. Jene gehören in die Kompetenz der Reichsorgane, diese in die Kompetenz der Stände und der partikulären Behörden. Wird nun Finnland in weitem Maße von russischen Gesetzen beherrscht, so ist es logisch, Finnland an der russischen Gesetzgebung zu beteiligen. Das Gesetz von 1910 gibt deshalb dem finnischen Landtag das Recht, vier Mitglieder in die Duma und zwei Mitglieder in den Reichsrat zu wählen.

Die Schicksale Finnlands seit 1899 zeigen mit überraschender Deutlichkeit die wahre Natur des Gebietes. Finnland ist kein souveräner Staat. Das vermögen wir nun auch an äußern Kennzeichen zu ersehen.

Rußland beschränkt durch die Grundbestimmungen von

---

[1]) Text bei Palme. p. 92.

1899 die Landesgewalt. Das ist eine Erscheinung, die sich mit der Souveränität Finnlands nicht verträgt. Ist auch Rußland in den folgenden Jahren zum Rückzug gezwungen, so liegt der Grund nicht darin, daß die russische Herrschaft sich an einer finnischen autochtonen Herrschaft bricht, sondern darin, daß die russische Herrschaft selbst in ihren Grundfugen erschüttert ist.[1]) Allein, kaum ist die Reichsgewalt in neuen Formen aufgebaut und gefestigt, so wirft sie sich wieder zum Richter auf über das Maß der Freiheit, das Finnland besitzen soll. Und diesmal vermag sie ihren Willen durchzusetzen.

Finnland ist kein souveräner Staat. Das geht auch daraus hervor, daß Rußland und Finnland seit der Reform die gleiche Verfassung haben. Die Grundgesetze vom 23. April/6. Mai 1906 gelten in beiden Ländern, die Grundgesetze regeln selber das Verhältnis Finnlands, indem sie bestimmen: Das Großfürstentum, welches einen unabtrennbaren Teil des Russischen Staates bildet, wird in seinen inneren Angelegenheiten durch partikuläre Institutionen auf Grund einer besonderen Gesetzgebung verwaltet.[2])[3])

Unser Gedankengang wird vielleicht auf den ersten Blick befremden. Wir betrachten Machterscheinungen; aus ihnen schließen wir auf die Natur der Macht und aus ihr wiederum auf die Natur der politischen Gebilde: Rußland ordnet Finnlands Geschicke; so beobachten wir; Rußland hat also die Gewalt, über Finnland zu gebieten; Rußland ist also der souveräne Staat, der über Finnland steht. Oder: Rußland bricht die Verfassung, die in Finnland gilt; hat aber Rußland die Macht hierzu, so steht die finnische Verfassung in der Abhängigkeit von Rußlands Willen; und Rußland ist wieder der übergeordnete Staat. Man wird uns vielleicht den Vorwurf machen, wir ver-

---

[1]) Anders Erich, Jahrbuch. 1913. p. 296.

[2]) Art. 2.

[3]) Ein eigentümlicher Zug, der an ein abhängiges Land erinnert: Die Beteiligung Finnlands an Duma und Reichsrat wird nicht durch die Grundgesetze geregelt, — die nur auf die Initiative des Monarchen geändert werden können, — sondern durch das einfache Gesetz von 1910. Ein genaues Abbild der Situation, die in Bosnien-Herzegowina und Elsaß-Lothringen besteht.

kündeten den Satz, Gewalt gehe vor Recht. Aber gegen welches Recht verstößt denn Rußland, wenn es Finnland in Widerspruch mit den alten Grundgesetzen regiert? Gegen Finnlands Recht? Ist Finnland eine Provinz, so sind die Grundgesetze Partikularrecht des Reiches. Rußland hat sie gegeben und Rußland kann sie wieder nehmen; um einen Rechtsbruch kann es sich nicht handeln. Behauptet man aber, Finnland sei ein souveräner Staat, gegen dessen Recht sich Rußland vergehe, so mag man diese Behauptung erweisen. Und auch sie führt in der Argumentation nicht weiter. Selbst wenn Finnland bis 1899 eine souveräne Gewalt besessen hätte, so wäre sie seitdem durch das Vordringen Rußlands zerstört. Die alte Verfassung bestände nicht mehr. Man könnte sie nicht mehr verletzen. Denkbar wäre nur ein Bruch des Völkerrechts. So geht trotzdem Gewalt vor Recht, werden unsere Gegner antworten. Aber wir verteidigen uns, indem wir sagen: Auf der höchsten Stufe des staatlichen Lebens gehen Recht und Gewalt ineinander über. Der Staat ist Kraft. Das fundamentale Recht des Staates, die Verfassung, kann nur bestehen, solange die ursprüngliche im Volkswillen wurzelnde Macht sie belebt. Beide Elemente sind untrennbar verwachsen. Gewalt geht nicht vor Recht. Aber Gewalt ist eins mit Recht. So gelangen wir zu einem Ergebnis, das erstaunlich dünkt, das aber unmittelbar hervorwächst aus der Grundauffassung des Staates, die wir einzig für richtig halten. Die Akte Rußlands, die man gewöhnlich als verfassungswidrig wertet, die Akte, die man verurteilt, weil sie gegen das souveräne staatliche Wesen Finnlands verstoßen, sind für uns gerade der Beweis, daß Finnland keine selbständige Verfassung und keine Souveränität besitzt. Der Vorgang, den man einen Rechtsbruch nennt, ist für uns das Kennzeichen, daß ein Recht nicht besteht.

Finnland hat keinen Rechtsanspruch gegen das russische Reich. Finnland hat keinen Rechtsanspruch gegen den Herrscherstaat, so wenig wie Elsaß-Lothringen oder Bosnien-Herzegowina. Diese wissenschaftliche Wahrheit soll man nicht außer Acht lassen, mag man auch für die Freiheitsbewegung der Finnen die größte Sympathie besitzen. Man kann die Forderung des Landes billigen. Und wer täte es nicht in einer

Zeit, die unter dem Zeichen des nationalen Gedankens steht? Man kann den Finnen Recht geben; aber man kann ihnen kein Recht zuerkennen.

Allein Rußland möge eines nicht vergessen. Wenn die Finnen auch kein Recht besitzen, so haben sie doch einen Titel, der höher steht als alles Recht, einen Titel, der heiliger ist als die heiligen Verfassungsbücher, einen Titel, der mächtiger ist, als das Schwert und kostbarer als die Edelsteine der Krone: Das Wort eines Kaisers. Rußland wird entgegnen: Das Versprechen Alexanders I. ist ergangen in einer anderen Zeit. Das Finnland von einst ist nicht das Finnland von heute. Aber wir fragen: Wodurch haben die Finnen die Wohltat jenes Versprechens verscherzt? Sie haben kein anderes Unrecht verübt, als daß sie unerbitterlich an dem Treubund festgehalten haben, den Alexander I. mit ihnen schloß. Ihr einziges Verbrechen ist ihre Loyalität. Will Rußland den Kampf unternehmen gegen die Treue? Rußland wird vergeblich streiten. Und je ungeheurer seine Gewalt, um so mehr wird es den ehernen Widerstand empfinden, der in einer guten Sache liegt. Die Finnen haben eine Macht auf ihrer Seite, die stärker ist als die Gewalt der Waffen, und die stärker ist als das Recht: Es ist die Gerechtigkeit.

Sechstes Kapitel.

Island.

Die staatstheoretische Konstruktion und Argumentation, mit der wir das Wesen Finnlands zu erfassen suchten, kann in den großen Zügen auch auf Island[1]) angewendet werden. Die Herrschaft über die dänische Insel bietet analoge Phänomene; und es kann aus ihnen auf ein gleiches Gesetz politischer Kraftbetätigung geschlossen werden: Island ist wie Finnland eine Provinz. Island ist ein integrierender Bestandteil des dänischen Staates.

Im neunten Jahrhundert zuerst von Auswanderern, namentlich Norwegern, bevölkert, wird Island zuerst in zahlreiche kleine Staaten, Häuptlingsschaften, Godetümer gegliedert. Im zehnten Jahrhundert werden diese Herrschaften zu einem losen Bunde zusammengeschlossen. Gemeinsame Gerichte, eine gesetzgebende Versammlung entstehen, in welchen die Häuptlinge, die Goden und die von ihnen gewählten Männer[2]) sprechen.[3])

---

[1]) Goos und Hansen, Das Staatsrecht des Königreichs Dänemark. Das öffentliche Recht der Gegenwart. Bd. XX. 1913. p. 239f; Knud Berlin, Islands staatsrechtliche Stellung nach Untergang des Freistaats. 1910; Jellinek, Staatsfragmente, früher zitiert. p. 279; Maurer, Das Staatsrecht des isländischen Freistaats. 1909. In den Vorlesungen über altnordische Rechtsgeschichte, aus dem Nachlaß des Verfassers herausgegeben von der Gesellschaft der Wissenschaften in Kristiania; Maurer, Zur politischen Geschichte Islands. Gesammelte Aufsätze. 1880; Lundborg, Islands staatsrechtliche Stellung von der Freistaatszeit bis in unsere Tage. 1908. Die übrige Literatur ist bei Goos und Hansen und bei Knud Berlin zitiert; z. B. P. A. Munch, Geschichte des norwegischen Volkes; Ed. Holm, Geschichte Dänemark-Norwegens.

[2]) Später auch die Bischöfe.

[3]) Maurer, Der isländische Freistaat. § 3; Aufsätze; Knud Berlin p. 19f.

In den folgenden Jahrhunderten gelingt es den norwegischen Königen, die Herrschaft über Island zu gewinnen.[1])

Zwei Gründe führen in der Hauptsache diese Schicksalswendung herbei. Die Verfassung der Freistaaten zerfällt, und es entsteht eine immer wachsende Anarchie.[2]) Gleichzeitig erwirbt der fremde König nach und nach den größten Teil der Godetümer. Er erwirbt sie meist in der Weise, daß er die Goden an seinen Hof zieht, durch Gold und Ehren als Dienstmannen an sich fesselt, dadurch zum Gehorsam verpflichtet und wenn sie, was häufig geschieht, einmal nach Island zurückgekehrt, den Gehorsam brechen, nach Mannenrecht ihrer Güter beraubt; oder auch in der Weise, daß er die Herrschaften im Wege der Veräußerung gewinnt, was das Recht des Landes erlaubt. So ist um die Mitte des 13. Jahrhunderts die Macht in der Hand des norwegischen Königs befestigt. Der gesetzgebende und der richtende Althing fungieren nicht mehr. Der König hält Gericht. Er setzt einen Statthalter, einen Jarl, in Island ein.

Aber die neue Herrschaft ist noch unvollkommen. Einmal ergreift sie nicht die ganze Insel. Einige mächtige Häuptlinge sind ihr noch nicht unterworfen. Und da, wo sie sich festgesetzt hat, fehlt ihr die Garantie der Beständigkeit und die heiligende Form. Das Volk hat an der politischen Umwälzung keinen Anteil genommen; die neue Herrschaft ist durch eine Reihe von gewaltsamen, oft auch hinterlistigen Akten Stück für Stück zusammengefügt. Es fehlt ihr die Einheit. Der fremde Fürst hat eine Zahl von Teilherrschaften an sich gerissen. Er ist an die Stelle der Goden getreten. Aber er ist noch nicht König.

Haakon, der norwegische König, sucht daher die Huldigung der feindlichen Häuptlinge und des Volkes zu erlangen. Und es gelingt in der Tat seinen Abgesandten, durch Versprechen und Drohungen die Unterwerfung und feierliche Eidesleistung zu erwirken. Im Jahre 1262 geloben zahlreiche Bauern des Nordlandes und die meisten Bauern des Südlandes dem norwegischen König Untertanenschaft, Treue und ewige Schatzung. Der Hul-

---

[1]) Maurer, l. c. § 3; Aufsätze; Knud Berlin.

[2]) Zitate bei Knud Berlin p. 31.

digungsbrief, Gamli Sáttmáli[1]), ist uns erhalten.[2]) Er ist in die Form eines Vertrages gekleidet. Der König übernimmt eine Reihe von Verpflichtungen; er verspricht unter anderm den Isländern eigene Gesetze. Das isländische Volk soll zum Aufruhr berechtigt sein, wenn der König den Pakt verletzt. Häuptlinge und Volk des Westlandes unterwerfen sich noch im gleichen Jahre. 1263 folgt das Südland östlich von Tjorsaa, 1264 das Ostland.

Was lehren uns diese Ereignisse?

Mag auch der König den Isländern eigne Gesetze versprechen,[3]) mag auch das Volk sich ein Kündigungsrecht vorbehal-

---

[1]) Das Wort bedeutet: altes Übereinkommen.

[2]) „Es war der Nordlands- und Südlandsbauern Verabredung, daß sie dem Herrn, N. Könige, mit geschworenem Eide Land, Untertanen und ewige Schatzung zusagten, 20 Ellen für jeden Mann, der Thingfarerabgabe zu entrichten hat. Dieses Geld sollen die Gemeindevorsteher sammeln und auf die Schiffe bringen und es dem Bevollmächtigten des Königs geben und dann ohne Verantwortung für das Geld sein.

Hingegen soll der König uns Frieden und isländische Gesetze bekommen lassen.

Sechs Schiffe sollen von Norwegen nach Island gehen in den nächsten zwei Sommern, darnach aber so, wie es dem Könige und den besten Bauern im Lande am besten fürs Land scheint.

Erbschaften sollen isländischen Männern in Norwegen ausgeliefert werden, wie lange sie auch gestanden haben mögen, sobald die rechten Erben oder ihre Bevollmächtigten sich melden.

Landöre (Hafenabgabe) soll aufhören.

Isländische Männer sollen in Norwegen das Recht genießen, wie sie es hatten, als es am besten war, wie Ihr selbst es in Euern Briefen angeboten habt. Auch sollt Ihr Frieden über uns halten, so gut, wie Gott Euch die Kraft dazu gibt.

Den Jarl wollen wir über uns heben, solange er Euch die Treue und Frieden mit uns hält.

Wir und unsere Erben sollen Euch die volle Treue halten, so lange Ihr und Eure Erben uns diese Verabredung haltet, aber davon gelöst zu sein, wenn sie nach Ermessen der besten Männer gebrochen wird.

Darauf lege ich die Hand auf das heilige Buch und rufe Gott als Zeugen an, daß ich König Haakon und Magnus Land, Untertanen und ewige Schatzung zuschwöre nachdem."

Übersetzung von Knud Berlin. p. 60.

[3]) „In diesem Gelübde" — sagt Knud Berlin — „lag sicherlich zweierlei. Erst ein Gelübde mehr reeller, aber ganz gewiß mehr vager und unbe-

ten,[1]) eines steht fest, und darauf einzig kommt es an, wenn wir den staatstheoretischen Charakter Islands in jener Zeit verstehen wollen: Island wird unter Norwegens Herrschaft gebeugt. Dieses historisch-politische Phänomen kann nicht bestritten werden, und es ist für die Natur des Landes entscheidend. Island hat früher eigene Herrschergewalten besessen. Es hat sie verloren. Und es errichtet keine neue ursprüngliche Macht in der Zeit, als es Norwegens Szepter botmäßig wird. Es gibt sich nicht selber einen Herrn. Es schenkt nicht dem König von Norwegen eine Krone. Der König von Norwegen wird Herrscher von Island nicht durch die Kraft, die er aus Islands Volk gewinnt, sondern durch Norwegens Macht, die mit ihm steht. Er ist nicht ein Doppelkönig. Er ist ein siegender König, der ein fremdes Land unterwirft.

Island ist fortan eine Provinz im norwegischen Reich.[2]) [3])

Diese Meinung wird nicht von allen Gelehrten und Politikern geteilt. Man hat oft behauptet, es sei in jener Zeit eine Personalunion oder gar eine Realunion entstanden, Island sei als ein Staat mit Norwegen in Verbindung getreten.[4]) Will man

---

stimmter Natur, nämlich, daß, selbst wenn die alte Staatsverfassung verändert wurde, die neuen Gesetzesänderungen doch nicht mehr als höchst notwendig am Kerne in dem alten Rechtszustand rütteln dürften, und dann ein Gelübde ganz gewiß mehr formeller, aber dafür mehr durchführbarer Natur, nämlich, daß die Einführung neuer Rechtsformen nicht geschehen könne ohne in Übereinstimmung mit des geltenden Rechtes diesbezüglichen Regeln."

[1]) Eine Klausel, die sich in vielen späteren Verfassungen findet, die vom Naturrecht beeinflußt sind.

[2]) Dafür sprechen auch manche Texte. Vgl. Knud Berlin. p. 166f.

[3]) Island kann ebenso wenig wie Finnland als abhängiges Land konstruiert werden. Das zeigen die im vorigen Kapitel angegebenen Gründe.

[4]) Für die Personalunion steht die isländische Theorie. Jón Sigurdsson, Om Islands statsretlige Forhold (über Islands staatsrechtliche Verhältnisse) 1855; Jón Porkelsson und Einar Arnórsson, Ríkisréttindi Islands (Islands Reichsrechte) 1908. Zitiert bei Knud Berlin, Vorwort. p. IV. p. 110. 260.

Maurer, Aufsätze. p. 12f. 24. 258: „Es wird sich die Tatsache nicht verkennen lassen, daß bei der ersten Unterwerfung Islands unter die Könige von Norwegen lediglich die Übertragung der einer größeren Zahl von Häuptlingsgeschlechtern zustehenden Regentengewalt in die Hand des alleinigen Königs erfolgte, während im übrigen das eigentümliche Recht des Landes und damit auch dessen bisherige Verfassung fortbestehen sollte,

diese Meinung durchfechten, so muß man den Beweis erbringen, daß Island, als es Norwegens König über sich anerkannte, schon ein Staat gewesen sei oder sich wenigstens in diesem Augenblick zum Staat gebildet habe. Allein dieser Beweis wird schwerlich zu erbringen sein. Island tritt Haakon nicht als ein Staat gegenüber. Island ist desorganisiert; und eben weil es desorganisiert ist, vermag der König die Herrschaft zu erringen. Norwegen verbindet sich nicht mit einem Staat. Denn in der Zeit, in der Norwegens König siegreich vorwärts dringt, geht der Staat verloren, der bisher bestanden hat. Norwegens König unterwirft ein sich in Anarchie auflösendes Volk.[1]) Auch der Text von Gamli Sáttmáli bietet keine Stütze für jene Auffassung. Norwegen spricht hier nicht mit Island. Die Vertreter der norwegischen Krone sprechen nicht mit Vertretern des Inselreiches. Der König spricht mit Untertanen, mit Bauern, mit einem Volk.[2])

Bildet Island keinen Staat, als es sich mit Norwegen vereinigt, so ist auch im Lauf der weiteren Jahrhunderte keine Tat zu verzeichnen, durch welche Island sich zum Staat erhoben hätte. Ein Volk gründet selber seinen Staat, indem es sich selber eine Herrschaft gibt. Wo ist das Ereignis in der späteren Geschichte, in dem wir einen Vorgang dieser Art erblicken könnten?

Island folgt 1397 dem Norwegischen Reich in die Kalmarische Union mit Dänemark und Schweden. Als 1814 durch den Kieler Frieden Norwegen und Dänemark wieder getrennt werden, bleibt Island bei der dänischen Krone.

Welche Bedeutung haben diese Ereignisse für Islands staatstheoretische Natur? Manche sind der Ansicht, die Kalmarische Union habe die drei nordischen Königreiche zu einem Einheitsstaat verbunden.[3]) Ist diese Auffassung richtig, so muß man schließen: Die Herrschaft über Island und Norwegen ist in einer

---

daß somit von beiden kontrahierenden Teilen für beide Länder lediglich ein Verhältnis der Personalunion begründet werden wollte" (p. 24). cf. Goos und Hansen, p. 239. — Gjelsvik, zitiert bei Knud Berlin. p. 98. 260, vertritt die Realunion.

[1]) Knud Berlin. p. 58.

[2]) Knud Berlin. p. 104.

[3]) Jellinek, arg. Allg. Staatslehre. 1905. p. 737f.

größeren Herrschaft untergegangen, und Island ist wieder mit einer kleineren und jedesmal neu gebildeten Herrschaft vereinigt geblieben, als sich Schweden und später Norwegen von Dänemark lösten. Andere halten dafür, der Vertrag zu Kalmar habe eine Realunion geschaffen.[1]) Dann ist Island, so muß man folgerichtig aufstellen, noch einige Jahrhunderte mit Norwegen verbunden gewesen. Sobald aber Frederik III. am 14. November 1665 das bekannte Königsgesetz verkündete und den Absolutismus einführte, konnten Norwegen und Dänemark nicht mehr zwei getrennte Reiche bleiben. Zwei Länder, in denen die unumschränkte Gewalt eines Fürsten besteht, verschmelzen naturgemäß zu einem Einheitsstaat. Das ist eine Erfahrung, die wir schon früher gemacht haben, als wir uns mit den österreichischen Königreichen und Ländern beschäftigten. Und so müssen die Anhänger der zweiten Auffassung von 1665 ab für Island ein ähnliches Schicksal konstatieren wie die Anhänger der ersten. Mag man nun der einen oder der andern Lehre huldigen, es bleibt doch die eine Tatsache bestehen: Island ist immer der Herrschaft eines anderen Reiches angegliedert gewesen. Island ist immer durch die Schicksale eines anderen Reiches mitgezogen worden. Island hat sich niemals erhoben zu einem Leben durch eigene Kraft.

So wenig wie in früheren Zeiten ist im 19. Jahrhundert die Gründung einer selbständigen Herrschaft auf Island erfolgt. Wohl hat Island bis heute mit edler Begeisterung und unerschütterlichem Vertrauen für seine Unabhängigkeit gekämpft; wohl hat es sich autonome Satzungen erstritten. Es ist Provinz geblieben. Denn wenn es auch Freiheiten besitzt, so hat es sie doch von Dänemark zu Lehen. Es gibt immer nur eine einzige ursprüngliche Gewalt im dänisch-isländischen Reich.

Betrachten wir im einzelnen die Verfassungsstreitigkeiten des vorigen Jahrhunderts.[2])

Der ehrwürdige Althing aus Islands freier Zeit hat im Lauf der Jahrhunderte immer mehr an Bedeutung verloren und ist im Jahre 1800 formell aufgehoben worden. Christian VIII. er-

[1]) Knud Berlin. p. 98f.

[2]) Maurer, Aufsätze; Dareste, Les constitutions modernes. Vol. II; Goos und Hansen. p. 1f. 239f.

richtet durch Ordonnanz vom 8. März 1843 einen neuen Althing als beratende Versammlung.[1])

Frederik VII. beruft 1848 einen Reichskonvent, um ein Grundgesetz für Dänemark zu beschließen und eine beschränkte Monarchie einzuführen. Nach einem Gesetz vom 7. Juli 1848 ist die Versammlung aus 145 von Dänemark und Schleswig gewählten und 42 vom König ernannten Abgeordneten gebildet. Island ist nur durch 5 ernannte Mitglieder vertreten. Ob dieser ungleichen Behandlung erhebt sich in Island ein Sturm der Entrüstung. Petitionen und Proteste werden nach Kopenhagen geschickt. Der König entschuldigt sich damit, daß die Reichsversammlung dringlich sei und durch Wahlen in Island allzusehr verzögert würde, und gibt in einem Reskript vom 23. September 1848 die wichtige Zusicherung, daß keine Grundnormen über die Stellung der Insel im Königreich Geltung erlangen sollen, bevor die Isländer sich in einem eigenen Konvent ausgesprochen haben.[2]) Hiernach könnte man glauben, daß kein Verfassungssatz in Island Kraft erlangen soll, bevor er von einer Vertretung des Volkes angenommen ist. Unterdessen kommt das dänische Grundgesetz vom 5. Juni 1849 zustande. Es wird in Island nicht publiziert. Am 28. September 1849 ergeht ein vom Althing angenommenes Gesetz über die Formation des isländischen Konvents, der nach dem Reskript vom 23. September 1848 tagen soll. Die Versammlung wird auf den 4. Juli 1851 einberufen.

Die Regierung legt ihr den Entwurf eines Gesetzes vor „über Islands verfassungsmäßige Stellung im Reich und die Reichstagswahlen in Island". Das Grundgesetz des Reiches Dänemark wird als Beilage angefügt. Und, höchst wichtig! In den Motiven wird unzweideutig erklärt: das Grundgesetz habe

---

[1]) „Verordnung über die Stiftung einer eigenen beratenden Versammlung für Island, welche Althing genannt werden soll".

[2]) „Es ist nicht unsere Absicht, daß die Hauptbestimmungen, welche nötig werden möchten, um die Stellung Islands im Reiche nach des Landes eigentümlicher Beschaffenheit gesetzlich festzustellen, völlig und gänzlich Gesetzeskraft erlangen sollen, ehe die Isländer ihre Ansicht über dieselben in einer Versammlung ausgesprochen haben werden, welche sie im Lande selbst halten, und soll das in dieser Beziehung Nötige dem Althing bei dessen nächstem gesetzlichen Zusammentritte vorgelegt werden". Zitiert bei Maurer, Aufsätze. p. 75.

ohne weiteres Geltung auf der Insel, die seit alten Zeiten einen Teil des Reiches bilde.[1]) Es stehe deshalb einzig zur Beratung, wie man am besten die Institutionen der Insel mit dem Grundgesetz in Einklang bringe.[2]) Der Standpunkt der Regierung hat sich geändert. Die Isländer sollen nicht mehr darüber entscheiden, ob das dänische Grundgesetz bei ihnen in Kraft treten soll, sie haben nur die Aufgabe, das partikuläre Recht Islands auszubauen, um es mit dem Grundgesetz zu einem harmonischen Ganzen zu verbinden.[3]) [4])

Der vorgelegte Entwurf kennt Reichs- und Landesangelegenheiten und zieht zwischen beiden die Grenze. König und Reichstag entscheiden in gemeinsamen Materien. Sie entscheiden auch über einen Kompetenzkonflikt zwischen beiden Kreisen. Island entsendet vier Mitglieder zum Volksthing und zwei zum Landthing. Der König, vom Althing beraten, gebietet in partikulären Dingen. Er ist in dieser Sphäre an die Mitwirkung von Mi-

---

[1]) S. auch § 1 des Entwurfs.

[2]) „Nachdem das Königsgesetz, zumal im § 19, samt dem Patente vom 4. September 1709, mittelst dessen das Königsgesetz publiziert wurde, direkt ausgesprochen haben, daß Island ein Teil des Reiches sei, so daß dies nicht zum Gegenstande der Verhandlung werden kann, und nachdem der König durch die Bestätigung des Grundgesetzes eine volkstümliche Verfassung innerhalb der Grenzen bewilligt hat, welche durch das Königsgesetz gezogen sind, so kann nun zum Gegenstande der Debatte nur das gemacht werden, auf welche Weise es wegen der besonderen Verhältnisse Islands nötig sei, dessen Stellung näher zu bestimmen, damit die neue Verfassung, welche mit dem Grundgesetze gegeben ist, daselbst volle Geltung erlangen könne.“ Zit. bei Maurer, Aufsätze. p. 121.

[3]) „Der Regierung erschien es untunlich, die einzelnen Bestimmungen des Grundgesetzes vorzunehmen und nach den Bedürfnissen Islands umzugestalten, und sie hat darum vorgezogen, das Grundgesetz daselbst Geltung erlangen zu lassen, und nur die Bestimmungen beizufügen, welche durch des Landes Entfernung und bisherige Stellung vollkommen begründet sind.“ Zit. bei Maurer, Aufsätze. p. 122.

[4]) Maurer, Aufsätze. p. 130: „Es lag in dem Verfahren der Regierung von vornherein ein unlösbarer Widerspruch begründet, der wohl nur daraus zu erklären ist, daß man die im Herbst 1848 gegebene Zusage im Frühjahr 1851 bereits wieder bereute, und hinsichtlich der Heilighaltung eines Königswortes Island gegenüber ebensowenig Gewissensskrupel hatte, wie gegenüber den Herzogtümern.“

nistern gebunden, welche aber nicht dem Althing, sondern dem Reichstag verantwortlich sind.[1])

Gegen dieses Vorgehen der Regierung erhebt sich sofort der heftigste Widerstand. Die Isländer streiten nicht so sehr gegen die eine oder die andere Satzung, als vielmehr gegen das Prinzip selber, das dem ganzen Plan der Regierung zugrunde liegt. Island ist eine Provinz des Königreichs, und deshalb gilt die Reichsverfassung auch auf der Insel, so sagen die Dänen. Und die Isländer erwidern: Unser Land ist ein freier Staat, es ist mit Dänemark nur durch eine völkerrechtliche Union verbunden, es kann sich deshalb nur selbst eine Verfassung geben. Man sieht, die Ansichten stehen sich schroff gegenüber.[2]) Und keiner der streitenden Teile gibt nach. Es kommt zum Bruch, und am 9. August löst der königliche Kommissar die Versammlung auf.

So gilt die dänische Verfassung auf Island im Widerspruch zu dem Willen des Volkes. Die Reichsgewalt, obwohl auf Island nicht populär, setzt sich durch vermöge der ihr innewohnenden und aus dem dänischen Volk ihr zuströmenden Kraft. Damit ist der Charakter Islands als einer dänischen Provinz mit aller Deutlichkeit ausgeprägt. Und damit ist unsere These bestätigt.

Es ist erstaunlich, wie sehr sich in Island die Phänomene wiederholen, die wir in Finnland beobachtet haben. Hier wie dort behauptet die partikularistische Theorie eine völkerrechtliche Union. Hier wie dort drängt der größere Verband dem kleineren seine Satzungen auf. Hier wie dort sucht man sich gegen diesen Eingriff durch rechtliche Argumentationen zu wehren.[3]) Und doch ist die Frage nur eine politische und eben die Betätigung der Herrschaft der Beweis für ihr Bestehen.

Es entspricht dem Zwecke dieser Untersuchung nicht, den vielgestaltigen Schicksalen nachzugehen, welche die dänische Verfassung in den folgenden Jahren erleidet. Es genügt uns zu wissen, daß der Akt vom 5. Juni 1849 am 28. Juli 1866 mit einigen Modifikationen als revidiertes Grundgesetz des dänischen Reiches wieder eingeführt wird.

---

[1]) §§ 2—3 des Entwurfs.

[2]) Genaue Formulierung bei Maurer, Aufsätze. p. 7f. 201.

[3]) Maurer. Dagegen Goos und Hansen. p. 239.

Einige Jahre später werden auch die Institutionen Islands endgültig festgelegt.

Nach vergeblichen Verhandlungen mit dem Althing erlassen König und Reichstag aus eigener Machtvollkommenheit am 2. Januar 1871 ein Gesetz über die verfassungsmäßige Stellung Islands im Königreich. Der Althing ficht den Akt als unverbindlich an.

Island ist nach diesem Gesetz ein untrennbarer Teil des dänischen Staates, der eigene Privilegien besitzt.[1]) Es gibt allgemeine Angelegenheiten des Reiches; es gibt besondere Angelegenheiten der Insel, die einzeln aufgezählt werden. Solange Island nicht im Reichstag vertreten ist, hat es an der gemeinsamen Gesetzgebung keinen Teil, hat aber deshalb auch nicht zu den Lasten des Reiches beizutragen. So ist bestimmt. Die Teilnahme Islands am Reichstag kann nur durch ein Gesetz geregelt werden, das von den legislativen Faktoren des Reiches und des Landes angenommen wird.[2])

Das Gesetz von 1871 läßt der partikulären Initiative Islands einen Spielraum frei. Es gilt daher, Island eine Organisation zu geben, eine Form, in der es die ihm überlassene Tätigkeit entfalten kann. Eine solche Organisation ist natürlicherweise das Komplement der Organisation von 1871 und ihrem Wesen nach bestimmt, mit ihr ein harmonisches Ganze zu bilden. Ihr zustimmen heißt also das Gesetz von 1871 anerkennen. Deshalb sträuben sich die Isländer zuerst, ein partikuläres Statut in Konsequenz des Gesetzes von 1871 anzunehmen. Schließlich aber gelangt der König zu einer Einigung mit dem Althing und erläßt im Einverständnis mit ihm am 5. Januar 1874 ein Verfassungsgesetz für die besonderen Angelegenheiten Islands.

---

[1]) § 1. «L'Islande est partie inséparable de l'État Danois, avec des privilèges particuliers».

[2]) § 2. «Tant que l'Islande ne sera pas représentée au Rigsdag, elle ne participera point à l'exercice du pouvoir législatif en ce qui concerne les affaires générales de la monarchie, d'autre part, il ne sera demandé à l'Islande aucune contribution pour les besoins généraux de la monarchie. — La question de la représentation de l'Islande au Rigsdag ne pourra être tranchée que par une loi adoptée à la fois par l'autorité législative de la monarchie en général et celle de l'Islande en particulier.» — Dareste, Les Constitutions modernes. 1891. Tome II.

In dem Herrschaftskreise, den das Gesetz von 1871 Island zur Verfügung hält, steht die Legislative dem König und dem Althing, die Exekutive dem König, die Jurisdiktion den Gerichten zu.[1])

Der König übt seine Gewalt in Gemeinschaft mit einem in Kopenhagen residierenden Minister für Island, der dem Althing für die Wahrung der Verfassung verantwortlich ist. Die oberste örtliche Autorität ist einem Landeshauptmann anvertraut. Er wird vom König ernannt und ist dem Minister verantwortlich; das Maß seiner Kompetenzen wird vom König frei bestimmt.[2])

Der Althing ist nach einem Plan organisiert, der die Mitte hält zwischen dem Einkammer- und dem Zweikammersystem. Er besteht aus 30 vom Inselvolk gewählten und aus 6 vom König ernannten Mitgliedern. Die Wahlen und Ernennungen geschehen für 6 Jahre. Der Althing tagt in zwei Abteilungen. In der oberen nehmen 12, in der unteren 24 Mitglieder Platz. Die obere Abteilung ist aus den vom König ernannten und aus 6 vom Althing für die Legislaturperiode gewählten Delegierten zusammengesetzt.[3])

---

[1]) § 1. «Dans toutes les affaires qui, aux termes de la loi sur la situation constitutionnelle de l'Islande dans la monarchie du 2 janvier 1871, art. 3, sont particulières à l'Islande, ce pays a sa législation et son administration spéciales, le pouvoir législatif appartenant au Roi et à l'althing réunis, le pouvoir exécutif au Roi et le pouvoir judiciaire aux tribunaux.»

[2]) § 2. «Le Roi a l'autorité suprême sur toutes les affaires particulières de l'Islande, sauf les restrictions déterminées par la présente loi constitutionnelle, et exerce cette autorité par l'intermédiaire du Ministre de l'Islande. — L'autorité suprême locale, en Islande, est confiée, sous la responsabilité du ministère, à un gouverneur (Landshöfding) nommé par le Roi, qui doit résider dans le pays même. L'étendue des attributions du gouverneur est déterminée par le Roi.»

§ 3. «Le ministre est responsable du maintien de la Constitution. L'althing peut, en ce qui le concerne, poursuivre le ministre en responsabilité, d'après les règles particulières qui seront établies par les lois. — Si l'althing a quelque grief contre la manière dont le gouverneur exerce l'autorité qui lui est confiée, le Roi décide, sur le rapport qui lui en est fait par l'althing dans chaque cas spécial, si et dans quelle mesure il y a lieu de le poursuivre.»

[3]) § 14. «Trente membres élus et six nommés par le Roi ont siège à l'Althing. Le nombre des membres élus peut être modifié par une loi. Les élections et nominations sont faites en règle ordinaire pour une période de

Eine Reihe von Grundrechten wird zugesichert.[1])

Eine Revision der Verfassung kann nur erfolgen, wenn der König die Zustimmung des gegenwärtigen und, nachdem er ihn aufgelöst hat, auch die Zustimmung des neu gewählten Althing erlangt.[2])

Diese Ordnung wird durch zwei Gesetze vom 3. Oktober 1903 einigermaßen modifiziert.

Das Amt des Landeshauptmanns wird aufgehoben. Der Minister für Island residiert in der Hauptstadt der Insel. Er kann nicht ein anderes Ministeramt bekleiden, er kann also nicht mehr, wie bisher, zugleich dänischer Justizminister sein. Das hat zur Folge, daß das Schicksal des isländischen Ministers nicht notwendig mit dem Schicksal der übrigen Minister verkettet ist, ein Ergebnis von großer Wichtigkeit bei der heute stetig zunehmenden Kraft des parlamentarischen Systems in Dänemark.[3]) Der König spricht am 24. Mai 1905 im Staatsrat aus, daß die

---

six ans; en ce qui concerne les nominations royales, il n'est pas tenu compte des dissolutions qui peuvent survenir. En cas de décès ou de démission d'un membre élu ou nommé pendant le cours d'une législature, l'élection ou la nomination n'est faite que pour le temps restant à courir.»

§ 15. «L'Althing se compose de deux chambres, la chambre haute et la chambre basse. La chambre haute comprend douze membres, et la chambre basse vingt-quatre. Ces nombres peuvent toutefois être modifiés par une loi.»

§ 16. «Les membres nommés par le Roi ont tous siège à la chambre haute. Les autres membres de cette chambre sont désignés, pour toute la législature, par l'Althing, dans son ensemble, à la première séance après chaque nouvelle élection; il choisit librement parmi les membres élus. Si, dans le cours d'une législature, il se produit une vacance parmis les membres élus de la chambre haute, les deux chambres se réunissent, après la nouvelle élection d'un député, pour nommer parmi les membres élus celui qui doit occuper la place vacante pour le temps restant à courir.»

[1]) §§ 48—60.

[2]) § 61. «Toute proposition de modifications ou additions à la présente loi constitutionnelle peut être présentée à l'Althing en session ordinaire ou extraordinaire. Lorsqu'une proposition de modification à la loi constitutionnelle aura été adoptée par les deux chambres, l'Althing sera aussitôt dissous et il sera procédé à de nouvelles élections. Si le nouvel Althing adopte la résolution sans changements, et qu'elle obtienne la sanction royale, elle aura force de loi constitutionnelle.»

[3]) Goos und Hansen. p. 32—33.

Verhandlungen im Reichstage ihn künftighin nicht mitbestimmen sollen bei der Entscheidung darüber, ob ein Wechsel des isländischen Ministers stattzufinden hat. Und seit 1909 wird die Ernennung eines neuen Ministers für Island nicht vom Ministerpräsidenten, sondern vom antretenden Minister selbst kontrasigniert.

Der gleiche Revisionsakt modifiziert auch die Zusammensetzung des Althing. Die Versammlung zählt fortan 34 Delegierte. Die obere Abteilung hat 8 gewählte, also im ganzen 14, die untere 26 Mitglieder.

Neuere Versuche der Isländer, eine selbständigere Stellung zu erlangen und eine Realunion mit Dänemark zu begründen, in der nach österreichischem Vorbild nur eine Gemeinsamkeit der auswärtigen und der Heeres-Angelegenheiten bestehen soll, sind gescheitert.[1])

Auch die Ereignisse seit den siebziger Jahren, die wir eben im Umriß dargestellt haben, bedeuten nicht den Aufschwung des Inselvolkes zu einem Staat. Es wird keine Sondergewalt begründet; es ist immer die Reichsgewalt, die Island beherrscht und gestaltet. Wie soll sich dieses Verhältnis deutlicher als dadurch symbolisieren, daß Island und die dänischen Länder eine gemeinsame Verfassung haben, daß Dänemark durch Gesetz über die Stellung Islands im Königreich bestimmt und dem Eiland die Grenzen weist, in denen es autonome Gewalten üben kann? Wohl hat Island Organe von erheblicher Selbständigkeit. Es hat ein eigenes Parlament und einen eigenen Minister, der an die dänischen Minister nicht durch die Bande solidarischer Verantwortlichkeit gefesselt ist. Aber solche Organe kann Island nur in dem Spielraum besitzen, der ihm durch die dänische Gesetzgebung bewilligt ist. Die Organisation der Insel kann durch ein dänisches Gesetz wieder zerstört werden. Die Organisation der Insel steht zur Verfügung des dänischen Gesetzes. So tut sich auch in dieser Periode die Natur Islands mit aller Deutlichkeit kund. Island ist kein Staat. Island ist dänische Provinz.

---

[1]) Vgl. bei Goos und Hansen, Anlage II, den Entwurf der dänisch-isländischen Kommission von 1907, welcher weitgehende Zugeständnisse an die Insel, aber gleichzeitig die Aufrechterhaltung der staatlichen Einheit zum Ziele hat, und die Besprechung dieses Entwurfs bei Morgenstjerne, Jahrbuch des öffentlichen Rechts. 1909. p. 520—526.

Siebentes Kapitel.

Die nordamerikanischen Territorien.

Wir haben versucht, das Wesen des abhängigen Landes dadurch zu ergründen, daß wir an mancherlei Beispielen seine Entstehung und seine Lebensfunktionen betrachtet haben. Wir können aber unsere Erkenntnis dadurch vervollkommnen, daß wir ein anderes, äußerst lehrreiches Phänomen verfolgen, das Ereignis, durch welches sich ein abhängiges Land in einen Staat verwandelt. In der Geschichte der modernen politischen Formationen haben wir Vorgänge dieser Art zu verzeichnen. Die Vereinigten Staaten haben eine Reihe von Territorien besessen; diese Länder sind heute zum allergrößten Teil Staaten geworden und bilden Glieder der Union. Durch welchen Prozeß haben sie ihren ureigenen Charakter verändert? Das ist eine Frage, deren Beantwortung uns wichtigen Aufschluß geben kann über die Natur des abhängigen Landes und welche ein ganz besonderes Interesse bietet aus dem Grunde, weil sich die Phänomene im Rahmen eines Bundesstaates vollzogen haben und deshalb für die künftige Entwicklung Elsaß-Lothringens einen hohen Erkenntniswert besitzen.

Die Union hat lange Zeit ausgedehnte Gebiete außerhalb der Staaten beherrscht. Diese Gebiete hatten zum größten Teil eine Bevölkerung von Indianerstämmen. Allein die weiße Rasse drang immer weiter vor. Die Gebiete wurden immer stärker besiedelt. Und bald kam der Augenblick, wo man den Ländern eine Organisation geben konnte. Eines nach dem anderen wurde der Union in der Form des Territoriums angegliedert[1]) und erhielt durch den Kongreß fundamentale Gesetze.[2])

[1]) Die Daten bei Farrand, The Legislation of Congress for the Government of the Territories. p. 55.

[2]) Constitution of the United States. 1788. art. IV. sec. 3. "The congress shall have power to dispose of and make all needful rules and regu-

Die Territorien hatten in der Hauptsache die gleichen Institutionen. Die Gewalten waren getrennt;[1]) auch hier galt also der fundamentale Rechtsgedanke, der von jeher den ganzen Bau der Union zusammenhält. Die Exekutive lag bei einem Gouverneur, der vom Präsidenten der Union mit Zustimmung des Senates auf vier Jahre eingesetzt wurde und jederzeit vom Präsidenten seines Amtes enthoben werden konnte, ihm also verantwortlich war.[2]) Die Legislative wurde durch zwei gewählte Kammern geübt, einen Rat und ein Repräsentantenhaus. Die Kompetenz der territorialen Gesetzgebung war ungefähr die gleiche wie die der Staaten. Aber die Gesetze der einzelnen Territorien konnten immer durch den Kongreß geändert oder aufgehoben werden. In manchen Territorien bedurften die Gesetze sogar zu ihrer Gültigkeit der Genehmigung des Kongresses. Der Gouverneur hatte ein Veto gegen die Gesetzgebung, das

---

lations respecting the territory or other property belonging to the United States." — Organisationsakt für Oklahoma. 1890. sec. 1. "Congress may at any time hereafter change the boundaries of said Territory, or attach any portion of the same to any other State or Territory of the United States without the consent of the inhabitants of the Territory hereby created." Eine Bestimmung, die in den anderen Organisationsakten wiederkehrt. — Der erste Akt datiert noch von dem Kongreß der Konföderation, die 1781 bis 1788 bestand. Great Ordonance for the Government of the Territories of the United States north-west of the River Ohio 1787.

[1]) Wenn auch nicht von Anfang an, so doch immer in einem vorgeschrittenen Stadium der Entwicklung.

[2]) An Act to provide a temporary Government for the Territory of Oklahoma, to enlarge the jurisdiction of the United States Court in the Indian Territory, and for other purposes. Approved, May 2, 1890. "Be it enacted by the Senate and House of Representatives of the United States of America in Congress assembled." Sec. 2. "That the executive power of the Territory of Oklahoma shall be vested in a governor, who shall hold his office for four years, and until his successor shall be appointed and qualified, unless sooner removed by the President of the United States." Sec. 14. "That the governor, secretary, chief-justice, and associate justices, attorney, and marshal shall be nominated and, by and with the advice and consent of the Senate, appointed by the President of the United States." — cf. Dakota. 1861. sec. 2. 11. — Montana. 1864. sec. 2. 11. — Washington. 1853. sec. 2. 11. — Idaho. 1863. sec. 2. 11. — Wyoming. 1868. sec. 2. 11. — Utah. 1850. sec. 2. 11. — Arizona. 1863. sec. 2. — New-Mexico. 1850. sec. 3. 12.

aber in den meisten Territorien durch neuen, in jeder Kammer mit Zweidrittel-Majorität gefaßten Beschluß gebrochen werden konnte.[1]) Die Jurisdiktion war in der Hand unabhängiger Gerichte. Sie stand in höchster Instanz einem Kollegium von drei Richtern zu, die von dem Präsidenten der Union mit Zustimmung des Senates auf vier Jahre eingesetzt wurden.[2]) Die Terri-

[1]) Oklahoma. 1890. l. c. sec. 4. "That the legislative power and authority of said Territory shall be vested in the governor and legislative assembly. The legislative assembly shall consist of a Council and a house of representatives. The council shall consist of thirteen members, having the qualifications of voters as hereinafter prescribed, whose term of service shall continue two years. The house of representatives shall consist of twenty-six members, possessing the same qualifications as prescribed for members of the council, and whose term of service shall continue two years, and the sessions of the legislative assembly shall be biennial and shall be limited to sixty days' duration." Sec. 6. "That the legislative power of the Territory shall extend to all rightful subjects of legislation not inconsistent with the Constitution and laws of the United States, but no law shall be passed interfering with the primary disposal of the soil... &c. Every bill which shall have passed the council and the house of representatives of said Territory shall, before it becomes a law, be presented to the governor of the Territory. If he approve he shall sign it, but if not, he shall return it with his objections to the house in which it originated, who shall enter the objections at large upon their journal and proceed to reconsider it. If, after such reconsideration, two thirds of that house shall agree to pass the bill, it shall be sent, together with the objections, to the other house, by which it shall likewise be reconsidered, and if approved by two-thirds of that house it shall become a law. But in all such cases the vote of both houses shall be determined by yeas and nays to be entered on the journal of each house, respectively. If any bill shall not be returned by the governor within five days (Sunday excepted) after it shall have been presented to him, the same shall be a law in like manner as if he had signed it, unless the assembly, by adjournment, prevent its return, in which case it shall not be a law." — Dakota. 1861. sec. 4. — Montana. 1864. sec. 4. 6. — Washington. 1853. sec. 4. 6. — Idaho. 1863. sec. 4. 6. — Wyoming. 1868. sec. 4. 6. — Utah. 1850. sec. 4. 6. — Arizona. 1863. sec. 2. — New-Mexico. 1850. sec. 5. 7.

[2]) Oklahoma. 1890. sec. 9. "That the judicial power of said Territory shall be vested in a supreme court, district courts, probate courts, and justices of the peace. The supreme court shall consist of a chief justice and two associate justices, any two of whom shall constitute a quorum. They shall hold their offices for four years." cf. sec. 14, früher zitiert. — Dakota, 1861. sec. 9. 11. — Montana, 1864. sec. 9. 11. — Washington. 1853.

torien hatten kein Recht, im Senat oder im Repräsentantenhaus zu stimmen. Sie waren darauf beschränkt, Delegierte mit konsultativem Charakter in die Volkskammer zu entsenden.[1])

In einer zweiten Periode der Entwicklung haben sich die Territorien in Staaten umgebildet. Die meisten Staaten, die sich nacheinander den ursprünglichen dreizehn angeschlossen haben, sind für eine Zeit Territorien gewesen und sind Staaten geworden, sobald sie eine gewisse Bevölkerungszahl besaßen. Blicken wir auf die letzten Jahrzehnte.

Seit dem Jahre 1889 haben sich neun Territorien in Gliedstaaten der Union umgewandelt, Dakota, Montana, Washington, Idaho, Wyoming, Utah, Oklahoma, Arizona und New-Mexico. Es gibt heute nur noch zwei Territorien, Alaska[2]) und die Hawaii-Inseln.[3])

Der Prozeß der Umgestaltung, der unser Interesse in Anspruch nimmt, hat sich in den großen Zügen überall gleichförmig vollzogen. Nehmen wir Oklahoma als ein Beispiel aus der allerjüngsten Zeit.

---

sec. 9. 11. — Idaho. 1863. sec. 9. 11. — Wyoming. 1868. sec. 9. 11. — Utah. 1850. sec. 9. 11. — Arizona. 1863. sec. 2. — New-Mexico. 1850. sec. 10. 12.

[1]) Oklahoma. 1890. sec. 16. "That a Delegate to the House of Representatives of the United States, to serve during each Congress of the United States, may be elected by the voters qualified to elect members of the legislative assembly, who shall be entitled to the same rights and privileges as are exercised and enjoyed by the Delegates from the several other Territories of the United States in the said House of Representatives." — Dakota. 1861. sec. 13. — Montana. 1864. sec. 13. — Washington. 1853. sec. 14. — Idaho. 1863. sec. 13. — Wyoming. 1868. sec. 13. — Utah. 1850. sec. 13. — Arizona. 1863. sec. 2. — New-Mexico. 1850. sec. 14.

[2]) 24. August 1912: An Act to create a legislative assembly in the Territory of Alaska, to confer legislative power thereon, and for other purposes.

[3]) Der Distrikt von Kolumbien, in welchem sich die Stadt Washington, der Sitz der Unionsregierung, befindet, ist kein Territorium im technischen Sinne der Amerikaner. Aber er hat gleichwohl die Stellung eines abhängigen Landes. Er ist kein Staat. Er wird von drei Kommissaren regiert, die vom Präsidenten der Union eingesetzt werden. Er hat keine Gesetzgebung. Die einzige legislative Gewalt, die in ihm herrscht, ist die des Kongresses, in welchem er nicht vertreten ist. Cf. An Act for establishing the temporary and permanent seat of the government of the United States 1790; An Act concerning the District of Columbia 1801; An Act providing a permanent form of government for the district of Columbia.

Der Kongreß hat im Jahre 1906 eine Akte erlassen, „welche dem Volk Oklahomas und des Indianischen Territoriums die Fähigkeit erteilt, eine Verfassung zu errichten und auf dem gleichen Fuß wie die ursprünglichen Staaten Mitglied der Union zu werden“.[1])

Das Volk, sagt die Akte, soll eine Verfassung annehmen und sich zum Staate Oklahoma organisieren. Alle Männer über 21 Jahre, die das Bürgerrecht der Union besitzen oder einem indianischen Volk oder Stamm des Landes angehören und seit sechs Monaten in dem Gebiet wohnen, sind ermächtigt, aus ihrer Mitte Delegierte zu einer verfassunggebenden Konvention zu entsenden.[2]) Die Delegierten, zur Konvention vereint, werden für das Volk erklären, daß sie die Grundgesetze der Vereinigten Staaten anerkennen und werden dem geplanten Staat eine Verfassung und eine Regierung geben.[3])

Allein, es ist der Konvention nicht volle Freiheit gelassen. Wichtige Schranken sind aufgerichtet. Die Verfassung soll dem Grundgesetz und der Unabhängigkeitserklärung der Union nicht

---

[1]) Enabling Act. 1906. "An Act to enable the people of Oklahoma and of the Indian Territory to form a constitution and State government and be admitted into the Union on an equal footing with the original States." Approved June 16th, 1906.

[2]) Sec. 1. "Be it enacted by the Senate and House of Representatives of the United States of America in Congress assembled, that the inhabitants of all that part of the area of the United States now constituting the Territory of Oklahoma and the Indian Territory, as at present described, may adopt a constitution and become the State of Oklahoma."

Sec. 2. "That all male persons over the age of twenty-one years, who are citizens of the United States, or who are members of any Indian nation or tribe in said Indian Territory and Oklahoma, and who have resided within the limits of said proposed State for at least six months next preceding the election, are hereby authorized to vote for and choose delegates to form a constitutional convention for said proposed State; and all persons qualified to vote for said delegates shall be eligible to serve as delegates; and the delegates to form such convention shall be one hundred and twelve in number."

[3]) Sec. 3. "That the Delegates..., after organisation, shall declare, on behalf of the people of said proposed State, that they adopt the Constitution of the United States; whereupon the said Convention shall, and is hereby authorized to, form a Constitution and State government for said proposed State."

widersprechen. Das ist die erste Bedingung, die sich unmittelbar daraus ergibt, daß das künftige Gemeinwesen einen Gliedstaat der Union bilden soll. Gefordert ist weiter die republikanische Form. Gefordert ist die Gleichstelluug der Völkerstämme in ihren bürgerlichen und politischen Rechten. Gefordert ist die religiöse Toleranz; der Glaube soll auf die rechtliche Stellung der Bewohner keinen Einfluß haben. Die Polygamie soll für ewig aus dem Staatsgebiet verbannt sein. Die Fabrikation von berauschenden Getränken und der Verkehr mit ihnen soll bestimmten Schranken unterliegen. Andere Bedingungen betreffen finanzielle Fragen, die Verwaltung der Schulen.[1]) Die Konvention hat sich durch unwiderruflichen Beschluß den Schranken und Bedingungen des Kongreßaktes zu unterwerfen.[2])

Hat die Konvention in Übereinstimmung mit dem ermächtigenden Akt des Kongresses eine Verfassung und eine Regierung festgesetzt, so soll sie verordnen, daß die Verfassung dem Volk zur Entscheidung vorgelegt werde. Die Wähler versammeln sich und stimmen für oder gegen den konstitutionellen Akt. Ist die Majorität für die Verfassung, so teilen der Gouverneur und ein Richter das Ergebnis dem Unionspräsidenten mit. Und wenn die Bedingungen erfüllt sind, die der ermächtigende Kongreßakt aufgestellt hat, so ist der Präsident verpflichtet, binnen einer bestimmten Frist in einer Proklamation das Ergebnis der Volksabstimmung zu verkünden. Alsdann, so bestimmt die Kongreßakte, soll der Staat Oklahoma bestehen und der Union auf dem gleichen Fuß wie die ursprünglichen Staaten eingegliedert sein.[3])

[1]) Sec. 3. "The Constitution shall be republican in form, and make no distinction in civil or political rights on account of race or colour, and shall not be repugnant to the Constitution of the United States and the principles of the Declaration of Independence. And said convention shall provide in said constitution. —: 6. That said State shall never enact any law restricting or abridging the right of suffrage on account of race, colour, previous condition of servitude. 1. That perfect toleration of religious sentiment shall be secured, and that no inhabitant of said State shall ever be molested in person or property on account of his or her mode of religious worship, and that polygamous or plural marriages are forever prohibited, etc."

[2]) Sec. 22. "That the constitutional convention provided for herein shall, by ordinance irrevocable, accept the terms and conditions of this Act."

[3]) Sec. 4. "That in case a Constitution and State government shall be formed in compliance with the provisions of this Act the Convention form-

Die Konvention soll auch dafür zu sorgen haben, daß die Träger der Staatsregierung, die Mitglieder der gesetzgebenden Körperschaften und die fünf Delegierten für den Kongreß gewählt werden. Die gesetzgebenden Körperschaften sollen, wenn einmal konstituiert, zwei Senatoren nach Washington entsenden.[1])

Für die übrigen der genannten Territorien sind analoge Kongreßakte ergangen. Allerdings, für Idaho und Wyoming mit einem Unterschied in der chronologischen Reihenfolge. Für diese beiden Territorien sind die Akte erst erlassen worden, als Ver-

ing the same shall provide by ordinance for submitting said constitution to the people of said proposed State for its ratification or rejection at an election to be held at a time fixed in said ordinance, at which election the qualified voters for said proposed State shall vote directly for or against the proposed constitution, and for or against any provisions separately submitted. The returns of said election shall be made to the secretary of the Territory of Oklahoma, who, with the chief justice thereof and the senior judge of the United States court of appeals for the Indian Territory, shall canvass the same; and if a majority of the legal votes cast on that question shall be for the constitution the governor of Oklahoma Territory and the judge senior in service of the United States court of appeals for the Indian Territory shall certify the result to the President of the United States, together with the statement of the votes cast thereon, and upon separate articles or propositions and a copy of said constitution, articles, propositions and ordinances. And if the constitution and government of said proposed State are republican in form, and if the provisions in this act have been complied with in the formation thereof, it shall be the duty of the President of the United States, within twenty days from the receipt of the certificate of the result of said election and the statement of votes cast thereon and a copy of said constitution, articles, propositions, and ordinances, to issue his proclamation announcing the result of said election; and thereupon the proposed State of Oklahoma shall be deemed admitted by Congress into the Union, under and by virtue of this Act, on an equal footing with the original States."

[1]) Sec. 6. "That until the next general census, or until otherwise provided by law, the said State of Oklahoma shall be entitled to five Representatives in the House of Representatives of the United States." Sec. 21. "That the constitutional convention may by ordinance provide for the election of officers for a full State government, including membres of the legislature and five Representatives to Congress . . . The State legislature when organized shall elect two Senators of the United States, in the manner now prescribed by the laws of the United States, and the governor and secretary of said State shall certify the election of the Senators and Representatives of other States in the Congress of the United States."

fassungen durch das Volk schon beschlossen waren. Die Akte haben also die Verfassungsarbeit nicht ins Leben gerufen, wie in den anderen Territorien, sie haben die fertigen Verfassungen bestätigt, ratifiziert.[1])

Die Konvention ist in Oklahoma gemäß der Akte des Kongresses zusammengetreten. Sie hat eine Verfassung und eine Staatsregierung festgesetzt. Sie hat die republikanische Form gewählt, sie hat die Grundgesetze der Union anerkannt, sie hat sich überhaupt durch unwiderruflichen Beschluß all den Bedingungen unterworfen, die die Kongreßakte enthielt.[2]) Das Volk hat hierauf die Verfassung des Staates Oklahoma angenommen und aus eigener Autorität beschlossen.

„Wir rufen den Allmächtigen Gott an als Lenker unseres Geschickes. Um uns auf ewig den Segen der Freiheit und eine Regierung nach Gesetz und Gerechtigkeit zu sichern, um gemeinsam Wohlfahrt und Glück zu wahren, befehlen und setzen wir, das Volk von Oklahoma, diese Verfassung ein."[3])

Die Verfassung von Oklahoma ist nach den gleichen Grundsätzen aufgebaut wie die Verfassungen der anderen nordamerikanischen Staaten.

Oklahoma ist ein untrennbarer Bestandteil der Union, und die Bundesverfassung ist sein höchstes Gesetz.[4]) Es gibt in

---

[1]) Enabling Act 1889. An Act to provide for the division of Dakota into two states and to enable the people of North-Dakota, South-Dakota, Montana and Washington to form constitutions and State governments and to be admitted into the Union on an equal footing with the original states. — Act for admission 1890. An Act to provide for the admission of the State of Idaho into the Union. — Act for the admission of Wyoming 1890. — Enabling Act for Utah 1894. — Enabling Act for Arizona and New-Mexico 1911.

[2]) Accepting enabling Act. "Be it ordained by the constitutional convention for the proposed State of Oklahoma, that said constitutional convention do, by this ordinance, irrevocable, accept the terms and conditions of an Act of the Congress of the United States entitled ... &c.

[3]) Constitution of Oklahoma, the 16th of July 1907. Preamble. "Invoking the guidance of Almighty God, in order to secure and perpetuate the blessing of liberty; to secure just and rightful government; to promote our mutual welfare and happiness, we, the people of the State of Oklahoma, do ordain and establish this constitution."

[4]) Art. I. sec. 1.

Oklahoma Menschen- und Bürgerrechte.[1]) Die drei Gewalten sind getrennt.[2]) Die Gesetzgebung steht bei einem Parlament, das aus zwei Häusern, einem Senat und einem Repräsentantenhaus gebildet ist. Das Volk hat ein Referendum.[3]) Die Regierung wird geübt durch einen Gouverneur,[4]) die Rechtsprechung durch unabhängige Gerichte.[5])

Nachdem die Verfassung in Übereinstimmung mit der Kongreßakte zustande gekommen, hat der Präsident der Union, wie die Kongreßakte es ihm befahl, die Annahme der Verfassung durch das Volk von Oklahoma verkündet und hat feierlich festgestellt, daß nunmehr der Staat Oklahoma entstanden und der Union eingefügt sei.[6])

In den anderen Territorien hat sich der Prozeß auch wieder in analoger Weise vollzogen, nur daß in Idaho und Wyoming eine Proklamation des Präsidenten nicht stattgefunden hat, da hier der Kongreßakt dem Erlaß der Verfassung nachgefolgt ist.[7])

---

[1]) Art. II. Bill of rights.

[2]) Art. IV.

[3]) Art. V. sec. 1.

[4]) Art. VI. sec. 1. 2.

[5]) Art. VII. sec. 1.

[6]) Admission of Oklahoma. The 16th of November 1907. By the President of the United States of America. A proclamation. "Now, therefore, I, Theodore Roosevelt, President of the United States of America, do, in accordance with the provisions of the said act of Congress of June sixteenth, one thousand nine hundred and six, declare and announce that the result of the said election, wherein the Constitution formed as aforesaid was submitted to the people of the proposed State of Oklahoma for ratification or rejection, was that the said Constitution was ratified together with a provision for state-wide prohibition, separately submitted at the said election; and the State of Oklahoma is to be deemed admitted by Congress into the Union under and by virtue of the said act on an equal footing with the original States. — In Testimony Whereof, I have hereunto set my hand and caused the seal of the United States to be affixed. — Done at the City of Washington this sixteenth day of November, in the year of our Lord one thousand nine hundred and seven, and of the Independence of the United States of America the one hundred and thirty second."

[7]) Constitution of South-Dakota, 1889. Proclamation announcing admission of South-Dakota, 1899, by the President of the United States of America. — North. Dakota. Constitution, 1889. Proclamation announcing admission, 1889. — Montana. Constitution. Proclamations 1889. — Washington.

Das ist der Prozeß, durch welchen sich die Territorien in Staaten der Union verwandelt haben. Wir sehen das Schauspiel. Was lernen wir aus ihm?

Die Methode der Staatengründung, die man in den Territorien angewendet hat, ist nichts andres als die Durchführung der Lehre von der ursprünglichen Gewalt. Und eine Durchführung, so konsequent und so durchsichtig in ihrem Bau, daß sie dem wissenschaftlichen Betrachter Bewunderung eingeben muß. Die Akte sind, bei all ihrer achtunggebietenden Großzügigkeit, doch wieder von einer so schlichten Logik, daß man kaum wähnt, der Lösung eines der tiefsten politischen Probleme gegenüberzustehen. Aber welch anderes Volk hätte mit größerer Sicherheit die schwierige Aufgabe der Staatengründung bewältigen können? Hat doch die Geschichte selbst die Amerikaner geschult, mit Erfahrung begabt, indem sie ihnen von jeher Gelegenheit bot, Staaten aus dem Nichts hervorzubringen und schöpferisch zu gestalten. Und so sind auch jene Gründungsakte beseelt von dem feinen, selten irrenden politischen Takt der angelsächsischen Rasse.

Die Amerikaner haben die Lehre von der ursprünglichen Gewalt durchgesetzt. So sagen wir. Fürwahr, sie haben er-

---

Constitution-Proclamation 1889. — Act for admission of Idaho, 1890 "Whereas, The people of the Territory of Idaho did, on the fourth day of July, eighteen hundred and eighty-nine, by a convention of delegates called and assembled for that purpose, form for themselves a constitution, which constitution was ratified and adopted by the people of said Territory at an election held therefore on the first Tuesday in November, eighteen hundred and eighty-nine, which constitution is republican in form and is in conformity with the Constitution of the United States; and Whereas, said convention and the people of said Territory have asked the admission of said Territory into the Union of States on an equal footing with the original States in all respects whatever: Therefore, Be it enacted by the Senate and House of Representatives of the United States of America in Congress assembled, That the State of Idaho is hereby declared to be a State of the United States of America, and is hereby declared admitted into the Union on an equal footing with the original States in all respects whatever; and that the constitution wich the people of Idaho have formed for themselves be, and the same is hereby, accepted, ratified, and confirmed". — Act for the admission of Wyoming, 1890. — Utah. Constitution, 1895. Proclamation, 1896. — New-Mexico, 1911. — Arizona, 1912.

kannt, daß selbst der allmächtige Kongreß haltmachen muß vor einer ehernen Wahrheit. Sie haben erkannt, daß kein Staatsgesetz die Fähigkeit besitzt, einen Staat zu erschaffen. Sie haben erkannt, daß die Bildung eines Staates keine Schöpfung des Rechts, sondern ein Naturereignis bedeutet, die politische Tat eines Volkes. Die Amerikaner haben keinen Staat von Oklahoma durch Gesetz errichtet. Sie haben dem Volk von Oklahoma Freiheit gelassen, damit es, selber handelnd, sich eine Verfassung gebe. Denn ein Staat wird nicht durch einen Gesetzgeber, ein Staat wird durch ein Volk gebaut.

Die neuen Staaten der Union sind aus dem Willen des Volkes selbst hervorgewachsen. Es fragt sich aber: Welche Bedeutung haben die Akte des Kongresses, welche das Land zur Verfassungsbildung ermächtigt oder, wie im Falle von Idaho und Wyoming, die Verfassungsbildung anerkannt haben? Diese Akte sind Gesetze. Sie ändern einen Rechtszustand. Sie ändern das rechtliche Verhältnis, das zwischen der Union und den Territorien besteht. Sie mindern die Herrschaftsübung der Union über die Gebiete, indem sie eine Reihe von autoritativen Akten zurückziehen, all diejenigen Akte nämlich, welche dem Kreis angehören, der nunmehr der partikulären Gewalt als Spielraum bleiben soll. Die ermächtigenden oder genehmigenden Akte des Kongresses entfalten also keine Aktivität zur Schöpfung der neuen Staaten. Sie legen nur eine Schranke nieder, welche diese Schöpfung hindert. Sie ermöglichen, daß die Bildung der neuen Staaten ohne Rechtsbruch geschieht, ohne Verletzung der bestehenden Gesetze. Sie legalisieren den Vorgang. Sie machen Platz. Indem sie die Unionsgesetze aufheben, die in einer bestimmten Sphäre gegegeben sind, wird diese Sphäre der Beherrschung durch die Unionsgesetze ledig und kann von einer neuen, aus anderer Quelle aufsteigenden Satzung ergriffen werden.[1])

[1]) Mit dieser Auffassung scheint die Kongreßakte für Oklahoma in Widerspruch zu stehen, wenn sie in Sektion 4 sagt: "Thereupon" — das heißt auf die Proklamation des Präsidenten hin — "the proposed State of Oklahoma shall be deemed admitted by Congress into the Union, *under and by virtue of this Act*, on an equal footing with the original States." Aber der Widerspruch löst sich, wenn man erwägt, daß der Akt des Kongresses nach unserer Konstruktion wenn auch nicht wirkende Ursache, dennoch notwendige Bedingung der Staatsbildung ist.

Die immanente Kraft der Bundesgewalt wird durch diesen Prozeß um nichts verringert. Sie bleibt die souveräne Autorität, wie über den alten Staaten, so auch über den neu entstandenen. Daraus folgt: Sie kann sich kraft ihrer Souveränität erweitern. Ja, sie kann ihre Machtfülle derart vergrößern, daß sie über die neuen Staaten wiederum die gleiche Herrschaft besitzt, wie bisher über die Territorien. Aber jetzt kann sie das nur noch tun in einer ganz bestimmten Form — das ist der Unterschied: nur in der Form nämlich, daß sie die Verfassung ändert und ihre Kompetenz gegen alle Staaten erweitert. Einseitig kann sie nicht in der Sphäre des einen Staates vordringen, wie früher in der Sphäre des einen Territoriums. Denn sie ist jetzt dem neuen Gebilde gegenüber Staat über Staaten und kann gemäß ihrem ureigenen Wesen als Bundesgewalt nur gleichmäßig gegen alle Glieder des Bundes verfahren. Sie würde sonst ihre eigene Natur und damit ihre eigene Kraft zerstören.[1])

Die Proklamation des Präsidenten hat nur deklaratorischen Charakter.

---

[1]) Aus diesem Prinzip der Gleichmäßigkeit ergibt sich, daß der Bund in Wahrheit den neuen Staaten Bedingungen nicht auferlegen kann, mit denen er die alten nicht beschwert. Er kann sie wohl zwingen, wenn sie entstehen, bestimmte Gebote zu erlassen. Er kann ihnen in diesem Augenblick alle Schranken setzen; denn er kann ihre Entstehung selbst vereiteln. Wenn aber die Staaten einmal vorhanden sind, so kann der Bund sie nicht hindern, jene Gebote wieder aufzuheben. Er ist gezwungen, ihnen den gleichen Spielraum zu lassen wie den anderen Staaten. Und selbst wenn die Staaten erklären, sich in unwiderruflicher Weise den Bedingungen der Union zu unterwerfen, so hat diese Bindung keine Kraft. Bryce, The American Commonwealth. 2 Vol. 1911. p. 590. vol. I. "The enabling act might prescribe conditions to be fulfilled by the State constitution, but did usually attempt to narrow the right to be enjoyed by the citizens of the newly-formed State of subsequently modifying that instrument in any way not inconsistent with the provisions of the Federal Constitution. However, in the case of the Dakotas, Montana, Washington, Idaho, and Wyoming, the enabling Act required the conventions to make 'by ordinance irrevocable without the consent of the United States and the people of the said States' certain provisions, including one for perfect religious toleration and another for the maintenance of public schools free from sectarian control. This the six States did accordingly. But wheter this requirement of the Consent of Congress would be held binding if the people of the State should hereafter repeal the ordinance, quaere." cf. Jellinek, l. c. p. 268.

So ist die Staatenbildung in den nordamerikanischen Territorien eine Bestätigung der Theorie, die unsere Arbeit durchzieht und zusammenhält. Aber sie ist mehr als ein wissenschaftliches Argument. Sie ist eine Tat. Sie hat nicht nur das Prinzip gegeben. Sie hat auch die Formen gewiesen, in denen ein abhängiges Land in einen Staat verwandelt werden kann. Sie hat die Theorie in die lebendige Wirklichkeit umgesetzt. Die Amerikaner haben im abhängigen Land eine ursprüngliche Herrschergewalt, einen Staat vor unseren Augen erstehen lassen. Und so werden wir auf diesen Präzedenzfall zurückgehen müssen, wenn einmal in einem andern politischen Lebenskreis die Aufgabe entsteht, ein abhängiges Land zu einem Staat umzubilden, und ganz besonders dann, wenn es gilt, ein Land zum selbständigen Glied eines Bundesstaates zu erheben.

Bald wird man in Elsaß-Lothringen vor einer solchen Aufgabe stehen. Wir haben früher festgestellt, daß die Form der Herrschaft in diesem Land eine Tendenz der Entwicklung in sich trägt, welche mit logischer Notwendigkeit in der Erhebung des Reichslandes zu einem Gliedstaat enden muß.

Wie wird Elsaß-Lothringen zu einem Staat im Reiche werden?

Hier fließt uns aus den Vorgängen in Nordamerika eine wichtige Erkenntnis zu. Die Union hat darauf verzichtet, selbst ihre Territorien zu Staaten umzubilden. Und das mit Recht. Denn sie konnte dieses Werk nicht vollbringen. Es war über ihre Macht. Nur die Völker der Territorien konnten Staaten über sich bauen. Die Schöpfung eines Staates ist die Errichtung eigener Macht. Wie könnte sie durch fremde Macht geschehen? — So wenig aber die nordamerikanische Union ein Territorium in einen Staat verwandeln kann, so wenig vermag das Deutsche Reich dem Land Elsaß-Lothringen staatlichen Charakter zu geben. Ein Staat Elsaß-Lothringen durch Gesetz des Reiches, das wäre ein Widerspruch in sich. Das Reich kann einen Staat Elsaß-Lothringen nicht schaffen; das kann nur das Volk von Elsaß-Lothringen selbst. Das Reich kann wohl dem Land eine Organisation verleihen; eine Verfassung nicht. Das Reich kann wohl das Land in solche Formen bannen, daß es die äußere Gestalt besitzt, das es handelt wie ein Staat; den Körper kann es ihm geben, aber nicht die Seele. Vom Reich zum Staat gebildet, bleibt Elsaß-Lothringen der künstliche Mensch, der homunculus, wie ein berühmter Staatsrechtslehrer es genannt. Mag das Reich die größte Machtfülle besitzen, es gibt ein Gut, über das es nicht verfügt — das Leben.

Die Gründung eines Staates ist kein Akt im Rahmen des Rechts. Sie ist ein Naturereignis, mit dem die Rechtsordnung selbst entsteht. Ein Staat kann deshalb niemals durch ein Gesetz geschaffen werden. Ein Gesetz übt den Zwang einer fertigen, in sich geschlossenen Macht. Ein Gesetz kann wohl Schranken aufrichten für den staatlichen Zwang; es kann wohl Freiheiten gewähren, Selbstregierung und Autonomie verleihen; es kann in einem Land eine Sondergewalt errichten; aber, was ein Gesetz gegeben hat, das kann ein Gesetz wieder nehmen. Ein Land, das eine Herrschaft durch Gesetz erwirbt, hat seine Herrschaft von einer höheren Macht zu Lehen. Es lebt durch fremdes Leben.

Man denke sich ein Reichsgesetz, das Elsaß-Lothringen zu einem Staat erklärt. Man gebe dem Gesetz einen Inhalt, welchen man will; man nehme an, daß es die weitesten Garantien enthält: man wird doch nie darüber hinweg kommen, daß ein neues Gesetz die Einrichtungen wieder aufheben kann, die das erste geschaffen; die Position von Elsaß-Lothringen bleibt eine prekäre; sie ist nicht durch eigene, sie ist durch fremde Satzung geregelt; das Land hat eine anvertraute Gewalt; eine Herrschaft nimmermehr.

Man setze sogar den Fall, daß die Reichsverfassung zu gunsten Elsaß-Lothringens geändert wird, daß sie fortan bestimmt, Elsaß-Lothringen sei ein Staat, gleichberechtigtes Glied des Bundes und habe eine feste Verfassung, die ihm nur mit seiner eigenen Zustimmung entzogen werden könne. Das ist die größte gesetzliche Garantie, welche das Reich zu geben vermag. Aber selbst diese Garantie hilft uns nicht über die fundamentale Tatsache hinweg, daß Elsaß-Lothringen, so lange sein Schicksal von den Organen des Reiches geregelt wird, auch weiterhin zur Verfügung dieser Organe steht. Die Garantie, welche durch eine Änderung der Reichsverfassung hingegeben wird, kann durch eine neue Änderung zurückgezogen werden. Elsaß-Lothringen bleibt ein Staat von Reiches Gnaden.

Man wird vielleicht einwenden: das Reich kann auch den Gliedstaaten gegenüber seine Macht ausdehnen; es kann sie schließlich ihrer staatlichen Gewalt berauben und sie in Provinzen verwandeln; wenn also das Reich den Staat Elsaß-Lothringen zerstören kann, so beweist das nicht, daß Elsaß-Lothringen keinen Staatscharakter hat.

Ein solches Argument würde den Kern der Frage nicht treffen. Die Gliedstaaten haben ihre Herrschaft nicht vom Reich zu Lehen. Sie haben ihre Herrschaft nicht durch den Willen des Reichs. Sie waren Staaten durch eigene Gewalt, noch bevor das Reich über ihnen erstand. Wohl hat das Reich die höhere Macht, wohl kann es daher die Staaten vernichten. Aber doch nur alle Staaten zugleich. Denn es ist Bundesstaat.[1]) Und es ist deshalb gegründet auf das Prinzip der Gleichheit. Darauf kommt es an. Das Reich kann nicht die Verfassung Bayerns zerbrechen. Es kann nicht die süddeutschen Staaten in Reichsländer verwandeln. Das hieße die alte Reichsgewalt zerstören und eine neue auferbauen. Die Reichsgewalt

[1]) Laband, Staatsrecht. 1911. Band I. p. 129. „Aus dem Wesen des Bundesstaates ergibt sich jedoch in einer andern Richtung eine Garantie der Existenz der Bundesstaaten, und zwar aus der prinzipiellen Gleichberechtigung aller Mitglieder. Nach den früher entwickelten Grundsätzen muß es als unzulässig erachtet werden, daß einzelnen Staaten ohne ihre Zustimmung durch Reichsgesetz Hoheitsrechte entzogen werden, welche den übrigen Staaten verbleiben. Daraus folgt, daß um so weniger einzelne Staaten ohne ihre Zustimmung ganz aufgehoben, etwa mit andern vereinigt oder zu Reichsland erklärt werden können. Wenn die Frage daher etwa so gestellt wird, ob die Existenz des zum Bunde gehörenden Staates X. durch die Reichsverfassung gewährleistet wird, so ist dies in dem Sinne zu bejahen, daß dieser Staat als einzelner vor der Unterdrückung durch die Reichsgewalt allerdings geschützt ist; nicht aber in dem Sinne, daß der Staat X. nicht gleichzeitig mit allen übrigen Bundesgliedern durch eine fortschreitende Erweiterung der Reichskompetenz und Unifizierung seine staatliche Individualität verlieren und im Reichsstaat aufgehen könne." — p. 116. „Bei der Begründung des Norddeutschen Bundes und dem Hinzutritt der süddeutschen Staaten standen sich die bis dahin souveränen deutschen Staaten als völlig gleichberechtigte Persönlichkeiten gegenüber und auf der Anerkennung dieser Gleichberechtigung, der Koexistenz einander ebenbürtiger staatlicher Personen, beruht das Bundesverhältnis, der bundesstaatliche Charakter des Reiches."

wäre nicht mehr dieselbe. Eine neue Herrschaft wäre aufgestiegen, emporwachsend aus einem neuen Lebensprozeß. Nicht ein Gesetz wäre ergangen. Ein Staatsstreich wäre geschehen.

Soll Elsaß-Lothringen Staat im Reiche werden, so gilt es, das Land in eben eine solche Stellung zu bringen, in der ihm nur durch einen Staatsstreich und nicht auf gesetzlichem Wege der staatliche Charakter genommen werden kann.

Soll das erreicht werden, so muß sich jedenfalls das eine Phänomen wiederholen, das wir in Nordamerika beobachtet haben. Das Reich muß seine Gesetze zurückziehen aus der Sphäre, die den Gliedstaaten im Bunde freigegeben ist. Das Reich muß es tun, damit die Gründung des neuen Staates ohne Verletzung des Reichsrechtes stattfinden kann. — Indessen die Gründung des neuen Staates selbst kann nur geschehen, unabhängig vom Reichsgesetz, durch die Tat des Volkes.

Aber weiter. In welchen Formen kann sich diese Tat vollziehen? Hier liegt die große Schwierigkeit. Hier ist der Punkt, wo die staatstheoretische Betrachtung endet und die Politik des Tages beginnt. Wir vermögen nur noch die verschiedenen Wege zu weisen, auf denen der Prozeß in korrekter Weise sich entwickeln und zur Bildung eines Staates führen kann.

Zwei Methoden sind möglich.

Wie das Recht sich wandelt, nicht durch Satzung allein, sondern auch durch Gewohnheit, so kann sich auch das staatliche Werden durch unmerkliche Verschiebung politischer Kräfte vollziehen.

Der Staat von Elsaß-Lothringen kann durch einmaligen Willensakt entstehen. Präzedenzfall ist Amerika. Das Emporwachsen einer Herrschaft aus dem Willen eines Volkes tritt sichtbar in die Erscheinung durch einen Volksbeschluß. Nicht die Erklärung bringt den Staat hervor, aber das Willensphänomen, welchem der Volksbeschluß zum Ausdrucke dient. Der Staat entspringt aus einer Willenstat des Volkes. Und die natürliche Form, in welcher die Willenstat äußerlich hervortritt, ist die feierliche Proklamation durch einen Kongreß und ein Referendum.

Notwendig ist immer ein ermächtigendes Gesetz des Reiches, das dem Enabling Akt der Amerikaner entspricht.

Der Staat von Elsaß-Lothringen kann aber auch entstehen durch unmerkliche Verschiebung politischer Kräfte. Es ist theoretisch denkbar, daß eine durch Reichsgesetz errichtete Verfassung mit der Zeit immer populärer wird, daß sie mit dem Volk zu einer lebendigen Einheit verwächst, daß das Volk allmählich die Verfassung als sein Gut betrachtet, daß es sie durch seinen Willen trägt und sie dadurch zu einer wirklichen, zu einer eigenen Verfassung erhebt. Und es ist theoretisch denkbar, daß zu gleicher Zeit das Reich die Zügel freier läßt, vielleicht sich in einer langen Periode einen Eingriff versagt in die Sphäre, die sonst den gesicherten Bereich seiner territorialen Herrschaft bildet. Es ist denkbar, daß das Reich zu mehreren Malen zurückweicht, wenn das Volk die ihm gegebene partikuläre Verfassung als seine eigene anspricht, sie gegen Eingriffe des Reiches verteidigt und dadurch seine staatliche Selbständigkeit behauptet. Denkbar, daß sich Elsaß-Lothringen auf diesem Weg in eine konstitutionelle Monarchie verwandelt, daß die mehrfache Wahl eines Statthalters aus der gleichen Familie, von dem Volk mit immer wachsender Sympathie aufgenommen, Präzedenzfälle bildet, über die man nicht mehr hinweggehen kann, und daß sich in dieser Art eine Dynastie befestigt. Denkbar, daß sich allmählich ein neues Gleichgewicht bildet, daß in langsamem Wachstum alte Kräfte schwinden und neue erstehen. — Aber man darf sich eines nicht verhehlen: Eine solche Entwicklung wird von vielen Zweifeln begleitet sein. Manchen politischen Tumult, manchen Streit der Meinungen wird dieser Prozeß im Gefolge haben. Blicken wir auf Kroatien-Slawonien, auf Finnland und Island. Durch einmaligen Willensakt des Volkes ist hier niemals ein Staat gebildet worden. Und doch, welch heißer Kampf um die Frage, ob die Länder Staaten seien. Die Behauptung des staatlichen Charakters erwächst eben aus dem durch Nationalsinn gestärkten und instinktiv richtigen Gefühl, daß in manchen Perioden das Land eine Art staatlichen Lebens geführt, daß in manchen Perioden die eigene Volkskraft eine Verfassung enger umklammert habe und die Reichsgewalt zurückgetreten sei. Wir haben nicht gewagt, in diesen Ländern Staatenbildungen anzuerkennen, weil uns eine Kette kontinuierlicher Entwicklung zu fehlen schien, mochten auch wichtige Anzeichen der Selbständigkeit gegeben sein. Man wird uns vielleicht Unrecht geben. Die Entscheidung ist zum großen Teil eine Frage des Taktes. Aber darin zeigt sich gerade die Unsicherheit, welche diesem Werdegang anhaftet. Dem Zweifel ist Tür und Tor geöffnet.

Welchen Weg wird man beschreiten? — Darauf können wir eine Antwort nicht geben. Wir halten inne. Die Wissenschaft geht nicht weiter. Es gibt heilige Schranken, welche sie niemals überschreiten soll. Ihr Bereich ist die Erkenntnis, aber nimmermehr die Tat. Die Wissenschaft vom Staat hat ihr Ende. Und wo ihre Grenzen sind, da beginnt ein neues Reich: Es ist die politische Kunst.

Achtes Kapitel.

Kanada, Australien, Südafrika.

Wir haben in Nordamerika einen Wandlungsprozeß kennen gelernt, in welchem die ursprünglichen Kräfte politischer Gebilde, ihrer Fesseln ledig und frei sich entfaltend, abhängige Länder in Staaten umgewandelt haben.

Es gibt andere Länder jenseits der Meere, in denen sich eine mächtig aufsteigende Entwicklung von staatsbildenden Kräften zeigt, nur daß die Entwicklung sich hier in einem früheren Stadium befindet und noch nicht gediehen ist zur staatsgründenden Tat.[1]) Fesselt uns in Nordamerika der Akt der Schöpfung selbst, der Akt, durch welchen die ursprünglichen Kräfte die Herrschaft erzeugen, so fesselt uns hier das Heranwachsen dieser Kräfte selbst, ihre Gestaltung, ihre fortschreitende Festigung bis zu dem Maß der Spannung, wie es besteht

---

[1]) Vgl. zu diesem Kapitel: An Analysis of the System of Government throughout the British Empire. 1912. Macmillan and Co., London. — Keith, Responsible Government in the Dominions. 1912. 3 vol. — Egerton, Federations and Unions within the British Empire. 1911. — Fitger, Die Organisation des britischen Weltreichs und die Londoner Reichskonferenz von 1911. — Silburn, The governance of Empire. 1910. — Eutrope, Le Régime politique des colonies anglaises. 1908. — Pfuelf, Die rechtliche Stellung der britischen überseeischen Besitzungen und deren Verwaltung. 1908. — Houdeau, L'union britannique. — Speyer, La Constitution juridique de l'Empire Colonial Britannique 1906. — Cahn, Comment l'Angleterre gouverne ses colonies. 1910. — Tilby, The english people overseas. 5 vol. 1908. — Egerton, The origin and growth of the English Colonies and of their system of government. 1903. — Jenkyns, British Rule and Jurisdiction beyond the seas. 1902. — Leroy-Beaulieu, Les nouvelles sociétés anglo-saxonnes: Australie, Nouvelle Zélande, Afrique du Sud. 1901. — Egerton, A short history of British colonial policy. 1897. — Lawrence-Lowell, Englische Verfassung. 1913. Übersetzung. — Hatschek, Englisches Staatsrecht. 1905. — Jellinek, Staatslehre und Staatsfragmente.

am heutigen Tag. Erkannten wir dort die Wirkung, so sehen wir hier die Entstehung der Energien. Erkannten wir dort, wie die Gewalt sich bildet, so sehen wir hier die Elemente sich regen, aus denen sie erwächst. So bieten uns diese Länder eine neue Bereicherung für unser Wissen vom Staat. Sie lehren uns hineinblicken in den Werdegang seines Lebens.

Das britische Weltreich ist heute noch ein Staat von einheitlichem Charakter. Aber es trägt in sich den Keim einer tiefgreifenden Wandlung. Denn große abhängige Länder, die es beherrscht, fühlen in sich die Regung staatlichen Lebens und erwachen in mächtigem Gestaltungsdrang. Verfolgen wir diesen Willen zum Staat. Betrachten wir die Evolution in den drei wichtigsten unter diesen Ländern, in den nordamerikanischen Kolonien, in Südafrika und Australien.

Der große Moment in der Entwicklungsgeschichte der englischen Kolonien, der große Moment, in dem sie zum ersten Mal die eigene Lebenskraft mächtig entfalten, ist derjenige, in dem sie eine verantwortliche Regierung gewinnen. In der vorhergehenden Periode werden sie von einem Gouverneur beherrscht, welcher der englischen Krone verantwortlich ist. Mag auch der Gouverneur nicht mehr die unbeschränkte Macht besitzen, die er auf der allerersten Stufe der Entwicklung übt, mag er auch die Legislative und Exekutive mit einem Rate teilen, den er oder der Monarch zusammensetzt, mag er sogar an die Zustimmung legislativer Körperschaften gebunden sein, die zum Teil durch ihn oder die Krone, zum Teil durch Volkswahlen gebildet werden,[1]) immer ist der Gouverneur, wenn er auch Schranken seiner Herrschaft findet, einzig das Werkzeug der Macht, die vom Mutterlande ausgeht und die Kolonien ergreift. In dem Augenblick aber, in dem die Kolonien eine verantwort-

[1]) Keith, Vol. I. p. 9. 11. "It would be a mistake to assume that representative government normally results in an advance to responsible government. — Representative government has proved essentially unstable in character, tending on the one hand to develop into full self-government, and on the other hand to fall back into a form of government under which the Legislature as well as the Executive is controlled by the crown. — The legislature has been helpless in the face of its total inability to secure the adoption of a policy in general harmony with its desires and aims."

liche Regierung gewinnen, entwickeln sie durch ihr Parlament eine eigene Aktivität in der Führung der Geschäfte. Sind sie auch jetzt noch einer fremden Gewalt unterworfen, haben sie ihre Macht auch jetzt noch von einem höheren Gewalthaber zu Lehen, die Tatsache besteht, daß sie innerhalb der Sphäre, die ihnen zur Verfügung überlassen ist, selber wollen und selber handeln. Und durch diese eigene Tätigkeit bilden sie den ersten Ansatz zu einer staatlichen Gewalt. Es ist keine eigene Herrschaft, die sie besitzen. Es besteht keine ursprüngliche Macht der Kolonien, gestützt auf ein Volk und gebietend über ein Volk. Es besteht nur eine Macht, die des britischen Reiches. Aber indem ein wichtiger Teil dieser Macht den Kolonien übertragen ist, sind sie dem System der Herrschaft selber handelnd eingegliedert. Sie haben keine Gewalt, aber sie vollziehen Akte der Gewalt. Sie haben keine Herrschaft, aber sie herrschen. Sie sind Selfgoverning Colonies. Und so wächst notwendig aus ihnen eine Kraft hervor, die den Keim ursprünglicher Machtentfaltung in sich trägt.

Fragen wir nach der Gestalt der verantwortlichen Regierung, die in den Kolonien eingerichtet wird. Der Gouverneur hat nominell die Exekutive. Er wird von der Krone ernannt und führt sein Amt nach ihrem Gebot. Er hat ein Recht, die koloniale Gesetzgebung aufzuhalten, indem er ein Veto einlegt oder den Gesetzentwurf dem König unterbreitet. Er setzt die Minister ein und entfernt sie aus ihrem Amt. Aber er ist hier an die zwingende Rücksicht auf die Parlamentsmajorität gebunden. Die Minister können nur regieren, wenn sie das Vertrauen der Majorität besitzen; sie müssen ihr Amt niederlegen, sobald sie es eingebüßt haben.[1]

[1]) "Under responsible government the executive councillors are appointed by the governor alone with reference to the exigencies of representative government, the other public officers by the governor on the advice of the executive council. In no appointments is the concurrence of the Home government requisite. — The control of all public departments is thus practically placed in the hands of persons commanding the confidence of a representative legislature. — In colonies possessing what is called responsible government the governor is empowered by his instructions to appoint and remove members of the executive council, it being understood that councillors who have lost the confidence of the local legislature will

Die verantwortliche Regierung ist zuerst in Kanada eingeführt worden.[1]) Lord Durham, der 1838 in die nordamerikanischen Kolonien entsendet wurde, um nach mehreren Aufständen die Ordnung wiederherzustellen, ist in seinem bekannten Bericht für die Reform eingetreten.[2]) Lord Elgin hat sie 1848 als Gouverneur in Kanada endgiltig durchgeführt. Seine Minister zogen sich im März vor einem Mißtrauensvotum des Parlamentes zurück, und er machte keinen Versuch, sie im Amte zu halten, obwohl er in voller Übereinstimmung mit ihnen regiert hatte.

Aber die Reform ist im letzten Grunde nicht eine Tat der Staatsmänner gewesen. Sie war notwendig, weil eine Volksbewegung hinter ihr stand, die nicht länger eingedämmt werden

---

tender their resignation to the governor or discontinue the practical exercise of their functions, in analogy with the usage prevailing in the United Kingdom.“ Aus den Instruktionen des Colonial Office, zitiert bei Silburn p. 180.

[1]) Keith, Vol. 1. p. 13f. — Silburn p. 173f. — Egerton, Federations and Unions. p. 17f. — Hatschek, Bd. 1. p. 203f.

[2]) «On se fait d'étranges illusions en s'imaginant que de simples textes constitutionnels ou un système de Gouvernement oligarchique amèneront jamais un corps élu, qui a conscience de représenter la majorité de l'opinion, à renoncer de bon gré à disposer de la totalité des ressources publiques, à se confiner dans la fonction législative proprement dite et à accepter le rôle de spectateur indifférent, pendant que les lois qu'il a édictées sont exécutées par des hommes dans la capacité et les intentions desquels il n'a aucune confiance.

Tel est pourtant le rôle que l'on cherche à imposer à la chambre élue du Bas Canada: celle-ci peut voter des lois ou les rejeter, accorder ou refuser les subsides nécessaires aux services publics, mais elle ne peut pas exercer la moindre influence sur la nomination d'un seul conseiller de la Couronne.

Les membres du pouvoir exécutif sont choisis sans aucun égard pour les désirs du peuple et de ses représentants et il ne manque même pas d'exemples où l'hostilité envers la majorité de l'assemblée élue a constitué le seul titre ayant valu à des incapables leur nomination à des postes importants et honorifiques.

Même lorsque la politique du gouvernement a été formellement censurée par l'assemblée élue, les hommes qui ont conseillé cette politique, demeurent au pouvoir et conservent la faculté de la continuer. Si une loi est sanctionnée après toute une série de conflits, elle doit être appliquée par ceux-là mêmes qui l'ont le plus énergiquement combattue.» Stelle aus dem Bericht, zitiert bei Speyer. p. 103.

konnte. Das kanadische Volk hat sich die verantwortliche Regierung erobert.[1]) Und wie hätte das System des Parlamentarismus anders entstehen können als durch eine Verschiebung politischer Kräfte? Kein Rechtssatz hat je eine verantwortliche Regierung geschaffen. Sie ist immer von selbst geworden. Das ist eine Erkenntnis, die wir schon früher gewonnen haben.[2])

So hat das kanadische Volk schon bei der Begründung der verantwortlichen Regierung seine staatsbildende Kraft an den Tag gelegt.

Um die gleiche Zeit ist das parlamentarische Regime in den andern britischen Kolonien Nordamerikas eingerichtet worden, 1848 in Nova Scotia und in New-Brunswick, 1851 in Prince Edward Island.

Die Begründung des parlamentarischen Regime in den nordamerikanischen Kolonien ist der erste Markstein auf ihrem Weg zu selbständigem Leben. Der zweite Markstein ist die Errichtung der föderativen Verfassung.

Im Oktober 1904 treten Delegierte der Kolonien in Quebec zu einer Konferenz zusammen. Kanada, Nova Scotia, New-Brunswick, Prince Edward Island und Newfoundland sind vertreten. Es wird einstimmig eine Resolution von 72 Artikeln gefaßt. Sie enthält den Plan einer Konföderation. Sie soll den Legislaturen der Kolonien zum Beschluß vorgelegt und dann der Königin in Form einer Adresse unterbreitet werden. Bald nehmen die Kolonien durch einen Delegierten Fühlung mit dem englischen Ministerium. Das Projekt wird von der Regierung in den großen Zügen gebilligt. Es wird dann mit einigen Abweichungen vor die kolonialen Parlamente gebracht. Kanada stimmt zu mit großer Majorität. New-Brunswick entschließt sich

[1]) Silburn, p. 174. "The series of able statesmen who presided over the Colonial Office, though they, of course, saw that self-government given too soon, realized also that the pressure in that direction was one of those irresistible pressures which arise out of the order of nature, and to which a wise policy must conform."

[2]) Damit steht auch im Einklang, daß das neue System hier wie in andern Kolonien nicht in einem Gesetz, sondern in den Instruktionen der britischen Regierung an die Statthalter und im Verfassungsbrauch seinen Ausdruck gefunden hat. Silburn, p. 179—180. — Hatschek, Bd. I. p. 204. — Keith, Vol. I. p. 59f.

erst nach heftigem Kampf; die allgemeinen Wahlen von 1865 ergeben noch eine feindliche Majorität; aber das Ministerium fällt, und die Wahlen der nächsten Jahre bringen den Umschwung. New-Brunswick beschließt, wie auch Nova Scotia nach langem Zögern, mit der Reichsregierung einen Plan zu vereinbaren für eine Union, die mit den Rechten und Interessen der Provinzen verträglich sei.[1]) Prince Edward Island und Newfoundland halten sich fern. 1866 geht eine Delegation jener drei Kolonien nach London. Sie hält eine Konferenz im Westminster Palace Hotel und beschließt eine Verfassung, die in den großen Zügen dem Projekt von Quebec entspricht. Sie verhandelt dann mit der englischen Regierung. Gemeinsam mit ihr wird ein Gesetzentwurf ausgearbeitet, der wenig Abweichungen bringt. Und am 29. März 1867 ergeht im englischen Parlament die British Northamerica Act, die den Kolonien Kanada, Nova Scotia und New-Brunswick eine föderative Verfassung gibt.[2]) Die andern britischen Kolonien Nordamerikas werden mit der Zeit dem System eingegliedert, mit Ausnahme von Newfoundland und seinen Dependenzen.[3])

Die Königin, sagt die Akte, wird im Privy Council eine Proklamation erlassen, durch welche die Provinzen Kanada, Nova Scotia und New-Brunswick zu einer einzigen Herrschaft unter dem Namen Kanada vereinigt werden.[4])

---

[1]) Nova Scotia: "To arrange with the Imperial government a scheme of union which will effectually insure just provision for the rights and interests of the Province".

[2]) An act for the Union of Canada, Nova Scotia, and New-Brunswick, and the government thereof; and for purposes connected therewith. 29th March, 30 and 31 Victoria. Cap. III. "Whereas the Provinces of Canada, Nova Scotia, and New-Brunswick have expressed their desire to be federally united into one Dominion under the Crown of the United Kingdom of Great Britain and Ireland, with a Constitution similar in principle to that of the United Kingdom . . . Be it enacted and declared by the Queen's Most Excellent Majesty, by and with the advice and consent of the Lords Spiritual and Temporal, and Commons in this present Parliament assembled, and by the authority of the same as follows.

[3]) Über die Entwicklung im einzelnen vgl. Egerton, p. 27f. — Silburn, p. 192f. — Keith, Vol. I. p. 645f.

[4]) Art. 3. "It shall be lawful for the Queen, by and with the advice of Her Majesty's Most Honourable Privy Council, to declare by Pro-

Die Exekutive liegt in der Hand der Königin und eines Generalgouverneur.[1]) Neben ihnen besteht ein Privy Council für Kanada; seine Mitglieder werden vom Gouverneur berufen und ihres Amtes enthoben.[2])

Die Legislative wird geübt durch ein Parlament für Kanada, das sich aus der Königin, einem Senat und einem Hause der Gemeinen zusammensetzt.[3]) Die Senatoren werden vom Gouverneur im Namen der Königin auf Lebenszeit ernannt. Ihre Zahl ist 72, neuerdings 87.[4]) Die Zahl kann aber vergrößert werden; die Königin hat nämlich das Recht, auf Empfehlung des Gouverneur zu jeder Zeit den Senat um 3 oder 6 Mitglieder zu vermehren, eine Norm, welche die Möglichkeit gewähren soll, Konflikte zwischen beiden Häusern zu lösen.[5]) Das Haus der Gemeinen geht aus Volkswahlen hervor.[6]) Hat ein Gesetz beide Häuser durchlaufen, so bedarf es der Bestätigung durch die Exekutive. Der Gouverneur kann erklären, daß er im Namen der Königin dem Gesetz die Zustimmung gebe. Er kann aber auch erklären, daß er die Zustimmung weigere oder daß er die Entscheidung der Königin einholen werde.[7]) Hat der Gouverneur zugestimmt, so bleibt der Königin die Machtbefugnis, durch Akt im Privy Council das Gesetz außer Kraft zu setzen; dies binnen einer Frist von 2 Jahren, gerechnet von dem Zeitpunkt, in dem ihr Staatssekretär die authentische Abschrift

---

clamation that on and after a day therein appointed, not being more than six months after the passing of this act, the Provinces of Canada, Nova Scotia and New-Brunswick shall form and be one Dominion under the name of Canada; and on and after that day those three Provinces shall form and be one dominion under that name accordingly."

[1]) Art. 9. 10.

[2]) Art. 11.

[3]) Art. 17.

[4]) cf. 34. 35 Vict. c. 28. — 49. 50 Vict. c. 35.

[5]) Art. 24. 26. 29.

[6]) Art. 37f.

[7]) Art. 55. "Where a Bill passed by the Houses of Parliament is presented to the Governor-General for the Queen's assent, he shall declare, according to his discretion, but subject to the provisions of this act and to Her Majesty's instructions, either that he assents thereto in the Queen's name, or that he withholds the queen's assent, or that he reserves the Bill for the signification of the Queen's pleasure."

des Gesetzes erhält.[1]) Hat der Gouverneur erklärt, die Entscheidung der Königin zu überlassen, so erlangt das Gesetz nur Geltung, wenn der Gouverneur innerhalb einer Frist von 2 Jahren, seitdem ihm das Gesetz zugegangen, die Zustimmung der Königin verkündet.[2])

Die höchste Gerichtsbarkeit steht bei dem Judicial Committee des britischen Privy Council.

Die provinziellen Distrikte haben eine autonome Gewalt, eine legislative und eine exekutive, geübt durch eine Versammlung und einen Lieutenant-Governor.[3])[4])

Der Königin ist die Macht gegeben, durch Akt, erlassen in ihrem Privy Council, und auf Adressen beider Häuser des kanadischen Parlamentes, neue Länder der Union einzugliedern; so Rupert's Land und das North-Western-Territory; so auch, aber nur auf eine Adresse ihrer Legislaturen, Newfoundland, Prince Edward Island und British Columbia. Die Eingliederung soll unter den Bedingungen geschehen, welche die Adressen vorschlagen und die Königin billigt.[5])

---

[1]) Art. 56.

[2]) Art. 57.

[3]) Art. 58f.

[4]) Die Union sollte fester gefügt werden als die der Vereinigten Staaten. Im Sezessionskrieg hatten die Südstaaten das Recht behauptet, sich von der Union zu lösen; und sie hatten sich darauf berufen, daß der Bund nur einzelne, festbestimmte Gewalten, der Einzelstaat hingegen die Fülle der Herrschaft besitze. Man entschloß sich daher, das Verhältnis in Kanada umgekehrt zu regeln. Gewalten, die nicht den Provinzen übertragen sind, gehören der Union. Das Band wird auch dadurch gefestigt, daß der Generalgouverneur gegen die provinziale Legislative ein Veto besitzt, daß er die provinzialen Gouverneure ihres Amtes entheben kann und endlich dadurch, daß in Streitigkeiten zwischen der zentralen und partikulären Gewalt die Berufung an das Judicial Committee des britischen Privy Council geht. Vgl. Silburn, p. 200.

[5]) Art. 146. "It shall be lawful for the Queen, by and with the advice of Her Majesty's Most Honourable Privy Council, on Adresses from the Houses of the Parliament of Canada, and from the Houses of the respective Legislatures of the colonies or provinces of Newfoundland, Prince Edward Island, and British Columbia, to admit those colonies or provinces, or any of them, into the Union, and on Adress from the Houses of the Parliament of Canada to admit Rupert's Land and the North-Western-Territory, or either of them, into the Union, on such terms and condi-

Werfen wir einen Blick zurück auf diese Begebenheiten und auf die Verfassung, die aus ihnen hervorgegangen ist.

Die britischen Kolonien Nordamerikas haben sich durch die Föderation nicht in Staaten verwandelt. Sie sind abhängige Länder der britischen Krone geblieben.

Das ist die Konsequenz, die wir zu allererst ziehen müssen. Denn die Kolonien haben sich nicht ihre Organisation aus eigener Machtvollkommenheit gegeben. Sie haben nicht selbst eine Gewalt über sich errichtet. Sie haben ihre Organisation durch einen Machtspruch Englands, durch eine Tat der britischen Herrschaft erhalten. England hat über sie verfügt. Das entscheidet.

Welch ein Unterschied zwischen dem Prozeß in diesen Kolonien und dem andern, der sich abgespielt hat in den Territorien der nordamerikanischen Union. In dem einen Fall vollbringt ein Volk die freie Tat, durch die es sich eine Herrschaft gibt. In dem anderen wechselt die Fremdherrschaft ihre Form.

Die Fortdauer der territorialen Abhängigkeit tritt auch an einer Reihe von äußeren Anzeichen sichtbar hervor. Ein Gesetz des britischen Parlaments und ein Akt der Königin schaffen die Föderation. Die Krone, die Trägerin der Souveränität im herrschenden Staat, regiert auch die Kolonien. Die Exekutive liegt in der Hand der Königin und ihres Gouverneur. Ohne den Willen der Krone kommt in den Kolonien kein Gesetz zustande. Die Krone hat einen weitgehenden Einfluß auf das eine der parlamentarischen Häuser, den Senat; sie bestimmt seine Zusammensetzung und hat im Pairschub ein wichtiges Mittel, um seinem Willen bei einem Streitfall zwischen beiden Häusern eine neue Richtung zu geben. Das höchste Gericht ist in England. Und die Verfügungsgewalt Großbritanniens über die Föderation ist endlich darin ausgeprägt, daß die Königin die Macht besitzt, die Föderation durch Eingliederung neuer Provinzen umzubilden.

Die britischen Kolonien Nordamerikas sind abhängiges Land.

---

tions in each case as are in the Adresses expressed and as the Queen thinks fit to approve, subject to the provisions of this act."

Sie haben die Stufe des staatlichen Daseins noch nicht erreicht. Und trotzdem, welche Fülle emporstrebender Kraft und keimenden Lebens. Sind sie auch keine Staaten, so sind sie doch auf dem Wege, Staaten zu werden. England selbst hat sie bei Begründung der Föderation als werdende Staaten anerkannt. England hat eingesehen, daß ihm, wenn auch halbfertig, immerhin eine auchtochtone Macht gegenüberstand, die es klug war, nicht zu unterdrücken, sondern zur Verbündeten zu machen, und es hat deshalb die Kolonien zur Mitwirkung am Verfassungswerk berufen.

Wer hat die Verfassung vorbereitet? Wer hat das Projekt geschaffen, das durch eine Akte des britischen Parlamentes Gesetz geworden ist? Die Kolonien. Wir haben den Entwicklungsgang geschildert. Konferenzen der Delegierten, die kolonialen Parlamente beschließen über die Verfassung. Deputationen verhandeln mit der englischen Regierung. Nova Scotia, sehr charakteristisch, beschließt mit den britischen Ministern eine Verfassung zu paktieren. Newfoundland und Prince Edward Island, die sich der Bewegung fern halten, werden durch das englische Gesetz von 1867 der Föderation nicht eingegliedert. Das Projekt, das zum Gesetz wird, ist in fast unveränderter Gestalt das Projekt der Kolonien. Man kann wohl sagen: die Kolonien haben das Gesetz beschlossen; das britische Parlament hat es sanktioniert.

Für die Anerkennung wachsender Verfügungsmacht ist auch der Verfassungssatz von Wichtigkeit, daß die Königin den Bestand der Föderation nur auf parlamentarische Adresse hin erweitern kann und nur unter den Bedingungen, welche die Adresse enthält.

Wir sehen: Die Einrichtung der verantwortlichen Regierung, die Begründung der Föderation, das sind zwei wichtige und äußerlich recht sichtbare Phasen des fortlaufenden Prozesses, in dem die ursprüngliche Gewalt sich zu formen beginnt. Die Entwicklung des eigenen staatlichen Seins geht aber weiter, sie geht bis in die neuste Zeit. Wir werden das letzte Stadium des Verlaufs für Kanada, Australien und Südafrika gemeinsam verfolgen, nachdem wir uns mit der Geschichte der zwei andern Kolonien bekannt gemacht haben.

In Australien tritt uns ein ähnliches Schauspiel entgegen wie in den britischen Kolonien Nordamerikas. Auch hier die stete Entwickelung eigenen Lebens, auch hier die Entstehung einer immer wachsenden Selbständigkeit. Nur daß hier, in Australien, die Ereignisse mit einer noch viel größeren immanenten Kraft einsetzen.

Die verantwortliche Regierung wird 1856 eingeführt. Und in dem Augenblick, in dem das Land selber einen tätigen Anteil an seiner Regierung nimmt, in dem Augenblick, in dem es selbst eine Herrschaft übt, beginnt es auch eine organisierende Tätigkeit zu entfalten. Australien bildet sich selbst eine Verfassung. Und wenn es sie auch nicht aus eigener Machtvollkommenheit proklamiert, wenn es sie auch empfängt aus den Händen des englischen Parlamentes; es fügt doch die Verfassung selbst zusammen, es wählt sie frei. Das englische Parlament gibt dem Land Australien die Verfassung, die es verlangt.

Eine Konferenz kolonialer Regierungen tritt schon am Anfang der achtziger Jahre in Sidney zusammen, verkündet eine Art neuer Monroedoktrin, indem sie jeden neuen Erwerb einer fremden Macht in den Meeren Australiens als eine Gefahr für die britischen Besitzungen erklärt, und verfaßt ein Projekt für eine gemeinsame Organisation der australischen Kolonien. Das Projekt wird durch eine Akte des britischen Parlamentes 1885 zum Gesetz erhoben. Ein gemeinsames Organ, der Federal Council, wird geschaffen. Er ist mit legislativer, nicht mit exekutiver Gewalt begabt. Nur diejenigen Kolonien sind dem Verbande eingegliedert, deren Legislaturen den Beitritt beschließen. Es entsteht keine Bindung durch eine Majorität. Jede Kolonie kann sich von dem Verbande lossagen, sobald es ihr gefällt.

Das ist der erste Versuch, die australischen Länder zu verbinden. Das Werk ist unvollkommen. Es gilt, das Band fester zu fügen.

Im Jahre 1891 vereinen sich 44 Delegierte der kolonialen Regierungen zu einer Konvention in Sidney.

Es geht ein mächtigerer Zug der Unabhängigkeit durch diese Versammlung als durch jene andere, die in Quebec abgehalten wurde. Die Verfassung, so fordert der eine der Delegierten, soll erst dann vom britischen Parlament zum Gesetz erhoben werden, nachdem sie durch ein Plebiszit des australischen Volkes angenommen ist. Der Generalgouverneur, die Mitglieder der Regierung überhaupt, sollen aus Volkswahlen hervorgehen; so fordert ein zweiter. Und ein dritter scheut sich nicht, einzutreten für die Sezession der Kolonien, für die Gründung einer Republik der Vereinigten Staaten Australiens.[1])

Die Konvention von Sidney beschließt eine Form der föderativen Organisation. Aber das Werk der Einigung scheitert an dem Widerstand der kolonialen Parlamente. Es kommt erst nach einer Reihe von Jahren zustande. Dann allerdings durch eine Bewegung des Volkes.

Ein sozialer und politischer Verband, die Australian Natives Association, weiß die öffentliche Meinung für den Gedanken der Föderation einzunehmen. Eine mächtige Partei wird gebildet, die Australian Federation League; sie beschließt im Jahre 1893 einen Plan, nach dem das Verfassungswerk unternommen werden soll. Eine Konferenz der Ministerpräsidenten, gehalten zu Hobart 1895, billigt den Plan und beschließt, nach ihm zu verfahren: Jede Kolonie soll durch ein Gesetz, Enabling Act, die Wahl von Delegierten anordnen und eine verfassunggebende Konvention beschicken. Der Beschluß der Konvention soll in jeder Kolonie dem Referendum unterbreitet werden. Der Wille des Volkes steht nach diesem Plan am Anfang und am Ende des Verfassungswerkes.

Im Winter 1895—1896 werden die Wahlgesetze in New-South-Wales, Victoria, South-Australia und Tasmania erlassen. Der ursprüngliche Plan wird in Western Australia nicht getreu befolgt; die Delegierten werden nicht durch das Volk, sondern durch das Parlament erwählt, und das Werk der Konvention — so wird hier beschlossen — soll nur dann dem Volke vorgelegt werden, wenn es durch das Parlament gebilligt ist.

Die Konvention tritt 1897 in Adelaide zusammen; Queensland hält sich fern. Die Versammlung vertagt sich zu zweien

[1] Mr. Dibbs, "To cut the last link of connexion with the Crown, and to establish the Republic of Australia, that is what we are coming to, and it is the inevitable destiny of the people of this great country."

Malen, um den Parlamenten Gelegenheit zu geben, ihren Willen zu äußern. In den Sessionen zu Sidney 1897 und zu Melbourne 1898 führt sie ihre Arbeit zu Ende. Es kommt zum Referendum. Das Plebiszit ist in drei Kolonien günstig, in Victoria, Tasmania und South-Australia. In New-South-Wales wird die Majorität nicht erreicht. Das Projekt wird deshalb von einer Konferenz der Ministerpräsidenten einer Revision unterzogen. In seiner neuen Gestalt wird es durch die Völker aller Kolonien angenommen. Auch Queensland schließt sich nunmehr an. Und später gibt auch Western Australia seine Zustimmung.

So haben die Kolonien eine Verfassung beschlossen.

Das Projekt wird von einer Deputation australischer Minister nach England gebracht. Es erhält die Billigung der britischen Minister. Eine Meinungsverschiedenheit entsteht nur über die Kompetenz des höchsten Gerichtshofes von England in australischen Angelegenheiten. Aber der Streit wird bald durch einen Vergleich geschlichtet. Im Jahre 1900 wird die von den Kolonien beschlossene Verfassung im britischen Parlament fast unverändert zum Gesetz erhoben.[1])

Die Königin, sagt die Akte, wird im Privy Council eine Proklamation erlassen, durch welche die Völker der australischen Kolonien zu einem föderativen Verband unter dem Namen Commonwealth of Australia vereinigt werden.[2])

---

[1]) An Act to constitute the Commonwealth of Australia. 9 th July 63 and 64 Vict. chap. 12. "Whereas *the people* [sic!] of New-South-Wales, Victoria, South-Australia, Queensland, and Tasmania, humbly relying on the blessing of Almighty God, have agreed to unite in one indissoluble Federal Commonwealth under the Crown of the United Kingdom of Great Britain and Ireland, and under the Constitution hereby established: etc. Be it therefore enacted by the Queen's Most Excellent Majesty, by and with the advice and consent of the Lords Spiritual and Temporal, and Commons, in this present Parliament assembled, and by the authority of the same as follows."

[2]) Preamble. Art. 3. "It shall be lawful for the Queen with the advice of the Privy Council to declare by Proclamation that, on and after a day therein appointed, not being later than one year after the passing of this act, the people of New-South-Wales, Victoria, South-Australia, Queensland, and Tasmania, and also, if Her Majesty in satisfied that the people of Western Australia have agreed thereto, of Western Australia, shall be united in a Federal Commonwealth under the name of the Commonwealth of Australia."

Die Gesetzgebung gehört einem Parlament, bestehend aus der Königin, einem Senat und einem Repräsentantenhaus.[1]) Ein Generalgouverneur vertritt die Königin.[2]) Er beruft und vertagt das Parlament, er löst es auf.[3]) Im Senat sprechen die einzelnen Kolonien durch eine gleiche Zahl von Delegierten; die Senatoren werden durch das Volk gewählt.[4]) Im Repräsentantenhaus ist die Gesamtheit des australischen Volkes vertreten; das Haus soll, soweit durchführbar, zweimal soviel Mitglieder zählen als der Senat.[5])

Entsteht ein Konflikt zwischen beiden Häusern, so wird er in einem eigenen Verfahren gelöst. Wenn der Senat zu zweien Malen ein Gesetz verworfen hat, das von dem Repräsentantenhaus beschlossen ist, so löst der Generalgouverneur beide Häuser auf; und wenn nach den neuen Wahlen der Konflikt fortdauert, so vereint er beide Häuser zu einer gemeinsamen Sitzung, in der die absolute Majorität der Stimmen entscheidet.[6])

---

[1]) Art. 1.

[2]) Art. 2.

[3]) Art. 5.

[4]) Art. 7.

[5]) Art. 24.

[6]) Art. 57. "If the House of Representatives passes any proposed law, and the Senate rejects or fails to pass it, or passes it with amendments to which the House of Representatives will not agree, and if after an interval of three months the House of Representatives, in the same or the next session, again passes the proposed law with or without any amendments which have been made, suggested, or agreed to by the Senate, and the Senate rejects or fails to pass it, or passes it with amendments to which the House of Representatives will not agree, the Governor-General may dissolve the Senate and the House of Representatives simultaneously. But such dissolution shall not take place within six months before the date of the expiry of the House of Representatives by effluxion of time. — If after such dissolution the House of Representatives again passes the proposed law, with or without any amendments which have been made, suggested, or agreed to by the Senate, and the Senate rejects or fails to pass it, or passes it with amendments to which the House of Representatives will not agree, the Governor-General may convene a joint sitting of the members of the Senate and of the House of Representatives. — The members present at the joint sitting may deliberate and shall vote together upon the proposed law as last proposed by the House of Representatives, and upon amendments which are affirmed by an absolute majority

Diese Klausel ist sehr bemerkenswert. Denn sie entscheidet einen Widerstreit zwischen dem parlamentarischen Prinzip und dem föderativen System. Das parlamentarische Prinzip fordert, daß eine Kammer der andern, wie in England, politisch überlegen sei. Es ist andrerseits dem föderativen System natürlich, daß die Vertretung der Staaten keine geringere Macht besitze als die Vertretung des Volkes, ein Gleichgewicht, das in der Tat in der Nordamerikanischen Union besteht. Man hat in Australien lange gezweifelt, ob das parlamentarische Prinzip mit dem föderativen System verträglich sei.[1]) Endlich hat man den Konflikt zugunsten des parlamentarischen Prinzips gelöst, indem man die letzte Entscheidung den vereinigten Häusern, also in Wirklichkeit dem numerisch überlegenen Repräsentantenhaus überließ.[2])

Hat ein Gesetz beide Häuser durchlaufen, so bedarf es der Bestätigung durch die Exekutive. Der Gouverneur kann erklären, daß er im Namen der Königin dem Gesetz die Zustimmung gebe. Er kann aber auch erklären, daß er die Zustimmung weigere, oder daß er die Entscheidung der Königin einholen werde.[3]) Hat der Gouverneur zugestimmt, so bleibt der

of the total number of the members of the Senate and House of Representatives shall be taken to have been carried, and if the proposed law, with the amendments, if any, so carried is affirmed by an absolute majority of the total number of the members of the Senate and House of Representatives, it shall be taken to have been duly passed by both Houses of the Parliament, and shall be presented to the Governor-General for the Queen's assent."

[1]) Vgl. Egerton. p. 56. "One of the most suggestive speeches in the discussion was that of Sir Samuel Griffith. Recognizing the necessity under a federal system, modelled on that of the United States in leaving to the separate States the residuary powers of government, of a Senate possessing equal powers with those of the legislative assembly, he expressed grave doubts as so how far the British system of responsible government could be worked under such a Constitution. Another delegate went further, and affirmed that 'either responsible government would kill federation, or federation would kill responsible government'."

[2]) Vgl. Speyer. p. 143—144, 163—164.

[3]) Art. 58. "When a proposed law passed by both Houses of the Parliament is presented to the Governor-General for the Queen's assent, he shall declare, according to his discretion, but subject to this Constitution, that he assents in the Queen's name, or that he withholds assent, or that he reserves the law for the Queen's pleasure."

Königin die Machtbefugnis, durch Akt im Privy Council das Gesetz außer Kraft zu setzen; dies binnen einer Frist von 2 Jahren, gerechnet von dem Zeitpunkt, in dem der Gouverneur seine Zustimmung gegeben.[1]) Hat der Gouverneur erklärt, die Entscheidung der Königin zu überlassen, so erlangt das Gesetz nur Geltung, wenn der Gouverneur innerhalb einer Frist von 2 Jahren, seitdem ihm das Gesetz zugegangen, die Zustimmung der Königin verkündet.[2])

Die Exekutive ist der Königin gegeben und wird von ihrem Repräsentanten, dem Generalgouverneur, geübt.[3]) Ein Ministerrat steht dem Gouverneur zur Seite. Die Mitglieder werden von ihm ernannt und ihres Amtes enthoben.[4])

Ein höchster Gerichtshof wird in Australien eingerichtet.

Nach dem Projekt, das die Kolonien der britischen Regierung unterbreiteten, sollte dieser Gerichtshof in letzter Instanz über jede Frage der australischen Verfassung entscheiden;[5]) außer in dem Fall, daß der Prozeß die öffentlichen Interessen anderer Gebiete Ihrer Majestät berührte. So war die endgültige Kompetenz des australischen Gerichtshofes die Regel, die Appellationsgerichtsbarkeit des britischen Privy Council die Ausnahme, und der australische Gerichtshof hatte bei dieser Situation nach englischem Recht zu entscheiden, ob im einzelnen Fall die Appellation an den Privy Council eingelegt werden konnte.[6]) Mr. Chamberlain, der damalige Staatssekretär für die Kolonien wehrte sich gegen diese Machtverteilung, welche ihm die Souveränität der englischen Krone zu gefährden schien. Die australischen Delegierten antworteten, daß es das Recht des Volkes sei, die Verfassung zu interpretieren, die es sich selber gebe; das britische Parlament habe wohl die formelle Macht, die australische Verfassung zu gestalten, wie es ihm gut dünke, aber es würde

---

[1]) Art. 59.

[2]) Art. 60.

[3]) Art. 61.

[4]) Art. 62.

[5]) It was thought "right and fit that the highest Court in Australia should be left as the Guardian of the expressions of the people, and the sole body to determine finally what the people meant when they used those expressions." Zitiert bei Egerton. p. 64.

[6]) Speyer. l. c. p. 158.

unvorsichtig handeln, wenn es vergäße, daß das Band, das Kolonien und Mutterland umschlinge, vor allem ein Band der Anhänglichkeit und des Vertrauens sei.[1]) Schließlich löste sich der Streit in einem Kompromiß.

Der heutige Rechtszustand ist dieser: Die Entscheidungsgewalt des britischen Privy Council bildet die Regel. Und der australische Gerichtshof entscheidet endgültig nur in den Prozessen, in denen die Grenzen streitig sind zwischen der australischen Zentralgewalt und den partikulären kolonialen Gewalten oder zwischen diesen letzteren Gewalten im gegenseitigen Verhältnis.[2])

Das gemeinsame Parlament kann über den Bestand der Föderation verfügen. Es kann andre Kolonien als Mitglieder zulassen, es kann neue Kolonien begründen, um sie in den Verband aufzunehmen; es kann die Grenzen der Kolonien ändern, eine Kolonie in mehrere aufteilen, mehrere zu einer Einheit verschmelzen — allerdings diese letzteren Maßregeln nur mit dem Einverständnis der betroffenen Bevölkerung oder ihres Parlaments.[3])

Die Revision der Verfassung geschieht durch Plebiszit. Die Initiative geht immer vom Parlament aus; notwendig ist ein übereinstimmender Beschluß beider Häuser oder, wenn eine Übereinstimmung nicht erzielt wird, ein zweimaliger, in bestimmter Frist wiederholter Beschluß des einen Hauses. Die Akte wird in jeder Kolonie den Bürgern vorgelegt, welche das Recht der Wahl zum Repräsentantenhaus besitzen; sie erlangt Gültigkeit nur, wenn eine doppelte Majorität zustande kommt: eine

---

[1]) Speyer l. c. p. 159. «Dès lors, ajoutaient-ils, nous n'entendons pas assumer la responsabilité des conséquences qui pourraient résulter de la modification d'une constitution, solennellement approuvée en un double referendum par les peuples australiens.»

[2]) Art. 74. "No appeal shall be permitted to the Queen in Council from a decision of the High Court upon any question, howsoever arising, as to the limits, inter se of the Constitutional powers of the Commonwealth and those of any State or States, or as to the limits inter se of of the Constitutional powers of any two or more States, unless the High Court shall certify that the question is one which ought to be determined by Her Majesty in Council.

[3]) Art. 121. 123. 124.

Majorität von Kolonien und eine Majorität aller australischen Bürger, die in der Angelegenheit stimmen.[1])

Soweit die Verfassung.

Australien ist, wie Kanada, auch heute noch abhängiges Land der britischen Krone. Es hat bei aller Freiheit seiner Institutionen keine ursprüngliche Gewalt.

An äußeren Kennzeichen der Abhängigkeit fehlt es nicht. Die australische Föderation ist wie die kanadische durch ein Gesetz des britischen Parlaments und einen Akt der Königin gebildet. Die Krone von England ist im Besitz der Exekutive und ist zur Mitwirkung an der Legislative berechtigt.

Allein, wenn auch Bande der Abhängigkeit bestehen, so hat sich doch Australien weitere Privilegien als Kanada errungen.[2]) Der australische Senat geht aus Volkswahlen hervor; die Königin hat kein Ernennungsrecht, sie hat deshalb auch nicht das Mittel des Pairschubs, um einen Konflikt beider Häuser zu lösen; der Konflikt wird durch die heimischen Gewalten selbst entschieden. Die Kompetenz des britischen Privy Council ist beschränkt. Und

---

[1]) Art. 128. "This constitution shall not be altered except in the following manner: — The proposed law for the alteration thereof must be passed by an absolute majority of each House of the Parliament, and not less than two nor more than six months after its passage through both Houses the proposed law shall be submitted in each state to the electors qualified to vote for the election of members of the House of Representatives. — But if either House passes any such proposed law by an absolute majority, and the other House rejects or fails to pass it or passes it with any amendment to which the first-mentioned House will not agree, and if after an interval of three months the first-mentioned House in the same or the next session against passes the proposed law by an absolute majority with or without any amendment which has been made or agreed to by the other House, and such other House rejects or fails to pass it or passes it with any amendment to which the first mentioned House will not agree, the Governor-General may submit the proposed law as last proposed by the first-mentioned House, and either with or without any amendments subsequently agreed to by both Houses, to the electors in each State qualified to vote for the election of the House of Repreesentatives. — And if in a majority of the States a majority of the electors voting approve the proposed law, and if a majority of all the electors voting also approve the proposed law, it shall be presented to the Governor-General for the Queen's assent."

[2]) Das verschiedene Maß der Privilegien hat den Gesetzgeber dazu geführt, Canada als Dominion, Australien als Commonwealth zu bezeichnen

endlich, Zusammensetzung und Verfassung der australischen Kolonien stehen nach der konstitutionellen Akte zur Verfügung des australischen Parlaments und des australischen Volkes, eine Befugnis, die gegenüber Kanada dem Mutterland zu eigen gehört.

Auch Australien ist abhängiges Land. Aber auch diese Kolonie hat so starke Regungen eigenen Lebens, daß sie unmittelbar an der Grenze steht, wo das staatliche Dasein beginnt.

Gehen wir nach Südafrika.

Der Friede, der den Burenkrieg von 1899 bis 1902 beendet, fügt zu den britischen Besitzungen in Südafrika zwei neue Länder, die Republiken von Transvaal und Oranje Free State. 1906 und 1907 erhalten die neuen Kolonien verantwortliche Regierungen. 1908 wird der Gedanke einer Union der vier britischen Besitzungen, Cape Colony, Natal, Transvaal und Orange River Colony, durch eine interkoloniale Ministerkonferenz in Pretoria angeregt. 1908 tagt eine Konvention, bestehend aus Delegierten der Parlamente, in Durban und Kapstadt, um über die Union zu beraten. Ein Gesetzesprojekt wird beschlossen und den kolonialen Parlamenten vorgelegt. Änderungen werden verlangt; Natal erklärt, daß es der Union nur auf Grund eines Plebiszits beitreten könne. Eine neue Konvention tritt 1909 in Bloemfontein zusammen und ändert das Projekt. Hierauf wird die Akte durch Beschluß der Parlamente und durch Referendum in Natal angenommen; sie wird von einer Deputation der Parlamente nach England gebracht und im gleichen Jahr vom britischen Parlament als Gesetz verkündet.[1])

[1]) An Act to constitute the Union of South Africa. 20th September 1909. 9 Edw. 7. ch. 9. "Whereas it is desirable for the welfare and future progress of South Africa that the several British Colonies therein should be united under one Government in a legislative union under the Crown of Great Britain and Ireland: and whereas it is expedient to make provision for the union of the Colonies of the Cape of Good Hope, Natal, the Transvaal, and the Orange River Colony on terms and conditions to which they have agreed by resolution of their respective Parliaments, and to define the executive, legislative, and judicial powers to be exercised in the government of the Union: ..... Be it therefore enacted by the King's most Excellent Majesty, by and with the advice and consent of the Lords Spiritual and Temporal, and Commons, in this present Parliament assembled, and by the authority of the same as follows.

Der König, sagt die Akte, wird im Privy Council eine Proklamation erlassen, durch welche die Völker der südafrikanischen Kolonien unter eine gemeinsame legislative und exekutive Gewalt unter dem Namen einer Südafrikanischen Union vereinigt werden.[1])

Die Exekutive liegt bei dem König. Er übt sie in Person oder durch seinen Generalgouverneur. Es besteht ein Ministerrat, dessen Mitglieder von dem Gouverneur ernannt und ihres Amtes enthoben werden.[2])

Die Gesetzgebung liegt bei einem Parlament, bestehend aus dem König und zwei Häusern. Der Gouverneur beruft und vertagt das Parlament; er löst es auf.[3])

Die Zusammensetzung des Senats ist nur für die 10 ersten Jahre der Union geregelt. Später wird das Parlament über die Frage bestimmen. Vorläufig besteht der Senat aus zwei Kategorien von Mitgliedern. Die einen werden von dem Generalgouverneur im Ministerrat ernannt, acht an der Zahl. Die anderen werden in Gruppen von je acht durch die Häuser der einzelnen Kolonien gewählt.[4])

Die zweite Kammer, House of Assembly, geht aus Volkswahlen hervor.[5])

Die Mitwirkung des Königs und des Generalgouverneur an der Gesetzgebung ist der Hauptsache nach in der gleichen Art geregelt wie in Australien.[6])

Entsteht eine Meinungsverschiedenheit zwischen beiden Häusern, hat das Unterhaus in zwei aufeinanderfolgenden Sessionen ein Gesetz angenommen, das der Senat nicht billigt, so beruft

---

[1]) Art. 4. "It shall be lawful for the king, with the advice of the Privy Council, to declare by proclamation that, on and after a day therein appointed, not being later than one year after the passing of this Act, the Colonies of the Cape of Good Hope, Natal, the Transvaal, and the Orange River Colony, herein after called the Colonies, shall be united in a Legislative Union under one Government under the Name of the Union of South-Africa."

[2]) Art. 8. 9. 12.

[3]) Art. 19. 20.

[4]) Art. 24. 25.

[5]) Art. 32.

[6]) Art. 64—66.

der Generalgouverneur beide Häuser zu einer gemeinsamen Sitzung, in der die Majorität der Stimmen entscheidet.[1])

Es wird ein höchster Gerichtshof für die Südafrikanische Union eingerichtet. Von ihm an den britischen Privy Council gibt es grundsätzlich keine Appellation.[2])

Das Parlament kann die Grenzen der einzelnen Kolonien ändern, es kann eine Kolonie in mehrere aufteilen oder mehrere Kolonien zu einer einzigen zusammenfügen. Dies aber nur auf Verlangen der beteiligten Kolonien. Der König kann im Privy Council, auf Adressen beider Häuser, der Union die Territorien eingliedern, die von der British South Africa Company verwaltet werden, aber nur unter den Bedingungen, welche in den Adressen aufgestellt sind.[3])

Das Parlament kann die Verfassung ändern.[4])

---

[1]) Art. 63. "If the House of Assembly passes any Bill and the Senate rejects or fails to pass it or passes it with amendments to which the House of Assembly will not agree, and if the House of Assembly in the next session again passes the Bill with or without any amendments which have been made or agreed to by the Senate and the Senate rejects or fails to pass it or passes it with amendments to which the House of Assembly will not agree, the Governor-General may during that session convene a joint sitting of the members of the Senate and House of Assembly. The members present at any such joint sitting may deliberate and shall vote together upon the Bill as last proposed by the House of Assembly and upon amendments, if any, which have been made therein by one House of Parliament and not agreed to by the other; and any such amendments which are affirmed by a majority of the total number of members of the Senate and House of Assembly present at such sitting shall be taken to have been carried, and if the Bill with the amendments, if any, is affirmed by a majority of the members of the Senate and House of Assembly present at such sitting, it shall be taken to have been duly passed by both Houses of Parliament."

[2]) Art. 95. 106. "There shall be no appeal from the Supreme Court of South-Africa or from any division thereof to the King in Council, but nothing herein contained shall be construed to impair any right which the King in Council may be pleased to exercise to grant special leave to appeal from the appellate division to the King in Council."

[3]) Art. 149. 150.

[4]) Art. 152. "Parliament may by law repeal or alter any of the provisions of this act: Provided that no provision thereof, for the operation of which a definite period of time is prescibed, shall during such period be repealed or altered: And provided further that no repeal or

Wir sehen: Das Schauspiel, das sich in Südafrika bietet, stimmt in den wesentlichen Zügen mit demjenigen überein, das wir in Australien beobachtet haben. Auch hier, und in ganz ähnlichen Formen, die sichere und unaufhaltsame Entwicklung zu staatlicher Selbständigkeit.

Blicken wir nun zurück auf die politische Entwickelung der drei großen Kolonien, behalten wir im Auge, wie sich überall die eigene Kraft entfaltet und mächtig um staatliches Dasein ringt, so müssen wir uns die Frage vorlegen, welchen Weg die Ereignisse weiter gehen und in welcher Form sich die Kolonien zu Staaten umbilden werden.

Es bestehen hier nur drei Möglichkeiten. Entweder die Kolonien trennen sich vom Mutterlande und erringen auf diese Weise staatliches Leben; sie beschreiten den Weg, den vor mehr als hundert Jahren die amerikanischen Kolonien gegangen sind. Oder sie bilden sich zu eigenen Staaten, bleiben aber mit dem Mutterlande durch das Band einer Realunion oder eines Bundesstaates verkettet; sie folgen im einen Fall dem Beispiel von Österreich und Ungarn, wenn auch mit dem Unterschied, daß sich bei dem Ausgleich von 1867 die Aufteilung eines einheitliches Reiches, nicht die Trennung eines abhängigen Landes von einem herrschenden Staate vollzog; sie folgen im anderen Fall dem Beispiel der nordamerikanischen Territorien.

An Stimmen für die Trennung hat es in den Kolonien und sogar in England zu keiner Zeit gefehlt. In der Zeit, als die Manchesterschule ihre großen Triumphe feierte, ging man in England so weit, die Kolonien als eine Last des Reiches zu betrachten. Man rechnete mit der Sezession.[1])

alteration of the provision contained in this section, or in sections 33 and 34 . . . . . or in sections 35 and 137, shall be valid unless the Bill embodying such repeal or alteration shall be passed by both Houses of Parliament sitting together, and at the third reading be agreed to by no less than two-thirds of the total number of members of both Houses. A Bill so passed at such joint sitting shall be taken to have been duly passed by both Houses of Parliament."

[1]) Vgl. die Zitate bei Houdeau p. 177; s. u. a. die Rede von Lord John Russel: «Sans doute j'anticipe, en disant avec d'autres que nos colonies peuvent se développer en population et en richesse au point de pouvoir dire: 'Notre force est suffisante pour nous permettre d'être in-

Vor wenigen Jahren hat sich in Kanada eine starke Tendenz nach größerer Unabhängigkeit geltend gemacht. Sie ging, so kann man sagen, auf eine Realunion. Nur die Gemeinsamkeit des Monarchen sollte noch Kanada mit England verketten. England sollte keine gesetzgebende Gewalt, keine Vertretung in auswärtigen Angelegenheiten mehr besitzen. Kanada sollte selbst über Krieg und Frieden entscheiden und die Wahl haben, an einem Kriege Englands teilzunehmen oder neutral zu bleiben.[1]) Aber der Gedanke hat durch den Sturz des Ministeriums Laurier eine bedeutsame Niederlage erlitten.

---

dépendants. Le lien qui nous attache à l'Angleterre nous pèse. Le temps est venu pour nous de penser que nous pouvons, en amitié et allégeance avec l'Angleterre, maintenir notre indépendance.' Je ne crois pas que ce temps soit déjà proche. Mais rendons les, autant que possible, capables de se gouverner elles-mêmes. Laissez-nous leur donner, autant qu'il est en notre pouvoir, la capacité de gérer leurs propres affaires. Laissez les croître en richesse et en population et, quoiqu'il arrive de ce grand Empire, nous aurons la consolation de dire que nous avons contribué au bonheur du monde.» Speyer. p. 112. s.

[1]) Keith. p. 1458—1459. "Mr. Ewart, in 'The Kingdom of Canada' and 'The Kingdom Papers', lays stress on what appears to him the inevitable development of Canada as a Kingdom united to Great Britain merely by the tie of a common Sovereign and by a cordial goodwill. He insists that Canada is already entitled to that position, and he protests against the maintenance, even in theory, of the power of disallowance of Canadian Acts, of the supremacy of the Parliament of the United Kingdom, of the retention in the hands of the Imperial Government of the power of concluding even political and extradition treaties, and of the fact that the issues of war and peace lie in the hands of the Imperial Parliament. He justly recognizes that the powers of disallowance and of Imperial legislation are little used, and he insists on the fact that for all practical purposes, though technically Canada is at war with any power with which the Mother Country is at war, nevertheless it rests with Canada to determine whether she will take any active part in such war, and that if Canada chooses to remain neutral no power would be likely to attack it." — Rede von Sir Wilfrid Laurier, dem Ministerpräsidenten von Canada, gehalten am 29. November 1910 im Parlament zu Ottawa, zitiert bei Fitger, p. 9. s. „Es sei unter den gegenwärtigen Umständen für Kanada nicht ratsam, sich in die Bewaffnungen des Reiches zu mischen. Aber wir sollten festhalten an unserer eigenen Politik, nämlich Herren im eigenen Hause zu sein, eine Politik für unsere eigenen Zwecke zu haben und es dem kanadischen Parlament sowie der kanadischen Regierung und dem kanadischen Volke zu überlassen, an diesen

Die große Bewegung, die heute, von immer wachsender Überzeugungskraft getragen, sich Bahn bricht und vorwärts dringt, geht auf eine föderative Organisation der Kolonien und des Mutterlandes.[1]) Allzuviel zwingende Gründe drängen nach diesem Ziel. Die von Chamberlain mit so viel Geist und Temperament verfochtene These, daß England den Freihandel nicht mehr aufrecht erhalten könne, sich vielmehr mit seinen Kolonien zu einem Zollverband zusammenschließen müsse, gewinnt immer mehr an Boden. Und weiter: Fremde Mächte haben sich in ungeahnter Weise entwickelt; die Schwierigkeit der Verteidigung wächst; die Last der Rüstungen wird ungeheuer; England muß versuchen, sie zum Teil auf seine Kolonien abzuwälzen, ist aber dann genötigt, die Herrschaft mit ihnen zu teilen.[2])

Seit 1887 haben fortlaufende Reichskonferenzen stattgefunden. Man hat hier über das Problem einer festeren Einigung zwischen Mutterland und Kolonien beraten.[3]) Und immer wieder

Kriegen, für die sie noch kein Mitbestimmungsrecht haben, teilzunehmen, wenn sie es für angemessen halten."

[1]) „Der Gedanke einer Föderation liegt in der Luft". Mr. Chamberlain 1897. Vgl. die bei Keith p. 1457 zitierten Schriftsteller.

[2]) Chamberlain auf der interkolonialen Konferenz von 1902: "Gentlemen, we do want your aid. We do want your assistance in the administration of the vast empire, which is yours as well as ours. The weary Titan staggers under the too vast orb of his fate, we have borne the burden for many years. We think it time that our children should assist us to support it, and whenever you make the request to us, be very sure that we shall hasten gladly to call you to our councils. If you are prepared at any time to take any share, any proportionate share in the burdens of the Empire, we are prepared to meet you with any proposal for giving to you a corresponding voice in the policy of the Empire". — "I say the paramount object is to strengthen the bonds which unite us, and there are only three principal avenues by which we can approach this object. They are, through our political relations in the first place; secondly, by some kind of commercial union; in the third place, by considering the questions which arise out of imperial defence. These three great questions were considered at the last conference, and I think it is clear that they must form the principal subject of our deliberations on this occasion, and, indeed, of those of any future conference which may afterwards be held."

[3]) Mr. Stanhope, der Staatssekretär für die Kolonien, zitierte bei der Berufung der ersten Konferenz die Thronrede der Königin: "I am led to the conviction that there is on all sides a growing desire to draw

hat sich das Bestreben kundgetan, gemeinsame Organe zu bilden, sei es, daß man sie schon als fertige Mechanismen im System eines Bundesstaates dachte, sei es, daß man in ihnen nur einen Ansatz zu künftiger Entwickelung sah.

Auf der Konferenz von 1902 schlägt Chamberlain einen Reichsrat vor. Alle Fragen von allgemeinem Interesse sollen ihm unterbreitet werden. Zunächst nur mit konsultativen Funktionen betraut, ist er doch bestimmt, später exekutive und vielleicht legislative Funktionen zu erringen.[1])

Auf der gleichen Konferenz wird eine Resolution gefaßt, die eintritt für die Periodizität der Zusammenkünfte.[2])

Die Konferenz von 1905 bewegt sich in der gleichen Bahn. Mr. Lyttelton, der Staatssekretär für die Kolonien, will eine permanente Kommission organisieren, welche die Arbeit der periodischen Konferenzen vorbereiten soll.

Mr. Balfour festigt die schon von Lord Salisbury entworfene Kommission für die Reichsverteidigung. Die Behörde hat konsultativen Charakter. Die Minister der Kolonien und andere Sachverständige können zu den Sitzungen berufen werden.

Aber dann tritt ein Stillstand ein. Die Konferenz von 1907 wiederholt das Verlangen nach regelmäßigen Zusammenkünften

---

closer in every practicable way the bonds which unite the various portions of the Empire. I have authorized communications to be entered into with the principal Colonial Governments with a view to the fuller consideration of matters of common interest."

[1]) "A real Council of the Empire, to which all questions of imperial interest might be referred." — "The object would not be completely secured until there had been conferred upon such a council executive functions, and perhaps also legislative powers."

[2]) "That it would be to the advantage of the Empire if Conferences were held, as far as practicable, at intervals not exceeding four years, at which questions of common interest affecting the relations of the Mother Country and His Majesty's Dominions over the seas could be discussed and considered as between the Secretary of State for the Colonies and the Prime Ministers of the Selfgoverning Colonies. The Secretary of State for the Colonies is requested to arrange for such Conferences after communication with the Prime Ministers of the respective Colonies. In case of any emergency arising upon which a special Conference may have been deemed necessary, the next ordinary Conference to be held not sooner than three years thereafter."

und billigt auch die Einrichtung der ständigen vorbereitenden Kommission. Aber sie geht nicht weiter. Ein liberales Ministerium hat das konservative abgelöst. Und deshalb erlahmt das Interesse an der Organisation des Reiches. Ist doch schon lange die Tätigkeit der liberalen Partei vornehmlich den Geschäften des kleinen England zugewendet, während das Reich die hauptsächliche Sorge der Konservativen bleibt.[1])

Der Vorschlag Neuseelands auf der Konferenz von 1911, ein Reichsparlament der Verteidigung zu begründen, findet keinen Anklang.[2]) Hingegen wird in Übereinstimmung mit der britischen Regierung festgesetzt, daß die Kolonien in auswärtigen Angelegenheiten, die sie berühren, eine beratende Stimme haben sollen.[3]) Es wird weiter beschlossen, die Gerichtshöfe des Privy Council und des House of Lords zu einem einzigen Appellhof für das Reich zu vereinen.[4]) Größere Errungenschaften sind nicht zu verzeichnen.

Trotzdem, die Bewegung zum Bundesstaat ist nicht mehr aufzuhalten. Sie ist einmal in der Welt. Sie mag für eine Zeit zurückgedrängt werden. Der Sieg ist ihr gewiß. Sie ist ein unschätzbarer Vorteil für alle Länder der englischen Krone. Sie ist mehr. Sie ist eine geschichtliche Notwendigkeit.[5])

---

[1]) Silburn, p. 328. "The Empire is the peculiar care of the Conservatives; the United Kingdom is the particular care of the Liberals. As the Empire has grown in area, strength, and self-reliance under successive Conservative Governments, so it has remained dormant or languished under Liberal Administrations. The Liberal party is essentially a domestic one — it supplies Ministers infinitely superior in detail and routine to anything the Conservatives can give. A Liberal Government legislates for England and legislates well. The Empire it knows nothing of, nor does it care to know anything of it. Its leaders openly admit that territory outside of United Kingdom is an unnecessary luxury."

[2]) Vgl. Keith, p. 1503. s.

[3]) Vgl. Keith, p. 1513. s.

[4]) Vgl. Keith, p. 1526. s.

[5]) Sie ist auch durch die Föderation in den einzelnen Kolonien schon vorbereitet. Silburn. p. 191. 217: "The legislative union of South Africa, be it good, bad, or indifferent, has united the last set of British Colonies. The three unions of Canada, Australia, and South Africa have converted eighteen seperate administrations into three Governments. In the cases of Canada and Australia the tendency has not been to develop towards national independence, but rather on the contrary to lean towards a still closer union of imperial units. The last union of separate units should

Aber das Werk, so großartig es ist, hat doch mit ernsten Schwierigkeiten zu kämpfen. Es drängt sich die Frage auf, welche Gewalt der neu geschaffene Bundesstaat besitzen wird. Die Kolonien haben heute ein außerordentlich weites Maß von Selbständigkeit. England ist auf die Reichsverteidigung und auf die internationale Politik beschränkt.[1]) Diese Machtbefugnisse sind aber nicht hinreichend, um einen lebensfähigen Bundesstaat zu bilden. Sie genügen höchstens für die Gründung einer Realunion nach Art der österreichisch-ungarischen Doppelmonarchie. Und ein andres Problem. Die Bundesgewalt wird entweder einem erweiterten Parlament übertragen, an dem auch die Kolonien beteiligt sind. Dann ist die Möglichkeit gegeben, daß dieses Haus von einer anderen Partei geleitet wird als das britische Lokalparlament. Oder die Bundesgewalt wird einem Reichsrat anvertraut, der über dem englischen Parlamente steht. Dann ist wieder der Fall nicht ausgeschlossen, daß im Reichsrat und im Parlament verschiedene Majoritäten herrschen. Ein solcher Zwiespalt erscheint aber bei der Präponderanz, die England in der Konföderation einnehmen wird, politisch als ein Ding der Unmöglichkeit.[2]) Der Parlamentarismus ist ein großes Hindernis, das sich der Konföderation entgegenstellt. Wir stoßen hier auf die gleichen Gesetze politischen Lebens, die im Deutschen Reich die Einführung des Parlamentarismus schwierig, fast unmöglich machen. In England der Parlamentarismus und seine Sprödigkeit gegen die Konföderation. Im Deutschen Reich der Bundesstaat und sein Gegensatz gegen das parlamentarische System.

---

have the desirable object of removing the final obstacle in the way of imperial unity." Speyer. p. 119. 134.

[1]) Die Gewalten, welche die Kolonien ausüben, sind kaum noch delegierte Gewalten zu nennen. England hat kaum noch die politische Machtvollkommenheit, über sie zu verfügen. «Quant au Parlament impérial, en théorie, son droit de légiférer subsiste même pour les colonies autonomes, mais un usgae constitutionnel lui interdit de s'en servir, si ce n'est avec le consentement de la colonie intéressée.» — «Le pouvoir législatif du Parlement britannique étant tombé en désuétude en ce qui concerne les colonies autonomes, il ne saurait être question de le transférer à une autorité fédérale nouvelle.» Speyer, p. 78. 86. 104. Pfuelf, p. 10.

[2]) A. Lawrence-Lowell, Die englische Verfassung. Übersetzung 1913. Vol. II. p. 409. s.

Das Inselreich befindet sich heute in einer politischen Situation, so merkwürdig wie kaum eine andere. Es besitzt Länder in seiner Abhängigkeit, aber Länder, dermaßen entwickelt, daß sie unmittelbar an der Grenze staatlichen Daseins stehen; England hat kaum die Macht, weniger noch den Willen, sie gegen ihren Wunsch unter seinem Zepter festzuhalten.[1]) Die Kolonien sind von hoher Loyalität gegen das Mutterland erfüllt;[2]) sie wollen eins bleiben mit ihm. Sie halten aber unerschütterlich fest an den großen Freiheiten, die sie besitzen. Und so muß ein Bundesstaat errichtet werden, arm an formeller Verfassungsmacht und doch reich an moralischer Autorität. — Ist die Aufgabe für England so neu? England hat einen König, arm an Gesetzes-

[1]) Chamberlain, zitiert bei Speyer, p. 153: «Nous en sommes arrivés dans nos relations avec les colonies autonomes à un point où il faut reconnaître, une fois pour toutes, que ces rapports dépendent entièrement de leur libre volonté et de leur consentement absolu. — Les liens qui nous unissent à elles sont très fragiles. Un rien pourrait les rompre. — Mais quelque fragiles que soient ces liens et bien que nous espérions les voir devenir plus solides, si une de nos grandes colonies désirait s'en affranchir, nous ne tenterions pas de lui en imposer le maintien par la force.» Sitzung des Unterhauses. 14. Mai 1900. — Chamberlain, zitiert bei Silburn, p. 322. "It would be a fatal mistake to transform the spontaneous enthousiasm which has been so readily shown throughout the Empire into anything in the nature of an obligation which might be at this time unwillingly assumed or only formally accepted." Fitger, p. 4.

[2]) Das haben sie im Burenkrieg bewiesen. Silburn, p. 203. 204. England hat die Kolonien mit der größten staatsmännischen Kunst an sich zu fesseln gewußt, indem es ihnen Freiheiten gab. Die Versöhnung der Buren ist eine der stärksten Proben kolonisatorischen Talents, das die Weltgeschichte gesehen hat. Fitger, p. 4: „Man hat — aus dem Verlust der nordamerikanischen Kolonien — die Erfahrung gezogen, daß man die Kolonien nur behalten wird, wenn sie gerne Teile des Weltreichs bleiben, und man hat ihnen daher alle Freiheiten eingeräumt, die sie begehrt haben. Damit hat England einen großartigen Erfolg gehabt, denn in allen Europäer-Kolonien ist der britische Patriotismus groß, auch in Südafrika, wo es galt, die soeben besiegten Burenstaaten in den Organismus des Weltreichs einzufügen. England hat dort mit erlesenster Großherzigkeit gehandelt. Der frühere Burengeneral Botha ist jetzt Erster Minister von ganz Südafrika. Bei seiner Anwesenheit in London aus Anlaß der Konferenz trifft er auf einem Festmahl den Burenbesieger Lord Roberts: beide umarmen sich unter Tränen." Die Freiheit der Kolonien ist die Vorbereitung zum Weltreich. Silburn, p. 174. 179.

gewalt und doch an Einfluß reich. Das wunderbare Gleichgewicht moralischer Natur, das zwischen König und Parlament kraft des feinsinnigsten politischen Taktes besteht, England wird es auch herzustellen wissen zwischen Kleinengland, den Kolonien und dem Reich. Denn das ist das große Geheimnis und das kunstvolle Prinzip von Englands politischem Leben, das der Staat nicht zusammengebaut ist aus spröder Materie, sondern aus bewegungsvoller, sich stets erneuernder und immer sich glücklich mischender Substanz.

Zugleich tut sich eines der schwierigsten Probleme künftiger Zeiten auf. Die größten Errungenschaften des modernen Zeitalters auf dem Gebiet der staatsbildenden Kunst sind unleugbar die Maschinerie des Parlamentarismus und die Organisation des Bundesstaates. England hat die eine Institution erschaffen, Amerika die andere. Es gilt die beiden Institutionen miteinander zu verbinden. Es gilt die Modulation zu finden, die von einem System harmonisch in das andere hinüberleitet. Es ist England vorbehalten, das Problem zu lösen.

So tut sich vor England eine ernste, aber hoffnungsreiche Zukunft auf. Englands harrt eine schwere Tat; aber zugleich eine große Tat, die erstehen wird als ein neues Monument seines Ruhmes; eine Tat, würdig des genialsten aller politischen Völker.

Schluß.

Die Staatstheorie ist die Wissenschaft, welche das ganze lebendige Phänomen des Staates in sich begreift. Die Staatstheorie ist deshalb nicht die Wissenschaft des Staatsrechtes allein. Sie geht tiefer. Sie sucht den Zeugungsprozeß zu erfassen, aus dem Recht und Verfassung erstehen. Sie betrachtet das Fundament des Staates. Und dieses Fundament, so erkennt sie, ist der Wille einer stärkeren Mehrheit, die sich im Bewußtsein gemeinsamer Interessen organisiert, eine Gewalt errichtet, ihr untertan wird und die Widerstrebenden niederzwingt. Der Staat ist die stetig sich erneuernde Willenstat einer Nation. Recht und Verfassung sind nur ein Effekt dieser Tat. Die Staatslehre ist darum eine Wissenschaft der Völkerpsychologie. Wohl umfaßt sie auch Verfassung und Recht; aber nur als eine Äußerung des belebenden Willens, der den Anfang jedes Staates bildet.

Eine Wissenschaft vom Staatsrecht an sich selber ist jeder Zoll unvollkommen und kann in prächtiger Isolierung nimmermehr bestehen. Denn die kardinalen Begriffe des Staatsrechtes empfangen Sinn und Tragweite aus dem Lebensprozeß, der den Staat durchdringt. Sie sind, von ihm getrennt, tote Formeln, ein Körper ohne Geist. Es gibt kein Staatsrecht ohne Politik. Wer wird die Erscheinung der parlamentarischen Ministerverantwortlichkeit jemals rechtlich fassen? Die Nationalversammlung von 1789 hat es vergeblich unternommen; und das Werk, an dem ihre geniale Formungskraft gescheitert, die Epigonen haben es auch nicht vollbracht. Es handelt sich um ein unmögliches Beginnen. Die Frage, ob ein Ministerium regieren kann oder zurücktreten muß, beantwortet sich allein aus dem Verhältnis der elementaren Kräfte, die Thron oder Parlament fester begründen und mit verschiedener Autorität begaben. Wer will aus Englands Recht erklären, daß der König beiden Häusern weichen muß, daß er den Gesetzgebungswillen nicht besitzt, den das Recht ihm leiht? Die Verfassung Frankreichs ist unrichtig, wenn sie behauptet, daß der Präsident Veto und Auflösungsrecht zu eigen habe. Er kann die Rechte nicht üben. Denn es fehlt ihm dazu die politische Macht. Das Staatsrecht ist ein Kapitel der Staatstheorie, unselbständig und nur lebensfähig, wenn beseelt von dem Geist der großen Wissenschaft, die das ganze Willensphänomen des Staates erklärt.

Unsere Arbeit ist Staatstheorie.

Wir haben versucht, das innere Leben des Staates zu deuten. Wir haben den Prozeß auseinandergelegt, in dem die Herrschaft entsteht. Wir haben die ursprüngliche Bildung der Gewalt betrachtet, die sich im Willen der Nation vollzieht. Und wir haben die ursprüngliche Gewalt hingestellt als den Grundpfeiler des Staates.

Der Begriff der ursprünglichen Herrschergewalt hat uns ermöglicht, den Staat von andern Formationen zu unterscheiden, die nur die äußere Gestalt mit ihm teilen. Wir haben uns bestrebt, den Staat tiefer zu erfassen, indem wir das Wesen des abhängigen Landes erforscht und in Gegensatz gestellt haben zu dem seinen. Der Staat beherrscht sich selbst; das abhängige Land wird beherrscht. Der Staat hat eine ursprüngliche Gewalt; das abhängige Land steht unter einer fremden Gewalt, die, in ihrem Rahmen ursprünglich, doch, ihre eigene Kraft nutzend, sich über anderes Gebiet erstreckt. — Das Axiom von der ursprünglichen Gewalt, das wir verteidigt haben, war nicht neu. Aber es galt, den Begriff zu deuten, den man noch nicht erklärt hat. Es galt, das psychologische Phänomen auseinanderzulegen, das man ohne weitere Definition als Bildung ursprünglicher Gewalt bezeichnet. Es galt, dadurch die Mittel zu gewinnen, um nach festen Kennzeichen aussagen zu können, die eine Formung sei ein Staat, die andere sei es nicht. Wir haben keinen neuen Begriff geschaffen; wir haben nur einen gegebenen, durch eine psychologisch-politische Studie analysiert.

Zugleich aber sind wir auf einen neuen Begriff geführt worden, den des ursprünglichen Staatenteiles. Wir haben gesehen: Um Staat und abhängiges Land und damit die ursprüngliche Gewalt deutlich zu erfassen, ist es notwendig, die beiden Formationen von einer dritten zu trennen, die mit ihnen manch äußere Kennzeichen teilt: es ist die Provinz. Sie ist ein Teil des Staates; sie ist ein Teil des Landes, das eine ursprüngliche Herrschaft über sich bildet; sie hat eine besondere Organisation, sie hat eine besondere Herrschaft über sich. Diese Herrschaft ist gewöhnlich von der staatlichen aufgerichtet; sie ist abgeleitet von ihr. Manchmal aber ist sie selbst ursprünglich; manchmal geht sie unmittelbar aus dem gleichen Prozeß hervor, der im ganzen Land die Herrschaft fügt; sie ruht auf dem Willen des ganzen Volkes, das sich zugleich in seiner Gesamtheit und in seinen Teilen konstituiert; es entstehen durch den gleichen Bildungsakt, es fließen aus dem gleichen Urquell allgemeine und Sondergewalten. Provinzen mit solch eigentümlicher Gewalt haben wir ursprüngliche Staatenteile genannt.

Kroatien-Slawonien, die österreichischen Königreiche und Länder sind Staatenteile, jene im westlichen, diese im östlichen Reich. Finnland und Island sind Provinzen. Elsaß-Lothringen, Bosnien-Herzegowina, die Territorien der nordamerikanischen Union sind klassische Beispiele von abhängigen Ländern. Auch die freien Kolonien des britischen Reichs, Kanada, Australien und Südafrika, sind Territorien, aber lehrreich nicht nur als solche, sondern weit mehr, weil sie das fesselnde Schauspiel bieten, wie ursprüngliche staatenbildende Kräfte in langsamem Zeugungsprozeß entstehen, immer vorwärts dringen, bis unmittelbar vor die Grenze, wo die Bande der Abhängigkeit zerfallen und die staatliche Herrschaft aus eigener Macht entsteht. Die nordamerikanischen Territorien endlich haben uns gezeigt, in welchen Formen abhängige Länder sich in Staaten, in Glieder eines Bundesstaates wandeln: durch ermächtigendes Gesetz des Bundes und durch Willensakt des Volkes, der sich im Beschluß eines Kongresses oder in der Abstimmung der Bürger offenbart.

Abhängige Länder sind unfreie Länder. Denn was ist Freiheit? Es gibt kaum einen Namen, so edel und so oft mißverstanden und mißbraucht. Die Freiheit besteht darin, daß man Gesetzen gehorcht, so hat Montesquieu verkündet. Fürwahr Gesetzen. Aber man muß hinzufügen: Eigenen Gesetzen.

Und es sind unter eigenen Gesetzen die zu verstehen, welche die Bürger durch Bildung ursprünglicher Herrschaft sich selber geben.

Die Freiheit liegt nicht in der Form der Gewalt. Die Demokratie ist nicht freier als die Monarchie. Kann man nicht sagen, daß es in der Republik von heute einen Tyrannen gibt, despotischer als je ein König es gewesen: die Partei? Aber darauf kommt es nicht an, sondern auf die Tatsache, daß die eine Form wie die andere aus dem Willen der Untertanen erwächst. Wenn der stärkere Wille die Monarchie nicht stützte, so könnte sie nicht bestehen. Bürger, die eine Monarchie durch ihren Willen errichten, sind frei. Denn sie haben die Herrschaft, welche sie schaffen. — Die Freiheit ist auch nicht in Wahlrechten begründet, auch nicht in der parlamentarischen Verantwortlichkeit der Minister. Solche Institutionen haben ihren Wert nicht in sich selber, sondern in dem weisen Gebrauch, den man von ihnen macht. Englands Volk hat durch eine politische Schulung von Jahrhunderten die große Kunst gelernt, das Parteiinteresse mit dem gemeinen Wohl zu versöhnen, und deshalb vermag es das kühne Werk zu vollbringen, ein Reich durch eine Partei zu regieren.

Die Freiheit besteht darin, daß man eigenen Gesetzen gehorcht, Gesetzen, die man selber will, ins Leben ruft, stärkt und beschirmt. Unfrei ist, wer den Zwang fremden Gesetzes erleidet. Unfrei ist, wer der unterdrückten Minderheit angehört, die es in jedem Staate gibt kraft der eisernen Notwendigkeit des Lebens, die im stetig wogenden Kampf den Starken über den Schwachen siegen heißt. Unfrei sind die Völker widerstreitender Provinzen; unfrei sind die Völker von Island, von Finnland, von Kroatien und Slawonien. Unfrei sind auch die Völker abhängiger Länder, nur in einer anderen Form, indem sie nicht zermalmt werden wie jene im gewaltigen Prozeß der Bildung selber, durch die Gewalt im Entstehen, sondern durch die in sich fertige, fremde Gewalt. Unfrei ist Elsaß-Lothringen; unfrei ist Bosnien-Herzegowina; unfrei waren die Territorien der Union. Nur ein Schatten der Unfreiheit liegt noch auf Englands großen Kolonien.

Besteht nun die Freiheit in der Tat, eine Herrschaft mit

zu gründen und aufrecht zu halten, so ist sie in verschiedenen Staaten mehr oder minder groß, je nach dem die herrschende Mehrheit nur um ein geringes überwiegt oder den allergrößten Teil des Volkes in sich faßt. Allein, es muß immer das Ideal des Staates bleiben, seinen Anhang zu mehren, die möglich größte Zahl des Volkes sich zum Freunde zu machen und so die Freiheit zu erhöhen. Es ist die Aufgabe politischer Klugheit, das Staatsschiff so zu lenken, daß es mit vollen Segeln fährt und nicht mit widrigen Winden kämpft. Es bleibt die Aufgabe der Regierung, mit dem Volk zu regieren. Sie mag das Ziel erreichen durch Akte, getragen von weiser Abwägung der Interessen, vielleicht sogar durch Änderung der Herrschaftsform, wenn das Volk sich vom Alten abwendet und nach Neuem strebt. Für einen Staat den Weg der Freiheit zu finden, ist Sache tiefen Wissens und feinsinnigen Fühlens, ist Sache historischen Experiments und diplomatischen Taktes. Die Freiheit läßt sich nicht in eine Formel bannen. Die Freiheit ist nicht ein Gut, das man vom Himmel reißt und in ehernen Gesetzestafeln einem Volke schenkt. Die Freiheit ist die geniale Tat höchster staatsmännischer Kunst.